中公文庫

パンセ

パスカル
前田陽一
由木康 訳

中央公論新社

目次

パンセ

凡例

一　断章の配列は、ブランシュヴィック版による。翻訳は、断章一から四四〇までを、前田陽一、断章四四一から九二四までを、由木康がそれぞれ担当した。

二　訳文中、〈　〉内は、パスカルがフランス語以外で記した語句を示し、とくに注記したもの以外は、すべてラテン語で記されている。また、〔　〕内は、いったん書かれた後で、パスカル自身が線を引いて抹消した部分である。

三　断章番号の下に小字で示した記号および数字は次のとおりである。

＊は、パスカル自筆の原稿でなく、口述筆記させたと推測されるもの。

＊＊は、部分的にパスカル自筆の原稿。

「原」は、原稿で、その下の数字は原稿綴りのページ数を、その（　）内は同一紙片に記されてある本書の断章番号を示した。

「ラ」は、ラフュマ版全集（一九六三年）で、下の数字はその該当番号、（　）内は「第一写本」による分類番号で、一はその前半の第一部、二は後半の第二部（ラの第三部も含む）で、それにつづく数字はその中の章の番号。

その他、第一写本（一写）、第二写本（二写）、ゲリエ写本、ペリエ写本などと記したものは、原稿綴りに欠如しているものである。

四　由木担当の断章四四一以降、（　）内に入れた本文より小さい字の語句は、訳者の補足である。

第一章　精神と文体とに関する思想

一

＊＊　原四〇五、四〇六　ラ五一二（二ノ二一）

幾何学の精神と繊細の精神との違い。

前者においては、原理は手でさわれるように明らかであるが、しかし通常の使用からは離れている。したがって、そのほうへはあたまを向けにくい。慣れていないからである。しかし少しでもそのほうへあたまを向ければ、原理はくまなく見える。それで、歪《ゆが》みきった精神の持ち主ででもないかぎり、見のがすことがほとんど不可能なほどに粒の粗《あら》いそれら原理に基づいて、推理を誤ることはない。

ところが繊細の精神においては、原理は通常使用されており、皆の目の前にある。あたまを向けるまでもないし、無理をする必要もない。ただ問題は、よい目を持つことであり、そのかわり、これこそはよくなければならない。というのは、このほうの原理はきわめて微妙であり、多数なので、何も見のがさないということがほとんど不可能なくらいだからである。ところで、原理を一つでも見落とせば、誤りにおちいる。だから、あらゆる原理を見るために、よく澄んだ目を持たなければならず、次に、知りえた原理に基づいて推理を誤らないために、正しい精神を持たなければならない。

すべての幾何学者は、もしも彼らがよい目を持っていたなら、繊細になれただろう。彼らは自分の知っている原理に基づいては、推理を誤らないからである。また繊細な精神の人々は、慣れない幾何学の原理のほうへ目をやることができたなら、幾何学者になれただろう。

したがって、ある種の繊細な精神の人々が幾何学者でないのは、彼らが幾何学の原理のほうへ向くことが全くできないからである。ところが幾何学者が繊細でないのは、彼らがその前にあるものを見ないからであり、また彼らが幾何学のはっきりした粗い原理に慣れていて、それらの原理をよく見て、手にとったのちでなければ推理しない習慣なので、原理をそのように手にとらせない繊細な事物にぶつかると途方に暮れてしまうのである。これらのほうの原理はほとんど目に見えない。それらは、見えるというよりはむしろ感じられるものである。それらを自分で感じない人々に感じさせるには、際限のない苦労がいる。それらの事物は、あまりにも微妙であり、多数なので、それらを感じ、その感じに従って正しく公平に判断するためには、きわめて微妙で、きわめてはっきりした感覚が必要である。その際には、たいていの場合、幾何学におけるように秩序立ってそれらを証明することはできないのである。というのは、人はそれらの原理を同じ具合には所有していないし、そのようなことを企てたとしても際限のないことだからである。問題のものを、すくなくともある程度までは、推理の運びによってではなく、一遍で一目で見なければならないのである。そういうわけで、幾何学者が繊細で、繊細な人が幾何学者であるのは珍しい。なぜなら、幾何学者はそれらの繊細な事物までも幾何学的に取り扱おうとするからである。そして、まず定義から、ついで原理から始めようとして、物笑いになる。それはこの種の推理の際のやり方ではない。といっても、精神が推理をしないというわけではない。ただ、精神はだまって、自然に、たくまずにするのである。なぜなら、それを表現するのは、すべての人の力を越えており、それを感じるのは、少数の人だけに限られているからである。

繊細な精神の人々は、それに反して、こうして一目で判断するのに慣れているので、彼らには何もわからない命題が提出され、そこへはいっていくためにあまりに無味乾燥でそんなに詳しく見る癖がついていないような定義や原理を経なければならないとなると、驚きのあまり、おじけづき、いやになってしまう。

しかし、歪んだ精神の持ち主は、決して繊細でも、幾何学者でもない。

そこで、幾何学者でしかない幾何学者は、万事が定義や原理によってよく説明されるかぎり、正しい精神を持っている。さもなければ、彼らは歪んでいて、鼻持ちならない。なぜなら、彼らが正しいのは、よく明らかにされた原理に基づく場合だけだからである。

また繊細でしかない繊細な人々には、彼らが、世間で一度も見たことがなく、また全く使用されていないような思弁的、観念的なことがらの第一原理にまでさかのぼっていくだけの忍耐力を持てないのである。

二

＊原二一三（四九、七、二）ラ五一一（二ノ二一）

正しい判断力のいろいろ。ある人々は、ある秩序の事物において正しいが、他の秩序ではそうでなく、むちゃをする。

――

ある人々は、わずかな原理からよく結果を引き出す。そしてそれは判断力の正しさである。

他の人々は、多くの原理が存在する事物からよく結果を引き出す。

たとえば、ある人々は、水のいろいろな作用をよく理解する。そこにはわずかな原理しかない。しかしその結果は、はなはだ繊細なので、精神の極度の正しさだけがそこまで届きうるであろう。そうだからといって、この人たちが大幾何学者であるとはかぎらない。なぜなら、幾何学には多数の原理が含まれており、ある種の精神は、わずかな原理には根底までよく徹することができても、たくさんの原理が存在する事物にはからきし徹しえないのである。

すると二種類の精神が存在することになる。一つは、原理から結果へ、鋭く、深く徹するもので、これは正確の精神である。もう一つは、多数の原理を、混合することなしに理解するもので、これは幾何学の精神である。一は精神の力と正しさとであり、他は精神の広さである。ところで、一方は他方なしによく存在しうる。精神は、強くて狭いこともありうるし、広くて弱いこともありうるからである。*1

（1）この断章と前の断章との二区分は、異なった性質のものである。異なった時期に記されたものであるかもしれないし、あるいはまた、前の断章で、繊細の精神に比べれば原理の数が少ないことが特徴であった幾何学の精神が、ここでは理科系の学問の内部において、狭義の幾何学精神として、物理学や代数学に対立させられていると解することもできよう。

三

原二二九（四五六、一七六、三、八六六）　ラ七五一（二ノ二六）

直感によって判断する習慣のついている人々は、推理に関することがらについては何もわからない。なぜなら彼らはまず一目で見ぬこうとし、原理を求める習慣がついていないからである。これに反して、原理によって推理する習慣のついている他の人々は、直感に関することがらについては何もわからない。彼らはそこに原理を求めようとするが、一目で見ることなどできないからである。

四

原一六九（四、三五六）　ラ五一三（二ノ二二）

幾何学。繊細。

真の雄弁は、雄弁をばかにし、真の道徳は、道徳をばかにする。言いかえれば、規則などない判断の道徳は、精神の道徳をばかにする。なぜなら、学問が精神に属しているように、判断こそ、それに直感が属しているからである。繊細は判断の分け前であり、幾何学は精神の分け前である。

哲学をばかにすることこそ、真に哲学することである。

五

原一三七（三七三、三三一、五、一〇二）ラ五三四（二ノ二三）

規則などなしにある著作を判断する人々が、他の人々に対するのは、ちょうど時計を持っている人たちがそうでない人たちに対するようなものである。[*1] 一人は言う、「二時間たった」と。他の一人は言う、「四十五分しかたたない」と。私は自分の時計を見て、[*2] 一人に言う。「君は退屈してるね」と。そして他の一人に言う、「君には時間のたつのが早いね」と。なぜなら、じつは一時間半たっているのだからである。そして、私には時間がたつのが早いとか、私が当て推量で判断しているのだと言う人など、相手にしない。彼らは、私が自分の時計によって判断しているのを知らないのだ。

（1）ここまでの文章の比例関係については、古今東西にわたってさまざまの異説が唱えられている。ここでは、パスカルが記したとおりのテキストに従い、前の断章で「規則などない判断の道徳」の優位が主張されているように、ここでも「規則などなしに著作を判断」することの優位が説かれていると解した。

（2）パスカルは「いつも左の手くびに時計をつけていた」と伝えられている。

六　原五一（七四一、七九八、八九五、六）ラ八一四（二ノ二九）

自分の精神をそこなうことがあるように、自分の直感をそこなうこともある。

——

自分の精神と直感とは会話によって作り上げられ、自分の精神と直感とは会話によってそこなわれる。このように、よい会話やわるい会話は精神を作り上げたりそこなったりする。だから、それを自分で作り上げ、そこなわないようにするためには、よく選びうることが何よりたいせつである。ところがこの選択は、精神をすでに作り上げ、そこなわなかったのでなければ、できない相談である。こうして循環論法になる。そこから脱出できる人は幸いである。

七　原二一三（二参照）ラ五一〇（二ノ二一）

人は精神が豊かになればなるほど、独特な人間がいっそう多くいることに気がつく。普通の人たちは、人々のあいだに違いのあることに気づかない。

八

晩禱《ばんとう》を聞くのと同じ態度で、説教を聞く人が多い。

＊原二七三（三九、八）　ラ七六六（二ノ二六）

九

原四〇一　ラ七〇一（二ノ二五）

人を有益にたしなめ、その人にまちがっていることを示してやるには、彼がその物事をどの方面から眺めているかに注意しなければならない。なぜなら、それは通常、その方面からは真なのであるから。そしてそれが真であることを彼に認めてやり、そのかわり、それがそこからは誤っている他の方面を見せてやるのだ。彼はそれで満足する。なぜなら彼は、自分がまちがっていたのではなく、ただすべての方面を見るのを怠っていたのだということを悟るからである。ところで人は、全部は見ないということについては腹を立てないが、まちがったとは思いたがらないものである。これはおそらく、人間というものは、あらゆるものを見ることなどできないのが自然で、また自分が眺めている方面についてならば、まちがいえないのが自然であるということに由来するのであろう。感覚の知覚というものは、常に真であるから。

一〇

＊原二〇一（九六、一〇、三四一、八六四、五八三、三四〇、一〇八、八五九）　ラ七三七（二ノ二六）

人はふつう、自分自身で見つけた理由によるほうが、他人の精神のなかで生まれた理由によるよりも、いっそうよく納得するものである。

一一

一写三九六　ラ七六四（二ノ二六）

あらゆる大がかりな気ばらしは、キリスト者の生活にとっては危険である。しかし、この世が発明したすべての気ばらしのなかでも、演劇ほど恐るべきものはない。それは情念の実に自然で微妙な演出であるから、情念をかきたて、われわれの心のなかにそれを起こさせる。特に恋愛の情念を。ことにその恋愛がきわめて純潔でまじめなものとして演じられていれば特にそうである。なぜなら、それが潔白な魂に潔白に映ればうつるほど、それによって動かされやすくなるからである。その恋愛の激しさが、われわれの自愛心を喜ばせる。その自愛心は、目の前でこんなに巧みに演じられているのと同じ効果をひきおこそうとする欲望をただちにいだく。それと同時にそこに見られる感情のまじめさに基づいた一種の自覚がつくられ、その自覚が純な魂の懸念を取り除き、あのようにつつましく見える愛で愛することが純潔を傷つけられることにはならないという気になるのである。

こうして、人は恋愛のあらゆる美しさと楽しさとに心をすっかり満たされ、魂と精神とは恋愛の潔白さを信じきって劇場から出て行く。そのため、恋愛の最初の作用を受け入れたり、あるいはむしろ、劇中であのように巧みに描写されているのを見たのと同じ快楽と同じ犠牲とを受け入れるために、その恋愛の最初の作用をだれかの心のなかに起こさせる機会を求める用意がすっかり整った状態になっているのである。[*1]

(1) この断章がはたしてパスカルのものであるかどうかは疑われている。

原一二三　ラ五八一（二ノ二三）

一二

一つのことしか考えないスカラムッシュ。

何もかも言ったあとで、まだ十五分間もしゃべるほど、言いたくてしかたがない博士。[*1]

(1) スカラムッシュも博士も、当時パリで上演されていたイタリア喜劇の登場人物。

＊　原四四一（一三、四二）　ラ六三五（二ノ二五）

一三

人は、クレオビュリーヌ[*1]のあやまちと情熱とを見るのが好きだ。というのも彼女がそれに気づかないでいるからだ。もし彼女がだまされていなかったならば、喜ばれなかっただろう。

(1) 同時代のスキュデリの小説に出てくるコリントの女王。臣下の一人を愛していることに気づいた時には、もうその愛にうち勝つことができないまでになっていた。

一四

原四二〇（三六九、一四）　ラ六五二（二ノ二五）

自然な談話が、ある情念や現象を描くとき、人は自分が聞いていることの真実を自分自身のなかに発見する。それが自分のなかにあったなどとは知らなかった真実をである。その結果、それをわれわれに感じさせてくれる人を愛するようになる。なぜなら、その人は彼自身の持ちものを見せつけたのではなく、われわれのものを見せてくれたのだからである。このようにして、われわれと彼とのあいだの知的一致が、われわれの心を彼を愛するようにと必然的に傾けるばかりでなく、この恩恵がわれわれに彼を好ましくさせるのである。

一五

原一三〇（五六、一五）　ラ五八四（二ノ二三）

権力によらず優しさで、王としてでなく僭主《せんしゅ》として、説得する雄弁。

一五付録[*1]

ボッシュ版増補二七

雄弁とは物ごとを次のように話す術である。一、話しかける相手の人たちが苦労しないで楽しく聞けるようにする。二、彼らがそれに関心をいだき、したがって自愛心にかられて進んでそれについて反省するようにしむける。

それはすなわち、一方では話しかける相手の人々の精神と心と、他方ではわれわれの用いる思想や表現とのあいだに、われわれがうち立てようと努める対応関係のうちに存するのである。そのことは、われわれが人間の心のあらゆる動機を知るため、次にそれに適応させようと欲する議論の正しい釣合《つりあい》を見いだすために、この人間の心というものを十分研究することを前提とする。われわれの話を聞く人の身になってみることが必要である。そしてわれわれの話に与える言いまわしを自分自身の心でためしてみて、その言いまわしが心に合っているかどうか、また聞き手が否応《いやおう》なしに承服されるようになるだろうとの確信が持てるかどうかを見なければならない。できるだけ単純な自然さのなかにとどまらなければならない。小さいものを大きくし、大きいものを小さくしてはいけない。何かが美しいだけでは十分でなく、それが主題にかない、よけいなものや足りないところがないようでなければならない。

(1) 古い版では一六となっていたこの断章は、ボッシュが既存の資料に基づいてこしらえたものであることが判明したために、一五の付録と格下げされた。

一七

原四三九　ラ七一七（二ノ二五）

川は、人が行きたいと思うところへ運んでくれる、進行する道である。

一八

＊原四四三、四四四　ラ七四四、七四五（二ノ二六）

あることについての真理が知られていない場合、人間の精神を固定させる共通の誤りがあるのはよいことである。たとえば、季節の移り変わりや、病気の進行などを月のせいにするたぐいである。なぜなら人間のおもな病は、自分の知りえないことについての落ち着かない好奇心だからである。こんな無益な好奇心のなかにいるよりも、誤りのなかにいるほうが、まだ、ましである。

エピクテトス、モンテーニュ、サロモン・ド・テュルティ[＊1]などの書きぶりは、最もよく用いられ、最もよく人の心に食い込み、最もよく記憶にのこり、最もよく引用される。というのは、それは日常生活での話題から生まれた思想ばかりから成り立っているからである。たとえば、月はあらゆるものの原因だというような世間にある共通の誤りについて話そうとするときには、人はきっと、サロモン・ド・テュルティが、あることについての真理が知られていない場合、共通の誤りがあるのはよいことである、云々と言っているというのを忘れないだろう。すなわち反対側に記してある思想のことである。[＊2]

（1）サロモン・ド・テュルティ Salomon de Tultie は、パスカルが『プロヴァンシアル』で用いた筆名 Louis de Montalte と数学論文で用いた筆名 Amos Dettonville のアナグラム（同じ綴り字を組み変えて作る別の語句。ここでは当時の慣用によってUとVとが同じに扱われている）

である。したがって、このサロモン・ド・テュルティという筆名を『キリスト教護教論』で用いるつもりだったろうと推測される。
（2）この断章は、パスカルの姉ペリエ夫人の筆跡で、前半と後半とが一枚の紙の表と裏とに記されている。したがって、ここで「反対側に記してある」となっているのは、「上記の」という意味であり、原稿でもすでに、別の筆跡でそのように訂正されている。

一九

一六七八年ポール・ロワヤル版三一ノ四二　ラ九七六

著作するときに、最後に考えつくことは、何を最初におくべきかを知ることである。

二〇

原四三三　ラ六八三（二ノ二五）

順序。

なぜ私は、私の道徳を六つというよりはむしろ四つに分けてかかろうとするのか。なぜ私は、徳をむしろ四つに、二つに、一つに定めようとするのか。なぜ「自然に従え」[*1]とか、プラトンのように「自分自身のつとめを不正なく行なえ」[*2]とか、その他のことではなく、〈慎め、且《か》つ堪え忍べ〉[*3]とするのか。

「でも、そうすれば、すべてが一言に含まれるではないか」と君は言うだろう。――よろしい。だけど、それは説明しないかぎり無益なのだ。そして人がそれを説明しようとして、他のすべての教訓をなかに閉じこめているこの教訓を開けるやいなや、それらすべての教訓は、君が避けようとした初めの混乱のままそこから飛び出してくる。このように、それらのものが全部一つのなかに閉じこめられているときには、箱の中に入れられているようなもので、隠されていて無益である。そして出てくるときには、本来の混乱のままでしか現われない。自然はそれらのすべてを、一を他に閉じこめないで、立てているのである。

（1）エピクロス派とストア派とに共通の教訓。
（2）モンテーニュ『エセー』三の九による。
（3）ストア派の哲学者エピクテトスの教えとされるもの。

二一

原四二七　ラ六八四（二ノ二五）

順序。

自然は、あらゆる真理を、おのおのそれ自身のなかに置いた。それらすべてを、われわれの技巧が、一方を他方のうちへと閉じこめる。しかしそれは不自然である。おのおのの真理は自分の場所を占めている。

二二

原四三一　ラ六九六（二ノ二五）

私が何も新しいことは言わなかった、などと言わないでもらいたい。内容の配置が新しいのである。ジュー・ド・ポームをするときには、一方も他方も同じ球を使うのだが、一方のほうが上手《じょうず》に球を送るのである。*1

それと同じように、私は古い言葉を使ったと言われるほうがうれしい。同じ言葉が異なった配置によって別の思想を形づくるのと同様に、同じ思想でも配置が異なれば、別の論旨を形づくるのではなかっただろうか。

(1)テニスの一種。

二三

原二二五(二六六、三五七、二三、七七六前半、八六五、九四三、四八六、五〇、六二七、七七六後半、七七七) ラ七八四(二ノ二七)

言葉は、ちがった配列をすると、ちがった意味を生じ、意味は、ちがった配列をすると、異なった効果を生じる。

二四

原四二九 ラ七一〇(二ノ二五)

言語。

疲れをとるため以外は、精神を他に転じさせてはいけない。それも適当な時に限るのである。必要な時にだけ疲れをとらせるべきで、そうでない時はいけない。なぜなら、不適当な時に疲れをとらせようとすると、かえって疲れさす。また、不適当な時に疲れさすと、疲れをとらすことになる。というのは、何もかもほっぽりだしてしまうからである。邪欲の意地悪さかげんというものはそれほどひどいものであって、人がわれわれに快楽を与えることなしにわれわれから何かを得ようとすると、それとは正反対なことをして喜ぶのである。快楽こそ、そのためにわれわれが人の欲するすべてのものを与えてやるところの通貨なのである。

二五　原四〇二（九三二、二五、四五七）ラ六六七（二ノ二五）

雄弁。

快いものと真実なものとが、必要である。しかし、その快いものは、それ自体、真なるものからとってこられたものでなければならない。

二六　原一四二　ラ五七八（二ノ二三）

雄弁は、思想の絵である。だから、描きおわったあとで、なお加筆する人は、肖像画のかわりに、装飾画を作ることになる。

二七　原一二七　ラ五五九（二ノ二三）

雑、言語。
言葉に無理じいをして対照法をつくる人は、均整のためにめくら窓をつくる人と同じことをやっている。彼らの方針は、正しく話すことではなく、修辞学の型に正しくのっとることなのである。

二八　　原一二五（五三、二八）　ラ五八〇（二ノ二三）

均整。

一目でわかるという点で。

――

それと違うふうにする理由がないというところに基づいている。

そして同様に人間のかたちにも基づいている。

そこから、人は均整を左右にだけ求めて、高さや奥行には求めないということが起こるのである。

二九　　原四二七　ラ六七五（二ノ二五）

文体。

自然な文体を見ると、人はすっかり驚いて大喜びする。なぜなら、一人の著者を見るのを期待していたところを、一人の人間を見いだすからである。反対に、よい趣味を持ち、書物を見て一人の人間を見いだそうと思っていた人たちは、一人の著者を見いだして全く意外に思う。〈君は人としてよりも詩人として語った〉[*1]自然のままであらゆることについて語りうる、神学についてさえも語れるのだ、ということを自然に教えてやる人たちは、自然というものを大いに高めてやっているのである。

（1）ペトロニウス（一世紀のローマの政治家・小説家）『サティリコン』九〇。原意とずれているので、何かからの孫引きであろうと言われている。

三〇　原一二（三六、一五五、三〇）　ラ六一〇、六一一（二ノ二四）

人はそのどちらも友としないだろう。[*1]

――人は耳にしか相談しない。というのは、心無しだからである。

――基準は品格[*2]である。

――詩人ではあるが、オネットム[*3]ではない。

――省略の美。判断の美。

（1）この直前に、『プロヴァンシアル』に関する覚え書だったと推定される「私は道化とうぬぼれ者とを等しくきらう」という文章が横線で消されてあるので、本文の「そのどちらも」というのは、それをさしているのであろう。
(2) ここでは一応このように訳しておいたが、原語は「オネットテ (honnêteté)」で、次のオネットムの特性を抽象的に表現した言葉である。
(3) 広い一般教養に恵まれ、洗練された会話術を心得た社交界の紳士。十七世紀フランスの人間理想であった。

三一

原四三九　ラ七二八 (二ノ二五)

われわれがキケロのなかで非難するあらゆる偽りの美には、それに感心する人があり、しかも多数ある。

三二

＊原一二九 (三二、三三、三四)　ラ五八五 (二ノ二三)

弱いにせよ強いにせよ、われわれのあるがままの性質と、われわれの気に入ることとの間のある種の関係から成り立っている、快さと美しさとのある種の典型が存在する。

——すべてこの典型にのっとって作られたものは、われわれの気に入る。家、歌、話、詩、散文、女、鳥、川、樹木、部屋、着物などがそうである。

——すべてこの典型にのっとって作られなかったものは、よい趣味を持っている人々の気に入らない。

——そして、それぞれ自分の部類においてではあるが、この唯一の典型に似ているという理由から、このよい典型にのっとって作られた歌と家とのあいだには、完全な対応関係が存在するのであるが、それと同様に、悪い典型にのっとって作られたもののあいだにも完全な対応関係が存在する。といっても、悪い典型がただ一つしかないというわけではない。なぜならそれは無数にあるからである。しかし、たとえば、それぞれのまずい十四行詩は、どんな偽《にせ》の典型にのっとって作られたものにしても、その同じ偽の典型にのっとって衣装をつけた女にすっかり似ているのである。

——偽の十四行詩がどんなに滑稽《こっけい》かをわからせるためには、その本性とその典型とを考え、次にその原型にのっとっている女や家を想像してみるにこしたことはない。

三三　＊原一二九（三二参照）　ラ五八六（二一ノ二三）

詩的な美。

詩的な美と言うように、幾何学的な美とか薬学的な美と言ってもいいはずである。しかし、人はそうは言わない。その理由は、幾何学の目的が何であるかということ、そしてそれが証明にあるということ、また薬学の目的が何であるかということ、そしてそれがなおることにあるということはよく知っているからである。ところが、詩の目的である快さというものが何から成り立っているかは、知らないのである。模倣すべき自然の典型とは何であるかを、人は知らない。そこで、それを知らないために、ある種の奇妙な用語を発明した。「黄金の世紀」「現代の驚異」「宿命的な」等々。そして、この種の隠語を、人は詩的な美と呼んでいるのである。

しかし、小さなことを大げさな言葉で言うことから成り立っているこの典型にのっとった一人の女を想像してみる人は、鏡や鎖で満艦飾のきれいなお嬢さんを思いうかべて、ふきだすだろう。なぜなら、人は、女の快さが何から成り立っているかということのほうを、詩の快さが何から成り立っているかということよりもよく知っているからである。しかし、それをわきまえていない人たちだったら、そんな身支度をした女に感心するかもしれない。そして彼女を女王と取り違える村もたくさんあることだろう。だから、われわれは、この典型にのっとって作られた十四行詩を、村の女王と呼ぶのである。

三四

＊ 原一二九（三二参照） ラ五八七（二ノ二三）

世間では、詩人という看板を掲げなければ、詩の鑑定ができる者として通用しない。数学者その他の場合も同じである。しかし、普遍的な人たちは、看板などまっぴらで、詩人の職業と刺繡《ししゅう》師のそれとのあいだに、ほとんど差別をつけない。

普遍的な人たちは、詩人とも、幾何学者とも、その他のものとも呼ばれない。しかし、彼らは、それらのすべてであり、すべての判定者である。だれも彼らを見破ることができない。彼らは、はいってきたときに、人が話していたことについて話すだろう。ある特質を用立てる必要が起こったとき以外は、彼らのなかで特にある一つの特質が他のものよりも目立つということはない。しかし、そのときには、思い出されるのである。なぜなら、言葉のことが問題になっていないときには、彼らが上手に話すと人は言わないが、それが問題になっているときには、彼らが上手に話すと人が言うのも、これまたその特徴だからである。

したがって、ある人がはいってきたとき、人々が彼のことを、詩に秀《ひい》でていると言うならば、それはにせものの讃辞を彼に呈しているのである。そしてまた、何か詩句の鑑定が問題になっているときに、人々がある人にそれを頼まないとしたならば、それは悪い徴候である。

三五

＊原四四〇　ラ六四七（二ノ二五）

オネットム。

人から「彼は数学者である」とか「説教家である」とか「雄弁家である」と言われるのでなく、「彼はオネットムである」と言われるようでなければならない。この普遍的性質だけが私の気に入る。ある人を見てその著書を思い出すようでは悪い徴候である。何か特質があったとしても、たまたまそれを〈何事も度を過ごさずに〉[*1]用立てる機会にぶつかったときに限って、それに気がつかれるようであってほしい。さもないと一つの特質が勝ってしまって、それで命名されてしまう。彼が上手に話すということは、上手に話すことが問題になったときに限って思い出されるようでなければならない。しかもそのときこそは、思い出されなければならないのである。

（1）古代ギリシアの格言のラテン語訳。

三六

原一一（三〇参照）　ラ六〇五（二ノ二四）

人間は、欲求でいっぱいで、それをみな満たしてくれる人たちしか好きではない。「あの人は優《すぐ》れた数学者だ」と人は言うだろう。しかし私は、数学などには用はない。彼は私を一つの命題と取り違えるかもしれない。「あの人は優れた軍人だ」彼は私を、包囲中の要塞《ようさい》と取り違えるかもしれない。だから必要なのは、私のあらゆる欲求に全般的に応じることのできるオネットムなのだ。

三七

原五〇（二〇八、三七、八六、一六三の二）　ラ一九五（二ノ一五）

〔すべてを少しずつ。

人は普遍的であるとともに、すべてのことについて知りうるすべてを知ることができない以上は、すべてのことについて少し知らなければならない。なぜなら、すべてのことについて何かを知るのは、一つのものについてすべてを知るよりずっと美しいからである。このような普遍性こそ、最も美しい。もしも両方を兼ね備えられるならばもっとよいが、もしもどちらかを選ばなければならないのだったら、このほうを選ぶべきである。世間は、それを知っており、それを行なっている。なぜなら、世間は、しばしばよい判定者だから〕

三八

原四一二（一九六、三八）　ラ七三二（二ノ二六）

詩人ではあるが、オネットムではない。

三九

＊ 原二七三（八参照） ラ七六五（二ノ二六）

もし雷が低い所に落ちること等々があった場合には、詩人たちや、この種の事柄に基づいてしか推理できない人たちは、論拠を失ってしまうだろう。

四〇

原一三四（三二五、四〇八、四〇、五七、一〇五） ラ五二七（二ノ二三）

ほかのことを証明するために人が取り上げる実例は、もしその実例を証明しようとする場合には、そのほかのことをそれの実例として取り上げることであろう。なぜなら、人は常に、困難は証明しようとすることのなかにあると信じているので、実例のほうがもっと明瞭《めいりょう》で、そのことを明示するのに役立つように見えるからである。

そのようにして、一般的なことを明示しようとする時には、その一つの場合についての特殊な規則を提供しなければならない。ところが、一つ特殊な場合を明示しようとする時には、一般的な規則から始めなければならない。なぜなら、人は常に、証明しようとするものを不明瞭だと思い、証明に用いるものを明瞭だと思うからである。そのわけは、人があることを証明すべきものとして提出する時には、そうする以上はそれが不明瞭なのであり、反対に、それを証明しなければならないほうのことは明瞭であるという想像で初めからいっぱいになり、こうしてこちらのほうは、たやすく理解するからである。

四一

原一六三（三一〇、四一、三一〇ノ二）　ラ七九八（二ノ二八）

マルティアリスの[*1]寸鉄詩。

人間は、意地悪が好きである。しかしそれは、片目や不幸な人たちに対してではなく、高慢なしあわせ者に対してである。そこをはずすと見当ちがいになる。なぜなら、邪欲はわれわれのすべての動きの源であるから。そして人間性も。

――人間的でやさしい感情を持った人たちの気に入らなければいけない。

――二人の片目についての寸鉄詩[*2]には、何の値うちもない。なぜなら、それは彼らを慰めず、著者の名誉にはなる、警句の辛辣《しんらつ》さを提供するにすぎないからである。すべて、著者のためでしかないものには、何の値うちもない。

〈彼は他意ある文飾を切り取るであろう[*3]〉

（1）一世紀のローマの詩人。

（2）パスカルが用いたであろうと思われる一六五九年ポール・ロワヤル編『寸鉄詩選』には、「二人の片目」について、マルティアリスのものはないが、他の作者による辛辣きわまるものがのっている。

（3）ホラティウス（紀元前一世紀のローマの詩人）『ピソンへの書簡』にある詩句。

四二　＊原四四一（一三参照）　ラ六三六（二ノ二五）

王に対してプリンス[*1]と言うのは気持がいい。そうすれば、彼の位がさがるから。

（1）王、王子、公爵のいずれにも用いられる語。

四三　ボッシュ版増補二[*1]　ラ一〇〇〇

ある著者たちは、自分の著作について話す時、「私の本、私の注解、私の物語、等々」と言う。そう言う彼らは、一戸を構え、いつも「拙宅では」を口にする町人臭がぷんぷんしている。彼らはむしろ「われわれの本、われわれの注解、われわれの物語、等々」と言うほうがよかろう。というのは、普通の場合、そこには彼ら自身のものよりも他人のもののほうが、よけいはいっているからである。

（1）ボッシュが、『ヴィニュル・マルヴィル収録による歴史・文学論叢』（一七〇一年）からとったものと言われる。

四四　原四二三　ラ六七一（二ノ二五）

君は人からよく思われたいと望んでいるのか。それなら、そのことを自分で言ってはいけない。

四五

言語というものは、文字と文字とが置きかえられているのでなく、言葉と言葉とが置きかえられている暗号である。したがって、未知の言語も解読可能である。

原一一〇（四五、一一四）　ラ五五七（二ノ二三）

四六

警句をよく吐く人、悪い性格。

原四二三　ラ六七〇（二ノ二五）

四七

上手に話すけれども、上手に書けない人たちがある。それは、場所や一座の人々が彼らを熱中させ、その熱がないときには見いだされないものを、彼らの精神から引き出すからである。

原一四五（四七、三七一）　ラ五五五（二ノ二三）

四八

雑。

原一〇九（四八、八八〇、八六九、三七八、七〇、三七五、三八七、一四〇、一四五、八五三）　ラ五一五（二ノ二三）

ある論述のなかで言葉の繰り返しがあるのを見つけ、それを訂正しようとすれば、それがあまりに適切であるためにかえってその論述をそこなうおそれがある場合には、それをそのままにしておかなければいけない。これこそそうすべきだという合図なのだ。訂正しようという気持のほうは、目が見えないいちずな欲望であって、その繰り返しがその箇所ではまちがいではないということを知らないのである。なぜなら、そこには一般的基準などというものはないからである。

四九　　原二一三（二参照）　ラ五〇九（二ノ二一）

自然に仮面をかぶせ、仮装させる。もはや、王も、教皇も、司教もなくなってしまい、「畏《かしこ》き帝《みかど》」などとなってしまう。パリもなくなり、「王国の首都」となる。

――

パリをパリと呼ばなければならない場合だってあるし、それを王国の首都と呼ばなければならない場合だってあるのだ。

五〇　　原二二五（二三参照）　ラ七八九（二ノ二七）

意味。

同じ意味でも、それを言いあらわす言葉によって変化する。意味が言葉に品位を与えるかわりに、かえって言葉のほうからそれを貰《もら》う。そのような例をさがすこと。

五一

原四一五（二二二、九四六、八六〇、九三六、五一、七八、五二、一六五、四三六ノ二、八〇四）ラ八八六（二ノ三四）

強情者としての懐疑論者。

五二

原四一五（五一参照）ラ八八八（二ノ三四）

宮廷人でない人たちでなければ、宮廷人という言葉は使わない。衒学者《げんがくしゃ》でなければ、衒学者、田舎者《いなかもの》でなければ、田舎者という言葉は使わない。だから、『田舎人への手紙』*1にそういう題をつけたのは、印刷人であるということに、私は賭《か》けてもいい。

（1）自作『プロヴァンシアル』書簡のこと。

五三

原一二五（二八参照）ラ五七九（二ノ二三）

「倒れた馬車」か、「転覆させられた馬車」かは、故意かどうかによる。

――

「こぼす」か「注ぐ」かは、故意かどうかによる。

――

強制されてなった修道士に関するル・メートル氏*1の弁論。*2

（1）アントワーヌ・ル・メートル（一六〇八～五八）。神学者アルノーの甥に当たる弁護士で、ポール・ロワヤルに引退した。

（2）一六五七年刊行の『弁論、演説集』のなかの一篇「強制されて修道僧にされた息子のために」の冒頭に、「こぼす」の原語がさらに別の意味で用いられている。

五四　原一四五　ラ五七二（二ノ二三）

雑。

話し方。

私はそれに専念しようと思ったのですが。

五五　原三四四（八五一、九二七、三八五、九一六、五五、二六二、九二四、七八一）　ラ九〇七（二ノ三四）

鍵の開扉《かいひ》力。

鉤《かぎ》の牽引《けんいん》力。

五六　原一三〇（一五参照）　ラ五八三（二ノ二三）

察すること。「ご心痛、お察し申し上げます」

枢機卿《すうきけい》殿は、人から心中を察しられるのを好まなかった。

――

「私は不安に満ちた精神を持っている」。「私は不安に満ちている」のほうがよい。

五七　原一三四（四〇参照）ラ五二八（二ノ二三）

私は次のような挨拶《あいさつ》を聞くと、いやな気がする。「たいへんご苦労さまでした」「ご迷惑をおかけしはしないかと心配です」「あまり長くなりはしないかと心配です」こんなことを言う人は、まさにそのとおりだと思わせるか、私たちをいらだたせるか、どっちかである。

五八　原二五一（三五五、五八）ラ七七二（二ノ二七）

君は作法を知らないね。「どうぞお許しください」こんな言いわけさえしなければ、失礼なことがあったとは、気がつかなかっただろうに。

「恐れ入りますが」この場合、悪いのは彼らの言いわけだけなのである。

五九　＊原四四一（五九、一〇九）ラ六三七（二ノ二五）

「反乱の炬火《たいまつ》を消去する」あまりけばけばしすぎる。

――

「その天才の不安」大胆な言葉が二つで多すぎる。

第二章　神なき人間の惨めさ

六〇　　原二五　ラ六（一ノ一）

第一部。神なき人間の惨めさ。
第二部。神とともにある人間の至福。

換言すれば、
第一部。自然[*1]が腐敗していること。自然そのものによって。
第二部。修理者が存在すること。聖書によって。

（1）原語の「ナテュール」は、このほか、「自然性」「本性」「天性」などとも訳されることがある。

六一　　一写三七六　ラ六九四（二ノ二五）

順序。
私はこの論述を次のような順序で始めることも、あるいはできたであろう。すなわち、あらゆる境遇のむなしさを示すために、普通の生活のむなしさ、ついで懐疑論およびストア派の哲学的生活のむなしさを示すのである。しかし、この順序は守られないであろう。私は順序というものがどういうものであるか、そしてそれを理解している人がいかに少ないかということを、いささか心得ている。人間的な学問は一つとしてそれを守ることができない。聖トマス[*1]はそれを守らなかった。数学は、それを守るが、その深みにおいて無益である。

（1）トマス・アクィナスのこと。

六二　＊＊　原二〇六（六二、二四二）　ラ七八〇（二ノ二七）

第一部の序言。

自己認識の問題を論じた人たちについて話すこと。シャロンの区分について。[*1]これはわれわれをうっとうしくさせ、退屈させる。モンテーニュの混乱について。彼は、直線的方法の欠陥をよくわきまえていたので、話題から話題へと飛んでは、それを避けていた。彼は垢抜《あかぬ》けした様子を求めていたのだ。

彼が自己を描こうとした愚かな企て。しかもそれは、ふとして自分の主義に反してやったことではない。そういうあやまちなら、だれにでも起こることである。ところが、彼は自分自身の主義として、しかも初めからの主なもくろみとしてそれを行なっているのである。なぜなら、偶然と弱さとのために、ばかなことを言うのは、よくある失敗であるが、それをもくろみとして言うのは、がまんできないことだからである。しかもこんなことを言うにいたっては……

（1）シャロンの『知恵』の第一巻は、自己認識を論じたものであるが、一六〇七年の改版以後、六十二章に細分されている。

六三

原四二五　ラ六八〇（二ノ二五）

モンテーニュ。

モンテーニュの欠陥は大きい。みだらな言葉。グルネー嬢がなんと言おうと、*1 これは全く価値がない。軽信、「目のない人間」。*2 無知、「円と等面積の正方形を求めること」*3「もっと大きな世界」。*4 自殺や死についての彼の気持。*5 彼は救いについての無関心をふきこむ、「恐れもなく悔いもなく」。*6 彼の著書は人を敬虔《けいけん》にさせるために書かれたものではないから、この義務はなかった。しかし、人をそれからそらさないという義務は、どんな場合にもあるのである。人生のある場合における彼の、少し手放しで、享楽的な気持は許すことができる。七三〇、三三一。*7 しかし、彼の死に対する全く異教的な気持は許すことができない。なぜなら、すくなくとも死ぬことだけはキリスト教的にしようと願わないのだったら、敬虔の心をすっかり断念しなければならないからである。ところが彼はその著書全体を通じて、だらしなくふんわりと死ぬことばかり考えている。

（1）モンテーニュの死後、『エセー』の増補版を刊行したマリー・ド・グルネーは、一六三五年版以降の序文で、この点についてモンテーニュの弁護を試みた。
（2）モンテーニュ『エセー』二の一二。
（3）同二の一四。
（4）同二の一二。
（5）同二の三。
（6）同三の二、四。
（7）この数字は、パスカル使用の『エセー』の関係ページを示していると推定される。七三〇については、パスカルが平生使用していた一六五二年版の同ページに相当箇所（三の九）が見当たるが、三三一には見当たらないため、書き違いではないかと言われている。

六四　　原四三一　ラ六八九（二ノ二五）

モンテーニュのなかで私が読みとるすべてのものは、彼のなかではなく、私自身のなかで見いだしているのである。

六五　　＊原四四〇　ラ六四九（二ノ二五）

モンテーニュ。
モンテーニュにあるいいものは、なかなか手に入れにくいものである。彼にある悪いもの、といっても、品行の点を別にしての話であるが、それは、彼がどうでもいいことをくどくど言いすぎるし、また自分のことを話しすぎるということを彼に注意してやりさえすれば、すぐにでも改められたことだろう。

六六

原七五　ラ七二（一ノ三）

人は自分自身を知らなければならない。それがたとえ真理を見いだすのに役立たないとしても、すくなくとも自分の生活を律するには役立つ。そして、これ以上正当なことはない。

六七

原八一　ラ二三（一ノ二）

学問のむなしさ。

外的な事物についての学問は、苦しいときに、道徳についての私の無知を慰めてはくれないだろう。ところが徳性についての学問は、外的な学問についての私の無知をいつも慰めてくれるだろう。

六八

原一六九（六八、八八）　ラ七七八（二ノ二七）

人々は真人間[*1]になることは教えられないで、それ以外のことをみな教え込まれる。そして人々は、それ以外のことについて何か知っていることについては、真人間であることについて得意がるほどには得意がらない。彼らが知っているといって得意がるのは、彼らが教えられたことのない、ただ一つのことについてだけである。

（1）原語は、すでにたびたび出てきたオネットム。

六九

＊＊原一二三　ラ四一（一ノ二）

あまり早く読んでも、あまりゆっくりでも、何もわからない。

六九の二

原四三九　ラ七二三（二ノ二五）

二つの無限。中間。

あまり早く読んでも、あまりゆっくりでも、何もわからない。

七〇

原一一〇（四八参照）　ラ五一九（二ノ二三）

〔自然は……ない。

自然はわれわれをちょうどうまく真ん中においたので、われわれが秤《はかり》の一方を変えると、他方も変えることになる。ジュ・フゾン、ゾーア・トレケイ。[*1] このことからして私は、われわれの頭のなかには、その一方にさわると、その反対のほうにもさわるように仕組まれた発条《ばね》があるのではないかと思わされる」

（1）ジュ・フゾンは、フランスの方言で、ジュ（私）という単数の主語と、フゾン（為す）という複数の動詞が結びついている例であり、ゾーア・トレケイは、ギリシア語でゾーア（動物）という複数名詞が、トレケイ（走る）という単数形の動詞の主語になっている例なので、ちょうど逆の変則関係になっている。

七一

原二三　ラ三八（一ノ二）

あまり多くの、またはあまり少ない酒。

――

彼に酒をやらないでみたまえ。彼は真理を見いだせなくなる。

あまり多くても同様。

七二

原三四七、三四八、三五一、三五二、三五五、三五六、三五九、三六〇　ラ一九九（一ノ一五）

人間の不釣合《ふつりあい》。

〔自然的な認識がわれわれを導いていくところはここまでである。もしそれが真でないならば、人間のうちに真理は存在しない。また、もしそれが真ならば、人間はそこに卑下すべき大きな理由を見いだし、いずれにしても人間はへりくだらなければならない。

そして人間は、それを信じないでは存続できない以上、私のねがうところは、彼が自然のさらに大いなる探究にはいる前に、その自然を一度真剣に、またゆっくり観察し、また自分自身をも見つめることである。そして、彼がそこでどういう釣合になっているかを知って……」

そこで人間は、全自然をその高く満ちみちた威容のうちに仰視し、その視線を自分をとりまく低いものから遠ざけるがいい。そして宇宙を照らすための永遠の燈火のように置かれているあの輝かしい光に目を注ぎ、この天体の描く広大な軌道にくらべては、この地球も一点のように見え、さらにこの広大な軌道それ自体といえども、天空をめぐるもろもろの天体がとりまいている軌道にくらべては、ごく微細な一尖端《せんたん》にすぎないということに驚くがいい。しかし、もしわれわれの視線がそこで止まるならば、われわれの想像力がさらに遠く進むがいい。自然が与えるのに疲れるより先に、想像がそれを頭に入れるのに疲れてしまうであろう。すべてこの目に見える世界は、自然のゆったりしたふところのなかでは、目にもとまらぬほどの一つの線にすぎない。いかなる観念もそれに近づくことはない。われわれが、想像しうるかぎりの空間よりもさらに向こうへ、われわれの思いをいくらふくらませていったところでむだである。事物の現実にくらべては、原子を生みだすにすぎない。これは中心がどこにもあり、円周がどこにもない無限の球体である。すなわち、われわれの想像がその思考のなかに自分を見失ってしまうということこそ、神の万能について感知しうる最大のしるしである。

さて、人間は自分自身に立ち返り、存在しているものにくらべて、自分が何であるかを考えてみるがいい。そして自分を、この自然の辺鄙《へんぴ》な片隅に迷い込んでいるもののようにみなし、彼がいま住んでいるこの小さな暗い牢獄《ろうごく》、私は宇宙の意味で言っているのだが、そこから地球、もろもろの王国、もろもろの町、また自分自身をその正当な値において評価するのを学ぶがいい。

無限のなかにおいて、人間とはいったい何なのであろう。

しかし私は、人間に他の同じように驚くべき驚異を示そうと思うのであるが、それには彼がその知るかぎりのなかで最も微細なものを探求するがいい。一匹のだにが、その小さな身体のなかに、くらべようもないほどに更に小さな部分、すなわち関節のある足、その足のなかの血管、その血管のなかの血、その血のなかの液、その液のなかのしずく、そのしずくのなかの蒸気を彼に提出するがいい。そしてこれらのものをなおも分割していき、ついに彼がそれを考えることに力尽きてしまうがいい。こうして彼が到達できる最後の対象を、今われわれの論議の対象としよう。彼はおそらく、これこそ自然のなかの最も小さなものであると考えるであろう。私はそのなかに新しい深淵《しんえん》を彼に見せようと思う。単に目に見える宇宙だけではなく、自然について考えられるかぎりの広大無辺なものを、この原子の縮図の枠内に描きだしてやろうと思うのである。彼はそのなかに無数の宇宙を見、そのおのおのがそれぞれの天空、遊星、地球を、目に見える世界と同じ割合で持っているのを見、その地球のなかにもろもろの動物、そしてついにはだにを見るがいい。そしてこれらのだにのなかに、最初のだにが提供したものを再び見いだすであろう。こうして、その次のもののなかにも、やはりこれと同様に果てしのない、また休みのないものを見いだし、これらの不可思議、すなわちその広がりにおいて驚嘆すべき他の不可思議と同様に、その小ささにおいて驚嘆すべきこれらの不可思議に、茫然《ぼうぜん》自失するがいい。なぜなら、われわれの身体は、つい先ほどまでは、宇宙のなかにあって知覚できないほどのものであり、その宇宙すら、全体のうちにあって知覚しがたいほどのものであったにもかかわらず、今やその身体が、人の到達できない虚無に対しては一個の巨人であり、一つの世界であり、いな、むしろ全体であるということについて、だれか感嘆しない者があるであろうか。

このように考えてくる者は、自分自身について恐怖に襲われるであろう。そして自分が、自然の与えてくれた塊《かたまり》のなかに支えられて無限と虚無とのこの二つの深淵の中間にあるのを眺め、その不可思議を前にして恐れおののくであろう。そして彼の好奇心は今や驚嘆に変わり、これらのものを僭越《せんえつ》な心でもって探究するよりは、沈黙のうちにそれを打ち眺める気持になるだろうと信ずる。

なぜなら、そもそも自然のなかにおける人間というものは、いったい何なのだろう。無限に対しては虚無であり、虚無に対してはすべてであり、無とすべてとの中間である。両極端を理解することから無限に遠く離れており、事物の究極もその原理も彼に対して立ち入りがたい秘密のなかに固く隠されており、彼は自分がそこから引き出されてきた虚無をも、彼がそのなかへ呑《の》み込まれている無限をも等しく見ることができないのである。

それなら人間は、事物の原理をも究極をも知ることができないという永遠の絶望のなかにあって、ただ事物の外観を見る以外に、いったい何ができるのであろう。すべてのものは、虚無から出て無限にまで運ばれていく。だれがこの驚くべき歩みについていくというのだろう。これらの不可思議の創造主は、それを包含している。他の何びとにもそれはできない。

これらの無限をしっかり打ち眺めなかったために、人間は、あたかも自然に対して何らかの釣合を持っているかのように、向こう見ずにもその自然の探求へと立ち向かったのである。彼らがその対象と同じように無限なうぬぼれをもって、事物の原理を理解しようとし、そこからすべてを知るに至ろうとしたのは、奇怪なことである。なぜなら、このような意図は、自然と同様に、無限な能力、あるいはうぬぼれなしには、とうてい抱《いだ》きうるものでないことは、疑いないからである。

学識ある者は、自然は自分の姿とその創造主の姿とをあらゆるもののなかに刻み込んだので、それらのものは、ほとんどすべてその二重の無限性をそこから受けているということを理解する。すなわちわれわれは、すべての学問が、その探究の範囲において無限であることを認める。なぜなら、たとえば幾何学が展開すべき命題は、無限に無限であることをだれが疑うであろう。同様に、これらの学問は、その原理が多数で微細である点においても無限である。なぜなら最後のものとして提出された原理といえども、それ自身では立つことができず、他の原理によって支えられ、その原理もまたさらに他の原理を支えとしているのであるから、最後のものなど決してありえないということを、認めない者があろうか。しかしわれわれは理性に対して、最後のものと見えるものに対して、物質的なものについてするのと同じことをしている。すなわち、物質的なものについては、その性質上無限に分割できるにもかかわらず、われわれの感覚がそれ以上何ものも認められない点をさして不可分の点と呼んでいるのである。

学問のこの二つの無限のうち、大きい無限のほうは、ずっと感じられやすい。そのため、万物を知るとあえて自負するにいたった人は少ない。「私はすべてのことについて語ろうと思う」とデモクリトスは言った。[*1]

しかし小さい無限のほうは、ずっと認めにくい。哲学者たちは、多くの場合、そこに到達すると自負しただけであって、みなそこでつまずいてしまった。そのために、これらのありふれた書名、『事物の原理について』『哲学の原理について』[*2]といったたぐいのものが出現したのである。それらは、一見それほどではないが、実際は、〈すべての知りうべきことについて〉[*3]という人目にあまるものと同じようにけばけばしいものである。

事物の周囲をつつむよりは、その中心へ達するほうがはるかに可能だと、われわれはおのずと考える。世界の目に見える広がりは、目に見えてわれわれを超越する。しかし、小さいものは、それを超越しているのがわれわれなのであるから、われわれはそれを所有するほうがはるかに可能であると考えている。しかしながら、虚無に達するためには、万有に達するのと少しも劣らない能力を必要とするのである。そのいずれに達するためにも、無限の能力が必要である。そして、もし事物の究極の原理を理解した人があるとするならば、その人は同様に無限を知ることにも到達しえたであろうと私には思えるのである。一は他に依存し、そして一は他に導く。これら両極端は、相遠ざかるあまりに相触れ、相合し、そして神のうちで再会する。しかもそれは、神のうちにおいてだけである。

それならば、われわれの限度をわきまえよう。われわれは、なにものかであって、すべてではない。われわれの持っている存在が虚無から生ずる第一原理の認識をわれわれから盗み去り、われわれの持っている存在の少なさが、無限を見ることをわれわれから隠すのである。

われわれの知性は、知的なものの次元において、われわれの身体が自然の広がりのなかで占めるのと同じ地位を占めている。

われわれは、あらゆる方面において限られているので、両極端の中間にあるということの状態は、われわれのすべての能力において見いだされる。われわれの感覚は、極端なものは何も認めない。あまり大きい音は、われわれの耳を聞こえなくする。あまり強い光は、目をくらます。あまり遠くても、あまり近くても、見ることを妨げる。話があまり長くても、あまり短くても、それを不明瞭にする。あまり真実なことは、われわれを困惑させる。私は、ゼロから四を引いてゼロが残るということを理解できない人たちがいるのを知っている。第一原理は、われわれにとってあまりに明白すぎる。あまりに多くの快楽は、不快にする。あまりに多くの協和音は、音楽では、気にさわる。あまりの恩恵は、われわれをいらだたせる。われわれは負債を余分に償えるようなものがほしいのである。〈恩恵は返却可能と見られるあいだは好ましいが、度をはるかに越えれば、感謝に代わって憎悪にて報いられる〉[*4]われわれは極端な暑さも、極端な冷たさも感じない。過度の性質は、われわれの敵であって、感知できないものである。われわれはもはや、それを感じることなく、その害を受けるのである。あまりの若さも、あまりの老年も、精神を妨げる。多すぎる教育も、少なすぎる教育もまた同様である。すなわち、極端な事物は、われわれにとっては、あたかもそれが存在していないのと同じであり、われわれもそれらに対しては存在していない。それらのものがわれわれから逃げ去るか、われわれがそれらのものから逃げ去るかである。

これがわれわれの真の状態である。そのために、われわれは確実に知ることも、全然無知であることもできないのである。われわれは、広漠たる中間に漕《こ》ぎいでているのであって、常に定めなく漂い、一方の端から他方の端へと押しやられている。われわれが、どの極限に自分をつないで安定させようとしても、それは揺らめいて、われわれを離れてしまう。そしてもし、われわれがそれを追って行けば、われわれの把握《はあく》からのがれ、われわれから滑《すべ》りだし、永遠の遁走でもって逃げ去ってしまう。何ものもわれわれのためにとどまってはくれない。それはわれわれにとって自然な状態であるが、しかもわれわれの性向に最も反するものである。われわれはしっかりした足場と、無限に高くそびえ立つ塔を築くための究極の不動な基盤を見いだしたいとの願いに燃えている。ところが、われわれの基礎全体がきしみだし、大地は奈落《ならく》の底まで裂けるのである。

それゆえに、われわれは何の確かさも堅固さも求めるのをやめよう。われわれの理性は、常に外観の定めなさによって欺かれている。何ものも有限を、それを取り囲み、しかもそれから逃げ去る二つの無限のあいだに固定することができないのである。

このことがよくわかったら、人は自然が各人を置いたその状態で、じっとしているであろうと思う。

われわれの分として与えられたこの中間が、両極からは常に隔たっている以上、人が事物の知識を少しばかりよけい持ったとしたところで、何になるであろう。もし彼がそれを持っているとすれば、彼はそれを少しばかり上のところから取っただけのことである。彼は常に究極からは無限に遠ざかっているのではなかろうか。またわれわれの寿命は、それが十年よけい続いたとしたところで、永遠からは等しく無限に遠いのではなかろうか。

これらの無限を目の前におけば、有限なものはすべて相等しい。それで私には、なぜわれわれの思いを、他の有限でなく、ある一つの有限の上におくのであるか、その理由がわからない。われわれを有限なものとくらべることだけがわれわれを悩ますのである。

もし人間が、まず第一に自分を研究したならば、それ以外に出ることが、どんなに不可能かがわかるだろう。どういうふうにして一部分が全体を知りえようか。だがおそらく彼は、すくなくとも自分とのあいだに釣合を保っている部分だけでも知りたいと渇望するだろう。しかし世界の諸部分は、すべて互いにあのように関係し連絡しているので、他の部分を知らず、そしてまた全体を知らずに、一部分を知ることは不可能であると思う。

たとえば人間は、彼の知っているすべてのものと関係を持っている。彼は、彼をいれるための場所、存続するための時間、生きるための運動、彼を組成するための諸元素、彼を養うための熱と食料、呼吸するための空気を必要とする。彼は光を見、物体を感知する。要するに、すべてのものは彼に縁があるのである。それで、人間を知るためには、どういう理由で彼が生存するために空気を必要とするのかを知らなければならず、その空気を知るためには、どういう点でそれが人間の生命に対してこのような関係を持っているのかを知らなければならない、等々。

炎は、空気なしには存続しない。したがって、一を知るには、他を知らなければならない。

このようにすべての事物は、引きおこされ引きおこし、助けられ助け、間接し直接するのであり、そしてすべてのものは、最も遠く、最も異なるものをもつなぐ、自然で感知されないきずなによって支えあっているので、全体を知らないで各部分を知ることは、個別的に各部分を知らないで全体を知ることと同様に不可能であると、私は思う。

〔さらに、事物のそれ自体における、あるいは神における永遠性も、われわれの短い存続を驚かさずにはおかない。

自然の一定不変な不動性も、われわれのうちに起こる絶えまのない変化とくらべて、同じ結果を起こすにちがいない〕

事物を知ることについてのわれわれの無力に止《とど》めをさすものは、事物それ自体は単純であるのに、われわれは、霊魂と身体という、相反し、種類の異なる二つの本性から組成されていることである。なぜなら、われわれのうちにあって推理する部分が、精神的以外のものであるということは不可能である。またもし、われわれが単に身体的であると主張するならば、それはわれわれを事物の認識からいっそう遠ざけることになるであろう。なぜなら、物質がそれ自身を知るということほど不可解なことはないからである。物質がどうやってそれ自身を知るのかを、われわれは知ることができない。

このようにして、もしわれわれが単に物質的であるならば、われわれは全然なにも知ることができず、もしわれわれが精神と物質とによって組成されているならば、われわれは、精神的なものでも、物体的なものでも、すべて単純なものは、完全には知ることができないのである。

ここから、ほとんどすべての哲学者たちが、事物の観念を混同し、物体的なものを精神的に話し、精神的なものを物体的に話すようになるのである。なぜなら、彼らは大胆にも、物体は下方に向かうとか、その中心を渇望するとか、自身の破壊を避けるとか、真空を恐れるとか、意向や共感や反感を持つとか言うが、それらはすべて精神だけに属するものである。また、彼らは精神について話しながら、それをあたかもある場所にあるかのようにみなし、一つのところから他のところへの運動を付与したりするが、それらはすべて物体だけに属するものである。

われわれは、それらの事物の純粋な観念を受け入れるかわりに、それらをわれわれの性質でもって染めてしまい、われわれの眺めるすべての単一な事物を、われわれの複合的な存在でもって印するのである。

われわれがあらゆる事物を精神と物体とから合成するのを見て、この混合こそ、われわれにとってきわめて理解しやすいものであろう、とだれが思わないであろう。ところが、これこそ最も理解しにくいものなのである。人間は、自分自身にとって、自然のなかでの最も驚異に値する対象なのである。なぜなら、人間は、身体が何であるかを理解できず、なおさらのこと精神が何であるかを理解できない。まして、身体がどういうふうにして精神と結合されうるのかということは、何よりも理解できないのである。そこに、彼の困難の窮みがあり、しかもこれが、彼の固有の存在なのである。〈精神と身体との結合様式は、人間に理解しえぬところである。しかもこれがすなわち人間なのである〉[5]

最後に、われわれの弱さの証拠を完全にするために、私は次の二つの考察によって結ぼうと思う……

（1）モンテーニュ『エセー』二の一二による。
（2）デカルトの『哲学の原理』は、パスカルの青年時代の一六四四年に出版された。
（3）ピコ・デルラ・ミランドラが一四八六年、ローマで公表しようとした九百の提題の一つ。
（4）タキトゥス『年代記』四の一八。モンテーニュ『エセー』三の八による。
（5）アウグスティヌス『神の国』二一の一〇。モンテーニュ『エセー』二の一二による。

七三

原七〇、三六六（二九四、七三）　ラ七六（一ノ三）

〔しかし、この問題はおそらく理性の範囲を越えているであろう。それでは理性の考えだしたことを、その力に応じた事物について検討してみよう。もしも理性が自分自身の利害によって最も真剣に努力させられるはずのことが何かあるとすれば、それは自分の最高善の探究についてである。だから、これらの強力で慧眼《けいがん》な人々が最高善をどこにおいたか、また彼らがそれについて一致しているかどうかを調べてみよう。

ある人は、最高善は徳のうちにあると言い、[*1]他の人はそれを快楽のうちにおき、他の人は自然に従うことのうちに、他の人は真理のうちにおく。〈事物の原因を知りうる者は幸福である〉[*2]他の人は完全な無知に、他の人は無感覚のうちに、他の人々は外観に抵抗することに、他の人は何事にも驚嘆しないことにおく。〈何事にも驚かないことこそ、幸福を支えかつ保たしめうるほとんど唯一のものである〉そして健気《けなげ》な懐疑論者たちは彼らの平静《アタラクシア》、懐疑、絶えざる判断中止のうちにおき、そして他のもっと賢明な人々は、願い事の対象としてさえ最高善を見いだすことはできないとした。これでわれわれはもうさんざんである。

法律の後に移すこと。次の項目。[*3]

このみごとな哲学が、あれほど長期の緊張した労苦によっても確実なものは何も獲得できなかったということを認めなければならないとしても、すくなくとも霊魂が自分自身を知るということはありえたのではなかろうか。この問題について世の先生がたに尋ねよう。彼らは霊魂の実体について何を考えたのであろう。

三九五。

彼らはその宿所を定めるのについては、もっと成功したであろうか。

三九五。

彼らはその起原、存続期間および出発について何を見いだしたであろう。

三九九。

それでは、霊魂でさえ、自分の弱い光にとっては尊《とうと》すぎる問題であろうか。それならば物質にまで下げるとしよう。そして霊魂が生かしてやっている自分の身体そのものや、自分が眺め、自分が意のままに動かしている他の物体が、何によってできているかを知っているかどうか調べてみよう。

何も知らないものはないという、かの偉大な独断論者たちは、そのことについて、いったい何を知ったのであろう。

三九三。

〈これらの諸説のうち〉*4

もしも理性が理性的であったならば、これだけでたしかに十分であろう。理性は、まだ何も確実なものは見いだしえなかったということを告白する程度だけには理性的である。しかし理性は、確実なものに到着することをあきらめない。それどころか、今までにかつてないほどにこの探究に熱心であり、自分のうちにこの征服に必要な力を持っていると確信している。

それであるから、理性に止めをささなければならない。すなわち、その力を結果において検討した後に、その力自身のうちにおいて観察しよう。理性が真理を把握するに足るなんらかの力と手がかりとを持っているかどうか見ることにしよう」

（1）これから先は、特に他の出所を掲げる一箇所以外は、すべてモンテーニュ『エセー』二の一二（「レーモン・スボンの弁護」）からの引用、またはその論旨の要約である。数字は一六五二年版のページである。

（2）モンテーニュ『エセー』三の一〇による。

（3）この一行は、原稿では、この次の行から三九九という数字のところまでの一節の左側欄外に、三行に分けて記されており、「次の項目」という前には長い横線が引かれて、その前と区別されている。ここで述べられている「法律」というのは、同じ紙の裏側に記されている断章二九四のことである。

（4）「そしてこれらのもろもろの意見の列挙の後において、〈これらの諸説のうちのいずれが真であるかは、神だけが知るであろう〉とキケロが言っている」（モンテーニュ『エセー』二の一二）。

七四

原四八七　ラ四〇八（二ノ一）

人間的学問と哲学との愚かさについての手紙。

この手紙を「気ばらし」の前に。
〈……うる者は幸福である〉[*1]
〈何事にも驚かないことこそ幸福である〉[*2]
モンテーニュのなかの二百八十種の最高善。[*3]

(1) 断章七三、注(2)参照。
(2) 断章七三参照。
(3) モンテーニュ『エセー』二の一二による。モンテーニュは、ヴァルロの計算というものを、正しく二百八十八と記したのであるが、一五九五年版以来、パスカルの使用した版も含めて、長いあいだ二百八十と誤植されていたものである。

七四の二　　一写二五七　ラ四七九（二ノ一一）

哲学者たちには二百八十の最高善。

七五　　原三九三（七五、六三六）　ラ九五八（欠）

第一部、第二篇、第一章、第四節。[*1]
〔臆説《おくせつ》。さらに一段引き下げて、それをおかしなものにすることは、困難でないだろう。なぜなら、それ自体からはじめれば〕

生気のない物体が情念や恐れや嫌悪《けんお》を持ち、また、無感覚で、生命を持たず、生命の資格さえない物体がそれを感じるためには、すくなくとも感性的霊魂を前提とする情念を持ち、さらにまた、その嫌悪の対象が真空であるなどということほど不合理なことがあろうか。真空のなかにこれらのものを恐ろしがらせる何ものがあるのだろう。これ以上低級でおかしなことがあろうか。

それだけでなく、物体はそれ自身のなかに、真空を避けるための運動の原理を持っているというのである。物体は、腕や、足や、筋肉や、神経を持っているのだろうか。

（1）このままの形では発表されなかった『真空論』の章節を示す。

一写三三五　ラ五五三（二ノ二三）

七六

学問をあまり[*1]深く究《きわ》める人々に反対して書くこと。デカルト。

（1）「あまり」は第一写本になく、第二写本（二八七）による。

七七

ゲリエ第二写本　ラ一〇〇一[*1]

私はデカルトを許せない。彼はその全哲学のなかで、できることなら神なしですませたいものだと、きっと思っただろう。しかし、彼は、世界を動きださせるために、神に一つ爪弾《つまはじ》きをさせないわけにいかなかった。それからさきは、もう神に用がないのだ。

（1）パスカルの姪マルグリット・ペリエの『覚え書』による。

七八

原四一五（五一参照）　ラ八八七（二ノ三四）

無益で不確実なデカルト。

七九

原一五二（三二七、七九）　ラ八四（一ノ五）

〔デカルト。

大づかみにこう言うべきである。「これは形状と運動から成っている」と。なぜなら、それはほんとうだからである。だが、それがどういう形や運動であるかを言い、機械を構成してみせるのは、滑稽である。なぜなら、そういうことは、無益であり、不確実であり、苦しいからである。そして、たといそれがほんとうであったにしても、われわれは、あらゆる哲学[*1]が一時間の労にも値するとは思わない〕

（1）当時「哲学」という語は、特に自然哲学、すなわち外的事物に関する学問をさす場合が少なくなかった。

八〇

原二三二（八〇、五三六）　ラ九八、九九（一ノ五）

びっこの人が、われわれをいらいらさせないのに、びっこの精神を持った人が、われわれをいらいらさせるのは、どういうわけだろう。それは、びっこの人は、われわれがまっすぐ歩いていることを認めるが、びっこの精神の持ち主は、びっこをひいているのは、われわれのほうだと言うからである。そうでなければ、われわれは、同情こそすれ、腹を立てたりなどしないだろう。

エピクテトスは、もっと力をこめて問うている。「われわれは、人に頭が痛いでしょうと言われても怒らないのに、われわれが推理を誤っているとか、選択を誤っているると言われると怒るのは、なぜだろうか」[*1]

―

その理由はこうである。われわれは、頭が痛くはないということや、びっこでないということは確信しているが、われわれが真なるものを選んでいるということについては、それと同じ程度の確信は持てない。したがって、そのことについての確信は、われわれがそれをわれわれの全力で見ているということ以外に根拠がないのであるから、他の人がその全力で正反対のことを見るならば、われわれは宙に迷わされ、困惑させられる。まして千人もの人たちがわれわれの選択をあざける場合は、なおさらのことである。なぜなら、こうなるとわれわれは、われわれの理性の光のほうを、かくも多くの人たちの光よりも優先しなければならないことになるが、それは大胆で困難なことであるからである。びっこに関する感覚については、このような矛盾が決してない。

（1）エピクテトス『語録』四の六。

八一　　原四二三（九一、八一、五二一、一二一）　ラ六六一（二ノ二五）

精神は自然に信じ、意志は自然に愛する。したがって、両者とも真の対象がなければ、誤った対象に執着せざるをえない。

八二　　原三六一、三六二、三六九、三七〇（八二、八三）　ラ四四（一ノ二）

想像力。

これは人間のなかのあの欺く部分のことである。あの誤りと偽りとの主《ぬし》であり、いつもずるいと決まっていないだけに、それだけいっそうずるいやつである。なぜなら、もしそれが嘘《うそ》のまちがいのない基準だったら、真理のまちがいのない基準となっただろうから。ところが、それは、たいていの場合に偽りだというのだから、真にも偽にも同じ印《しるし》をおして、自分の正体を少しもあらわさない。私は愚かな人たちについて話しているのではない。最も賢い人たちについて話しているのである。こういう人たちのあいだでこそ、想像力は人々を説得する大きな権限を持っているのである。理性がいかにわめいてもむだで、理性には物事に値段をつけることはできない。

理性の敵であり、理性を制御したり支配したりするのが好きなこの尊大な能力は、自分があらゆることにおいてどれだけ有力であるかを示すために、人間のなかに第二の天性をつくり上げた。想像力には想像の上での幸福な者、不幸な者、じょうぶな者、病める者、富める者、貧しい者がある。それは理性を、信じさせ、疑わせ、否定させる。それは、感覚を停止させたり、感じさせたりする。それには想像の上での愚か者と賢者とがある。それが、自分を客としている人たちの心を、理性の場合とはすっかり違う、充実した完全な満足でいっぱいにするのを見ることほどに、われわれを癪《しゃく》にさわらせることはない。分別ある人たちなら、そんないい気になれるはずがないのに、想像による才人たちは、それとは全く違って得々としている。彼らは、偉そうに人々を見下す。彼らは、大胆に、自信をもって議論し、分別ある人たちのほうは、恐る恐る、自信を持たずに議論する。またその顔つきの快活さは、しばしば、聴く人たちの意見を彼らのほうに有利にする。想像による賢者は、同じ性質の判定者からこんなにひいきにされるのである。想像力は、愚かな人たちを賢者にすることはできないが、彼らを幸福にすることができる。それに反して、理性のほうは、その友人たちを惨めにするだけである。前者は彼らを栄光でおおい、後者は恥辱でおおう。

名声を授けるのは、いったいだれか。人物や作品や法律や大貴族に、尊敬と崇敬とを与えるのは、この想像する能力でなくて何であろうか。地上のあらゆる富も、その同意が得られなければ不十分なのである。

尊敬すべき老齢のゆえに全国民から敬われているこの法官は、純粋至高な理性によってみずからを律し、弱者の想像しかそこなわない空《むな》しい情状にこだわらず、物事をその本性に従って判断するに違いないと、諸君は言うかもしれない。この法官が説教を聴きに行くのを見なさい。彼はその堅固な理性を、熱烈な愛によっていっそう強め、すこぶる敬虔な熱誠をもってそこにつらなっている。模範的な尊敬をもって説教を聴こうと待ちかまえているのだ。そこへ説教者が現われる。彼が生まれつき嗄《しゃが》れ声で珍妙な顔つきをしていたとしよう。また理髪師が彼の顔を剃《そ》りそこない、おまけになにかの拍子で顔が汚れていたとしよう。この説教者がどんな大真理を語ろうとも、われわれの老法官の謹厳さが失われることは請けあいである。

世の最大の哲学者が、必要以上に幅の広い板の上に乗っていたとしても、もしもその下に絶壁があれば、彼の理性が彼の安全を納得させても、彼の想像のほうが勝つだろう。多くの人は、その考えをいだくだけでも、色を失ったり、冷や汗をかいたりすることであろう。

私は想像の結果を全部あげようとは思わない。猫や鼠を見かけたり、炭が押しつぶされたりすることなどが理性を脱線させるものだということを知らない人があろうか。声の調子は、最も賢い者をも欺き、演説や詩の力を変える。

愛情や憎悪《ぞうお》は、裁判の局面を転換させる。そして、あらかじめたんまり支払われた弁護士は、自分の弁護する訴訟事件を、いかにいっそう正しいと思うことだろう。彼の大胆な身ぶりが、その外観にだまされた裁判官に、どれだけその事件をよく見せることだろう。一陣の風が、しかもあらゆる方向にあやつる、おかしな理性。

こうしていくと、人間の行動のほとんどすべてをあげることになりそうだ。これらの行動は、ほとんど想像のゆさぶりだけで振り回されているからだ。なぜなら、理性のほうが譲歩しなければならなかったからであり、最も賢明な理性は、人間の想像力が、それぞれの場所で、向こう見ずに導入した諸原理を自分のものとして採用しているからである。〔理性だけに従おうとする者は、普通の人たちの判断からすれば、証明ずみのばか者となろう。世間が好んでそうしているのだから、想像の上だけのものであることがわかっている幸福のために、終日、働かなければならない。そして、睡眠がわれわれの理性の疲れを癒してくれたならば、ただちに飛び起きて、煙のあとを追っかけまわり、この世間の主の感化を受けなければならないのだ。

――ここに、誤謬《ごびゅう》の原理の一つがあるが、その一つだけではない。――

人間がこれら二つの勢力を同盟させたのは、たといこの和平では想像力のほうがはるかに得をしているにせよ、当を得たことである。なぜなら、戦いとなれば、想像はもっと完璧《かんぺき》に得をするからである。理性が想像に全面的に勝つなどということは決してなく、その反対こそ普通なのである」

わが法官たちは、この秘法をよく心得ていた。彼らの赤い法服、彼らが毛皮猫族《シャ・フウレ》[1]のように身を包んでいる白貂《しろてん》の毛皮、彼らが裁判を行なう法廷、ゆりの花、[2]すべてこれらのおごそかな仕掛けは大いに必要であった。そして、もし医者たちに長衣や雌騾馬《めすらば》がなく、また博士たちに角帽やどこもかもだぶだぶの学服がなかったならば、こんな堂々たる体裁には弱い世間を欺くことなどとてもできなかったであろう。もし法官たちが真の正義を持ち、医者たちが真の医術を持っていたなら、角帽などに用はなかっただろう。それらの学問の威容は、それ自体で十分尊敬されるはずだっただろう。ところが、彼らには想像的な学問しかないので、彼らの相手方である想像力に訴えるような、つまらぬ道具立てをしなければならないのだ。そして、こうすることによって、彼らは、実際に尊敬を受けるのである。ただ軍人だけは、そのような扮装はしない。なぜなら、実際に彼らの役割はもっと本質的なものであるからである。彼らは力によって立つが、他の人たちは見せかけによるのである。

そういうわけで、わが国王たちも、そのような扮装を求めなかった。彼らは、自分を国王らしく見せるために、異様な服装でもって化けることなどしなかった。そのかわり、親衛兵や槍兵を従えた。彼らのためにだけ腕や力を持っているこれらの武装部隊、先頭に進む喇叭《らっぱ》手《しゅ》や鼓手たち、彼らをとりまく軍団、それらは、どんなにしっかりした人たちをも縮み上がらせる。彼らは服装を持たないが、ただ彼らは力を持っているのだ。壮麗な宮殿の中にいて、四万の親衛兵にとりまかれているトルコ皇帝を、ただの人間だと思うためには、よほど澄みきった理性を持つ必要があろう。

われわれは、長衣をまとい、法帽をかぶった弁護士を一目見ただけで、彼の能力についての有利な見解をいだかずにはいられなくなる。

想像力はすべてを左右する。それは、美や正義、そしてこの世にとってすべてである幸福をつくりだす。

私はその題名しか知らないが、それだけでもたくさんの書物に匹敵する、『〈世の主である臆説について〉』*3というイタリアの本を見たいものだと心から思っている。その書物を知らないのに、それに同意する。ただし、悪いところがあれば、それは別だが。

われわれを、必然的な誤謬へ導くために、特に与えられたかのように見えるこの欺瞞《ぎまん》的能力の作用は、だいたい以上のようである。誤謬の原理は、ほかにもまだたくさんある。

古い印象だけが、われわれをだますとはかぎらない。新しいものの魅力も、同じ力を持っている。幼時の誤った印象に従うと言うか、新しい印象を無鉄砲に追いかけると言うか、そのどっちかを言っては、互いに責め合っている人間どものあらゆる争論は、そこから起こるのである。だれがいったい中正を保っているのだろう。われこそと思う人は出てきて、それを証明するがいい。どんなに自然な原理でも、たとい幼時からのものであっても、それが、教育または感覚による誤った印象だということにされないようなものは、一つもない。

ある人は言う。「君は子供の時から、箱の中に何も見えなければ、それは空《から》だと信じていたので、真空というものを可能だと考えたのだ。だが、それは君の感覚の錯覚が、習慣によって強められたものにすぎないのだから、学問によってそれを訂正しなければならないのだ」他の人たちは言う。「真空というものは存在しないと学校で教えられたために、そういうまちがった印象を受ける前までは、あんなにはっきり真空を理解していた君の常識が、ゆがめられてしまったのだ。これは、君の最初の本性に訴えて訂正しなければならないのだ」では、どっちがだましたのだろう。感覚か、それとも教育か。

われわれに、病気という、いま一つの誤謬の原理がある。それは、われわれの判断と感覚とをそこなう。そして重い病がそれを目立って変質させるならば、軽いものでも、その程度に応じた影響を与えるということを私は疑わない。

われわれ自身の利害というものも、われわれの目を気持がいいほどくらます、すばらしい道具である。世界一公平無私な人でも、自分自身の訴訟事件の裁判官となることは許されない。そのような自愛に陥るまいとして、逆方向に世界一不正となった人々を、私は知っている。完全に正しい事件に敗訴する確実な方法は、その事件を、そういう彼らに、その近親者からよろしく頼ませることであった。真理と正義とは、実に微妙な二つの尖端であって、われわれの道具は、それにぴったり触れるには、磨滅しすぎている。それに届いたときには、尖端がつぶれて、すっかりそのまわりを、真よりもむしろ偽のほうを多く、押えてしまうのである。

〔こうして人間は、実にうまく作られているので、真についてはなんら正しい原理を持たず、偽についてはりっぱなのをたくさん持っている。それで今度は、どんなに……であるかを見よう。

しかし、人間の誤謬のいちばんおかしな原因は、感覚と理性とのあいだで行なわれる戦いである〕

（1）ラブレー『パンタグリュエル』五の一一で、裁判官を諷刺するため用いられたことば。
（2）フランス王朝の紋章。
（3）出所不明。

八三　原三七〇（八二参照）　ラ四五（一ノ二）

欺瞞的諸勢力の章をここから始めること。*1

人間は、恩恵なしには消しがたい、生来の誤謬に満ちた存在でしかない。何ものも彼に真理を示さない。すべてが彼を欺く。真理の二つの原理である理性と感覚とは、それぞれが誠実性を欠く上に、相互に欺き合っている。感覚は偽の外観でもって理性を欺く。感覚が理性に持ってくるこのまやかしは、それと同じものを今度は感覚が理性から受け取るのである。理性が仕返しするのだ。霊魂の情感が感覚を乱し、偽りの印象を与える。彼らは競って嘘をつき、だまし合っている。

しかし、偶発的で、そしてこれらの異質的な能力のあいだの不和から生じるこれらの誤謬のほかに……

（1）この表題は、断章全体の左側の欄外に記されている。

八四

原一二七（七四四、八四、一〇七）　ラ五五一（二ノ二三）

想像は、途方もない見積もりをして、小さな対象をわれわれの魂を満たすほどまでに拡大し、向こう見ずな思い上がりから、大きなものを自分の寸法にまで縮小するのである。ちょうど神について話すときのように。

八五

原一四二　ラ五三一（二ノ二三）

自分の財産の貧弱なことを隠すといったような、われわれの心を最もつよく捉《とら》えているこの種のことがらは、多くの場合、ほとんどとるにたらないことである。それは、われわれの想像力が、山のように大きくした、全くの無である。想像力がもうひとまわりすれば、われわれにそのことを苦もなく発見させてくれる。

八六

原五〇（三七参照）　ラ一九六（二ノ一五）

〔私の気分は、蛙《かえる》のようにがあがあ言う人や、息を吹きながら食べる人を、私に嫌悪させる。気分というものもなかなか重みのあるものである。そこから何を学ぶのだろう。その重みが自然だからといって、われわれがそれに従うというのだろうか。いな、われわれはむしろそれに抵抗するだろう〕

八七

原二六九　ラ五〇六（二ノ二〇）

〈五八三。[*1]まことに、この人は、大いなる努力をして、大いなる徒言《むだごと》を言うであろう。テレンティウス。[*2]

自分の作りごとに支配される人間以上に不幸なものが存在するかのごとく。プリニウス〉[*3]

（1）モンテーニュ『エセー』一六五二年版のページを示す。

（2）モンテーニュ『エセー』三の一より引用。

（3）同二の一二より引用。

八八

原一六九（六八参照）　ラ七七九（二ノ二七）

自分で塗りたくった顔をこわがる子供たち。彼らは子供である。しかし、どうやったら、子供のときあんなに弱かったものが、年をとってから大いに強くなれるだろう。人はただ思いつきの内容を変えるだけである。すべて進歩によって改善されるものは、同じく進歩によって滅びる。すべてひとたび弱かったものは、決して絶対に強くはなりえない。「彼は成長した、彼は変わった」と、人がいくら言っても、むだである。彼はやはり同じである。

八九

原八（二三三、八九、二三一、四七七、六〇六、五三五、二七七、二七八、六〇四、五四二）　ラ四一九（二ノ二）

習慣はわれわれの本性である。信仰に慣れる者はそれを信じ、もはや地獄を恐れずにはいられなくなり、ほかのものを信じない。

王は恐るべきものだと信ずることに慣れる者は……等々。

したがって、われわれの霊魂も、数、空間、運動を見ることに慣れたため、それを信じ、それだけしか信じないのであるということを、だれが疑うであろう。

九〇

原二六九　ラ五〇六（二ノ二〇）

〈しばしば見るものについては、たといそれがいかにして起こるか不明でも、驚嘆しない。かつて見たことのないものは、もしそれが起こると、奇々怪々と見なす。キケロ〉[1]

（1）モンテーニュ『エセー』二の三〇より引用。

九一

原四二三（八一参照）　ラ六六〇（二ノ二五）

〈太陽の海綿[1]〉

われわれは、ある現象が常に同じように起こるのを見ると、そこから自然的必然性を結論する。たとえば、明日も日があるなどというごときである。しかし、自然はしばしばわれわれの予想を裏切り、自分自身の規則に従わない。

（1）ジャザンスキー教授が一九四二年に発表した新説によると、一六〇四年にイタリアで発見された硫化バリウムを含んだ、燐光を放つ石のことで、昼間日の光に当てておくと夜中に光を発するところから、「太陽の海綿（スポンギア・ソリス）」と呼ばれた。これは当時の物理学上の定説をいろいろな点でくつがえしたので、この断章の適例としてパスカルがあげたものであろう。

九二

原一六三　ラ一二五（一ノ七）

われわれの自然的な原理というものは、われわれがそれに習慣づけられた原理でなくて何であろう。そして、子供たちにおいても、動物における獲物《えもの》追求のように、父親たちの習慣から受けついだものでなくて何であろう。

異なる習慣は、われわれに異なる自然的原理を与えるであろう。それは経験によって明らかである。そして、習慣によっては打ち消せない自然的原理があるかと思えば、自然によっても、そして第二の習慣によっても打ち消せない、自然に反する習慣もまた存在する。それは、人々の素質によることである。

九三　　原一九五　ラ一二六（一ノ七）

父親たちは、子供たちの自然な愛が消えてしまいはしないかということを恐れる。では、消えることがあるようなこの自然性とは、いったい何だろう。

習慣は第二の自然性であって、第一の自然性を破壊する。しかし自然性とは何なのだろう。なぜ習慣は自然でないのだろう。私は、習慣が第二の自然性であるように、この自然性それ自身も、第一の習慣であるにすぎないのではないかということを大いに恐れる。

九四　　原四七　ラ六三〇（二ノ二四）

人間の本性は全くの自然である。〈全くの動物〉[*1]

どんなものでも自然なものとされ、どんな自然なものでも、そうでなくされてしまう。

（1）旧約『創世記』七章と旧約外典『集会書』一三章に同じ字句があるが、いずれも「どの動物も」という意味に用いられている。

九四の二

一写三七〇　ラ六六四（二ノ二五）

人間は、本来、〈全くの動物〉である。

九五

＊　原四四一　ラ六四六（二ノ二五）

直感。[*1]

記憶や喜びは直感である。そして幾何学的の命題でさえ直感になる。なぜなら理性が直感を自然的なものにすることもあるし、自然的な直感が理性によって消されることもあるからである。

（1）原語の「サンティマン」は、「感情」「感じ」「気持」などとも訳されることがある。

九六

＊　原二〇一（一〇参照）　ラ七三六（二ノ二六）

人は自然の作用を証明するのに悪い理由を使い慣れていると、良い理由が発見されても、それを受け入れようとしない。このことについて引合いに出された例は、血液の循環に関するもので、結紮《けっさつ》で縛った下のほうで血管がふくらむのはなぜかということの説明についてである。*1

（1）ハーヴェーは、一六二八年の著書で、彼の理論に対する当時の反論として、痛みや熱とならんで真空に対する嫌悪があげられたことを記している。

九七

原三　ラ六三四（二ノ二四）

一生のうちでいちばん大事なことは、職業の選択である。ところが、偶然がそれを左右するのだ。

習慣が、石工、兵士、屋根屋をつくる。「あれはすばらしい屋根屋だ」と人が言う。そして、兵隊の話をしながら、「やつらは全くばか者だ」と言う。ところが、他の人たちは反対に、「偉大なものは戦争だけだ。軍人でないやつは、ろくでなしだ」と言う。人は、子供のときにこれこれの職業がほめられ、それ以外のものはすべて軽蔑《けいべつ》されるのをさんざん聞かされたために、それにひきずられて選択する。なぜなら、人は元来、徳を好み、愚をきらうものなので、それだからこそこれらの言葉がわれわれの心を動かすのだ。要するに、人がしくじるのは、適用に際してだけなのである。

習慣の力というものは実に偉大なものなので、自然がただ人間としてしか作らなかったものから、人々はあらゆる身分の人間を作り上げたのである。

なぜなら、ある地方はすっかり石工、他の地方はすっかり兵隊等々といったようなことがあるからである。もちろん自然はそんなに一様ではない。してみると、そうさせたのは習慣である。なぜなら習慣は自然を強制するからである。しかしまた、時として自然が習慣にうち勝ち、善悪を問わずあらゆる習慣に反して、人間をその本能のうちにひきとどめることもある。

九八

原六一　ラ一九三（二ノ一五）

誤りに導く先入観。

すべての人が手段についてだけ熟慮して、目的についてそうしないのは、嘆かわしいことである。各人は、それぞれの職務をどういうふうに果たそうかということを考えている。しかし、その職務、そして祖国の選択ということについては、運命がそれをわれわれにあてがってくれるのである。

あんなに多くのトルコ人、異端者、異教徒たちが、おのおのそれが最善だという先入観をふきこまれたという理由だけで、彼らの父祖の生き方を踏襲しているのは、かわいそうなことだ。また、まさにそのことが各人に、錠前屋《じょうまえ》、兵士などというそれぞれの職業を決めさせるのである。

――

そういうわけで、未開人たちにとっては、プロヴァンス州などは用がないのだ。[*1]

（1）モンテーニュが『エセー』一の二二（現行版二三）で、「スコットランドの未開人たちにはトゥレーヌ州などは用がないのだ」（プロヴァンスもトゥレーヌもフランスのかつての州名）と記したように、どんなよい土地でも、知らぬ者には無縁だという意味であろう。

九九

原一四一（五七九、四〇七、五三一、九九、三八〇、一二〇、三七〇、九三八）ラ五三九（二ノ二三）

意志の行為と、その他のあらゆる行為とのあいだには、普遍的で本質的な違いがある。

――

意志は、信仰のおもな器官の一つである。といっても、意志が信仰を形づくるからではなく、事物はそれがどの面から眺められるかということによって、真ともなり、偽ともなるからなのである。意志が、ある一つの面のほうを、いま一つの面よりも好むと、その見たくないほうの面のさまざまの特質を精神が考慮しないように、精神をそこからそらしてしまう。そこで精神は、意志と一つになって進み、意志の好きなほうの面を眺めるために立ち止まる。このようにして精神は、そこで自分が見るところによって判断するのである。

一〇〇

ペリエ写本　ラ九七八

自己愛。

自己愛とこの人間の「自我」との本性は、自分だけを愛し、自分だけしか考えないことにある。だが、この自我は、どうしようというのか。彼には、自分が愛しているこの対象が欠陥と悲惨とに満ちているのを妨げるわけにいかない。彼は偉大であろうとするが、自分が小さいのを見る。幸福であろうとするが、自分が惨めなのを見る。完全であろうとして、不完全で満ちているのを見る。人々の愛と尊敬の対象でありたいが、自分の欠陥は、人々の嫌悪と侮蔑《ぶべつ》にしか値しないのを見る。彼が当面するこの困惑は、想像しうるかぎり最も不正で最も罪深い情念を、彼のうちに生じさせる。なぜなら、彼は、自分を責め、自分の欠陥を確認させるこの真理なるものに対して、極度の憎しみをいだくからである。彼はこの真理を絶滅できたらと思う。しかし、真理をそれ自体においては絶滅できないので、それを自分の意識と他人の意識とのなかで、できるだけ破壊する。言いかえれば、自分の欠陥を、自分に対しても他人に対しても、おおい隠すためにあらゆる配慮をし、その欠陥を、他人から指摘されることにも、人に見られることにも、堪えられないのである。

たしかに、欠陥に満ちていることは、悪いことである。しかし、欠陥に満ちていながら、それを認めようとしないのは、なおもっと悪いことである。なぜなら、それは、その上にさらに、故意のまやかしを加えることになるからである。われわれはほかの人たちがわれわれをだますことは望まない。われわれは、彼らがそれに値する以上にわれわれから尊敬されたいと願うのは、正しくないと思う。それならば、われわれが彼らをだまし、われわれがそれに値する以上に彼らから尊敬されたいと願うのも正しくないわけである。

したがって彼らが、現にわれわれが持っている欠点や悪徳ばかりを発見しても、彼らはわれわれに対して悪いことをしていないのは明らかである。なぜなら、それらの欠点や悪徳は彼らのせいではないからである。また、それらの欠点を知らずにいるという悪からわれわれを救い出す助けをしてくれているのであるから、彼らはむしろわれわれにいいことをしているのも、明らかである。彼らがそれらの欠点を知り、われわれを軽蔑するからといって腹を立てるべきではない。彼らが、われわれをあるがままの姿で知り、もしわれわれが軽蔑に値するなら、軽蔑するのは正しいことだからである。

以上のような気持こそ、公正と正義とに満ちている人から生ずべきものである。ところが、それとは正反対の構えが見られるわれわれの心について、いったい何と言ったらいいのだろう。なぜなら、われわれが真実と、それをわれわれに言ってくれる人たちとを憎み、彼らがわれわれに有利なように思い違いをしてくれるのを好み、そしてまた、われわれが現にそうであるのとは別のものとして彼らから評価されたいと願っているのは、ほんとうではなかろうか。

ここに私をぞっとさせる証拠がある。カトリック教は、自分の罪をだれにでも無差別にさらけ出すことを強《し》いはしない。この宗教は、他のすべての人々に隠したままでいることを許容するが、ただし、そこからただ一人だけを除外する。その一人に対しては、心の底をさらけ出し、自分をあるがままの姿で見せることを命令する。この宗教が、われわれについての誤認を正すべきことを、われわれに命ずるのは、ただ一人の人に対してだけである。しかもその人は、不可侵の秘密としての義務を負わせられているので、彼が持っているこの知識は、彼のなかにありながら、あたかもそこにないのと同じようにされているのである。これ以上愛に富んだ、これ以上やさしい方法を、いったい想像できるだろうか。それなのに、人間の腐敗ははなはだしいので、この定めさえ、なお厳格すぎると考える。そしてこのことが、ヨーロッパの大部分をして、教会に反逆させたおもな原因の一つである。[*1]

人間の心は、なんと不正で不合理なことだろう。すべての人に対してなんらかの方法でそのようにしても正しかったであろうことを、一人の人にするようにさせられるからといって、それを悪く思うとは。なぜなら、すべての人たちをだましていることが、正しいとでもいうのだろうか。

真実に対するこの嫌忌《けんき》には、程度の差がある。しかし、それはすべての人のうちに、ある程度までは存在するということができる。なぜなら、それは自愛と切り離せないものであるからである。例のまちがったこまやかさもそうである。そのために、他人を叱《しか》らなければならない立場にある人々は、相手の気にさわらないように、多くの回り道をしたり、手心を加えたりしなければならなくなる。彼らは、われわれの欠点を小さくして、それを許しているように見せかけ、ほめことばと、愛情と尊敬のしるしとをそこに混ぜなければならない。こういうことをみなやっても、この薬は自己愛にとって苦いものであることに変わりはない。自己愛はそれをできるだけ少なく飲もうとし、しかもいつもまずいと思いながら、そして多くの場合、それをくれる人たちに対してひそかな恨みをいだきながら飲むのである。

そういうわけで、もし人がわれわれからよく思われたほうが得であるという場合には、その人は、われわれにとって不愉快だということがわかっているような世話をやくことを避けるという現象が生じる。その人は、われわれがそう扱ってもらいたいと思うとおりに扱ってくれる。われわれが真実を憎むので、それを隠してくれる。お世辞を言ってもらいたいので、お世辞を言ってくれる。だまされたいので、だましてくれる。

そのために、われわれの世の中での地位が、運よく上がるたびに、それだけわれわれを真実から遠ざける結果になるのである。なぜなら、その人の愛顧を得れば有益で、きらわれれば危険だというような人たちを傷つけることは、その度合に応じて、それだけ多く人々に恐れられるからである。一人の王侯が、ヨーロッパじゅうの笑い種《ぐさ》になろうとも、知らぬは彼ばかりということになろう。私はそれを不思議と思わない。真実を言うことは、それを言われる相手方にとって有益なのであって、それを言う人たちにとっては不利である。なぜなら、自分たちが憎まれることになるからである。ところで、王侯たちとともに暮らす人々は、彼らが仕えている主君の利益よりも、自分の利益のほうをいっそう愛している。したがって、彼らは自分自身に損させてまで、主君に得をさせようなどとは、夢にも思わない。

このような不幸は、上流社会の人たちにおいて最もはなはだしいのはもちろんである。しかし、もっと下のほうでも、こうした不幸から免れているわけではない。なぜなら、人々からよく思われるということは、常に何か得になることがあるからである。このようにして、人生はまやかしの連続である。人は互いにだまし、互いにへつらうことしかしない。だれもわれわれのいるところでは、われわれについて、われわれがいないところで言っているようなことは言わない。人間同士の結合は、このだまし合いの上に築かれたものにすぎない。もし各人が、自分の友人が、自分のいないときに自分について言っていることを知ったならば、たといその友人がその際、真心で、冷静に話していたことだとしても、それでもなお続いていくような友情は少ないだろう。

したがって人間は、自分自身においても、他人に対しても、偽装と虚偽や偽善とであるにすぎない。彼は、人が彼にほんとうのことを言うのを欲しないし、他の人たちにほんとうのことを言うのも避ける。正義と理性とからこのようにかけ離れたこれらすべての性向は、人間の心のなかに生まれつき根ざしているのである。

（1）宗教改革のことをさす。

一〇一　原一〇三（一〇一、七三七、五五〇、一九一）　ラ七九二（二ノ二八）

もしもすべての人が、それぞれが、他の人たちについて言っていることを知ったとしたならば、この世に四人と友人はあるまいということを、私はあえて提言する。このことは、人が時に不謹慎な告げ口をするところから生ずる喧嘩《けんか》によっても、明らかである。〔私はさらに進んで言う。すべての人は……〕

一〇二　原一三七（五参照）　ラ五三五（二ノ二三）

他の悪徳によってのみ、われわれに結びついており、その幹を除けば、枝のように取り去られる悪徳もある。

一〇三　原二二七　ラ七七〇（二ノ二七）

アレクサンドロスの貞潔の模範は、彼の酒癖の模範が不節制な人間をたくさんつくったほどには、貞潔な人間を作らなかった。[*1] 彼と同じように品行方正でないことは恥にならないが、彼以上にひどい悪徳でなければ許されるように見える。人はこれらの偉人の悪徳におちこんでいるときには、普通の人たちの悪徳のなかにすっかりおちこんでいるわけではないと考える。しかしながら、偉人たちだって悪徳においては普通の人間と同じなのだということに注意していない。人は、偉人たちが民衆に結びついているほうの端で、彼らに結びついているのである。なぜなら、彼らがいくら高くなっていても、どこかでは最低の人間たちと一つになっているのである。彼らは、われわれとの交わりからすっかり引き離れて、宙に浮いているのではない。否、否、彼らの丈《たけ》がわれわれより高いのは、彼らの頭がわれわれよりも高いところにあるからなのであって、彼らの足のほうは、われわれのと同じように低いところにあるのである。彼らはみな同じ水準にあって、同じ地上に立っている。そしてこの末端では、彼らもわれわれや、最低の者や、子供や、動物などと同じように低くなっているのである。

（1）モンテーニュ『エセー』二の一九、二の一などによる。

一〇四

原一〇三（一〇四、六五八）　ラ九三七（欠）

われわれの情念が、われわれに何ごとかをさせるときには、われわれは自分の義務を忘れてしまう。たとえば、ある本がおもしろいと、ほかのことをしなければならないときでも、それを読んでしまう。けれども、その義務を思い起こすためには、何か自分がきらいなことをしようと思い立つことである。そうすれば、ほかにしなければいけないことがあるという言いわけをすることになり、この方法で自分の義務を思い出すようになる。

一〇五

原一三四（四〇参照）　ラ五二九（二ノ二三）

あることについて人の判断を求めるときに、その説明の仕方でその人の判断を曇らさないようにするのは、なんとむずかしいことだろう。もし、「私は、これを美しいと思います」とか「私は、これを不明瞭だと思います」とか、そのほかそれに類したことを言えば、相手の想像をその判断へと引き込むか、あるいは反対のほうへ追いやることになる。何も言わないほうがましである。そうすれば、相手は彼のあるがままの状態、ということは、その時の彼のあるがままの状態に従い、そしてわれわれが作り出したのではない別の情況がもたらした状態に従って判断することになる。それでも、ともかくわれわれは、何も加えなかったことになるわけである。ただし、相手がその気分しだいで、こちらの沈黙にどういう含みや解釈を与えるか、あるいはまた、人相見がうまければ、顔の動きや様子とか声の調子とかから、この沈黙をどう推測するかによって、こうして黙っていることが影響を及ぼすとすれば別である。一つの判断を本来の座からはずさないようにするのは、こんなにむずかしいことなのである。というよりはむしろ、判断がしっかりした安定した座を持つということは、こんなにも少ないのである。

一〇六

原三八一（六六六、一二二、三八六、四四七、一〇六、一四七）　ラ八〇五（二ノ二九）

各人の支配的な情念を知っていれば、その人に気に入られること請け合いである。ところが各人は、幸福について持っている観念そのもののなかに、自分自身の幸福に反するような、かってな考えを持っている。これは桁《けた》はずれに奇妙なことである。

原一二七（八四参照）　ラ五五二（二ノ二三）

一〇七

〈灯火で地を照らした〉[*1]天気と私の気分とは、関係が少ない。私は私の内部に私の霧や晴天を持っている。私の仕事の成否でさえも、たいして影響しない。ときどき私は、運に抗して努力する。そしてそれを制御する光栄が私に喜んでそれを制御させる。それと反対に、私はときどき好運のなかで、いやがってみる。

（1）モンテーニュ『エセー』二の一二に引用されている、ホメロスの詩句のラテン語訳。

＊原二〇二（一〇参照）　ラ七四二（二ノ二六）

一〇八

人々が、その言っていることに利害関係を持っていないからといって、その人たちが嘘をついていないと、絶対的に結論するわけにはいかない。なぜなら、ただ嘘をつくために嘘をつく人もあるからである。

一〇九

＊ 原四四一（五九参照） ラ六三八、六三九（二ノ二五）

健康のときには、もし病気になったらどういうふうにしてやっていけるのだろうと怪しむ。病気になったらなったで、喜んで薬を飲む。病気がそうさせるのだ。人はもう、健康が与えていたもろもろの情念や、気ばらしとか散歩とかの欲望を持たなくなる。そういうものは病気のときの必要とは両立しないものである。そのときには、自然が現状にふさわしい情念や欲望を与えてくれるのだ。われわれを悩ます心配というのは、自然ではなく、われわれが自分自身に与える心配だけなのである。なぜなら、その心配は、われわれの現に在《あ》る状態に、われわれの現にいない状態の情念を結合させるからである。

――

自然は、あらゆる状態においてわれわれをいつも不幸にするので、われわれの願望は、幸福な状態というものをわれわれに描いてくれる。なぜなら、その願望は、われわれの現に在る状態に、われわれの現にいない状態の快楽を結合させるからである。そして、われわれがその快楽に到達したあかつきには、それだからといって幸福になりはしないであろう。なぜなら、われわれはその新しい状態にふさわしい他の願望を持つだろうからである。

この一般的命題を、個別化する必要がある……

一一〇　　　　原六九　ラ七三（一ノ三）

今ある快楽が偽りであるという感じと、今ない快楽のむなしさに対する無知とが、定めなさの原因となる。

一一一　　　　原六五　ラ五五（一ノ三）

定めなさ。

人は、普通のオルガンをひくつもりで、人間に接する。それはほんとうにオルガンではあるが、奇妙で、変わりやすく、多様なオルガンである。〔そのパイプは順に並べられていない。普通のオルガンしかひけない人は、〕このオルガンでは和音を出せないだろう。……[*1]がどこにあるかを知らなければならない。

（1）原稿で略されている。おそらくオルガンのペダルか、鍵盤のことであろうと推測されている。

一一二　　　　原六七　ラ五四（一ノ三）

定めなさ。

物事にはいろいろの性質があり、魂にはいろいろの性向がある。なぜなら、魂に現われてくるもので単一なものはなく、また魂はどの対象に対しても単一なものとしては現われないからである。そこから、人は同一のことで、泣いたり笑ったりするということが起こるのである。

一一三　原七九　ラ一七（一ノ二）

定めなく奇妙なこと。

自分の勤労だけによって暮らすことと、世界最強の国に君臨することとは、正反対なことである。それがトルコ皇帝という人物のなかで結合しているのである。＊1

（1）古い伝説であって、すでに十六世紀のフランスにおいてすら、否定されたことがある。

一一四　原一一〇（四五参照）　ラ五五八（二ノ二三）

多様性というものは、あらゆる声の調子、あらゆる歩きぶり、咳《せき》のしかた、はなのかみかた、くしゃみのしかた……というふうに豊富である。人は、果物のなかから葡萄《ぶどう》を見分ける。そしてあらゆる葡萄のなかからマスカットを、ついでコンドリュー＊1を、ついでデザルグ＊2を、そして更にこの接ぎ木《つき》を見分ける。それで全部だろうか。この接ぎ木に、かつて同じ二つの房《ふさ》ができたことがあろうか。そして同じ房に同じ二つの粒ができたことがあろうか。等々。

私は、同じものを、全く同じように判断することはできない。私は、自分の著作を、それを作りながら判断することはできない。私は、画家がやるように、そこから少し離れなければならない。しかし離れすぎてもいけない。では、いったいどのくらいだろう。当ててごらん。

（1）リヨンより下流のローヌ河畔の有名な葡萄の産地。
（2）パスカルの先輩である幾何学者のデザルグは、コンドリューに別荘を持っていた。

一一五

原七三　ラ六五（一ノ三）

多様性。

神学は、一つの学問である。しかし同時に、いったい幾つの学問であろう。人間は一つの実体である。しかしもしそれを解剖すれば、いったいどうなるだろう。頭、心臓、胃、血管、おのおのの血管、血管のおのおのの部分、血液、血液のおのおのの液体。

都市や田舎《いなか》は、遠くからは一つの都市、一つの田舎である。しかし、近づくにつれて、それは家、木、瓦《かわら》、葉、草、蟻《あり》、蟻の足、と無限に進む。これらすべてのものが、田舎という名のもとに包括されているのである。

一一六

原三九四　ラ一二九（一ノ七）

職業。

思想。

すべては一つであり、すべては多様である。

人間の本性といっても、そのなかにいかに多くの本性があることだろう。いかに多くの天職があることだろう。そして人は、普通、どんな偶然から、ある職業がほめられるのを聞いてそれを選ぶことだろう。みごとにできた靴のかかと。

原八一　ラ三五（一ノ二）

一一七

靴のかかと。

「おや、なんてみごとな出来ばえだろう」「なんて腕ききの職人だろう」「なんて大胆な兵士だろう」ここにわれわれの好みと、職業選択のみなもとがあるのだ。「あの人は、なんて飲みっぷりがいいんだろう」「あの人は、なんとよく酒を慎んでいることだろう」これが人々を、節酒家や酔っぱらいや、兵士や臆病《おくびょう》者、等々にさせるのである。

原四二三　ラ七一五（二ノ二五）

一一八

他のすべての才能を規整する、おもな才能。

原四三三（一一九、三八二）　ラ六九八（二ノ二五）

一一九

自然は互いに模倣する。

自然は互いに模倣する。よい土地にまかれた種は、実を結ぶ。よい精神にまかれた原理は、実を結ぶ。

それぞれ本性がこうも異なるのに、数は空間を模倣する。

すべては同一の主によってなされ、導かれている。根、枝、果実。原理、結果。

一二〇　　原一四二（九九参照）　ラ五四一（二ノ二三）

〔自然は多様化し、そして模倣する。

人工は模倣し、そして多様化する〕

一二一　　原四二三（八一参照）　ラ六六三（二ノ二五）

自然は常に同じことを繰り返す。年、日、時。空間と同様。そして数は、互いに端と端とつながって続いている。こうして一種の無限と永遠とができる。しかし、これらすべてのもののどれかに無限や永遠のものがあるというわけではない。だが、それらの限られた存在が、無限に増加されていくのである。したがって、無限なのは、それらのものを増加させる数だけだと、私には思われる。

一二二　　原三八一（一〇六参照）　ラ八〇二（二ノ二九）

時は、苦しみや争いを癒す。なぜなら人は変わるからである。もはや同じ人間ではない。侮辱した人も、侮辱された人も、もはや彼ら自身ではないのである。それはちょうど、かつて怒らせた国民を、二世代たって再び見るようなものである。彼らは依然としてフランス人ではあるが、しかし同じフランス人ではない。

一二三　　原四二七　ラ六七三（二ノ二五）

彼は、十年前に愛していたあの女性をもう愛していない。それはそうだろうと私は思う。彼女はもはや同じではないので、彼だって同じではない。あのとき彼は若かったし、彼女だって若かった。彼女はすっかり変わってしまった。あのときのままの彼女だったら、彼もまだ愛したかもしれない。

一二四　　原四二〇　ラ六七二（二ノ二五）

われわれは事物を別の面から見るばかりではなく、別の目でもって見る。だからそれらの事物が同じように見えるわけがない。

一二五　原三九三　ラ一二四（一ノ七）

反対。人間は、生来、信じやすくて、疑いぶかく、臆病で、向こう見ずである。

一二六　原八一　ラ七八（一ノ四）

人間の描写。従属、独立の願い、不足。

一二七　原七九　ラ二四（一ノ二）

人間の状態。定めなさ、嫌気《いやけ》、不安。

一二八　原四六九　ラ七九（一ノ四）

執着していた営みから離れることから起こる困ったこと。一人の男が、楽しく夫婦生活を送っている。ところが、気に入った女性が現われ、五日か六日楽しく遊ぶとする。こうなると、はじめの営みにもどっても、惨めなものである。これ以上ありふれたことはない。

一二九　＊原四四〇（一八二、一二九、四四八、一五九、九一〇）　ラ六四一（二ノ二五）

われわれの本性は運動のうちにある。完全な静止は死である。

一三〇　＊原四八五　ラ四一五（二ノ一）

立ち騒ぎ。

もしも兵士かあるいは労働者などが自分の労苦についてぶつぶつ言ったら、彼らに何もさせないでおくがいい。

一三一　原四七　ラ六二二（二ノ二四）

倦怠。

人間にとって、完全な休息のうちにあり、情念もなく、仕事もなく、気ばらしもなく、集中することもなしでいるほど堪えがたいことはない。

すると、自己の虚無、孤独、不足、従属、無力、空虚が感じられてくる。

たちまちにして、彼の魂の奥底から、倦怠、暗黒、悲哀、傷心、憤懣《ふんまん》、絶望がわき出るだろう。

一三二　原二一　ラ四九（一ノ二）

私の思うには、カエサルは、世界征服をして楽しもうとするには、年を取りすぎていた。そんな楽しみは、アウグストゥスとかアレクサンドロスに向いていた。彼らは、止めることがむずかしい若者だったのである。だが、カエサルはもっと大人《おとな》のはずである。

一三三　原八三　ラ一三（一ノ二）

個別的にはどれも笑わせない似ている二つの顔も、いっしょになると、その相似によって笑わせる。

一三四　原二一　ラ四〇（一ノ二）

絵画とは、なんとむなしいものだろう。原物には感心しないのに、それに似ているといって感心されるとは。

一三五　原二四九　ラ七七三（二ノ二七）

われわれを楽しませるのは、戦いであって、勝利ではない。

人は動物の闘いを見るのは好きだが、勝ったほうが負けたほうに食らいつくのは見たがらない。いったい、勝利による終わりでなくて何が見たかったのだろう。それなのに、終わりになるやいなや、うんざりしてしまう。賭事《かけごと》においてもそうだし、真理の探求においてもそうである。論争において、人が見るのを好むのは、意見がたたかわされるところなのであって、そうして見いだされた真理をうち眺めるのはまっぴらである。その真理を喜んで認めさせるためには、それが論争から生まれ出るところを見せなければならない。同様に、情念においても、相反する二つがぶつかり合うのを見るのは楽しいが、一方が支配者となると、それはもう暴力でしかない。われわれが追求するのは、決して事物なのではなく、事物の探求なのである。だから、演劇においても、何の恐れもない、めでたしめでたしの場面は一文にもならず、希望のない極度の悲惨も、野獣的な愛も、仮借《かしゃく》するところのない厳しさもだめである。

一三六　＊原一二三　ラ四三（一ノ二）

わずかのことがわれわれを悲しませるので、わずかのことがわれわれを慰める。

一三七　一写二五七　ラ四七八（二ノ一一）

個々の仕事を全部調べなくとも、それはみな気を紛らすということでまとめてしまえば十分である。

一三八　原四〇一（八四六、一三八、八四九）ラ八七九（二ノ三四）

人間は、屋根屋だろうが何だろうが、あらゆる職業に自然に向いている。向かないのは部屋の中にじっとしていることだけ。

一三九　＊＊原一三九、二一〇、二〇九、二一七（二四三、一三九）、一三三　ラ一三六（二ノ八）

気を紛らすこと。[*1]

人間のさまざまな立ち騒ぎ、宮廷や戦争で身をさらす危険や苦労、そこから生ずるかくも多くの争いや、情念や、大胆でしばしばよこしまな企て等々について、ときたま考えた時に、私がよく言ったことは、人間の不幸はすべてただ一つのこと、すなわち、部屋の中に静かにとどまっていられないことに由来するのだということである。生きるために十分な財産を持つ人なら、もし彼が自分の家に喜んでとどまっていられさえすれば、なにも海や、要塞《ようさい》の包囲戦に出かけて行きはしないだろう。軍職をあんなに高い金を払って買うのも、町にじっとしているのがたまらないというだけのことからである。社交や賭事の気ばらしを求めるのも、自分の家に喜んでとどまっていられないというだけのことからである。等々。

ところが、もっと突っこんで考え、われわれのあらゆる不幸の原因を見つけただけでなく、その理由を発見しようとしたところ、私は、まさに有効な理由が一つあることを発見した。それは、弱く、死すべく、そして、われわれがもっと突っこんで考えるときには、われわれを慰めてくれるものは何もないほどに惨めな、われわれの状態の、本来の不幸のうちに存するものである。

どんな身分を想像したとしても、われわれのものとなしうるあらゆる利益を集めてみても、王位こそ、この世で最もすばらしい地位である。ところで、国王が彼の受けうるあらゆる満足にとりかこまれているところを想像してみるといい。もしも彼が気を紛らすことなしでおり、そして自分というものが何であるかをしみじみと考えるままにしておくならば、そのような活気のない幸福は、彼の支えとはならないだろう。彼は、起こりうる反乱や、ついには避けえない病や死など、彼を脅かす物思いに必然的におちいるだろう。したがって、もしも彼が、いわゆる気を紛らすことなしでいるならば、彼はたちまち不幸になる。賭事をしたり、気を紛らすことのできる彼の臣下のはしくれよりも、もっと不幸になってしまう。

ここから、賭事、女性たちとの話、戦争、栄職などがあんなに求められることになるのである。そういうものに実際に幸福があるというわけではなく、また真の幸福は、賭事でもうける金とか、狩りで追いかける兎《うさぎ》を得ることにあると思っているわけでもない。そんなものは、それをやろうと言われても欲しくないだろう。人が求めるのは、われわれがわわれわれの不幸な状態について考えるままにさせるような、そんなのんびりした、おだやかなやり方ではないからである。また、戦争の危険でも、職務上の苦労でもない。そうではなく、われわれの不幸な状態から、われわれの思いをそらし、気を紛らさせてくれる騒ぎを求めているのである。

獲物をつかまえることよりも、狩りのほうが好まれる理由。[*2]

ここから人間は、騒ぎや、動きを好むことになり、ここから牢獄は、あんなに恐るべき刑罰になり、ここから孤独の楽しさは、不可解なものになるのである。そして、王たちの身分が幸福である最大の理由は、要するにそこにあるのであって、それは人々が絶えず彼らの気を紛らし、彼らにあらゆる種類の楽しみを与えようと試みるところにあるのである。

国王は、彼の気を紛らし、彼が自分というものについて考えないようにすることばかりしか考えない人たちによって、とりまかれている。なぜなら、そういうことを考えれば、いくら王であっても、不幸であるからである。

以上が、人間が自分を幸福にするために考案できたすべてである。そして、この点について哲学者ぶり、買ったのでは欲しくもない兎を追いかけて一日じゅうを過ごす世間の人たちを、不合理だと考える者は、われわれの本性を、ほとんど知らないのである。この兎は、そういうものからわれわれを遠のかせる、死や悲惨を見ることからわれわれを守ってくれないが、狩りは死や悲惨を見ることからわれわれを守ってくれる。それだから、多くの苦労を重ねた上で得ようとした休息を、ただちに求めるようにと言う、ピュロスに対する忠告は、大きな困難にぶつかった。[*3]

「ある人に向かって、静かに暮らすようにと言うことは、彼が幸福に暮らすようにと言うことである。それは、彼がじっくりと考えても、悩みの種が見いだされないように全く幸福な状態を持つようにとすすめることである。したがってそれは、人間の本性をわきまえない者の言うことである。

だから、自分の状態を自然のまま感じている人たちは、じっとしていることを何より避け、騒ぎを求めるためには何でもやろうとするのである。とはいえ、彼らにも、真の幸福は、……ことを知らせる本能が欠けているというわけではない……」

むなしさ。こういうことを他人に示す喜び。[*4]

「だから、彼らを責めるにもその責め方がまちがっているのである。彼らのあやまちは、彼らが激動を求めるということにあるのではない。それを気を紛らすこととして求めてさえいるならば。ところが、悪いのは、彼らの探求しているものの所有が彼らをほんとうに幸福にするはずであるかのように、それを求めていることである。この点で、彼らの探求がむなしいものであると非難するのは正しい。したがって、これらすべてについて、責めるほうも、責められるほうも、人間の真の本性を理解していないのである」それで、彼らに対して、彼らがこんなに熱心にさがし求めているものも、彼らを満足させることはできないだろうと言って非難した場合に、もしも彼らが、（よく考えれば、そう答えるべきであるように）彼らがここでさがし求めているのは、自分自身について考えることから彼らを遠ざけるような強烈で激しい仕事なのであって、それだからこそ、彼らを魅了し、熱烈に引きよせるような魅惑的な対象を見立てているのであると答えたならば、彼らの敵方は、返す言葉に窮したであろう。ところが、彼らはそうは答えないのである。なぜなら、彼らは自分自身を知っていないからである。彼らは、自分らがさがし求めているのは、狩りだけなのであって、獲物をとらえることではないということをわきまえないのである。

ダンス。どこへ足を置くのか、よく考えなければならない。*5

貴族は、狩りを偉大な快楽、王者の快楽であると本気で思っているが、彼の猟犬係はそんな考えを持ってはいない。*6

彼らは、もしもあの職を得たら、それから先は喜んで休息することだろうと思いこんでいる。そして、彼らの欲望の飽くことのない本性を感知していない。彼らは、本気で安息を求めているものと信じている。ところが実際には、騒ぎしか求めていないのである。

彼らには、気ばらしと仕事とを外に求めさす、一つのひそかな本能があり、それは彼らの絶えざる惨めさの意識から生じるものである。彼らにはまた、われわれの最初の本性の偉大さのなごりであるいま一つのひそかな本能があり、それが彼らに対して、幸福は事実安息のうちにしかないのであって、激動のなかにはないということを知らせているのである。そして、これらの相反する二つの本能から、彼らのうちに一つの漠然とした企てが形成される。それは、彼らの魂の奥底にあって、彼らの目には隠されているが、立ち騒ぐことによって安息へと向かうように彼らをしむけるものである。そして、もしも彼らが当面するいくつかの困難を乗り越え、それによって安息への門を開くことができたあかつきには、現在彼らにはない満足が、彼らのところにくるだろうと思いこませるのである。

このようにして一生が流れていく。人は、いくつかの障害と戦うことによって安息を求める。そして、もしそれらを乗り越えると、安息は、それが生みだす倦怠のために堪えがたくなるので、そこから出て、激動を請い求めなければならなくなる。なぜなら、人は今ある悲惨のことを考えるか、われわれを脅かしている悲惨のことを考えるかのどちらかであるからである。そして、かりにあらゆる方面に対して十分保護されているように見えたところで、倦怠が自分かってに、それが自然に根を張っている心の底から出てきて、その毒で精神を満たさないではおかないであろう。

このように、人間というものは、倦怠の理由が何もない時でさえ、自分の気質の本来の状態によって倦怠に陥ってしまうほど、不幸な者である。しかも、倦怠に陥るべき無数の本質的原因に満ちているのに、玉突きとか彼の打つ球とかいったつまらないものでも、十分気を紛らすことのできるほどむなしいものである。

だが、いったい何が目的でこんなことをするのだと、君は言うだろう。それは、翌日友人たちのあいだで、自分はだれそれよりも上手にプレーしたと自慢したいためなのだ。同じように、他の人たちは、それまでだれも解けなかった代数の問題を解いたということを学者たちに示したいために書斎の中で汗を流す。そしてまた、あんなにたくさんの他の人たちが、あとで彼らが占領した要塞について自慢したいために極度の危険に身をさらす。それも私に言わせれば、同じように愚かなことである。そして最後に、他の人たちは、これらのこと全部を指摘するために身を粉にするのである。これも、そうすることによってもっと賢くなるためではなく、ただ単にこれらのことを知っているぞということを示すためである。この人たちこそ、この連中のなかで最も愚かな者である。なぜなら、彼らは愚かであることを知りながらそうなっているのに反して、前の人たちについては、もしもそのことを知っていたなら、もはや愚か者とはなっていないだろうということが考えられるからである。

ある男は、毎日わずかの賭事をして、退屈しないで日を過ごしている。賭事をやらないという条件つきで、毎朝、彼が一日にもうけられる分だけの金を彼にやってみたまえ。そうすれば、君は彼を不幸にすることになる。彼が追求しているのは、賭事の楽しみなのであって、もうけではないと、人はおそらく言うだろう。それなら、彼にただで賭事をやらしてみたまえ。そうすれば彼は熱中しなくなり、そんなものは退屈してしまうだろう。したがって、彼が追求しているものは、単なる楽しみだけではないのである。活気のない、熱のはいらない楽しみなどは彼を退屈させるだろう。熱中することが必要で、また賭事をやらないという条件つきで人がくれても欲しくないものを、それをもうければ幸福になると思いこんで、自分をだます必要があるのである。それは、情念の対象をみずから作るためであり、それから、あたかも子供たちが自分で塗りたくった顔をこわがるように、みずから作った目的物に対して自分の欲望や、怒りや、恐れをかきたてるためである。

数ヵ月前、一人息子《ひとりむすこ》を失い、訴訟や争いごとで打ちひしがれ、つい今朝《けさ》がたもあんなにくよくよしていたあの男が、今ではもうそんなことは考えていないのは、どうしたわけだろう。驚くことはない。猟犬どもが六時間も前からあんなに猛烈に追いかけている猪《いのしし》が、どこを通るだろうということを見るのですっかりいっぱいになっているのだ。それだけのことでいいのだ。人間というものは、どんなに悲しみで満ちていても、もし人が彼を何か気を紛らすことへの引き込みに成功してくれさえすれば、そのあいだだけは幸福になれるものなのである。また、どんなに幸福だとしても、もし彼が気を紛らされ、倦怠が広がるのを妨げる何かの情念や、楽しみによっていっぱいになっていなければ、やがて悲しくなり、不幸になるだろう。気ばらしなしには、喜びはなく、気を紛らすことがあれば、悲しみはない。地位の高い人たちの幸福を成り立たせているのもそれである。すなわち、彼らは気を紛らさせてくれる多くの人々を持ち、その状態にいつづけていることができるからである。

この点に注意したまえ。財務長官、大法官、高等法院長になるということは、朝から多数の人々が方々からやってきて、一日のうち一時間でも、自分というものについて考える余裕を残してはくれないような地位にあることでなくて何であろう。そして彼らが寵《ちょう》を失って、田舎の家にもどるならば、たといそこで財産や用をたしてくれる召使にこと欠かなくとも、惨めで、見捨てられた者となるのに変わりはないであろう。なぜなら、彼らが自分というものについて考えるのをだれも妨げてくれないからである。

〔気を紛らすことは、世間の人々には、それがないと惨めになるほど、必要なものである。あるときには、何か彼らに事故が起こるし、あるときには、彼らに起こりうるであろうもろもろの事故について考える。あるいはまた、彼らがそういうことを考えず、何の悲しみの種もないときに、倦怠が、自分かってに、それが自然に根を張っている心の底から出てきて、その毒で精神を満たさないではおかないであろう〕

（1）原語の「ディヴェルティスマン」は、「気ばらし」「気をそらすこと」「娯楽」などとも訳されることがある。
（2）この一行は欄外に記されたもの。
（3）モンテーニュ『エセー』一の四二の終わりに記されている、紀元前三世紀のギリシア西北のエピロスの王ピュロスのイタリア遠征計画に対する臣下の忠言をさす。
（4）この一行も欄外。

(5) 同前。

(6) 同前。

一四〇　原一一〇(四八参照)　ラ五二二(二ノ二三)

〔妻と一人息子との死であんなに悲嘆にくれ、重大な争いごとで悩まされているあの男が、悲しいことは少しもなく、すべての辛い心配な思いから免れているようにいま見えるのは、いったいどうしたわけなのだろう。そんなことに驚くことはない。今、彼は球を打ちこまれたところなのだ。彼はそれを相手に打ち返さなければならない。屋根[*1]から落ちてくるのを受けて一点かせがなければならないのだ。この別の用件を取りさばかなければならないのに、どうして自分の用件など考えられようか。この偉大な魂を占有し、彼の精神からすべて他の考えを取り除くのにふさわしい一つの心づかいがここにあるのだ。宇宙を知り、すべてのことを判断し、一国全体を治めるために生まれてきたこの男は、いまや兎を捕える心づかいで忙しく、それでいっぱいになっている。それに、もしも彼がこんなことに身を落とさず、いつも緊張していようとしたならば、彼はそれだけばかになるだけのことである。なぜなら彼は人間性の上に出ようとすることになろうから。ところが、つまるところ、彼は一個の人間にすぎない。すなわち、わずかのことも多くのこともできるし、すべてのこともできれば、何もできないのである。彼は、天使でもなければ、獣《けだもの》でもない、人間なのである」

（1）ジュー・ド・ポーム（断章二二）の客席の屋根のこと。

一四一　　原二三　ラ三九（一ノ二）

人々は、球や兎を追うので忙しい。それは王者の楽しみでさえあるのだ。

一四二　＊原一四六　ラ一三七（一ノ八）

気を紛らすこと。

王位というものは、それだけで十分偉大なものであって、それの位についている人にとっては、自分が何であるかを一見しただけでも、幸福になれるようなものではあるまいか。国王にとっては、普通の人たちのように、自分が何であるかを考えることから、気をそらす必要があるだろうか。一人の人間を幸福にするには、彼の目を家庭内の不幸からそらせて、彼の考えを、上手に踊るための心くばりで全部いっぱいにすればいいということはよくわかる。しかし、国王にとっても同様なのだろうか。国王でも、こうしたむなしい遊びに熱心になったほうが自分の偉大さを眺めることに熱心になるより幸福なのであろうか。彼の精神にとって自分の偉大さ以上にもっと満足すべき対象を与えうるというのだろうか。彼をとりまく荘厳な栄光の眺めを静かに楽しませるかわりに、彼のステップを歌曲のリズムに合わせたり、棒を上手に置いたりすることを考えることで心を占めさせたりすることは、いったい彼の喜びをそこなわないのだろうか。ひとつこの点をためしてみるがいい。それには、国王をひとりぽっちにさせ、感覚的な満足は何も与えず、精神を用いることも何もなく、連れもなしに、自分というものについてしみじみと考えさせるがよい。すると、気を紛らすことのない国王は、悲惨に満ちた人間であるということがわかるだろう。それだからこそ、人は注意深くこれを避けるのである。王たちのそばには、国務が終われば、すぐ気を紛らすことが続くようにと心がけている多数の人間がひかえていて、暇さえあれば娯楽や遊戯を供しようと構えており、少しの空虚もないようにしているのである。すなわち、いくら国王であっても、自分というものについて考えれば、惨めになることはわかっている。それで国王がひとりになって、自分というものについて考える状態にならないようにと、細心の注意を払っている人たちが、王者たちをとりまいているのである。

ことわっておくが、以上のことは、キリスト者としてのキリスト教の国王について話しているのではなく、ただの国王として話しているのである。

一四三　　原二一七（一三九参照）　ラ一三九（二ノ八）

気を紛らすこと。

人々は、子供のころから、自分の名誉や、財産や、友人たちや、さらにまた友人たちの名誉や財産についてまでの配慮を背負わされる。人は、彼らの上に、仕事とか、諸言語や諸芸の習得とかを、おしつぶしそうになるまで積み上げる。そして、人は彼らに、彼らの健康や名誉や財産や、また彼らの友人たちのそれらのものまで良い状態になければ、幸福になりえず、ただ一つ欠けても不幸になるだろうと教え込む。こうして、早朝からあくせくさせられるような職務や仕事を彼らにあてがうのである。——「彼らを幸福にするためとしては、なんと奇妙な方法だろう。むしろ彼らを不幸にするために、これ以上の方法があるだろうか」と君は言うだろう。——なんだって。いったい何ができるのだって。それなら、彼らからこうした心づかいを全部取り除いてやればいいさ。なぜって言えば、そうすれば、彼らは自分を見つめ、自分が何であり、どこから来て、どこへ行くのかを考えることになろう。そういうわけで、いくら彼らを忙しくさせても、気をそらさせても、しすぎることはないのだ。それだからこそ、人は、彼らをこれだけ仕事で仕込んだ上でも、まだ何か暇の時があれば、その時間を、気を紛らすことや賭事に使い、いつも何かに全心を打ちこんでいるようにと、彼らにすすめるのである。

人間の心というものは、なんとうつろで、汚物に満ちていることだろう。

一四四

原四二九　ラ六八七（二ノ二五）

私は長いあいだ、抽象的な諸学問の研究に従事してきた。そして、それらについて、通じ合うことが少ないために、私はこの研究に嫌気がさした。私が人間の研究を始めた時には、これらの抽象的な学問が人間には適していないこと、またそれに深入りした私のほうが、それを知らない他の人たちよりも、よけいに自分の境遇から迷いだしていることを悟った。私は、他の人たちが抽象的な諸学問を少ししか知らないことを許した。しかし、私は、人間の研究についてなら、すくなくともたくさんの仲間は見いだせるだろう、またこれこそ人間に適した真の研究なのだと思った。私はまちがっていた。人間を研究する人は、幾何学を研究する人よりももっと少ないのだった。人間を研究することを知らないからこそ、人々は他のことを求めているのである。だが、それもまた、人間が知るべき学問ではなかったのではなかろうか。そして、人間にとっては、自分を知らないでいるほうが、幸福になるためにはいいというのだろうか。

一四五　　原一一〇（四八参照）　ラ五二三（二ノ二三）

〔ただ一つの考えがわれわれの心を占め、一度に二つのことを考えることはできない。これは、われわれにとって結構なことである。ただし、現世的にであって、神においてではない〕

一四六　　原四　ラ六二〇（二ノ二四）

人間は明らかに考えるために作られている。それが彼のすべての尊厳、彼のすべての価値である。そして彼のすべての義務は、正しく考えることである。ところで、考えの順序は、自分から、また自分の創造主と自分の目的から始めることである。

ところが、世間は何を考えているのだろう。決してそういうことではない。そうではなく、踊ること、リュートをひくこと、歌うこと、詩をつくること、環取《わと》り遊び[*1]をすること等々、戦うこと、王になることを考えている。王であること、そして人間であることが何であるかは考えずに。

（1）馬を走らせ、槍の先で環を取る遊び。

一四七

原三八二（一〇六参照）　ラ八〇六（二ノ二九）

われわれは、自分のなか、自分自身の存在のうちでわれわれが持っている生活では満足しない。われわれは、他人の観念のなかで仮想の生活をしようとし、そのために外見を整えることに努力する。われわれは絶えず、われわれのこの仮想の存在を美化し、保存することのために働き、ほんとうの存在のほうをおろそかにする。そして、もしわれわれに、落ち着きや、雅量や、忠実さがあれば、それをわれわれの別の存在に結びつけるために、急いでそれを知らせる。それを別のほうに加えるためには、われわれから離すことだってしかねないのである。勇敢であるとの評判をとるためには、進んで臆病者にだってなるだろう。別のほうと両方ともなければ満足できず、しばしば、別のほうのために本物のほうと取り換えさえするというのは、われわれ自身の存在が虚無であることの大きなしるしである。なぜなら、自分の名誉を保つために死のうとしない者は、恥知らずということになるだろうから。

一四八　原四一六　ラ一二〇（二ノ七）

われわれは、全地から、そしてわれわれがいなくなってから後に来るであろう人たちからさえ知られたいと願うほど思い上がった者であり、またわれわれをとりまく五、六人からの尊敬で喜ばせられ、満足させられるほどむなしいものである。

一四九　原八三　ラ三一（二ノ二）

われわれが通りすぎる町々。人はそこで尊敬されることなど気にかけない。しかし、そこにしばらく滞在するとなると、気にかける。それにはどのくらいの時が必要なのだろう。われわれのむなしい、取るに足りない存続期間に釣り合《つりあ》ったひととき。

一五〇　原四九　ラ六二七（二ノ二四）

虚栄はかくも深く人間の心に錨《いかり》をおろしているので、兵士も、従卒も、料理人も、人足も、それぞれ自慢し、自分に感心してくれる人たちを得ようとする。そして哲学者たちでさえ、それをほしがるのである。また、それに反対して書いている人たちも、それを上手に書いたという誉れがほしいのである。彼らの書いたものを読む人たちは、それを読んだという誉れがほしいのだ。そして、これを書いている私だって、おそらくその欲望を持ち、これを読む人たちも、おそらく……

原六九　ラ六三（一ノ三）

一五一

誉れ。

感嘆は、幼時からすべて台なしにする。おや、なんて上手に言えたんでしょう。おや、なんてよくやったんでしょう。なんておりこうなんでしょう。等々。

ポール・ロワヤルの子供たちは[*1]、そういう妬《ねた》みとか誉れという刺激を与えられないので、なげやりに陥ってしまう。

（1）ポール・ロワヤル修道院の中にあった「小さい学校」の生徒たち。

原七五　ラ七七（一ノ四）

一五二

高慢。

好奇心は、虚栄にすぎない。たいていの場合、人が知ろうとするのは、それを話すためでしかない。さもなければ、人は航海などしないだろう。それについて決して何も話さず、ただ見る楽しみだけのためで、それを人に伝える希望がないのだったら。

* 原四九　ラ六二八（二ノ二四）

一五三

いっしょにいる人たちから尊敬されたいという願い。

――

高慢は、われわれの悲惨や誤謬などのまんなかで、いとも自然なとらえ方でわれわれをおさえている。われわれは、人の語り草になりさえすれば、喜んで生命までをも捨てる。

――

むなしいこと。賭事、狩り、訪問、演劇、名声の偽りの永続。

原二三（一五四、二九三）　ラ五一（一ノ二）

一五四

〔そちらが優勢なのに。私は武器を持っていないのだ〕[*1]

（1）同じ紙片に続いて記されている断章二九三の冒頭の一部。ブランシュヴィック版では、「武器（armes）」を「友人（amis）」と誤読したため、「あなたにとって有利になりますが、私には友人がありません」という意味に解し、次の断章に関連のあるものとして、ここに分類された。

一五五

原一一（三〇参照）　ラ六〇六（二ノ二四）

真の友というものは、最も身分の高い貴族たちにとっても、彼らのことをよく言ってくれ、彼らがいないところでさえ彼らを支持してくれる、実にありがたいものなので、それを得るためには、あらゆる努力をしなければならないほどのものである。しかし、それはよく選ばなければいけない。なぜなら、ばかな連中のためにあらゆる努力をしても、たといその連中が彼らについていかによく言ってくれたところで、無益だろうからである。おまけに、そういう連中は権威がないので、もし自分らのほうが弱いと見てとった場合には、彼らについていいことも言わないだろう。そして、皆といっしょになって彼らの悪口を言うことになろう。

一五六

原八三　ラ二九（一ノ二）

〈武器なしの生活などありえないと考える、荒々しい国民〉[*1] 彼らは、平和より死のほうを好む。他のものは、戦争よりも死を好む。

生命に対する愛はあんなに強く自然に見えるのに、どんな意見でも、生命よりも望ましく思われることがありうるのだ。

（1）ティトゥス・リヴィウスの句で、モンテーニュ『エセー』一の四〇（現行版では一の一四）

よりの引用。その前に、武器の携行を禁じられた、スペインのある町々の住民が、多数自殺した話が述べられている。

一五七　＊原四四二　ラ一二三（一ノ七）

矛盾。われわれの存在を軽んずること、つまらぬもののために死ぬこと、われわれの存在に対する嫌悪。

一五八　原二一　ラ三七（一ノ二）

職業。

栄誉の魅力というものは、それをどんなものと結びつけても、たとえ死とであっても、人がそれを好むほどに大きいものである。

一五九　＊原四四〇（一二九参照）　ラ六四三（二ノ二五）

隠れた美しい行為は、最も値うちのあるものである。それらのいくつかを、一八四ページ[*1]にあるように歴史のなかに見ると、それは大いに私を喜ばしてくれる。しかし、とどのつまり、それらのものは完全に隠されたわけではない、なぜならそれが知られてしまったのだから。それを隠すために、できるだけのことをしたとはいえ、わずかのことからにせよ、外に表われたということが、すべてを台なしにしてしまう。なぜなら、そこで最も美しいことは、隠そうと思った点なのだったから。

（1）パスカル常用のモンテーニュ『エセー』一六五二年版の一八四ページには、同書一の四一の大半が掲げられており、自分の名誉をそこなうのを顧みず、他人のためを思った史上の四つの美談が紹介されている。

一六〇

原一五九　ラ七九五（二ノ二八）

くしゃみは、房事と同様、霊魂の全機能を吸収する。しかし、人はそこから人間の偉大さを否定する同様の結果を引き出しはしない。なぜなら、くしゃみは、意に反して出るものだからである。自分からくしゃみをすることもあるが、しかしそれは意に反してするので、くしゃみそれ自体のためではなく、別の目的のためである。したがって、それは人間の弱さとこの行為に隷属していることとのしるしではない。

人間にとって、苦痛に負けることは恥ずかしくないが、快楽に負けることは恥ずかしい。それは、苦痛は外からわれわれにやってくるが、快楽はわれわれが求めるものであるという理由からではない。なぜなら人は、そういう卑しさなしに、苦痛を求めることも、それにわざと負けることもできるからである。理性にとって、苦痛の圧力に負けるのは輝かしいが、快楽の圧力に負けるのは恥ずかしいというのは、いったいどうしたわけなのだろう。

それは、苦痛がわれわれを誘惑し、われわれをひきつけるのではなく、われわれ自身が意志の力でそれを選び、それにわれわれを支配させようと欲するからなのである。したがって、われわれがそのことについては、主人であって、この場合には、人間が自分自身に負けるのである。ところが、快楽の場合には、人間が快楽に負けるのである。ところで、支配と主権だけが誉れとなり、隷属だけが恥となるのである。

一六一　　原七九　ラ一六（一ノ二）

むなしさ。

この世のむなしさというこんなに明白なことがあまりにも少ししか知られていないので、権勢を求めるのはばかげていると言うのが、奇妙で意外なことに聞こえるほどである。これは驚いたことだ。

一六二　　原四八七　ラ四一三（二ノ一）

人間のむなしさを十分知ろうと思うなら、恋愛の原因と結果とをよく眺めてみるだけでいい。原因は、「私にはわからない何か」[*1]（コルネイユ）であり、その結果は恐るべきものである。この「私にはわからない何か」、人が認めることができないほどわずかなものが、全地を、王侯たちを、もろもろの軍隊を、全世界を揺り動かすのだ。

クレオパトラの鼻。それがもっと低かったなら、地球の表情はすっかり変わっていただろう。

(1) コルネイユ『メデ』二幕六場。同『ロドギュヌ』一幕五場。

一六三　原七九　ラ四六（一ノ二）

むなしさ。

恋愛の原因と結果。クレオパトラ。

一六三の二　原五〇　一写九〇（三七参照）　ラ一九七（一ノ一五）

〔恋愛の原因と結果とをよく眺めてみること以上に、人間どものむなしさをよく示すものはない。なぜなら、全世界はそれによって変わるからだ。クレオパトラの鼻〕

一六四　原二三　ラ三六（一ノ二）

この世のむなしさを悟らない人は、その人自身がまさにむなしいのだ。それで、騒ぎと、気を紛らすことと、将来を考えることのなかにうずまっている青年たちみなを除いて、それを悟らない人があろうか。

だが、彼らの気を紛らしているものを取り除いてみたまえ。彼らは退屈のあまり消耗してしまうだろう。そこで彼らは、自分の虚無を、それとは知らずに感じるだろう。なぜなら、自分というものを眺めるほかなく、そこから気を紛らすことができなくなるやいなや、堪えがたい悲しみに陥るということこそ、まさに不幸であるということだからである。

一六五　　原四一五（五一参照）　ラ八八九（二ノ三四）

〈あらゆるもののうちに、安息を求めた〉[*1]

もしわれわれの状態がほんとうに幸福なものだったなら、われわれを幸福にするために、われわれの状態について考えることから気を紛らす必要はなかっただろう。

（1）旧約外典『集会書』二四の一一。

一六五の二　　原七三　ラ七〇（一ノ三）

もしわれわれの状態がほんとうに幸福なものだったなら、それについて考えることから、われわれの気を紛らす必要はなかっただろう。

一六六　　原一四二　ラ一三八（一ノ八）

気を紛らすこと。

死というものは、それについて考えないで、それをうけるほうが、その危険なしにそれを考えるよりも、容易である。

一六七　　原二七　ラ一〇（一ノ一）

人生の惨めさが、すべてこれらのことを生じさせた。それを見た彼らは、気を紛らすことを取り上げた。

一六八　　原一二二（一六八、一六九、三一八、二九二）　ラ一三三（一ノ八）

気を紛らすこと。

人間は、死と不幸と無知とを癒すことができなかったので、幸福になるために、それらのことについて考えないことにした。

一六九　　原一二二（一六八参照）　ラ一三四（一ノ八）

これらの惨めなことにもかかわらず、人間は幸福であろうと願い、幸福であることしか願わず、またそう願わずにはいられない。

だが、それにはどうやったらいいのだろう。それをうまくやるには、自分が死なないようにならなければならない。しかしそれはできないので、そういうことを考えないことにした。

気を紛らすこと。

一七〇　　一写五三　ラ一三二（二ノ八）

もし人間が幸福であったら、聖者や神のように、気を紛らすことが少なければ少ないほど、それだけ幸福であろう。——そうだ。だが気ばらしで喜ばしてもらえることは、幸福ではないだろうか。——いや、ちがう。なぜなら、気を紛らすことは、ほかから、外部からくる。したがってそれは、従属しているものであって、その結果として、無数の事故によって乱されがちであり、それが苦しみを避けがたいものにするからである。

一七一　　原七九　ラ四一四（二ノ二）

惨めさ。

われわれの惨めなことを慰めてくれるただ一つのものは、気を紛らすことである。しかしこれこそ、われわれの惨めさの最大なものである。なぜなら、われわれが自分自身について考えるのを妨げ、われわれを知らず知らずのうちに滅びに至らせるものは、まさにそれだからである。それがなかったら、われわれは倦怠に陥り、この倦怠から脱出するためにもっとしっかりした方法を求めるように促されたことであろう。ところが、気を紛らすことは、われわれを楽しませ、知らず知らずのうちに、われわれを死に至らせるのである。

一七二

原二一　ラ四七（一ノ二）

われわれは決して、現在の時に安住していない。われわれは未来を、それがくるのがおそすぎるかのように、その流れを早めるかのように、前から待ちわびている。あるいはまた、過去を、それが早く行きすぎるので、とどめようとして、呼び返している。これは実に無分別なことであって、われわれは、自分のものでない前後の時のなかをさまよい、われわれのものであるただ一つの時について少しも考えないのである。これはまた実にむなしいことであって、われわれは何ものでもない前後の時のことを考え、存在するただ一つの時を考えないで逃がしているのである。というわけは、現在というものは、普通、われわれを傷つけるからである。それがわれわれを悲しませるので、われわれは、それをわれわれの目から隠すのである。そして、もしそれが楽しいものなら、われわれはそれが逃げるのを見て残念がる。われわれは、現在を未来によって支えようと努め、われわれが到達するかどうかについては何の保証もない時のために、われわれの力の及ばない物事を按配《あんばい》しようと思うのである。

　おのおの自分の考えを検討してみるがいい。そうすれば、自分の考えがすべて過去と未来とによって占められているのを見いだすであろう。われわれは、現在についてはほとんど考えない。そして、もし考えたにしても、それは未来を処理するための光をそこから得ようとするためだけである。現在は決してわれわれの目的ではない。過去と現在とは、われわれの手段であり、ただ未来だけがわれわれの目的である。このようにしてわれわれは、決して現在生きているのではなく、将来生きることを希望しているのである。そして、われわれは幸福になる準備ばかりいつまでもしているので、現に幸福になることなどできなくなるのも、いたしかたがないわけである。

一七三　　原一二七　ラ五六一（二ノ二三）

彼らは、日食や月食を不幸の前兆だと言う。それは、不幸は普通にあることだからである。したがって、悪いことはあまりにしばしば起こるので、彼らもしばしば言い当てることになるのである。それに反して、日食や月食が幸福の前兆だと言ったとしたら、彼らはしばしば嘘をつくことになろう。彼らは、めったに見られない天体の特定な相互関係にしか、幸福をさずけなかった。それで言い当てそこなう率が減ったわけである。

一七四　　＊原七七　ラ四〇三（二ノ一）

惨めさ。

ソロモン[*1]とヨブ[*2]は、人間の惨めさを最もよく知り、最もよく語った人である。前者は、最も幸福な人。後者は最も不幸な人。前者は体験によって快楽のむなしさを知り、後者は苦難の現実を知ったのである。

(1) ダビデの子。イスラエル国王であるが、ここでは旧約聖書『伝道の書』の著者として扱われている。

(2) 『ヨブ記』の主人公。

一七四の二

原二一　ラ六九（一ノ三）

惨めさ。

ヨブとソロモン。

一七五

原四三一　ラ七〇九（二ノ二五）

われわれは自分自身のことを実にわずかしか知らないので、多くの人は、健康なのに、近く死にはしないかと考えている。また、多くの人は、死が近いのに、健康だと思っている。間近にせまっている熱や、まさにできかかっている腫物《しゅもつ》に気がつかないで。

一七六

原二二九（三参照）　ラ七五〇（二ノ二六）

クロムウェルは、全キリスト教国を荒らそうとしていた。王家は失墜し、彼の一家はいつまでも強力であるかのようであった。もし小さな砂粒が、彼の輸尿管にはいらなかったとしたならば。ローマ教皇庁すらも彼の下で震えることになりそうであった。ところが、あの小さな結石がそこにできたばかりに、彼は死に、彼の家は没落し、すべてが平和になり、国王は復位した。*[1]

(1) チャールズ二世の復位は一六六〇年五月なので、この断章は、パスカルの晩年のものである。クロムウェルの死因は尿砂でなく熱病であった由であるが、当時の噂《うわさ》によったのであろう。

一七七

原七三　ラ六二（一ノ三）

〔三人の主人〕

英国王とポーランド王とスウェーデン女王*[1]との愛顧を受けていた者は、引退する所や、安住の地にこと欠くようになると思ったことがあるだろうか。

(1) 英国王チャールズ一世は、一六四九年に斬首され、スウェーデン女王クリスティナは一六五四年に譲位し、ポーランド王カジミエシュは一六五六年スウェーデン軍によって追放された。ただし、カジミエシュ王は同じ年に復位したので、この断章の記されたのは、その年の復位前のことと推定される。

一七八

原四九　ラ三二〇（一ノ二三）

マクロビウス。*[1]　ヘロデによって殺された幼児*[2]について。

（1）四世紀末のラテン語の著作家。
（2）『マタイ福音書』二章参照。

一七九　　一写三九四　ラ七五三（二ノ二六）

ヘロデが殺させた二歳以下の幼児のうちに、彼自身の男の子がいたと聞いたとき、アウグストゥスは、ヘロデの子であるよりも、ヘロデの豚であるほうがましだと言った。マクロビウス、二巻、『サツルナリア』四章。

一八〇　　＊　原四四二　ラ七〇五（二ノ二五）

地位の高い者にも低い者にも、同じ事故、同じ悩み、同じ情欲[*1]がある。ただ、一方は車輪の上のほうにあり、他方は中軸の近くにいる。だから後者は、同じ運動によっても揺り動かされ方が少ない。

（1）原語の「パシオン」は、「情念」とも「情熱」とも訳されることがある。

一八一　　原六七　ラ五六（一ノ三）

われわれは、実に不幸で、一つのことを喜ぶにしても、それがまずくいった場合には、腹を立てるという条件つきでなければ喜べないのである。まずくいくことは、無数のことによってそうされうるし、常時そうされていることである。それと反対のまずいことで腹を立てることなしに、よいことを喜ぶ秘訣《ひけつ》を見つけた人は、急所を見つけたのである。それは永久運動のようなものだ。[*1]

（1）永久運動と同じに、実現不可能という意味であろう。

一八二

＊ 原四四〇（一二九参照）　ラ六四〇（二ノ二五）

困難な事件のときでも、いつも都合のよい希望を持ち、風向きがよくなったときに喜ぶ人たちは、逆に風向きが悪くなったときに、それ相応に悲しまないと、その事件が失敗に終わるのを喜んでいるのではないかと疑われる。自分たちがこの事件に関心を持っていると見せかけるため、希望の口実を見つけてしめたと思い、偽りの喜びで、事件が失敗するのを見るうれしさを、おおい隠しているのである。

一八三

原二七　ラ一六六（二ノ一二）

われわれは絶壁が見えないようにするために、何か目をさえぎるものを前方においた後、安心して絶壁のほうへ走っているのである。

第三章　賭《かけ》の必要性について

一八四　　原二九（二二七、二四四、一八四）　ラ四（一ノ一）

神をさがし求めるようにしむけるための手紙。

ついで哲学者たち、懐疑論者や独断論者たちのところで、それを求めさせる。だが哲学者たちは、彼らのもとで探求する者を悩ますことだろう。

一八五　　原四〇九　ラ一七二（一ノ一三）

すべてのことを円滑に処理なさる神の導きは、宗教を、精神のなかへは理性によって、心情[*1]のなかには恩恵によってお入れになる。ところが、それを精神と心情とのなかへ、力とおどかしとによって入れようとするのは、そこへ宗教を入れるのではなく、恐怖を入れるものである。〈宗教よりもむしろ恐怖を〉[*2]

（1）原語の「クール」は、「心」「心臓」などとも訳されることがある。

（2）出所不明。

一八六　　原一四二　ラ五九一（二ノ二三）

〈恐れさせられ、教えられなければ、圧制的な支配と見られるおそれがあるので〉アウグスティヌス『書簡』四八または四九。

四巻。[*1]

（1）一五二八年バーゼル刊行のアウグスティヌス著作集の巻数をさすものであろうと推測されている。

コンセンティウスへの『〈嘘《うそ》を排する書〉』

一八七　　原二七　ラ一二（一ノ一）

順序。

人々は宗教を軽蔑《けいべつ》している。それを憎み、それが真実であるのを恐れている。これをなおすためには、まず宗教が理性に反するものでないことを示さなければならない。尊《とうと》ぶべきものとして、それに対する尊敬の念を起こさせなければならない。

次に、それを愛すべきものとなし、善《よ》い人たちにそれが真実であることを願わせ、そのあとで、それが真実であることを示すのである。

敬うべきというのは、それが人間をよく知っているからである。

愛すべきというのは、それが真の幸福を約束するからである。

一八八　原四二七　ラ六六九（二ノ二五）

どんな対話や議論の場合でも、それで憤慨する人たちに向かって、「何が気に入らないのですか」と言えるようでなければいけない。

一八九　原二五　ラ一六二（二ノ一二）

不信者に同情することから始める。彼らはその境遇によってすでに十分不幸なのだ。彼らをののしるのは、それが彼らの役に立つときに限るべきである。だが、それはかえって彼らを害することになる。

一九〇　原六三　ラ一五六（二ノ一二）

さがし求めている無神論者に同情すること。なぜなら、彼らはすでに十分不幸ではなかろうか。それを得意としている者に対しては難詰すること。

一九一　原一〇四（一〇一参照）　ラ九三二（欠）

そこで、むこうは相手をあざけるだろうか。
あざけってもいいはずなのは、どっちなのだ。それなのに、こっちは、相手をあざけらず、むしろ相手に同情している。

一九二　　原四六一（八三五、一九二）　ラ八五三（二ノ三三）

ミトン[*1]に対して、神が彼をおとがめになったときに、そのままじっとしていることをとがめること。

（1）パスカルの社交界での友人で、徹底した懐疑家であった。

一九三　　原三九　ラ八一〇（二ノ二九）

〈小事を軽蔑し、大事を信じない人々は、どうなることであろう〉[*1]

（1）出所不明。ラテン語ではあるが、パスカル自身のものかもしれない。数学論文の途中で、そのほうが書きやすいからと断わって、フランス語からラテン語に変わった例もある。

一九四　　一写二〇九〜二一七　ラ四二七（二ノ三）

……宗教を攻撃する前に、すくなくとも自分たちの攻撃する宗教がどんなものであるかを、彼らに知ってもらいたい。もしもこの宗教が、神について明らかな観念を持ち、しかもその観念をあらわに、おおい隠すものもなく持っているということを誇っているのだとするなら、世の中に神の観念をそんなに明白に示すものなど何も見当たらないと言えば、この宗教を攻撃することになっただろう。ところが、反対にこの宗教は、人々は暗黒のなかにあって神から遠く離れており、神は彼らの認識から隠れ、〈隠れている神〉[*1]というのが、聖書のなかで神が自分に与えている名でさえあると言っているのである。要するに、この宗教は次の二つのこと、すなわち神は真心をもって神を求めている人たちに対しては、自分を知らせるための明らかなしるしを教会の中に設けられたということと、しかしそれらのしるしは、神を全心で求めている人たちにしか認められないようにおおい隠されているということとの二つを、等しく確立しようと努めているのである。そうだとすれば、真理を求めることを怠っていると公言しながら、何ものも真理を彼らに示してくれないと叫んだところで、何の足しになろう。なぜなら、彼らが現在そのなかにおり、それを教会に対する反論としてあげているところのこの暗黒は、教会の支持することの一方に触れないで他の一方を確立することにしかならず、教会の教理を破壊するどころか、かえってそれを確立することになるからである。

宗教を攻撃するためには、全力をつくしてあらゆるところで求め、それを学ぶ道として教会がすすめるところにおいてさえ求めても、何の満足も得られなかったということを叫ばなければならない。もし彼らがこのように言うのだったなら、教会の主張の一つを実際に攻撃することになるだろう。しかし私はここで、いやしくも道理をわきまえた人間でそのように言いうる人はないということを示したいと思う。また私は、今までにそんなことを言いえた人は一人もないということさえあえて断言する。このような精神状態にある人たちが、どういうふうに行動するかは、よくわかっていることである。彼らは、聖書のなかのどれかの篇を読むのに数時間を費やし、信仰の真理についてだれか聖職者に質問でもすれば、それでもって、学ぶためにたいへんな努力をしたと思うのである。それからさきは、いろいろな書物や人々のあいだで求めたが、だめだったと得意がるのである。だが私は、実際のところ、彼らに対して、私がすでにたびたび言っていること、すなわち、この種の怠慢は、そのままにしておけないものであるということを言ってやりたい。これは、このような取扱いを受けてもかまわない、だれか他人の些細《ささい》な利害に関するような問題ではなく、われわれ自身の問題であり、われわれの全部に関する問題なのである。

霊魂の不死ということは、われわれにとって実に重要であり、実に深刻な関係を持つことがらであり、あらゆる感情をなくしてしまわないかぎり、そのことがどうなっているかについて無関心ではいられないはずである。永遠の幸福を希望できるか否かによって、われわれのすべての行動と思想とは、全く異なった道をとらなければならないのであるから、われわれの究極の目的とならなければならないこの一点を目ざして定めないかぎりは、ただの一歩も良識と分別とをもって踏みだすことはできないのである。

それゆえ、われわれの第一の関心、第一の義務は、この問題を明らかにすることであり、われわれのすべての行動はそれにかかっているのである。したがって、私はこの問題について確信を与えられていない人たちのうちで、これを学ぼうとして全力をつくしている人々と、そんな心配はしないで、何も考えないで暮らしている人々とのあいだに、非常な差別をつけるのである。

この問題についての疑いのなかで、まじめにうめき苦しみ、それを最悪の不幸とみなし、そこからのがれ出るためには何ものも惜しまず、その探求を自分のおもな、そして最も真剣な仕事としている人々に対しては、私はひたすら同情するだけである。

しかし、この人生の究極の目的について考えずに暮らしている人々、自分たちを納得させる光を自力で見いだせないというだけの理由で、その光を他に求めるのを怠り、この説が物事を軽々しく信じやすい民衆の単純さのために受け入れられているものの一つにすぎないのかどうか、あるいはまた、それ自身はわかりにくいとはいえ、実は堅固な揺るがしがたい基礎を持つものの一つであるのかどうかを徹底的に検討することを怠っている人々に対しては、私は全くちがった見かたをするのである。

彼ら自身に、彼らの永遠に、彼らのすべてにかかわる問題に対するこの怠慢は、私に同情心を起こさせるよりは、むしろ私をいらいらさせる。私を呆《あき》れさせ、恐れさせる。それは私にとっては、一個の怪物である。私がこのことを言うのは、霊的な信仰の敬虔《けいけん》な熱心さから言っているのではない。それどころか、それとは反対に、人間的利害の原則、自愛の見地からいっても、そういう感情をいだくはずだという意味で私は言っているのである。

そのためには、最も無知な人々でも見ていることを見さえすればいいのである。

この世に真の堅固な満足はなく、われわれのあらゆる楽しみはむなしいものにすぎず、われわれの不幸は無限であり、そしてついに、われわれを一刻一刻脅《おびや》かしている死が、わずかの歳月の後に、われわれを永遠に、あるいは無とされ、あるいは不幸となるという、恐ろしい必然のなかへ誤りなく置くのであるということは、そんなに気高い心を持たなくとも理解できるはずである。

これ以上現実であり、これ以上恐ろしいことはない。したいほうだい強がりをするがいい。これがこの世で最も美しい生涯を待ちもうけている結末である。このことについて一つよく考えてもらいたい。そして、この世においては来世を望むこと以外に幸福はなく、人はそれに近づくにしたがってのみ幸福であり、そしてその永遠について完全な確信を持っている人々にとってはもはや何の不幸も存在しないのと同じに、それについて何の光も持っていない人々にとっては何の幸福も存在しないということが、はたして疑う余地のあることであるかどうかを言ってもらいたい。

この問題について疑いのなかにあるということは、たしかに大きな不幸である。しかし、この疑いのなかにいる場合に、すくなくとも必ず果たさなければならない義務は、求めるということである。したがって、疑いながらも、求めないという人は、全く不幸であると同時に全く不正である。しかも、その人がそれで安心し、満足し、それを公言し、さらにそれを得意がり、こうした状態をこそ自分の喜びと誇りとの種としているというのだったら、私はこんな度はずれた手合いを形容することばを持ち合わせていない。

いったいどこからこんな気持を持ってこられるのだろう。どうすることもできない悲惨を待つよりほかはないということが、どんな喜びの種となるのだろう。見分けのつかない闇《やみ》のなかに自分を見いだすということが、どんな誇りの種となるのだろう。いったいどうしたわけで、次のような考え方が、道理をわきまえている人間の心のなかに起こりうるのだろう。

「私は、だれがいったい私をこの世に置いたのか、この世が何であるか、私自身が何であるかを知らない。私は、すべてのことについて、恐ろしい無知のなかにいる。私は、私の身体、私の感覚、私の魂、そして私のうちのまさにこの部分、すなわち私のいま言っていることを考え、すべてのことと自分自身とについて反省し、しかも他のものについてと同様に自分自身をも知らないところのこの部分、これらのものが何であるかを知らない。私は、私を閉じこめている宇宙の恐ろしい空間を見る。そして自分がこの広大な広がりのなかの一隅《いちぐう》につながれているのを見るが、なぜほかのところでなく、このところに置かれているか、また私が生きるべく与えられたこのわずかな時が、なぜ私よりも前にあった永遠のすべてと私よりも後にくる永遠のすべてのなかのほかの点でなく、この点に割り当てられたのであるかということを知らない。私はあらゆる方面に無限しか見ない。それらの無限は、私を一つの原子か、一瞬たてば再び帰ることのない影のように閉じこめているのである。私の知っていることのすべては、私がやがて死ななければならないということであり、しかもこのどうしても避けることのできない死こそ、私の最も知らないことなのである。

私は、私がどこから来たのか知らないと同様に、どこへ行くのかも知らない。ただ私の知っていることは、この世を出たとたん、虚無のなかか、怒れる神の手中に、未来永劫《えいごう》陥るということで、この二つの状態のうち、はたしてそのいずれを永遠に受けなければならないのかということも知らないのである。これが私の現状である。弱さと不確実さとに満ち満ちている。そして以上すべてのことから私は、私の一生のすべての日々を、私に何が起こるはずなのかということを考えないで過ごすべきであると結論する。ことによると、私の疑いについて、何か光を見いだすことができるかもしれない。しかし私はそのために骨を折りたくはない。またその光を求めるために一歩も踏み出したくはない。そして、あとは、こういう心配でもって、自分で自分を悩ましている人たちを軽蔑であしらいながら、私は何の予測も何の恐れもなく、このような大事件をためしてみようと思う。そして、私の未来の永遠の状態について不確かのまま、ふんわりと死に身をゆだねようと思うのである」（彼らがどんな確実さを持っていたとしても、それは誇りの種というよりはむしろ絶望の種である）[*2]

だれがいったい、こんな調子で論ずる男を友だちに持ちたいと思うだろうか。だれがいったい、よりにもよって、こんな男を自分の問題を打ち明ける相手として選ぶだろうか。だれがいったい、苦しみの時に彼に助けを求めるだろうか。いったいぜんたい、こんな男には、実生活で何をさせたらよいというのだろう。

実際、こんなに無分別な連中を敵に持つということは、宗教にとって光栄である。彼らの反対は、宗教にとって少しも危険はなく、かえって反対に、その真理の確立に役立つのである。なぜなら、キリスト教の信仰は、次の二つの事柄を確立することにほとんど尽きるからである。すなわち、人間の本性の腐敗とイエス・キリストのあがないの二つである。ところで、彼らは、その品性の清らかさによって、あがないの真理を示すには役立たないとしても、すくなくとも、こんなにまでひねくれた気持によって、本性の腐敗を示すにはりっぱに役立っているということを、私は主張する。

人間にとって、自分の状態ほど重要なことはない。彼にとって永遠ほど恐ろしいものはない。それであるから、自分の存在を失うことや、永遠の悲惨の危険に対して無関心な人々がいるということは、自然ではない。彼らは、他のすべての物事に対して、全くちがう態度をとる。どんなつまらないことまでも恐れて、それを予測し、予感する。ある地位を失うとか、自分の名誉を傷つけられたと想像するとかして、憤怒や絶望のうちに多くの日夜を過ごすその人が、やがて死によってすべてを失うということを知りながら、何の不安も何の動揺をも感じないのである。同じ心のなかに、同時に、最も小さなことに対するこの感受性と、最も大きなことに対するこの無感覚とを見るということは、奇怪なことである。これは不可解な魔法であり、超自然的な催眠であって、その原因となる全能の力をさし示しているものである。

ただの一人でも、そのなかにいられるとは思えないような、こんな状態にいるのを誇りとするなどということは、たしかに人間性のなかに異様な転倒がなければならない。しかし実際の経験で、このような人たちをあまりにもたくさん見せつけられているので、もしもわれわれが、このようなまねをする連中の大部分は、自分を偽っているのであって、実際はそうではないのだということを知っていなかったならば、ただ驚くよりほかはなかっただろう。彼らは、世間での気のきいた作法というものは、こうしたのぼせ上がった態度をとることにあると聞かされたのである。このことを彼らは、軛《くびき》を振り落としたと呼び、それをまねしようと試みているのである。しかし、こんなことで尊敬を得ようとすることが、どんな思い違いかということを彼らにわからせるのは、そんなに困難なことではない。それは尊敬を得る方法ではない。私はあえて言うが、それは世間の人たちのあいだでさえそうではないのである。世間の人たちだって物事を健全に判断し、世間で成功するただ一つの道は、正直で、忠実で、公正で、友人には有益に尽くすことができるというふうに見せかけることにあると心得ている。なぜなら、人々は、自分らにとって有益でありうるものだけを、自然に好むからである。ところで、ある男から、彼がいまや軛を振り落とし、彼の行動を見守る神の存在することを信ぜず、自分を自分の行動の唯一の主人であると見なし、その行動の責任を自分に対してだけしか負わないつもりだということを聞かされたところで、われわれにとって何の益するところがあろう。いったい彼は、そんなことで、われわれが、その時以来、彼に多大の信頼をおき、われわれの生涯のあらゆる必要に応じて、彼から慰めと助言と助けとを期待するようにさせられたとでも思っているのだろうか。いったい彼らは、われわれの魂は、ただわずかばかりの風と煙とにすぎないと思うとわれわれに告げて、それでわれわれを大いに喜ばしたとでも思っているのだろうか。しかもそれを、誇らしげな、満足げな口調で言うとは。いったいこれは愉快げに言うべきことなのだろうか。むしろ反対に、世の中で最も悲しむべきこととして言うべきことではなかろうか。

もしも彼らがこのことをまじめに考えたなら、このような態度が、あまりにもまちがっており、あまりにも良識にもとり、あまりにも誠実さに反し、[*3]彼らの求めている垢抜《あかぬ》けした様子なるものからも、あらゆる点であまりにも遠いので、多少なりとも彼らに従おうと思いかけていた者たちをさえ、堕落させるよりはむしろ矯正《きょうせい》する結果になりそうだということを悟るであろう。実際、彼らに宗教を疑うことについて、その気持と理由とを説明させるならば、彼らは、あまりにも薄弱で低級なことを君たちに言うにちがいないので、君たちをむしろその反対のことを信ずるようにさせてしまうだろう。このことは、ある日ある人が、彼らにいかにも適切に言ってのけてやったことなのである。「もしも君らが、そんな調子で論じつづけるならば、君らは私を回心させてしまうだろう」と。そして彼の言ったことは正しかった。なぜなら、だれだって、こんな軽蔑すべき連中を仲間としなければならない気持をいだいている自分を見て、恐ろしいと思わないではいられないからである。

したがって、これらの気持を、たんに装っているにすぎない人たちにとっては、自分たちの本性を圧迫して、人間のなかで最も生意気な者になろうとするのは、非常に不幸なことであろう。もしも彼らが、その心の底で、それ以上の光を持たないことを情けなく思っているならば、そのことを隠してはいけない。それを公言することは決して恥ずかしいことではないのである。それを公言しないことこそ恥なのである。神なき人間の不幸がどんなものであるかを知らないことほど、人間の精神の極端な弱さをあらわすものはない。永遠の約束が真実であることを望まないことほど、心構えがまちがっていることを示すものはない。神に対して強がりをするほど卑怯《ひきょう》なことはない。このような不敬虔な態度は、それがほんとうにできるように悪く生まれついている連中にまかせておけばたくさんである。そしてもしもキリスト者になれないのだったら、せめて普通のまともな人間[*4]となってもらいたい。そして、道理をわきまえたと呼びうるのは、ただ二つの種類の人しかなく、それは、神を知っているために心を尽くして神に仕えている人々と、神を知らないために心を尽くして神を求めている人々とである、ということを認めてもらいたい。

しかしながら、神を知りもせず、求めもしないで暮らしている連中について言えば、自分たちを自分自身の配慮にも値しないと判断しているので、まして他人の配慮に値しないのである。そして彼らをその愚かさのうちに見捨ててしまうほどまでに軽蔑しないためには、彼らが軽蔑している宗教の愛の全部を必要とするほどである。しかし、この宗教はわれわれに、彼らでもこの世にあるあいだは、彼らに光を与えうるところの恩恵を受ける可能性を持つ者であると見なすことを命じ、そしてわずかのあいだに、彼らが現在われわれがそうであるよりももっと信仰に満たされ、反対にわれわれが、彼らが現在陥っている盲目状態に陥ることもありうるということを信じさせるのである。したがって、われわれとしては、もしもわれわれが彼らのような状態にあった場合に、彼らからしてもらいたいと思うことを、いま彼らにしてやらなければならないのである。そして彼らに対して、自分自身を哀れに思い、光を見いだせないものかと、数歩でもいいから踏みだしてみるように促してやらなければならないのである。彼らが、ほかのことにはあんなに無益に使っている時間のいくらかを、この本を読むためにさいてもらいたい。たとえ彼らがどんな反感をいだいていようとも、何かに出会わすかもしれない。どっちみち、たいして損はしないだろうと思う。しかし、完全な誠実さと、真理に出会いたいとの真の欲求とをもってこの本に接する人たちに対しては、私は、その人たちが満足を得、かくも神聖な宗教の証拠によって納得させられるようになることを希望する。その証拠を、私はここに集め、だいたい次のような順序に従った……

（1）『イザヤ書』四五の一五。
（2）（ ）内の文章は、こういう点では、原稿どおりにすることが多い第一写本では、「一歩も踏み出したくはない」というところから、このところまでの数行の左側の欄外に記されている。
（3）原語はオネットテ。「オネットム」（断章三〇）のあり方。
（4）原語はオネットムの複数形（断章三〇の注参照）。

一九四の二[*1]

＊＊ 原二〇五　ラ四三二（二ノ四、三〇）

（一）（ラ一）

〔どちらにも同情しなければならない。しかし、一方に対するのは、愛情から生まれる同情、他方に対するのは、軽蔑から生まれる同情である〕

（二）＊＊（ラ七、二二、二三）

〔私がこれをするのは、こり固まった信心からではなく、人間の心のでき具合によってであり、信仰と超脱との熱心からではなく、純粋に人間的な原理および利害と自愛心との働きによってである。というわけは、次のことが確実であるということは、われわれの心を動かさないではおかないほど、われわれに関係の深いことだからである。すなわち、一生のあらゆる不幸の後に、われわれを刻々脅かしている死が、わずかな歳月ののちに、……恐ろしい必然のなかへ誤りなく……」

（三）　＊＊（ラ八、九）

「神の認識なしには幸福はなく、神に近づくにつれて幸福になり、究極的な幸福は神を確実に知ることにあり、神から遠ざかるにつれて不幸になり、究極的な不幸は、反対のことの確実さであるということは疑う余地がない。

――

それゆえに、疑うということは不幸である。しかし疑いのなかにいる場合に、必ず果たさなければならない義務は、求めるということである。したがって、疑いながらも求めないという人は、不幸であると同時に不正である。しかも、その人が、それで愉快にしていて、思い上がっているのだったら、私はこんな度はずれた手合いを形容することばを持ち合わせていない」

（四）　（ラ一八）

「救いのない悲惨を待つよりほかないということが、何の喜びの種なのだろう。すべて慰めてくれるものについては絶望のほかはないということが、何の慰めになるのだろう」

（五）　（ラ一九、二〇）

しかし、宗教の栄光に最も反しているように見えるこれらの人々でさえも、その点で他の人たちにとって無益ではないだろう。

われわれは、そのことを、何か超自然的なものが存在するということの第一の論拠にするだろう。なぜなら、この種の盲目状態は、自然なことではないからである。そして、彼らの愚かさは、こんなに彼らを自分自身の幸福に反するものとしてしまったが、その愚かさは、他の人たちに、このように嘆かわしい実例と、同情に値する愚かさとに対して嫌悪《けんお》の情を起こさせ、その人たちをそれから守ってやることに役立つであろう。

（六）（ラ二一）

彼らは、自分に関することについては、すべて無感覚でいられるほど、しっかりしているのだろうか。これを、財産や名誉を失うことについてためしてみよう。おやおや。これは不思議だ……

（七）（ラ一一）

ところで、そのことが心のなかで喜びの種となっているほどに、人間というものは、たしかに本性をゆがめられているのである。

（八）（ラ五）

「この種の人々は、アカデメイア派や、追従者《ついしょうしゃ》で、それは、私の知るかぎり最もいやな性格である」

（九）（ラ一四）

垢抜《あかぬ》けした様子のほうが、ほかの人たちに対して親切でない結果になり、よい信仰のほうがほかの人たちに対して親切となる結果になる。

（一〇）＊＊（ラ一三）

〔そり返ってこんなことを言うのを、喜んだり、得意がる種にしているとは。「だからわれわれは、楽しむことにしよう。何の恐れもなく、心配もなく生きようではないか。死は不確かなのだから、それを待つことにしよう。そして、われわれがいったいどうなるのかは、その時になればわかるだろう……」私にはこういう結論の出し方がわからない〕

（一一）（ラ一二）

〔これはいったい喜んで言うべきことなのだろうか。これはむしろ悲しげに言うべきことなのだ〕

（一二）＊（ラ三）

〔これは少しも垢抜けた様子ではない〕

（一三）（ラ六）

〔君らは、私を回心させてしまうだろう〕

（一四）（ラ一七）

〔そのことで怒りもせず、愛しもしないということは、はなはだしい精神の弱さと、はなはだしい意志の邪悪を示しているのである」

（一五）＊（ラ一五）

〔弱さと断末魔の苦しみのなかで、全能で永遠なる神に立ち向かうということが、死にかかっている人間にとっての勇気なのだろうか」

（一六）＊（ラ四）

〔以上のことは彼らに言うことはもう何もないことを示している。かれらを軽蔑するからではなくて、彼らに常識がないからなのである。神が彼らに触れるのでなければだめである」

（一七）＊（ラ二）

〔彼らを軽蔑しないためには、彼らが軽蔑している宗教のうちに、まさにいなければならない」

（一八）＊（ラ一六）

〔私が、そんな状態にあったとして、だれかが私の愚かさを憐《あわ》れに思い、むりやりに私をそこから親切にも引き出してくれたとしたら、どんなに私は幸福だろうか」

（一九）（ラ一〇）

一つのところで奇跡が行なわれ、一つの民族の上に神の摂理があらわれたというだけで十分ではないのか。

（1）内部の（　）内の数字は、ブランシュヴィック版の番号を示す。

一九四の三

一写二二一　ラ四三二（二ノ四）

私は彼らに尋ねてみたいところなのだが、彼らは、彼らの攻撃している信仰のこの基礎、すなわち人間の本性は腐敗のうちにあるということを、自分自身で立証しているのが、実状ではなかろうか。（一）（ラ二九）

これだけが重要なのに、人はこれだけをおろそかにしている。（二）（ラ二七）

この知らせが偽りであることを確信させられた人が、できることといえば、それだけである。しかもそれで彼は、喜ぶどころか、がっかりしているはずである。（三）（ラ二六）

そのことについて、それは理性のしるしだなどと言ってはいけない。（四）（ラ二五）

三つの状態。*1（五）（ラ二四）

（1）断章二五七参照。

一九五

一写二一七～二一九　ラ四二八（二ノ三）

キリスト教の証拠にはいるまえに、人々が、自分にとってこんなに重要で、こんなに切実な一つの問題について、真理を求めることに無関心のまま暮らしているのが、どんなに正しくないかを、示す必要があると思う。

彼らのあらゆる迷いのうち、これこそ疑いなく、彼らの愚かさと盲目とを彼らに最もよく納得させるものであり、常識的に一目見るだけでも、自然的な感情に訴えるだけでも、最も容易に彼らを説き伏せることができるのである。なぜなら、この世で生きる時間は一瞬にすぎず、死の状態は、その性質がどんなものであるにせよ、永遠であるということは疑う余地がないからである。したがって、この永遠の状態がどうであるかによって、われわれのすべての行動と思想とは、全く異なった道をとらなければならないのであるから、われわれの究極の目的とならなければならないこの一点の真理によってわれわれの歩みを律しないかぎり、ただの一歩も良識と分別とをもって踏みだすことはできないのである。

これ以上明白なことはない。それだから、理性の原理に照らしても、人々の行動は、別の道をとらなければ、全く道理に反しているのである。そこで、次のような人たち、すなわち、人生のこの究極の目的について何も考えないで暮らし、反省も不安もなく自分たちの好みと楽しみとの導くままになり、しかも、自分たちの考えをそこからそらすことによって永遠をなくすことができるかのように、現在のつかのまを幸福に過ごすことだけしか考えていない人たちのことを、判断してもらいたい。

しかし、この永遠は存在している。そして、この永遠を必ず展開させようとして彼らを刻々脅かしている死は、やがて彼らを、永遠に、あるいは無とされ、あるいは不幸となるという、恐ろしい必然のなかへ誤りなく置くのである。しかも、それらの永遠のうちのいずれが彼らのために永劫に用意されているのかも知らないのだ。

これは、恐るべき結果をともなう疑いである。彼らは、永遠の悲惨という危険にさらされているのである。それなのに彼らは、この問題がそれで苦労する値うちがないものであるかのように、この説が、民衆のあまりにも軽々しい信じやすさのために受け入れられているものの一つにすぎないか、あるいはまた、それ自身はわかりにくいのであるが、隠れているとはいえ、きわめて堅固な基礎を持っているものの一つであるかを検討するのを怠っているのである。それだから彼らは、そのことのうちに真理があるのか誤りがあるのか、その証拠のうちに強さがあるのか弱さがあるのかを知らないのである。彼らは、その証拠が目の前にあるのに、それを調べることを拒む。そして、このような無知のなかにあって、彼らは、もしその不幸が存在する場合には、そこに落ち込むのにおあつらえむきの道を選んで、死ぬときにそれをためしてみようと待っているのである。しかも、そんな状態にしごく満足して、それを公言し、さらにそれを得意としているのである。この問題の重大さをまじめに考えるとき、こんなむちゃな行動に対して、戦慄《せんりつ》しないでいられようか。

このような無知のなかで安んじているということは、奇々怪々のことである。それで、そういう生活を送っている人々に対してそのことを示して、それがどんなにむちゃで愚かであるかを感じさせ、彼らが自分たちの狂態を目撃することによって、参ってしまうようにしなければならない。なぜなら、自分が何であるかについてのこのような無知のなかにあって、そのことの解明をさがし求めようともしないで暮らすことを選ぶときには、人々は次のように論じるからである。彼らは言う、「私は知らない……」

一写二二一　ラ四三二ノ（二八）（二ノ四）

一九五の二

われわれの想像力は、現在の時について絶えず思いめぐらしているので、それを非常に拡大し、永遠については思いめぐらさないので、それを著しく縮小する。その結果、永遠を無に、無を永遠にしてしまうのである。これらすべてのことは、われわれのなかに実に生き生きと根をおろしているので、われわれのいっさいの理性も、われわれをそれらのすべてのことから守ってはくれないのである。そしてまた……

原四一二（三八参照）　ラ七三一（二ノ二六）

一九六

それらの人たちは、心無しである。

──彼らを友とはしないだろう。

一九七　　一写一九一　ラ三八三（二ノ一）

大事なことを軽んずるまでに無感覚であり、しかも、われわれにとっていちばん大事な点で無感覚になる。

一九八　　原六五　ラ六三二（二ノ二四）

小さなことに対する人間の感じやすさと、大きなことに対する人間の無感覚とは、奇怪な転倒のしるしである。

一九九　　一写二二二　ラ四三四（二ノ四）

ここに幾人かの人が鎖につながれているのを想像しよう。みな死刑を宣告されている。そのなかの何人かが毎日他の人たちの目の前で殺されていく。残った者は、自分たちの運命もその仲間たちと同じであることを悟り、悲しみと絶望とのうちに互いに顔を見合わせながら、自分の番がくるのを待っている。これが人間の状態を描いた図なのである。

二〇〇

原六一　ラ一六三（二ノ一二）

一人の男が牢屋《ろうや》にいる。自分の判決が下ったのかどうかを知らない。それを知るまでにあと一時間しかない。もし判決が下されたことを知っていさえすれば、それを取り消させるためには、その一時間さえあれば足りるという場合に、その男が、その一時間を、判決が下されたかどうかを尋ねるためでなく、ピケ遊び[*1]をするのに使ったとしたら、それは自然に反することである。

それだから、人間が、……のは[*2]、自然を越えたことである。これは神の手による重圧である。

それだから、神を求める人たちの熱心ばかりでなく、神を求めない人たちの盲目もまた、神を証明するのである。

（1）トランプ遊びの一種。

（2）……のところは、原文では「等々」となっており、前に記したところで当然わかることとして、略したものであろう。すなわち人間が、宗教による救いを求めずに、気を紛らして日を送っていることをさしているのであろう。

二〇一

一写二二六　ラ四四一（二ノ五）

一方の人たちの反論も、他方の人たちのそれも、彼ら自身に対してだけ有効で、宗教に対しては有効でない。すべて不信者の言うことは……

二〇二　　一写三五〇　ラ五九六（二ノ二四）

自分に信仰がないのを悩んでいる人たちがいるので、神が彼らに光を与えていないのだということがわかる。

しかし、そのほかの人たちについては、彼らを盲目にする神が存在するということがわかる。

二〇三　　原四八九　ラ三八六（二ノ一）

〈つまらぬものの魅力〉[*1]情念にじゃまされないために、一週間の生命しかないもののように行動しよう。

（1）旧約外典『ソロモンの知恵』四の一二。

二〇四　　＊原六三　ラ一五九（二ノ一二）

もし一週間の生涯なら、ささげるべきであるならば、百年でもささげるべきである。

二〇四の二　原四九一（六二四、二〇四の二）　ラ二九三（一ノ二二）

もし一週間なら、ささげるべきであるならば、全生涯をささげるべきである。

二〇五　原六七　ラ六八（一ノ三）

私の一生の短い期間が、その前と後との永遠のなかに〈一日で過ぎて行く客の思い出〉[*1]のように呑《の》み込まれ、私の占めているところばかりか、私の見るかぎりのところでも小さなこの空間が、私の知らない、そして私を知らない無限に広い空間のなかに沈められているのを考えめぐらすと、私があそこでなくてここにいることに恐れと驚きとを感じる。なぜなら、あそこでなくてここ、あの時でなくて現在の時に、なぜいなくてはならないのかという理由は全くないからである。だれが私をこの点に置いたのだろう。だれの命令とだれの処置とによって、この所とこの時とが私にあてがわれたのだろう。

（1）旧約外典『ソロモンの知恵』五の一五。

二〇六　一写一〇一　ラ二〇一（一ノ一五）

この無限の空間、その永遠の沈黙が、私には恐ろしい。

二〇七

＊原二三　ラ四二（一ノ二）

いかに多くの国々が、われわれを知らずにいることだろう。

二〇八

原四九（三七参照）　ラ一九四（一ノ一五）

なぜ私の知識、私の身長は限られているのだろうか。なぜ私の寿命は千年でなくて百年に限られているのだろうか。どんな理由で、自然は私にこのような長さのものとして与えてくれたのだろう。なぜあの数でなくこの数なのだろう。無限の数のうちでは、どんなものでも他のものよりもいっそう引きつけるなどということはないのだから、他のものでなく一つのものが選ばれる理由はないはずである。

二〇九

原一六三　ラ三六一（一ノ二六）

おまえは、おまえの主人から愛され、おだてられているからといって、それだけ奴隷でなくなるとでも思っているのか。おまえは全くおめでたいよ。おまえの主人は、おまえをおだてているけれど、いまにおまえをなぐるだろう。

二一〇

原六三　ラ一六五（二ノ一二）

最後の幕は血で汚《けが》される。劇の他の場面がどんなに美しくても同じだ。ついには人々が頭の上に土を投げかけ、それで永久におしまいである。

二一一

原六三　ラ一五一（二ノ一二）

われわれが、われわれと同じ仲間といっしょにいることで安んじているのは、おかしなことである。彼らは、われわれと同じに惨めであり、われわれと同じに無力なのである。彼らはわれわれを助けてはくれないだろう。死ぬときはひとりなのだ。

したがって、人はひとりであるかのようにしてやっていかなければならないのである。それだったら、りっぱな家を建てたりなどするだろうか。ためらわずに真理を求めることだろう。そして、もしそれを拒むとしたら、真理の探求よりも、人々の評判のほうを重んじていることを示している。

二一二

原二二九（三六五、二一二）　ラ七五七（二ノ二六）

流転。

持っているものがみな流れ去ってしまうのを感じるのは、恐ろしいことだ。

二一三　原六三　ラ一五二（二ノ一二）

われわれと、地獄または天国とのあいだには、この世で最ももろいものである生命が、介在しているだけである。

二一四　原四九　ラ六二五（二ノ二四）

不正。

思い上がりが惨めさと結びついているなどとは、この上ない不正である。

二一五　原四三七　ラ七一六（二ノ二五）

危険の最中ではなく、危険の外にあるときに死を恐れること。なぜなら人間でなければならないから。

二一六　ゲリエ写本七一　ラ九八四

不意の死だけが恐るべきものである。だから、大貴族の家には聴罪師が住んでいる。

二一七

原二四七　ラ八二三（二ノ三〇）

自分の家の権利証書を見つけた相続人がここにいる。彼は、「もしかすると、にせものかもしれない」と言いながら、それを調べないで放っておくだろうか。

二一八

原二七　ラ一六四（二ノ一二）

私は、人がコペルニクスの意見を深く窮めなくてもいいと思うが、しかしこれは……始まり。牢獄《ろうごく》。

――

魂が死すべきものであるか、死なないものであるかを知るのは、全生涯にかかわることである。

二一九

原七三　ラ六一二（二ノ二四）

魂が死すべきものであるか、死なないものであるかということが、道徳に完全な差異を与えるはずであるのは疑う余地がない。それなのに哲学者たちは、彼らの道徳をそれとは独立して導いた。

――

彼らは、ひとときを過ごすことを考えているのだ。

――キリスト教に向かわせるために、プラトン。

二二〇　原四八九　ラ四〇九（二ノ一）

霊魂の不死を論じなかった哲学者たちのあやまり。

モンテーニュのなかにある、彼らの両刀論法のあやまり。[*1]

（1）モンテーニュ『エセー』二の一二。魂が死すべきものなら、苦しみはないし、不死ならばだんだんよくなっていくだろうとの哲学者たちの両刀論法を取り上げて、モンテーニュは、悪くなっていく場合を抜かしていると批判している。

二二一　原六三　ラ一六一（二ノ一二）

無神論者たちは、完全に明白なことを言うべきである。ところで、魂が物質的であるということは、完全に明白ではない。

二二二　原四一六（五一参照）　ラ八八二（二ノ三四）

無神論者。

どんな理由で、彼らは、人は復活できないと言うのか。生まれることと、復活することと、かつてなかったものが存在することと、かつて存在したものが再び存在することと、どちらがいっそう困難なのか。存在しはじめることのほうが、再び存在することよりも困難なのかどうか。習慣が一方をわれわれにとって容易にし、習慣のないことが、他方を不可能にする。

なんと通俗的な判断の仕方よ。

――

なぜ処女には子を生めないのか。雌鶏《めんどり》は雄鶏《おんどり》なしでも卵をこしらえるではないか。何がその卵を外から他の卵と区別するのだろう。また雌鶏が雄鶏と同じようにそこに種子を作ることができないと、だれがわれわれに言ったのだろう。

二二三

原四五　ラ二二七（二ノ一八）

彼らは、復活に反対し、処女降誕に反対して何を言うことがあるのだろう。一人の人間、あるいは一個の動物を生むことと、それを再生させることと、どちらがいっそう困難だろうか。彼らがもしある種の動物を見たことがないならば、その種の動物が互いに交わることなしに生まれるかどうかを、彼らはいったい言いあてられるだろうか。

二二四

原四〇二　ラ一六八（一ノ一三）

聖餐《せいさん》を信じないとか、その他このような愚かさを、私はどんなに憎むことか。福音が真実であり、イエス・キリストが神であるならば、そこに何の困難があろう。

二二五

原六一（二二五、二五七）　ラ一五七（一ノ一二）

無神論は精神の力のしるしである。しかしある程度までだけである。

二二六

原二五　ラ一五〇（一ノ一二）

理性に従っていると公言する不信者たちは、理性において異常に強いはずである。それでは、彼らはいったいなんと言っているのだろう。

「われわれは、獣《けだもの》も人間も、トルコ人もキリスト者も、同じように死んだり生きたりしているのを見るではないか。彼らもわれわれと同じように、彼らの儀式、彼らの預言者、彼らの博士、彼らの聖者、彼らの修道士を持っている」

これは聖書に反するのであろうか。聖書はこれらすべてのことを言っているのではないか。

もし君たちが真理を知るということに、たいして関心がないならば、そのへんで君たちを休ませてしまってもいいところである。しかし、もし君たちが全心から真理を知りたいのだったら、それだけでは十分細部にわたって検討したことにならない。哲学の問題としてならそれで十分だったろうが、ここではすべての運命がかかっているのである。それなのに、この種の軽い考えの後に、人々は楽しみを求めるのだろう、等々。

この宗教に直接当たって、このわかりにくいところを説明していないかどうかを、調べてみるといい。この宗教はそのことを、われわれに教えてくれるかもしれない。

二二七

原二九（二二七、二四四）ラ二、三（一ノ一）

順序。

対話による。

「いったいどうしたらいいんだろう。どこもかも、はっきり見えないものばかりだ。自分は無だと思えばいいのか。神だと思えばいいのか」

――

「万物は変わり、相ついで行く」

「君はまちがっている。……があるのだ」

二二八

原四五　ラ二四四（一ノ一八）

無神論者たちの反論。

「だが、われわれには何の光もないのだ」

二二九

一写二二九　ラ四二九（二ノ三）

これこそ私が見ているものであり、私を悩ましているものである。私はあらゆる方を眺めるが、どこにもわからないものしか見えない。自然は私に、疑いと不安の種でないものは何もくれない。もし私が自然のなかに、神のしるしとなるものを何も見ないのだったら、私は否定のほうへと心を定めたことであろう。もしいたるところに創造主のしるしを見るのだったら、信仰に安住したことであろう。ところが、否定するにはあまりに多くのものと、確信するにはあまりに少ないものとを見て、私はあわれむべき状態にある。そのなかで私は、もし神が自然をささえているのだったら、自然が何の曖昧《あいまい》さなしにはっきりと神を示してくれるように、またもし自然の与える神のしるしが偽りのものならば、それをすっかりどけてくれるように、そして私がどちら側について行ったらいいかがわかるように、自然がすべてを語ってくれるか、何も語らないでくれるように、百度も願ったのである。ところが私は、自分が何であり、何をなすべきかを知らないので、自分の状態をも自分の義務をも知っていないのである。私の心は、真の善に従うために、それがどこにあるかを知ろうとして、すべてをあげてそれに向かっている。永遠を得るためには、何ものも私にとって高価すぎることはない。

信仰のなかで、あんなに怠慢に暮らしているように見える人たち、私だったらすっかり違った使い方をするであろうと思う賜物《たまもの》を、あんなに悪用している人たちを、私はうらやましいと思う。

二三〇

原一七　ラ八〇九（二ノ二九）

神があるということは不可解であり、神がないということも不可解である。魂が身体とともにあるということも、われわれが魂を持たないということも。世界が創造されたということも、世界が創造されないということも、等々。原罪があるということも、原罪がないということも。*1

（1）ここにあげられた四組の二律背反では、「神がある」を始めとして、それぞれ第一の定立のほうは理性または論理にとっての不可解であり、「神がない」を始めとするそれぞれ第二の反定立のほうは事実上の不可解である。カントのアンティノミーの場合と異なり、パスカルの場合は、断章四三〇でも明らかにされるように、理性上の不可解は、事実上の不可解の前に譲らなければならないのである。

二三一

原八（八九参照）　ラ四二〇（二ノ二）

神が無限であり、しかも部分を持たないということは不可能だと思うのか。――そうだ。――それなら、無限であり、しかも不可分のものを一つ君に見せてあげよう。それは、無限の速度であらゆるところを運動している一つの点である。

なぜならそれは、あらゆる場所において一つであり、おのおのの場所において全体であるからである。

君にとって以前は不可能と思われていた、この自然の事実が、君の知らない事実がまだほかにもありうるということを、君に知らせるといい。君が今までに習ったことから、君にはもう知るべきことが何も残っていないのだなどという結論を、引き出してはいけない。君自分には知るべきことが無限に残っているという結論を、引き出さなければいけないのだ。

二三二　原四二五　ラ六八二（二ノ二五）

無限な運動、すべてを満たす一点、静止している運動量。量のない無限、不可分で無限。

二三三　原三、四、七、八（八九参照）　ラ四一八（二ノ二）

無限。無。

――

われわれの魂は、身体のうちに投げこまれ、そこで数、時、空間三次元を見いだす。魂はその上で推理し、それを自然、必然と呼び、他のものを信じることができない。

――

一を無限の上に足しても、少しも無限を増加させない。一ピエ[*1]を無限の長さに足しても同様である。有限は無限の前では消えうせ、純粋な無となる。われわれの精神も神の前では同様で、われわれの正義も神の正義の前では同様である。

われわれの正義と神の正義とのあいだの不釣合《ふつりあい》は、一と無限とのあいだの不釣合ほどには、はなはだしくない。

神の正義は、そのあわれみと同じように、並みはずれて大きくなければならない。ところが、神に見捨てられたものに対する正義は、神に選ばれたものに対するあわれみのように並みはずれて大きくはない。またそれほど人々のつまずきにはならないはずである。

――

われわれは無限が存在することを知っているが、その性質を知らない。たとえば、われわれは数が有限であるというのは誤りであることを知っている。したがって数には無限がある。しかしわれわれは、その無限が何であるかを知らない。それが偶数であるのは誤りで、奇数であるのも誤りである。なぜなら、それに一を足しても、その性質に変わりはないからである。しかもそれは数であり、いかなる数も偶数か奇数である。もっともこれはすべて有限な数について了解されていることなのであるが。

このようにして、人は、神が何であるかを知らないでも、神があるということは知ることができる。

——実体的真理というものは、いったい存在しないのだろうか。真理そのものではないが、真ではあるものが、こんなにたくさん見えるのに。[*2]

——さて、われわれは有限なものの存在と性質とを知っている。なぜなら、われわれもそれと同じに有限で広がりを持っているからである。

われわれは無限の存在を知っているが、その性質は知らない。なぜなら、それはわれわれと同じに広がりを持っているが、われわれのように限界を持たないからである。

しかしわれわれは、神の存在も性質も知らない。なぜなら、神には広がりも限界もないからである。

——しかし信仰によって、われわれは神の存在を知り、天国の至福においてその性質を知るであろう。

ところで、私がすでに示したように、人はあるものの性質を知らないでも、その存在を知ることができるのである。

――今は、自然の光にしたがって話そう。

もし神があるとすれば、神は無限に不可解である。なぜなら、神には部分も限界もないので、われわれと何の関係も持たないからである。したがって、われわれは、神が何であるかも、神が存在するかどうかも知ることができない。そうだとすれば、だれがいったいこの問題の解決をあえて企てようとするであろうか。それは神と何の関係も持たないわれわれではない。

それならば、キリスト者が自分たちの信仰を理由づけることができないからといって、だれにそれを責めることができよう。彼らは、自分たちでは理由づけることができないという宗教を公然と信じている。彼らは、それを世に説くにあたって、それを愚かなもの、〈愚かさ〉[*3]と宣言しているのである。それなのに、君は、彼らがそれを証明しないからといって、不平を言うのか。もしも彼らがそれを証明したとするならば、彼らはことばを守らなかったことになるだろう。証明を欠いていればこそ、彼らは分別を欠かないのである。

――よろしい。しかし、そのことは、宗教をそういうものとして提供する人たちを許してやり、それを理由なしに提出するという非難から彼らを免れさせてやるかもしれないが、それを受ける人たちを許すことにはならない。――それではこの点を検討して、「神はあるか、またはないか」と言うことにしよう。だがわれわれはどちら側に傾いたらいいのだろう。理性はここでは何も決定できない。そこには、われわれを隔てる無限の渾沌《こんとん》がある。

この無限の距離の果てで賭が行なわれ、表が出るか裏が出るのだ。君はどちらに賭けるのだ。理性によっては、君はどちら側にもできない。理性によっては、二つのうちのどちらを退けることもできない。

したがって、一つの選択をした人たちをまちがっているといって責めてはいけない。なぜなら君は、そのことについて何も知らないからなのだ。――いや、その選択を責めはしないが、選択をしたということを責めるだろう。なぜなら、表を選ぶ者も、裏を選ぶ者も、誤りの程度は同じとしても、両者とも誤っていることに変わりはない。正しいのは賭けないことなのだ。

――そうか。だが賭けなければならないのだ。それは任意的なものではない。君はもう船に乗り込んでしまっているのだ。では君はどちらを取るかね。さあ考えてみよう。選ばなければならないのだから、どちらのほうが君にとって利益が少ないかを考えてみよう。君には、失うかもしれないものが二つある。真と幸福とである。また賭けるものは二つ、君の理性と君の意志、すなわち君の知識と君の至福とである。そして君の本性が避けようとするものは二つ、誤りと悲惨とである。君の理性は、どうしても選ばなければならない以上、どちらのほうを選んでも傷つけられはしない。これで一つの点がかたづいた。ところで君の至福は。神があるというほうを表にとって、損得を計ってみよう。次の二つの場合を見積もってみよう。もし君が勝てば、君は全部もうける。もし君が負けても、何も損しない。それだから、ためらわずに、神があると賭けたまえ。――これは、すばらしい。そうだ、賭けなければいけない。だが僕は多く賭けすぎていはすまいか。――そこを考えてみよう。勝つにも負けるにも、同じだけの運があるのだから、もし君が一つの生命の代わりに二つの生命をもうけるだけだとしても、それでもなお賭けてもさしつかえない。ところがもし、三つの生命がもうけられるのだったら、賭けなければいけない（なぜなら、君はどうしても賭けなければならないのだから）。そして、賭けることを余儀なくされている場合に、損得の運が同等であるという勝負で、三つの生命をもうけるために君の生命を賭けなかったとしたら、君は分別がないことになろう。ところが、ここには、永遠の生命と幸福とがあるのだ。それならば、仮に無数の運のうちでただ一つだけが君のものだとしても、君が二つの生命を得るために一つの生命を賭けてもまだ理由があることにはなろう。[*4] そして、賭けることを余儀なくされている場合に、無数の運のうちで一つが君のものだという勝負で、もしも無限に幸福な無限の生命がもうけられるのであるならば、君が三に対して一つの生命を賭けることを拒むのは、無分別ということになろう。[*5] ところが、ここでは、無限に幸福な無限の生命がもうけられるのであり、勝つ運が一つであるのに対して負ける運は有限の数であり、君の賭けるものも有限なものである。これでは、確率計算など全部いらなくなる。どこでも無限のあるところ、そして勝つ運一つに対して負ける運が無限でない場合には、ぐずぐずしないで、すべてを出すべきだ。したがって、賭けることを余儀なくされている場合には、無に等しいものを失うのと同じような可能性でもって起こりうる無限の利益のために、あえて生命を賭けないで、出し惜しみをするなど、理性を捨てないかぎり、とてもできないことである。

　なぜなら、もうけられるかどうかは不確実なのに、賭の危険を冒すことは確実であると言ったところで、また、人が危険に身をさらす確実さと、もうけるものの不確実さとのあいだにある無限の距離が、確実に危険にさらすところの有限な幸福を不確実な無限と同等なものにすると言ったところで、なんにもならない。それはそういうことにはならないのである。賭をする者は、だれでも、不確実なもうけのために、確かなものを賭けるのである。と言っても、有限なものを不確実にもうけるために、有限なものを確実に賭けることは、理性にもとってはいないのである。人が身をさらすことのこの確実さと、もうけの不確実さとのあいだに、無限の距離があるわけではないのである。それは誤りである。ほんとうの話は、もうける確実さというものと、損する確実さというものとのあいだにこそ無限があるのである。ところで、もうけることとの不確実さは、もうける運と損する運とのあいだの比率に応じて、賭けるものの確実さと釣り合うのである。したがって、双方の運が等しければ、賭は対等に行なわれるのである。その場合、賭けるものの確実さは、もうけることとの不確実さと等しいことになる。両者のあいだに無限の距離があるなどとは、とんでもないことである。それだから、勝ち負けの運が同等で、無限をもうけるために有限をかけるというわれわれの主張は、無限の力を持ってくるのである。

これには証明力がある。もし人間がなんらかの真理をつかむことができるとするならば、これがまさにそれである。

——僕はそれを認め、それに同意する。だが、それにしても、勝負の内幕を見通す方面がないものだろうか。——あるとも。聖書とかその他のものがある。——それはそうだ。だが、僕の手は縛られ、口はふさがれている。賭をしろと強制され、自由の身ではない。僕は放してもらえない。しかも、僕は信じられないようにできている。君はいったい僕にどうしろというのだ。

——まったくだ。だが、理性が君を信じるほうへつれてきているのに、君にそれができないのだから、君には信ずる力がないのだということを、せめて悟らなくてはいけない。したがって、神の証拠を増すことによってではなく、君の情欲を減らすことによって、自分を納得させるように努めたまえ。君は信仰に達したいと思いながら、その道を知らない。君は不信仰から癒されたいとのぞんで、その薬を求めている。以前には、君と同じように縛られていたのが、今では持ち物すべてを賭けている人たちから学びたまえ。彼らは、君がたどりたいと思っている道を知っており、君が癒されたいと思う病から癒されたのである。彼らが、まずやり始めた仕方にならうといい。それは、すでに信じているかのようにすべてを行なうことなのだ。聖水を受け、ミサを唱えてもらうなどのことをするのだ。そうすれば、君はおのずから信じるようにされるし、愚かにされるだろう。――だが、僕のおそれているのは、まさにそれなのだ。――それはまたどうしてか。君に何か損するものがあるというのか。だが、これが信仰への道であることを君に納得させるのに役立つことは、君の大きな障害になっている情欲をこれが減らしてくれるということである。

この議論の終わり。

ところで、この方に賭けることによって、君にどういう悪いことが起こるというのだろう。君は忠実で、正直で、謙虚で、感謝を知り、親切で、友情にあつく、まじめで、誠実な人間になるだろう。事実、君は有害な快楽や、栄誉や、逸楽とは縁がなくなるだろう。しかし、君はほかのものを得ることになるのではなかろうか。

私は言っておくが、君はこの世にいるあいだに得をするだろう。そして君がこの道で一歩を踏みだすごとに、もうけの確実さと賭けたものが無に等しいこととをあまりにもよく悟るあまり、ついには、君は確実であって無限なものに賭けたのであって、そのために君は何も手放しはしなかったのだということを知るだろう。

――ああ、この議論は、僕を夢中にさせ、有頂天にさせる、等々。――もしこの議論が君の気に入り、君に有力なものと見えるとしたら、次のことを知ってもらいたい。すなわち、これを記した人間は、自分の全存在をささげているあの無限で不可分の存在に向かって、君自身の幸福と彼の栄光とのために、君の存在を彼に従わせるようにと祈る目的で、これの前と後とにひざまずいたということである。そして、この謙虚さに、力が結び合わされるようにと祈ったのである。

(1) 当時の長さの単位(〇・三二四八メートル)。

(2) この二行は、「一を無限の上に足しても……」から、この直前のところまでの部分の、左側の欄外に縦に記されている。

(3) 『コリント人への第一の手紙』一の二一。

(4) 前に出てきた、一対一の運で、一つの生命の代わりに二つの生命をもうける場合には、確率計算の結果は、両者同等であるため、「それでもなお賭けてもさしつかえない」としたのである。この場合も、それに準じて、運のほうが無限対一なのに対し、もうける生命の長さが、一対無限の比率になり、確率計算の結果がまた同等になるため、「まだ理由があることにはなろう」としているのである。

(5) これも、前に出てきた「三つの生命をもうけるために君の生命を賭けなかったとしたら」というところと並行させているのである。ただし、無限を前にして、三つの生命ということは、無限を三倍しても無限なので、理解しがたいため、さまざまの説明が試みられている。量的に無限な生命の場合を一対二としたところなので、今度は量的にも質的にも無限な、いわば無限の二乗の場合を一対三として表わしたのであろうという解釈が、多く行なわれている。

もしも確実なことのためにしか何事もしてはいけないとしたら、宗教のために何もしてはいけないことになろう。なぜなら、それは確実ではないからである。だが人は、どんなに多くのことを不確実なことのためにすることだろう。航海とか、戦争とか。だから私は言う、何事も確実でない以上、全く何もするべきではないだろうと。また、われわれが明日の日を見るということよりも、宗教のほうにもっと多くの確実さがあるのだと。

なぜなら、われわれが明日の日を見るだろうということは確実ではないが、われわれがそれを見ないだろうということは確実に可能であるからである。人は宗教について同じように言うことはできない。宗教が実在するということは確実ではない。しかし宗教が実在しないということは、確実に可能であると、だれがあえて言いうるであろう。

——

ところで人が明日のため、そして不確実なことのために働くとき、人は理にかなって行動しているのである。なぜなら、証明済みの確率決定の規則[*1]によって、人は不確実なもののために働かなければならないからである。

——

聖アウグスティヌスは、人が海の上や、戦争などで、不確実なもののために働くのを見た。しかし彼は、人はそうしなければならないのだということを証明する確率決定の規則を見なかった。モンテーニュは、人がびっこの精神に対して腹を立てることと、習慣にはあらゆることが可能であるのを見た。だが、彼はこういう現象の理由を見なかった。

これらの人たちはみな、現象を見たけれど、原因を見なかった。彼らは、原因を発見した人たちに対しては、目しか持たない人たちが、精神を持っている人たちに対するのと同じ関係にある。なぜなら、現象は、いわば感覚に訴えるようなものであるが、原因は精神にだけしか見えないのである。もちろんそれらの現象は精神によって見られるものではあるが、その精神は、原因を見る精神に対しては、感覚が精神に対するのと同じ関係にあるのである。

(1) 賭が中止された場合、それまでの経過に応じて、どのように賭金の分け前を定めたらよいかというパスカル自身の研究に基づく計算法をさしている。

二三五　　原四六七　ラ二〇六（一ノ一六）

〈彼らは事実を見たが、原因を見なかった〉*1

(1) アウグスティヌス『ペラギウス反論』四の六〇。

二三六　　原六五　ラ一五八（一ノ一二）

確率計算からいって、君は真理を探究することに苦労しなければいけない。なぜなら、もし君が真の本原を拝しないで死んだら、君は滅びてしまうからだ。——「でも、もし私が神を拝することを神が欲したのだったら、その欲したしるしが私のために残されているはずだ」と君は言う。――だからこそ、神はそれを残したのだ。だが君は、それらのしるしをなおざりにしている。だからさがしたまえ。さがす値うちが十分ある。

原六三（二三七、二八一）ラ一五四（二ノ一二）

二三七

確率計算。

次のいろいろの仮定のどれに従うかによって、この世でそれぞれ違った生き方をしなければならない。

一、この世にいつまでもいられる場合。

五[*1]、この世に長くはいないことは確かで、一時間いられるかどうかも不確かである場合。

この最後の仮定こそ、われわれの場合である。

（1）パスカルは、はじめ、一と五とのあいだに、他の三つの仮定を記したのであるが、後になってそれが適切でないと判断して消し去り、「まちがっている」という一語を書き込んだ。その際、冒頭の「いろいろ」という語を改めたり、五を二に変えるのを忘れたのであろう。

＊原六三　ラ一五三（二ノ一二）

二三八

確率計算によれば十年ということだから、君が僕に約束してくれるものは、確実な苦痛を別としても、喜ばれようと努力して失敗する自愛の十年間以外の何があるというのだ。

二三九

原二三五　ラ七四八（二ノ二六）

異論。自分の救いを望む人たちは、その点では幸福である。だが、それとひきかえに、地獄に対する恐れがある。地獄を恐れる理由をいっそう多く持っているのはだれだろう。地獄があるかどうか知らず、もしあった場合には、そこに落ちるにきまっている人か。それとも、地獄があるということをある程度納得していて、もしあった場合には、救われる希望を持っている人か。

二四〇

原四一（二四〇、六一五）　ラ八一六（二ノ二九）

「もし私に信仰があったなら、まもなく快楽を捨てたことでしょう」と彼らは言う。だが私は、君に言う。「もし君が快楽を捨てたならば、まもなく信仰を得たことでしょう」と。ところで、始めるのは、君のほうなのだ。もし私にできることなら、君に信仰を与えたことだろうが、私にはそれができない。したがって君の言うことがほんとうかどうか試してみるわけにはいかないのだ。だが、君には快楽を捨てることなら十分できるのだし、私の言うのがほんとうかどうかを試せるわけなのだ。

二四一

原四八五　ラ三八七（二ノ一）

順序。

私には、キリスト教をほんとうだと信じることによってまちがうよりも、まちがった上で、キリスト教がほんとうであることを発見するほうが、ずっと恐ろしいだろう。

第四章　信仰の手段について

二四二

＊　原二〇六（六二参照）　ラ七八一（二ノ二七）

第二部序言。

この問題を論じた人たちについて話すこと。

これらの人たちが、神についていかに大胆に語ろうとするかに私は感心する。不信者に議論を向けながら、彼らの第一章は、自然界の被造物によって神を証明しようとするのである。もしも彼らの議論を信者に向けているのであったら、私は彼らの企てに驚かないだろう。なぜなら、心のうちに生きた信仰を持つ人たちは、存在するものは、すべて彼らのあがめる神の御業《みわざ》にほかならないということを、ただちに見てとるのは確かだからである。だが、心のなかでそのような光が消えてしまったので、それを再びともしてやろうとわれわれがもくろんでいる人たち、すなわち、信仰と恩恵とを失い、自然のなかに見えるあらゆるもののあいだに、この知識へと自分らを導いてくれるものがないかと、自分自身の光のすべてを用いてさがし求めたにもかかわらず、闇《やみ》と暗黒としか見いだせない人たち、そういう人たちに向かって、彼らを取り巻くもののなかで最も小さなものを見るだけでも、神があらわに見えるだろうと言ったり、この重大な問題の証拠のすべてとして、月や遊星の運行を与えたり、こんな議論でその証明を完了したと自認するのは、われわれの宗教の証拠が実に薄弱であると思わせる根拠を与えることになるのである。彼らに軽蔑《けいべつ》の心を起こさせるのに、これ以上適したものはないことを、私は理性と経験とによって知っている。神に関することがらをもっとよく知っている聖書は、このようには語っていない。その反対に、聖書は、神は隠れた神であり、そして自然性の腐敗以来、神は人間を盲目のうちに放置し、人間がそこから脱出できるのは、イエス・キリストによってのみであり、この人をほかにしては、神とのすべての交わりは取り去られていると述べている。〈父を知るものは、子と、子があらわそうとして選んだもののほかにない〉[*1]

これこそ聖書が、神を求める者はこれを見いだすだろうと実に多くの箇所で[*2]言っているときに、われわれに示していることなのである。それは、真昼の日のような光を求めることについて話しているのではない。真昼に日を求める者や、海に水を求める者はこれを見いだすだろうなどとは誰も言ってはいない。だからこそ、自然のなかにおける神の明らかさというものは、そのようなものであってはならないのである。聖書は他の箇所でこうも言っている。〈まことにあなたは隠れている神である〉[*3]

（1）『マタイ福音書』一一の二七。

（2）旧約『箴言』八の一七、『エレミヤ書』二九の一三、新約『マタイ福音書』七の七、『ルカ福音書』一一の一〇、その他。
(3)『イザヤ書』四五の一五。

二四三

一写二五四　ラ四六三(二ノ一一)

聖書の正典の著者が、決して自然を用いて神を証明しようとしなかったのは感嘆すべきことである。彼らはみな、神を信じさせるようにしむけているのである。ダビデ、ソロモン、その他の人々は、「真空というものは存在しない、ゆえに神は存在する」[*1]とは決して言わなかった。彼らは、その後に出て、みなこのような論法を用いた最も賢い人たちより、もっと賢かったにちがいない。これは大いに注目すべきことだ。

(1) パスカルが読んだことのあるグロティウスの『キリスト教の真理について』一の七にも、これに近い論法がある。

二四四

原二九(二八四参照)　ラ三(一ノ一)

なんだって。君自身は、空や鳥が神を証明するとは言わないのか。——そうだ。——そして君の宗教もそう言わないのか。——そうだ。なぜなら、それは、神がそうした光を与えたもう若干の人たちにとっては、ある意味で真ではあるが、それにもかかわらず、大多数の人たちにとっては、偽りであるからだ。

二四五　原一七　ラ八〇八（二ノ二九）

信仰に三つの手段がある。理性と習慣と霊感とである。ただひとり理性を持つキリスト教は、霊感なしに信じるものを、自分の真の子として受け入れない。これはしかし理性と習慣とを排除する意味ではなく、その反対である。だが、精神をその証拠に向かって開き、習慣によってそこに確立し、しかも真の有益な結果をもたらしうる唯一のものである霊感に、へりくだることを通じて身を捧《ささ》げなければならないのである。〈キリストの十字架がむなしくならないために〉[*1]

（1）『コリント人への第一の手紙』一の一七。

二四六　原二五　ラ一一（一ノ一）

順序。神を求めるべきであるという手紙の後に、障害を除くことという手紙をこしらえる。それは「機械」[*1]についての論であり、機械を整え、理性によって求めることについての論である。

（1）断章二五二に「自動機械」という語を用いて詳しい説明がある。なお次の二つの断章でも言及されている。

二四七　原二五　ラ五（一ノ一）

順序。

求めるように仕向けるための友人への激励の手紙。——すると彼は答えるだろう。「求めたところで、私にとって何の役に立つだろう。何も現われてこない」そこで彼に答える。「絶望してはいけない」——すると彼は、なんらかの光が見いだせたらしあわせだろうが、この宗教そのものによると、たとえそう叫んだところで[*1]、何の役にも立たないだろうというのであるから、いっそ求めないことにしたいと答えるかもしれない。——そこで、それに対して彼に答える。「機械」

（1）従来の版は、「叫んだ」を「信じた」としているが、自筆原稿と内容と他の用例（たとえば第三章一九四冒頭）との三者から判断して、この読み方をとった。

二四八　原二五　ラ七（一ノ一）

証拠の効用を示す手紙。機械によって。

信仰は証拠とは違う。後者は人間的であるが前者は神の賜物《たまもの》である。〈義人は信仰によって生きる〉[*1]すなわち神自身が人の心にお入れになるその信仰によってであって、証拠はしばしばそれの道具となる。〈信仰は聞くによる〉[*2]だが、この信仰は心のなかにあって、

〈私は知る〉[*3]とは言わせないで、〈私は信じる〉[*4]と言わせるのである。

(1)『ローマ人への手紙』一の一七。
(2) 同一〇の一七。
(3)(4) この二つのラテン語の動詞は、一六五六年の「聖荊の奇蹟」の直後にパスカルが作らせた印形に、「私はだれを信じたかを知っている(SCIO CUI CREDIDI)」という形で組み合わされている。

二四九

原二六五　ラ三六四(一ノ二六)

形式的なものに希望を託すのは迷信である。だが、それに従おうとしないのは高慢である。

二五〇

原九〇(五五四、二五〇、六六一)ラ九四四(欠)

神から与えられるためには、外的なものが内的なものに結びつけられなければならない。ということは、ひざまずいたり、口に出して祈るなどのことをするのである。それは、神に従おうとしなかった思い上がった人間が、今は被造物に従わせられるためである。そういう外的なものに助けを期待するのは迷信であるが、それを内的なものに結びつけようとしないのは高慢である。

二五一　原四五一　ラ二一九（二ノ一六）

他の宗教、たとえば異教などは、いっそう民衆的である。なぜならそれらの宗教は外的なもののなかに存するからである。だが、それは知識人には向かない。純粋に知的な宗教は、知識人にはいっそう釣り合っているだろうが、民衆には役立たないだろう。ひとりキリスト教だけは、外的なものと内的なものとが混ぜ合わされているので、すべての人に釣《つ》り合《あ》っている。キリスト教は、民衆を内的なものへと引き上げ、高慢な者を外的なものへと引き下げる。そして、それらの二つがそろわなければ完全でない。なぜなら、民衆は文字の精神を理解しなければならず、知識人は精神を文字に従わさせなければならないからである。

二五二　原一九五　ラ八二一（二ノ三〇）

なぜなら、われわれは自分を誤解してはいけないからである。われわれは精神であるのと同程度に自動機械である。そしてそこから、説得が行なわれるための道具は、たんに論証だけではないということが起こるのである。証明されているものは、なんと少ないことだろう。証拠は精神しか納得させない。習慣がわれわれの最も有力で最も信じられている証拠となる。習慣は自動機械を傾けさせ、自動機械は精神を知らず知らずのうちに引きずっていく。明日はくるだろう、またわれわれは死ぬだろうということを、いったいだれが証明したであろう。それなのに、それ以上よく信じられていることがあるだろうか。したがって、習慣がわれわれにそのことを納得させたのである。かくも多くのキリスト者をつくるのは習慣である。トルコ人たち、異教徒たち、いろいろな職業、兵士たち等々をつくるのも習慣である。（キリスト者には、異教徒の場合よりも、洗礼において受けた信仰というものが、それだけ多く与えられている）[*1] さらにまた、精神がひとたび真理がどこにあるかを見た場合にも、なん時《どき》でもわれわれからのがれ去ろうとするその信仰にわれわれを浸し、われわれをその信仰で染めあげるために、この習慣の助けを借りなければならないのである。なぜなら、証拠をいつも目の前におくのは、大仕事すぎるからである。われわれはもっと容易な信仰、すなわち、慣習による信仰を獲得しなければならないのであって、それはわれわれを、無理強《むりじ》いなしに、技巧なしに、論議なしに物事を信じるようにさせ、われわれの全能力をそれに傾けさせ、そのようにしてわれわれの魂が自然にそこに落ち込むようにするのである。人が確信の力だけで信じていて、自動機械はその反対のことを信じるように傾けさせられているときは、十分ではない。だから、われわれの二つの部分を信じさせなければならない。精神は、一生に一度見れば十分であるはずの理由によって信じさせ、自動機械は、習慣によって、そして反対に傾かせないようにして信じさせなければならない。〈神よ、私の心を傾かせてください〉[*2]

——理性というものは、ゆっくりと行動する。常に目の前になければならない、あまりにも多い原理に対して、あまりにも多く目をくばらなければならないので、なん時でもうとうととしたり、その原理が全部目の前にないために迷い子《まご》になったりするものである。直感はそのようには行動しない。直感は一瞬間で行動し、すぐに行動の用意ができている。だから、われわれの信仰を直感のうちにおかなければならない。さもなければ、いつもぐらぐらしているだろう。

（1）（ ）内は欄外に記されたもの。
（2）『詩篇』一一九（ヴルガータ訳一一八）の三六。

二五三

原一六九　ラ一八三（一ノ一三）

二つの行き過ぎ。
理性を排除すること、理性しか認めないこと。

二五四

原一六三　ラ一八七（一ノ一三）

あまり従順すぎるということで人々を責めなければならない場合も、珍しくない。それは、不信仰と同様に、自然な悪徳で、同じように危険である。

迷信。

二五五

原三九八　ラ一八一（一ノ一三）

信仰は迷信とは違う。

——

信仰を迷信になるまで固執することは、それを破壊することである。

——

異端者たちは、われわれがこの迷信的服従におちいっているといって非難する。これでは、彼らがわれわれを非難しているとおりのことをすることになる。

——

聖体が目に見えて認められないという理由で、それを信じない不信仰。

——

諸命題を信じる迷信、[*1] 等々。

——

信仰、等々。

（1）ヤンセンの著書に、異端とされる五箇条の命題がないのに、それを命令によって信じること。

二五六　　原二四四　ラ一七九（二ノ一三）

真のキリスト者は少ない。信仰についてさえそうだと私は言う。信じている人々はたくさんあるが、迷信によってである。信じない人たちもたくさんあるが、不信心によってである。両者の中間にあるものは少ない。

——両者のなかに私は、真に敬虔《けいけん》な生活を送っている人たちや、心情の直感によって信じているすべての人たちは含めていない。

二五七　　原六一　ラ一六〇（二ノ一二）

三種類の人々があるだけである。一は、神を見いだしたので、これに仕えている人々。他は、神を見いだしていないので、これを求めることに従事している人々。いま一つは、神を見いだしてもいず、求めもしないで暮らしている人々。最初の人々は、理にかなっており幸福である。最後の人々は、愚かであり不幸である。中間の人々は、不幸であり理にかなっている。

二五八　　＊＊原一六三　ラ七五五（二ノ二六）

〈各人は自分のために神を作る〉[*1]

嫌悪《けんお》。

――

（1）旧約外典『ソロモンの知恵』一五の八、一六にもとづくものと推測されている。

二五九

原四一　ラ八一五（二ノ二九）

普通の人たちは、考えたくないことを考えないでいることができるものだ。「メシアについての章句のことを考えるな」と、ユダヤ人はその息子《むすこ》に言っていた。われわれの同類もしばしばこのようにする。こうして偽りの宗教が保たれる。そして真の宗教でさえも、多くの人たちに対してはそのようにして保たれる。

だが、このように考えるのをみずからやめることができず、禁じられれば禁じられるほど考える人たちがいる。これらの人たちは、偽りの宗教を捨て去るが、もし堅固な論議を見いださなければ、真の宗教さえ捨ててしまう。

二六〇

原二七三　ラ五〇四、五〇五（二ノ二〇）

彼らは多数のなかに隠れ、自分らの助けとして数をもとめる。

喧騒《けんそう》。

権威。

あることを人から聞いたということが、君の信じる基準になってよいどころか、それをいまだかつて聞いたことがないかのような状態に自分を置いた上でなければ、何も信じてはいけない。

君自身への君の同意、そして他人のではなく、君の理性の変わらぬ声、それが君を信じさせなければいけないのだ。

信ずるということは、それほど重大なことなのだ。

百の矛盾がほんとうとされてしまうところだ。

もしも、古いことが信じることの基準だとするならば、古代の人たちは基準がなかったことになるのだろうか。

もしも一般の同意だとするならば、もし人々がいなくなってしまったらどうだろう。

偽りの謙遜《けんそん》、高慢。

違反するものの罰、誤謬。*1

幕をあげよ。

君が、そんなことをしてもむだだよ。いずれにしても、信じるか、否定するか、疑うかのどれかをしなければならないのだ。

われわれには、いったい基準がないのだろうか。

動物についてなら、われわれは彼らがやるべきことをよくやっていると判断する。人間について判断するための基準はないのだろうか。

否定することと、信じることと、正しく疑うこととは、人間にとって、馬にとっての走ることと同じである。

（1）この一行は左の欄外に記されている。

二六一

原二七〇　ラ一七六（二ノ一三）

真理を愛さない人たちは、それに異論があるとか否定するものが多いとかいうことを口実にする。だから、彼らの誤りは彼らが真理または愛を好まないところからくるのであって、したがってそれは言いわけにはならない。

二六二

原三四四（五五参照）　ラ九〇八（二ノ三四）

迷信と邪欲。

小心、悪い欲。

悪い恐れ。

恐れ。神を信ずるから起こる恐れではなく、神があるかないかを疑うから起こる恐れ。

よい恐れは信仰から起こる。偽りの恐れは疑いから起こる。よい恐れは、希望に結ばれている。なぜなら、それは信仰から生まれ、信じている神に希望をおくからである。悪い恐れは、絶望に結ばれている。なぜなら、信じなかった神を恐れるからである。一は神を失うことを恐れ、他は神を見いだすことを恐れる。

二六三

原一〇九　ラ五七四（二ノ二三）

「奇跡が一つあれば、私の信仰は堅くされるだろうに」と、人は言う。人がそう言うのは、奇跡を見ないときである。遠くから見ると、われわれの視野を限っているように見える諸論拠も、そこへ到達すると、もっと先のほうが見えはじめるようになる。何ものも精神の回転の早さを止めてはくれない。何も例外のない規則とか、何も欠ける面がないほどに一般的な真理などというものは存在しないと、人は言う。その真理が絶対に普遍的でさえなければ、その例外を現在の問題に適用する口実をわれわれに与え、「これは常にほんとうではない。したがって、それがほんとうでない場合もある」と言わせるに十分である。残るところは、現在の場合がそれに当たるということを、示すことだけである。そして、そのために何かうまい骨合《こつあい》を見つけられないとしたら、よほどの不器用か、運が悪いことになろう。

二六四　原一〇四（二六四、九四一）　ラ九四一（欠）

人は毎日食べたり眠ったりすることには退屈しない。なぜなら、空腹はまた生まれるし、眠気もそうだからだ。さもなければ、退屈するだろう。

だから、精神的なものに対する飢えがなければ、人は退屈する。正義への飢え。第八の至福。*1

（1）『マタイ福音書』五章のキリストの山上の垂訓の冒頭をさす。第八の至福は、「義のために迫害されてきた人たち」をさしているが、第四は、「義に飢えかわいている人たちは、さいわいである」となっている。

二六五　原四〇九　ラ一八五（一ノ一三）

信仰はなるほど感覚の言わないことを言うが、しかし感覚の見るところと反対のことを言うのではない。それは感覚よりも上にあるのであって、反対ではない。

二六六　原二二五（二三参照）　ラ七八二（二ノ二七）

望遠鏡は、昔の哲学者たちにとっては存在しなかった、いかに多くの存在を発見してくれたことだろう。人は、聖書が星の数の多いことを記《しる》しているのを公然と非難し、「星は千二十二しかないのだ。[*1] われわれはちゃんと知っている」と言っていた。

地上には草がある。われわれにはそれが見える。——月からは、それが見えないだろう。——そして、それらの草の上には繊毛があり、それらの繊毛のなかには小さい動物がいる。だが、そのさきは、もう何もない。——なんていい気な人だろう。——合成物は諸元素からなるが、諸元素はそうではない。——なんていい気な人だろう。ここに微妙な一線がある。——見えないものが存在するなどと言うべきではないではないか。——だから、ほかの人たちと同じように言わなければならないのだが、だからといって彼らと同じように考える必要はないのだ。

（1）『創世記』一五の五、『エレミヤ書』三三の二二などでは、星の数は数えきれないとなっているのに対し、西洋古代の天文学を代表するプトレマイオスの目録では千二十二となっていた。

二六七

原二四七　ラ一八八（二ノ一三）

理性の最後の歩みは、理性を超えるものが無限にあるということを認めることにある。それを知るところまで行かなければ、理性は弱いものでしかない。

——

自然的な事物が理性を超えているならば、超自然的な事物については、なんと言ったらいいのだろう。

二六八

原一六一　ラ一七〇（二ノ一三）

服従。

疑わなければならないところで疑い、断定しなければならないところで断定し、従わなければならないところで従わなければならない。そのようにしない者は、理性の力を理解していないのである。これらの三つの原理に反するものがあって、証明が何であるかをよく知らないために、すべてのことを証明できるものとして断定したり、どこで従わなければならないかを知らないために、すべてのことを疑ったり、どこで判断しなければならないかを知らないために、すべてのことについて従ったりする。

二六九

原二四七　ラ一六七（二ノ一三）

理性の服従と行使、そこに真のキリスト教がある。

二七〇

原四〇六　ラ一七四（二ノ一三）

聖アウグスティヌス。[*1] 理性というものは、自分が従わなければならない場合があるということを自分で判断しないかぎり、決して従わないであろう。

だから、理性が自分が従わなければならないと判断したときに従うのは、正しいことである。

（1）アウグスティヌス『書簡』一二二の五。

二七一　原六一五（二九九、一六五）　ラ八二（一ノ五）

知恵はわれわれを幼年に向かわせる。〈幼子《おさなご》のようにならなければ〉[*1]

（1）『マタイ福音書』一八の三。

二七二　原二一四　ラ一八二（一ノ一三）

このような理性の否認ほど、理性にふさわしいことはない。

二七三　原二一三　ラ一七三（一ノ一三）

もしすべてを理性に従わせるならば、われわれの宗教には神秘的、超自然的なものが何もなくなるだろう。

もし理性の原理に反するならば、われわれの宗教は不条理で、笑うべきものとなろう。

二七四　原一三〇　ラ五三〇（二ノ二三）

われわれのあらゆる推理は直感に譲ることに帰着する。

だが、気分は直感に似ていて、しかも反対のものである。そこで人はこれらの対立するものを見わけることができない。ある人は、「私の直感は気分だ」と言い、他の人は自分の気分は直感だと言う。そこに基準が必要となる。理性がみずから申し出てくるが、理性はあらゆる方向へ曲げられやすいものである。
　したがって、基準は何もないことになる。

一六七八年ポール・ロワヤル版二八ノ七八　ラ九七五

二七五

人々はしばしば自分たちの空想を心情ととり違える。そして回心しようと考えるやいなや、回心したと信じてしまう。

ゲリエ第一写本七一　ラ九八三

二七六

ロアネーズの殿は、[*1]よく言っていた。「理由はあとからやってくるのだが、はじめは理由がわからないのに、あることが私の気に入ったり、気にさわったりする。それなのに、それが私の気にさわるのは、あとになってしかわからないその理由のためなのだ」だが、私の思うには、あとになってわかるその理由のためなのではなく、気にさわるからこそ、その理由が見つかるのだ。

（1）パスカルの親友であった大貴族。

二七七

原八（八九参照）　ラ四二三（二ノ二）

心情は、理性の知らない、それ自身の理性を持っている。人はそのことを数多くのことによって知っている。

私は言う。心情が自然に普遍的存在を愛するのも、自然に自分自身を愛するのも、自分からそれに打ちこむからなのである。そして、自分の選ぶままに、一方か他方かに対してかたくなになるのである。君は、一方をしりぞけ、他方を保った。君が自分自身を愛するのは、いったい理性によるのだろうか。

二七八

原八（八九参照　ラ四二四（二ノ二）

神を感じるのは、心情であって、理性ではない。信仰とはこのようなものである。理性にではなく、心情に感じられる神。

二七九

原一四二　ラ五八八（二ノ二三）

信仰は神よりの賜物である。われわれがそれを推理の賜物であると言っているなどとは思わないでほしい。他の諸宗教は、彼らの信仰についてそうは言わない。それらの宗教は、信仰に達するためにただ推理しか提供していないのであるが、それなのに、推理は信仰へ導いてくれないのである。

二八〇

神を知ることから愛することまで、なんと遠いのだろう。

原四八九　ラ三七七（一ノ二七）

二八一

心情、

本能、

諸原理。

原六三（二三七参照）　ラ一五五（一ノ一二）

二八二

＊＊ 原一九一　ラ一一〇（二ノ六）

われわれが真理を知るのは、推理によるだけでなく、また心情によってである。われわれが第一原理を知るのは、後者によるのである。それに少しも関与しない理性が、それらの原理と戦おうとしてもむだである。このことを唯一の目的としている懐疑論者たちは、無益に労しているのである。われわれは夢を見ているのではないということを知っている。それを理性によって証明することについてわれわれがどんなに無能力であろうとも、この無能力は、ただわれわれの理性の弱さを結論するだけであって、彼らの言い張るように、われわれのすべての認識の不確実を結論するものではない。なぜなら、空間、時間、運動、数が存在するというような第一原理の認識は、推理がわれわれに与えるどんな認識にも劣らず堅固なものだからである。そして、これらの心情と本能とによる認識の上にこそ理性は、よりかからなければならないのであり、理性のすべての論議はその基礎の上に立てられなければならないのである。心情は空間に三次元あり、数は無限であるということを直感する。そして理性は、その次に、一方が他の二倍になるような二つの平方数は存在しないということを論証する。原理は直感され、命題は結論される。そして、違った方法ではあるが、すべて確実に行なわれるのである。それで、理性が心情に向かって、その第一原理を承認したいから、それを証明してほしいと要求するのは、心情が理性に対して、その証明するすべての命題を受け入れたいから、それを直感させてほしいと要求するのと同じように無益であり、滑稽である。

だから、この無能力は、すべてを判断しようとする理性をへりくだらせるのに役立つだけであって、まるでわれわれを教えることができるのは理性だけであるかのように考えて、われわれの確実さとわたりあうことには役立たないのである。むしろ反対に、理性などの必要は少しもなく、すべてのことを本能と直感とによって知ることができたら、どんなによかっただろう。だが自然はわれわれに、この賜物を拒んだ。それに反して、このような認識はほんのわずかしか与えてくれなかった。他のすべての認識は推理によらなければ獲得できないのである。

それだから、神から心情の直感によって宗教を与えられた者は、非常に幸福であり、また正当に納得させられているのである。だが、宗教を持たない人たちに対しては、われわれは推理によってしか与えることができない。それも、神が彼らに心情の直感によってお与えになるのを待っているあいだのことなのであって、このことがなければ信仰は、人間的なものであるのにとどまり、魂の救いのためには無益である。

原五九　ラ二九八（一ノ二三）

二八三

秩序。聖書には秩序がないという反論に対して。

――心情にはそれ自身の秩序がある。精神にはそれ自身の秩序があり、それは原理と証明とによるが、心情にはそれとは別なものがある。人は愛の諸原因を秩序立てて説明することによって、愛されるべきであるということを証明しはしない。そうしたら滑稽であろう。

――イエス・キリストや聖パウロは、愛の秩序を持っている。精神のそれではない。なぜなら、彼らは熱を与えようとしたのであって、教えようとしたのではないからだ。

聖アウグスティヌスも同様である。その秩序は、目的を常に示すために、それと関係のある個々の点について枝葉の議論を行なうことに主として存するのである。

二八四

原四八五　ラ三八〇（二ノ二七）

単純な人たちが理屈なしに信じるのを見て驚いてはいけない。神は彼らに、神への愛と、彼ら自身への嫌悪を与え、彼らの心を信じるように傾かせておられるのだ。もし神が心を傾かせてくださらなければ、人は決して有益な信頼と信仰とをもって信じはしないだろう。そして神が心を傾かせてくださりさえすれば、すぐに信じるだろう。これはダビデがよく知っていたことである。〈神よ、私の心を……に傾かせてください〉[*1]

（1）『詩篇』一一九（ヴルガータ訳一一八）の三六。

二八五

原四四七（八四四、二八五、三九〇、五三三、九三三、八八七）　ラ八九五（二ノ三四）

この宗教は、あらゆる種類の精神の人に釣り合っている。ある人たちは、それが確立していることにだけ心を止める。ところがこの宗教は、それが確立したという点だけでも、その真理性を証明するのに十分なようにできているのである。他の人たちは、使徒たちのところまでさかのぼる。最も学識のある人たちは、世の初めにまでさかのぼる。天使たちは、この宗教を、もっとよく、もっと遠くから見ている。

二八六　＊　原四八一　ラ三八一（二ノ二七）

旧新約聖書を読まないで信じている人たちがあるというのは、彼らが全く清らかな心構えを持っていて、われわれの宗教について聞くことがそれにぴったりするからである。彼らは、唯一神が彼らをつくったのであると感じ、神だけしか愛そうと思わず、自分自身だけしか憎もうと思わない。彼らは、そのための力が自分にはないことを感じ、自分が神にまで達することはできず、もし神のほうが彼らのところまで来てくださるのでなければ、神との交わりは全く不可能であることを感じる。ところで、われわれの宗教において彼らが耳にすることは、神だけを愛し、自分自身だけを憎まなければいけないということと、しかし、みなが腐敗し、神に近づけなくなってしまったので、われわれと一つになるために神のほうが人間になられたということである。あのような心構えで、自分たちの義務と無能力とをあのように知っている人たちを納得させるには、これ以上のことを必要としないのである。

二八七　＊＊　原四八三　ラ三八二（二ノ二七）

預言と証拠とを知らずにキリスト者になっている人たちを見かけるが、彼らでも、それらのことについて、それを知っている人たちと同じようによく判断する。彼らは、他の人たちが精神によって判断するところを、心情によって判断するのである。神が彼らを信じるように傾けられたのであって、したがって彼らは、きわめて効果的に納得しているのである。

証拠なしに信じているこれらのキリスト者の一人が、自分についても同じことを言うにちがいない不信者を説得するに足るものを持たないだろうということは、私もそれを認めるのにやぶさかでない。しかし、この信者が自分では証明できなくとも、神から真に霊感を受けたものであるということは、この宗教の証拠を知っている人たちが、難なく証明してくれるであろう。

なぜなら、神はその預言で（それは疑いもなく預言であるのだが）、[*1] イエス・キリストの世には、神の霊をすべての国民の上にそそぎ、教会の、息子、娘、子供たちが預言するであろうと言われているので、これらの人たちの上にこそ神の霊があるのであって、他の人たちの上にはないのは、疑いのないことだからである。

（1）ここの（　）およびその中の文は原稿にあるもの。

二八八　　原四八一　ラ三九四（二ノ一）

神がみずからを隠されたことを嘆くかわりに、これほどまでに、みずからを現わされたことを神に感謝しなければいけない。そしてまた、神が、かくも聖なる神を知るに値しない高慢な知者たちに、自分を現わされなかったことを感謝しなければいけない。

二種類の人が神を知っている。謙虚な心を持ち、高くとも低くとも、どの程度の精神を持とうと、へりくだることを愛する人々。あるいは、どんな反対に出会っても、真理を見るに足るだけの精神を持っている人々。

二八九

一写二五八　ラ四八二（二ノ一一）

証拠。

一、かくも自然に反するのに、自力でかくも強固に、静かに確立したキリスト教の成立によって。

二、キリスト者の魂の聖潔、高尚、謙虚。

三、聖書の不思議。

四、特にイエス・キリスト。

五、特に使徒たち。

六、特にモーセと預言者たち。

七、ユダヤ民族。

八、もろもろの預言。

九、永続性。他のどの宗教にも永遠性がない。

一〇、すべてのことを説明する教義。
一一、この律法の聖《きよ》きこと。
一二、世界の動きによって。
　これだけのことがある以上、生命とは何であり、この宗教が何であるかを深く考えたならば、この宗教に従いたいという気持が、われわれの心のなかに起こってきた場合に、その気持を拒んではならないということは疑う余地のないことである。そしてまた、この宗教に従っている人たちをあざける理由は、少しもないということは確かである。

原四八一　ラ四〇二（二ノ一）

二九〇

宗教の証拠。
道徳。教理。奇跡。預言。表徴。

第五章　正義と現象の理由[*1]

（1）原語の「エフェ」は、「結果」「現実」などとも訳されることがある。

二九一

原二五　ラ九（一ノ一）

「不正について」の手紙のなかで言及しえよう。長子が全部を相続するというふざけた話。「友よ、君は山のこちら側で生まれた。だから君の長兄が全部を相続するのが正しいのだ」「なぜあなたは私を殺すのか」

二九二

原七九、一二一（一六八参照）ラ二〇（一ノ二）

彼は川の向こうに住んでいる。

二九三

原二三（一五四参照）ラ五一（一ノ二）

「なぜ私を殺すのだ。〔そちらが優勢なのに。私には武器がないのだ〕」――「なんですって。君は水の向こう側に住んでいるのではないか。友よ、もし君がこちら側に住んでいたとしたら、僕は人殺しになるだろうし、君をこんなふうに殺すのは正しくないだろう。だが、君は、向こう側に住んでいる以上、僕は勇士であり、これが正しいことなのだ」

二九四　原六九、三六五、三六六（七三参照）　ラ六〇（一ノ三）

彼は、その統治しようとする世界の機構を何の上に基礎づけようとするのか。各個人の気まぐれの上であろうか。なんという混乱。正義の上にであろうか。彼はそれを知らない。確かに、もしもそれを知っていたのだったなら、人間のあいだで最も一般的なこの格率、すなわち、各人は自国の風習に従うべし、などというのを確立しなかったであろう。[*1] 真の公平の輝きがすべての国民を服従させたであろうし、立法者たちも、この不変の正義のかわりに、ペルシア人たちやドイツ人たちの思いつきや気まぐれを模範としてとりはしなかっただろう。人々は、世界のあらゆる国とあらゆる時代とを通じて、不変の正義が樹立されているのを見たことだろう。ところが、そのかわりに、われわれが見る正義や不正などで、地帯が変わるにつれてその性質が変わらないようなものは、何もない。緯度の三度のちがいが、すべての法律をくつがえし、子午線一つが真理を決定する。数年の領有のうちに、基本的な法律が変わる。法にもいろいろの時期があり、土星が獅子《しし》座にはいった時期が、われわれにとって、これこれの犯罪の起原を画しているのである。川一筋で仕切られる滑稽な正義よ。ピレネー山脈のこちら側での真理が、あちら側では誤謬である。

彼らは、正義はこれらの習慣のなかにはないのであって、すべての国で認められている自然法のなかにあると言う。もしも人間の法律をまきちらした向こう見ずな偶然が、ただの一つでも普遍的なものに出会っていたとしたら、彼らはそれを頑強に主張したであろうことは確かである。ところが、滑稽なことには、人間の気まぐれが、あまりにもうまく多様化したので、そんな法律は一つもない。

盗み、不倫、子殺し、父殺し、すべては徳行のうちに地位を占めたことがある。ある男が、水の向こう側に住んでおり、彼の主君が私の主君と争っているという理由で、私は彼とは少しも争ってはいないのに、彼に私を殺す権利があるということほど滑稽なことがあろうか。

自然法というものは疑いなく存在する。しかし、このみごとな腐敗した理性は、すべてを腐敗させてしまった。〈何ものも、もはやわれわれのものではない。われわれのものと呼ぶものは、人工的なものである〉[*2]〈元老院の決議と人民投票とによって、罪が犯される〉[*3]〈われわれは、昔は悪徳によって苦しんだが、今は法律によって苦しんでいる〉[*4]

このような混乱から、ある人は、正義の本質は立法者の権威であると言い、他の人は、君主の便宜であると言い、また他の人は、現在の習慣であると言うことが生じる。そしてこの最後のものが最も確かである。理性だけに従えば、それ自身正しいというようなものは何もない。すべてのものは時とともに動揺する。習慣は、それが受け入れられているという、ただそれだけの理由で、公平のすべてを形成する。これがその権威の神秘的基礎である。それをその原理にまでさかのぼらす者は、それを消滅させてしまう。誤りを正すというたぐいの法律ほど、誤りだらけのものはない。法律が正しいという理由で、法律に服従する者は、彼の想像の正義に服従するのであって、法律の本質に服従しているのではない。それは全く自分自身のなかにこもっているものである。それは法律であり、それ以上のものではない。その動機を吟味しようと欲する者は、それがあまりにも弱くて軽いものなので、もしも彼が人間の想像の驚異を打ち眺める習慣を持っていなかったら、それが一世紀のあいだに、こんなにもたいした壮麗さと尊敬とをかち得たことに驚嘆するであろう。国家にそむき、国々をくつがえす術は、既成の習慣をその起原にまでさかのぼって調べ、その権威と正義との欠如を示すことによってそれを動揺させることにある。人は言う、不正な習慣が廃止した、国家の基本的、原始的な法律にまで復帰しなければならないと。それは、すべてのことを失ってしまうこと請けあいの仕掛けである。この秤《はかり》にかけられては、何も正しくなくなってしまうだろう。ところが民衆は、このような議論にたやすく耳を貸す。彼らは、軛《くびき》に気がつくやいなや、それを払いのける。大貴族たちは、それを利用して、民衆を破滅させ、既存の習慣の物好きな検討者たちを破滅させる。それだから、立法者たちのなかで最も賢明な人は、人々の幸福のためには、しばしば彼らを欺かなければならないと言った。*5 また他の有能な政治家は、〈それによって解放されるべき真理を知らないのであるから、欺かれているほうがよい〉[*6]と言った。民衆に横領の事実を感づかせてはいけない。習慣は、かつては理由なしに導入されたが、それが理にかなったものになったのである。もしもそれにすぐ終わりを告げさせたくないのだったら、それが真正で、永久的なものであるように思わせ、その始まりを隠さなければならない。

（1）この断章は、モンテーニュの『エセー』、特に二の一二と三の一三との影響が強い。
（2）モンテーニュ『エセー』二の一二より引用したキケロの句。
（3）同三の一より引用したセネカの句。
（4）同三の一三より引用したタキトゥスの句。
（5）同二の一二に記されているプラトンの言葉。
（6）同二の一二に引用されているアウグスティヌスの句で、紀元前二〜一世紀のローマの政治家ミュティウス・スケヴォラの説を紹介して批判したもの。

二九五　　原七三　ラ六四（一ノ三）

僕のもの、君のもの。

「この犬は、僕のだ」と、あの坊やたちが言っていた。「これは、僕の日向《ひなた》ぼっこの場所だ」ここに全地上の横領の始まりと、縮図とがある。

二九六　　原六七　ラ五九（一ノ三）

戦争をして、あんなに多くの人間を殺すべきかどうか、あんなに多くのスペイン人に死を言い渡すべきかどうか、を判断する問題が起こったとき、その判断をするのはただ一人、しかもそれに利害関係のある人である。この判断には、利害関係のない第三者が当たるべきであろう。

二九七　　原四〇六　ラ八六（一ノ五）

〈真正の法〉[*1]われわれは、もはやそれを持っていない。もし持っていたのだったら、正義の基準として、自国の風習に従うことなどを取り上げなかっただろう。

そこで、正しいものを見いだせないために、人は強いものを見いだした、等々。

（1）モンテーニュ『エセー』三の一に引用されているキケロの句。

二九八　　原一六九　ラ一〇三（一ノ五）

正義、力。

正しいものに従うのは、正しいことであり、最も強いものに従うのは、必然のことである。

力のない正義は無力であり、正義のない力は圧制的である。力のない正義は反対される。なぜなら、悪いやつがいつもいるからである。正義のない力は非難される。したがって、正義と力とをいっしょにおかなければならない。そのためには、正しいものが強いか、強いものが正しくなければならない。

正義は論議の種になる。力は非常にはっきりしていて、論議無用である。そのために、人は正義に力を与えることができなかった。なぜなら、力が正義に反対して、それは正しくなく、正しいのは自分だと言ったからである。

このようにして人は、正しいものを強くできなかったので、強いものを正しいとしたのである。

二九九

原一六五（二七一参照）　ラ八一（一ノ五）

唯一の普遍的基準は、普通のことがらについては国法であり、その他のことがらについては数の多いほうである。どうしてそういうことになるのか。そこにある力のためである。そのためにまた、別の方面からの力を持っている国王が、大臣たちの多数決には従わないということになるのである。

たしかに、財産の平等ということは正しい、だが……

人は正義に従うことが力であるようにできなかったので、力に従うことが正しいとしたのである。正しいものと強いものとがいっしょになって、至上善である平和がもたらされるために、人は、正義を強力化できないので、力を正当化したのである。

三〇〇

原四五三（八七五、八九〇、五〇八、八四五、八四四の二、八二三、八二四、八八一、八二〇、三〇〇）　ラ八七六（二ノ三四）

武装した強い人が自分の財産を所有しているときは、その所有しているものは、安らかである。[*1]

（1）『ルカ福音書』一一の二一に近い。

三〇一

原四二九　ラ七一一（二ノ二五）

力。

なぜ人は多数に従うのか。彼らがいっそう多くの道理を持っているからなのか、いな、いっそう多くの力を持っているからなのだ。

なぜ人は古い法律や古い意見に従うのか。それらが最も健全であるからか。いな、それらが、それぞれ一つしかなく、多様性の根をわれわれから取り除いてくれるからである。

三〇二

＊＊　原四四一　ラ八八（一ノ五）

これは力の結果であって、習慣の結果ではない。なぜなら、発明する能力を持っている人たちはまれであるからである。数の上で最も多い人たちは、ただついて行くことしか望まず、自分たちの発明によって名誉を求めているこれらの発明家たちに名誉を与えることを拒んでいる。もしも発明家たちがあくまで名誉を得ようとして、発明しない人たちを軽蔑《けいべつ》すれば、ほかの人たちは発明家たちに嘲笑《ちょうしょう》的な名を与え、棒でなぐることだろう。だから、このような鋭敏さを鼻にかけないか、あるいは、自分だけで満足しているほうがいい。

三〇三

原一四二　ラ五五四（二ノ二三）

この世の主人は力であって、世論ではない。——しかし、世論は力を用いる主人ではないか。——力が世論を作るのだ。われわれの意見では、柔らかさはよいことである。なぜか。なぜなら、綱の上で踊ろうとする者は、一人きりだろうから。ところが、私は、そんなことはよいことでないと言う人たちでもって、もっと有力な徒党をつくるだろう。

三〇四

原二六九（三〇四、三五一）　ラ八二八（二ノ三一）

ある人々の尊敬を他の人々に対して結びつける綱は、全体としては、必要から生じた綱である。なぜならば、すべての人が支配したがり、すべての人にはそれができず、いくらかの人たちにそれができるのである以上、尊敬にいろいろな段階がなければならないことになるからである。

これらの段階が形づくられはじめるところを、われわれが見ていると想像しよう。最も強い部分が最も弱い部分を圧迫し、ついに支配的な一党ができるまで、互いに戦い合うだろうことに疑いがない。だが、それがひとたび決定されると、戦いが続くのを欲しない支配者たちは、彼らの手中にある力が、彼らの気に入る方法で受けつがれていくように制定する。ある者は、それを人民の投票に、他の者は世襲等々にゆだねる。

そして、この時点から想像力がその役割を演じはじめる。それまでのところは、権力が事を強行した。これからは、力が、ある党派のうちに、想像力のおかげで保たれていくのである。フランスでは貴族たちのうちに、スイスでは平民たちのうちに、等々。

したがって、尊敬を、個々の場合に、これこれの人に結びつけるこのような綱は、想像力の綱である。

三〇五　　　　原二一　ラ五〇（一ノ二）

スイス人は、貴族といわれると腹を立て、重職につくのにふさわしいものと判定してもらうために、平民の血統であることを立証する。

三〇六　　　　原一六七　ラ七六七（二ノ二六）

公爵領や、王権や、司法職は、現実的なものであり、必要なものである（力がすべてを規制しているゆえに）。それらは、いたるところに、常にある。だが、これこれのものが、そのどれかに当たるということを理由づけるものは気まぐれにすぎないのであるから、それは一定せず、変わりうるものである、等々。

三〇七

原二八三　ラ八七（一ノ五）

大法官は、いかめしく、飾り立てた服をまとっている。なぜなら、彼の地位は見せかけのものだからである。しかし、国王は違う。彼は力を持っているので、想像力などに用はない。裁判官や医者などは、想像力しか持っていない。

三〇八

＊ 原八一　ラ二五（一ノ二）

国王を見るときには、親衛隊、鼓手、将校たち、そのほか自動作用[*1]を尊敬と恐怖とのほうへと傾かせるあらゆるものに伴われているのが習慣となっているので、時たま国王が一人でお供なしでいる時でも、その顔は臣下の心に尊敬と恐怖とを起こさせる。というのは、国王その人と、普通それと結びつけられていていっしょに見る従者たちとを、頭のなかで切り離さないからである。そこで、こうした現象がそのような習慣から生じるのであることを知らない世間の人々は、それが生来の力から出るものと考える。そういうところから、次の言葉が生まれるのである。「神性の徴《しるし》が、玉顔の上に刻まれている」など。

（1）断章二四六～二四七、二五二参照。

三〇九

＊原七三　ラ六一（一ノ三）

正義。

流行が好みを作るように、また正義をも作る。

三一〇

原一六三（四一参照）　ラ七九七（二ノ二八）

王と暴君。[*1]

――

私もまた、頭の後ろにある私の考え[*2]を持とう。

私は、旅行のたびに気をつけよう。

――

制度の上での偉さ、制度の上での尊敬。

――

大貴族の楽しみは、人々を幸福にできることである。

――

富の特性は、気前よくくれてやれることである。

――それぞれのものの特性が、求められなければならない。権力の特性は、保護することである。

――力が偽装を攻撃するとき。一兵卒が高等法院長の角帽をひったくり、それを窓からほうりだすとき。

(1) この断章は、聞き書きとして伝えられるパスカルの小品『大貴族の身分について』のための覚え書ではないかと推測されている。

(2) 断章三三六、三三七参照。

三一〇の二

＊原一六四（四一参照）

気まぐれによる服従。

三一一

原四二七　ラ六六五（二ノ二五）

世論と想像力との上に基礎づけられた支配は、しばらくのあいだ君臨する。そしてこの支配は心地よく、自発的である。力の支配は、常に君臨する。だから世論は、この世の主人のようなものであるが、力はこの世の暴君である。

三一二　　一写三六六　ラ六四五（二ノ二五）

正義とはすでに成立しているものである。したがって、われわれのすべての既成の法律は、それがすでに成立しているという理由で、検討されずに、必然的に正しいと見なされるであろう。

三一三　　原二四四　ラ九四（一ノ五）

民衆の意見の健全さ。

最大の災いは内乱である。

値うちに応じて報いようとすれば、内乱は必至である。なぜなら、だれでも値うちがあると言うだろうから。世襲の権利によって相続する愚か者について恐れなければならない災いは、それほど大きくもないし、それほど必至でもない。

三一四　　原一六一　ラ七九六（二ノ二八）

神は、
すべてのものをご自身のために創造し、

苦しみと幸福との権能をご自身のためにお与えになった。

――あなたは、それを神に対しても、自分に対しても適用できるのです。

――もしも神に対してならば、福音が基準です。

――もしもあなた自身に対してならば、あなたは神の地位を占めることになるのです。神が、神の権能の内にある愛の幸福を求めている、愛に満ちた人たちにとりまかれているように、同様に……

――だから、あなたは自分自身を知り、自分が邪欲の王にすぎないことを知り、邪欲の道を選びなさい。[*1]

（1）『大貴族の身分について』の「第三講話」に、類似の思想が見いだされる。

三一五

原二三一　ラ八九（一ノ五）

現象の理由。

これは驚いた。錦《にしき》のような服をまとい、七、八人の従僕をつれている男に私が敬意を表するのがいけないというのである。いやはや。もしも私がその男に敬礼しなかったならば、彼は、私を鐙革《あぶみがわ》で鞭打《むちう》たせるだろう。あの服装は力なのである。それはりっぱな馬具をつけた馬が他の馬に対するのと全く同じことである。モンテーニュが、そこにどういう違いがあるかを認めず、人がそこに違いを見つけるのに驚き、その理由を尋ねているのは、滑稽である。「実際、どこからこういうことが、[*1]……」と、彼は言う。

（1）モンテーニュ『エセー』一の四二。

三一六　　原二三二　ラ九五（一ノ五）

民衆の意見の健全さ。

着飾ることは、そんなにむなしいことではない。なぜなら、それは大勢の人間が自分のために働いているということを示すことになるからだ。その髪かたちで、従者や香水造りなどをかかえていることを示し、その胸飾りや糸やレースなどによって……。ところで、人手を多く持っているということは、ただのうわべや、ただの馬具とは話が違う。

人手を多く持てば持つほど、それだけその人は強いのである。着飾るということは自分の力を示すことなのだ。

三一七　　原四〇六　ラ八〇（一ノ五）

敬意とは、「めんどうなことをしなさい」である。

それは、一見むなしいようだが、きわめて正しいのである。なぜならそれは、「あなたにそれが必要になった場合には、めんどうなことを喜んでいたしましょう。なぜなら、今だって、あなたのお役に立たないのに、めんどうなことを喜んでしているのですから」と言う訳になる。それに加えて、敬意というものは、高位の人たちを区別するためである。ところで、もし尊敬ということが、安楽椅子《いす》に腰かけていることだったら、みなの人に敬意を表することになろう。したがって、区別をしないことになる。ところが、めんどうなことをさせられるために、実によく区別することになるのだ。

原八三　ラ三二（一ノ二）

三一七の二

むなしさ。

敬意とは、「めんどうなことをしなさい」ということを意味する。

原七九、一二一（一六八参照）　ラ一九（一ノ二）

三一八

彼は四人の従僕を持っている。

三一九

ポール・ロワヤル版二九ノ四一

世人が内的の性質によるよりは、むしろ外的なものによって人を差別するのはいかにも結構なことである。私たち二人のうち、どちらが先に通るべきだろう。どちらが席を譲るべきだろう。有能でないほうだろうか。しかし私だって彼と同じくらい有能だ。そこで私たちは戦わなければならなくなる。彼は四人の従僕を持っている。そして私は一人しか持っていない。これは目に見えている。数えさえすればいい。譲るべきなのは私のほうだ。もしも私が異議を申し立てたとすれば、ばか者だ。このようにして私たちは平和を保っているので、それが最大の幸福なのだ。

三二〇

原八三　ラ三〇（一ノ二）

人は、船の舵《かじ》をとるために、船客のなかでいちばん家柄のいい者を選んだりはしない。

三二〇の二

ヴァラン稿本六ノ五六　ラ九七七

世の中で最も不合理なことが、人間がどうかしているために、最も合理的なこととなる。一国を治めるために、王妃の長男を選ぶというほど合理性に乏しいものがあろうか。人は、船の舵をとるために、船客のなかでいちばん家柄のいい者を選んだりはしない。そんな法律は、笑うべきであり、不正であろう。ところが、人間は笑うべきであり、不正であり、しかも常にそうであろうから、その法律が合理的となり、公正となるのである。なぜなら、いったいだれを選ぼうというのか。最も有徳で、最も有能な者をであろうか。そうすれば、各人が、自分こそその最も有徳で有能な者だと主張して、たちまち戦いになる。だから、もっと疑う余地のないものにその資格を結びつけよう。彼は王の長男だ。それははっきりしていて、争う余地がない。理性もそれ以上よくはできない。なぜなら、内乱こそ最大の災いであるからである。

三二一　＊ 原四四四（四一九、三二一、四二八）ラ四六五（二ノ一一）

自分らの友だちが恭《うやうや》しく扱われるのを、子供たちはびっくりして眺める。

三二二　原三九七　ラ一〇四（一ノ五）

貴族であるということは、なんと大きな得であろう。十八歳になるやいなや、ほかの人なら五十になってやっとそれに値するようになれるのと同じに、一人前に扱われ、人に知られ、尊敬を受ける。それは苦もなく三十年をもうけた勘定である。

三二三

一写三七五　ラ六八八（二ノ二五）

「私」とはなにか。

一人の男が通行人を見るために窓に向かう。もし私がそこを通りかかったならば、彼が私を見るためにそこに向かったといえるだろうか。いな。なぜなら、彼は特に私について考えているのではないからである。ところが、だれかをその美しさのゆえに愛している者は、その人を愛しているのだろうか。いな。なぜなら、その人を殺さずにその美しさを殺すであろう天然痘は、彼がもはやその人を愛さないようにするだろうからである。

そして、もし人が私の判断、私の記憶のゆえに私を愛しているなら、その人はこの「私」を愛しているのだろうか。いな。なぜなら、私はこれらの性質を、私自身を失わないでも、失いうるからである。このように身体のなかにも、魂のなかにもないとするなら、この「私」というものはいったいどこにあるのだろう。滅びうるものである以上、「私」そのものを作っているのではないこれらの性質のためではなしに、いったいどうやって身体や魂を愛することができるのだろう。なぜなら、人は、ある人の魂の実体を、そのなかにどんな性質があろうともかまわずに、抽象的に愛するだろうか。そんなことはできないし、また正しくもないからである。だから人は、決して人そのものを愛するのではなく、その性質だけを愛しているのである。

したがって公職や役目のゆえに尊敬される人たちを、あざけるべきではない。なぜなら、人は、だれをもその借り物の性質のゆえにしか愛さないからである。

三二四

原二二二　ラ一〇一（一ノ五）

民衆はきわめて健全な意見を持っている。たとえば、

一、獲物《えもの》よりも、気を紛らすことや狩りのほうを選んだこと。[*1] なまはんかな識者たちはそれをばかにし世間の愚かさを示して得意がる。しかし、なまはんかな識者たちには見ぬけない理由によって、民衆は正しいのである。

二、人間を、外的なもの、たとえば、爵位とか財産とかによって区別したこと。人々は、それがどんなに不合理であるかを示してまた得意がる。しかしそれはきわめて合理的なのである。――人食い人種は、幼い王をあざ笑う。[*2]

三、頰《ほお》の平手打ちをくらって怒ること、あるいはあんなに栄誉を欲しがること。だが、これは、それに結びつけられている他の本質的な利益のゆえに、きわめて望ましいものである。そして、頰の平手打ちをくらっても、なんとも思わないような人間は、侮辱と貧窮とにおしつぶされてしまう。

四、不確かなもののために働くこと。航海に出たり、板の上を渡ったりすること。[*3]

（1）断章一三九参照。

（2）モンテーニュ『エセー』一の三〇（現行版一の三一）にある、フランスに連れてこられた野蛮人が、幼いシャルル九世の前に、護衛の大男たちが頭を下げているのを見て不思議がった話をさす。

（3）断章二三四参照。

三二五

原一三四（四〇参照）　ラ五二五（二ノ二三）

モンテーニュはまちがっている。習慣はそれが習慣であるゆえにのみ従われるべきで、それが理にかなうとか正しいとかのゆえに従われるべきではない。だが、民衆はそれを正しいと思うというただ一つの理由によってそれに従っているのである。さもなければ、それがいくら習慣であっても、それに従わないだろう。なぜなら、人は理性あるいは正義にしか服したがらないからである。それらがなければ、習慣も圧制とみなされるであろう。ところが、理性や正義の支配は快楽の支配と同様に、圧制的ではない。これらは人間にとって自然な原理である。

したがって、人が法律や習慣に、それが法律であるというゆえに従い、そしてまた、新たに導入すべき真なる正しい法律は存在しないこと、われわれはそれについて何も知っていないこと、それゆえすでに受け入れられているものにだけ従うべきであるということを知るのは、よいことである。そうすれば、人はこれらのものから決して離れないだろう。

しかし民衆は、この教説を受け入れることができない。こうして民衆は、真理は見いだされうるものであり、それは法律や習慣のなかにあると信じているので、これらのものを信じ、それらの古さを真理の証拠として受け取っているのである（すなわち、真理抜きの、ただその権威だけの証拠としてではなく）。[*1] こうして民衆はこれらのものに従う。だが、これらのものが何の価値もないことを、人が彼らに示すやいなや、すぐに反逆する傾向を持っている。このようなことは、ある方面から見れば、すべてのものについて示すことができるものである。

（1）（　）内の文章もパスカルのもの。

三二六

原七〇　ラ六六（一ノ三）

不正。

法律は正義でないと、民衆に向かって言うのは危険である。なぜなら、民衆は、それが正義であると信じるがゆえにこそ従っているからである。だから、民衆に対しては、同時に、法律は法律であるがゆえに従わなければならない、あたかも、目上の人たちには、彼らが正しいからではなく、目上だから従わなければならないのと同じであるように、と言ってやらなければならない。そこで、このことを民衆に理解させ、これこそまさに正義の定義であることを理解させることができれば、すべての反乱は防止されるのである。

三二七　　原一五一　ラ八三（一ノ五）

世間は物事をよく判断する。なぜなら、世間は人間の真の座席である自然的な無知のうちにあるからである。知識には互いに触れあっている二つの極端がある。第一の極端は生まれたてのすべての人間がおかれている自然的な純粋な無知である。他の極端は、人間の知りうるすべてのものを一巡したのち自分が何も知らないことを認め、出発点のあの同じ無知にもどってくる偉大な魂の到達する無知である。しかし、これは自己を知る賢明な無知である。二つの無知の間にあって、自然的な無知から出て、まだ他の無知に到達できない人たちは、あの思い上がったうわつらの知識で知ったかぶりをする。この連中は世をまどわし、すべてのことをまちがって判断する。

民衆と識者とが世間の動きを構成しているが、中途半端な連中は世間の動きを軽蔑し、また自分らが軽蔑されている。彼らはすべてのことをまちがって判断し、世間はそれらをよく判断する。

三二八　　原二三一　ラ九三（一ノ五）

現象の理由。

正より反への絶えざる転換。

さて、われわれは、人間が本質的でないものを尊重するという点から、彼がむなしいものであることを示した。そして、これらのすべての意見は破壊された。

ついでわれわれは、これらのすべての意見がきわめて健全であり、したがって、これらすべてのむなしいこともきわめてよく基礎づけられているので、民衆も人の言うほどむなしいものではないことを示した。こうしてわれわれは、民衆の意見を破壊した意見をさらに破壊した。

だが、今度は、この最後の命題を破壊して、民衆の意見は健全であるにしても、民衆がむなしいものであることは相変わらずほんとうであることを示さなければならない。なぜなら、民衆は真理をその在《あ》る場所において感知せずに、真理のない場所に真理を置いているので、民衆の意見は常にきわめて誤っており、きわめて不健全であるからである。

三二九

原二三二　ラ九六（一ノ五）

現象の理由。

人間の弱さは、人がつくり上げる、かくも多くの美の原因である。たとえば、リュートを上手にひけることなど。（そんなことができないのが）悪いというのは、われわれの弱さのためだけである。

三三〇

原七九　ラ二六（一ノ二）

王たちの権力は、民衆の理性と愚かさとの上に基礎を置いている。そしてずっと多く愚かさの上にである。この世で最も偉大で重要なものが、弱さを基礎としている。そしてこの基礎は、驚くばかり確実である。なぜなら、それ以上のこと、すなわち民衆は弱いであろうという以上のことはないからである。健全な理性の上に基礎を置いているものは、はなはだ基礎が危い。たとえば知恵の尊重などがそれである。

三三一

原一三七（五参照）　ラ五三三（二ノ二三）

プラトンやアリストテレスと言えば、長い学者服を着た人としか想像しない。彼らだって人並みの人間で、ほかの人たちと同様に、友だちと談笑していたのだ。そして彼らが『法律』や『政治学』の著作に興じたときには、遊び半分にやったのだ。それは、彼らの生活の最も哲学者らしくなく、最も真剣でない部分であった。最も哲学者らしい部分は、単純に静かに生きることであった。

彼らが政治論を書いたのは、気違いの病院を規整するためのようなものであった。

そして、彼らがいかにも重大なことのようにそれについて語ったのは、彼らの話し相手の気違いどもが、自分たちは王や皇帝であると思い込んでいるのを知っていたからである。

彼らは、気違い連中の狂愚をできるだけ害の少ないものにおさえようとして、連中の諸原則のなかにはいりこんだのである。

三三二

原六七　ラ五八（一ノ三）

圧制とは、自分の次元をこえて全般的に支配しようと欲するところに成り立つ。

強いもの、美しいもの、賢いもの、敬虔《けいけん》なものは、それぞれ異なった部面を持ち、おのおの自分のところで君臨しているが、他のところには君臨していない。そして、時おり彼らはぶつかり、強いものと美しいものとが、愚かにもどちらが相手の主人になるかと戦う。なぜなら、彼らの支配権は、類を異にしているのだからである。彼らは互いに理解しない。そして彼らの誤りは、あらゆるところに君臨しようと欲することにある。何ものにも、そんなことはできない。力にだってできはしない。力は学者の王国では、何もできない。力は外的な行動においてしか主人でない。

圧制。

圧制とは、他の道によらなければ得られないものを、ある一つの道によって得ようと欲することである。人は、異なった価値に対して、それぞれ異なったつとめを果たす。快さに対しては愛のつとめを、力に対しては恐れのつとめを、学問に対しては信頼のつとめを果たす。

人はこれらのつとめを果たさなければならず、それを拒むのは不正で、他のものを要求するのも不正である。だから次のような議論は、まちがいであり圧制的である。「私は美しい、だから人は私を恐れなければいけない。私は強い、だから人は私を愛さなければいけない。私は……」そしてまたこのように言うのも、まちがいであり圧制的である。「彼は強くない、だから私は尊敬しないだろう。彼には才能がない、だから私は恐れないだろう」

三三三　＊　原四四〇　ラ六五〇（二ノ二五）

君はこんな連中に会ったことはないか。君が彼らを重んじないのが不服で、彼らを尊敬してくれる高位の人々の例を引合いに並べ立てる連中を。私なら、彼らにこう答えてやろう。「そういう人たちを感心させた君たちの真価を私に見せてくれたまえ。そうすれば私も同じように君たちを尊敬するだろう」

三三四　原二三二　ラ九七（一ノ五）

現象の理由。

邪欲と力とが、われわれのあらゆる行為の源泉である。邪欲は自発的な行為をさせ、力が自発的でない行為をさせる。

三三五　原二三一　ラ九二（一ノ五）

現象の理由。

だから、世間の人たちがみな錯覚のなかにあると言うのはほんとうである。なぜなら、民衆の意見は健全であるにしても、それは彼らの頭のなかで健全なのではない。なぜなら、彼らは真理のないところに真理があると考えているからである。真理は彼らの意見のなかに確かにあるが、彼らが想像している点にあるのではない。なるほど貴族は敬わなければならないが、それは、生まれということが現実にすぐれたものであるからという理由によるのではない、等々。

三三六　原二三一　ラ九一（一ノ五）

現象の理由。

後ろ側の考え[*1]を持たなければならない。そして、民衆と同じように語りながらも、すべてのことをそこから判断しなければならない。

（1）断章三一〇に出てきた、頭の後ろという意味。

三三七

原二三一 ラ九〇（一ノ五）

現象の理由。

段階。民衆は、高貴な生まれの人々を敬う。なまはんかな識者たちは、生まれというものはその人自身による優越ではなく、偶然によるものであると言って、高貴な生まれの人々を軽蔑する。識者たちは、民衆の考えによってではなく、後ろ側の考えによって、その人々を敬う。知識よりも熱心が勝っている信仰家たちは、その人々が識者たちによって敬われている理由を知っていながら、その人々を軽蔑する。なぜなら彼らは、信仰が彼らに与えた新しい光によって判断するからである。しかし、完全なキリスト者は、他のいっそう高い光によって、その人々を敬う。

このように、人が光を持つにつれて、その意見は、正から反へと相ついでいく。

三三八

原八一 ラ一四（一ノ二）

真のキリスト者は、それでもなお、愚かなことに服従する。それは愚かなことを尊敬するからではなく、人間を罰するためにこれらの愚かなことに彼らを服せしめられた神の秩序を尊敬するからである。〈すべての被造物は虚無に服させられている。[*1] 解放されるであろう〉[*2] それで聖トマス[*3]は、聖ヤコブの富者の偏重に対する箇所[*4]を説明して、もし彼らがそれを神を目当てにして行なうのでないならば、宗教の秩序から逸脱するのだと言っている。

（1）『ローマ人への手紙』八の二〇。
（2）同八の二一。
（3）トマス・アクィナス『神学大全』二の二、第六三問。
（4）『ヤコブの手紙』二の一〜四。

第六章　哲学者たち

三三九　原二二二　ラ一一一（一ノ六）

私は、手も足も頭もない人間を思ってみることができる。なぜなら、頭が足よりも必要だということは、経験だけしか教えてくれないからである。だが、私は、考えない人間を思ってみることができない。そんなものは、石か、獣《けだもの》であろう。

三三九の二　一写三七ノ二　ラ一〇八（一ノ六）

われわれのうちで快楽を感じるものは何だろう。それは手だろうか。腕だろうか。肉だろうか。血だろうか。それは何か非物質的なものでなければならないということがわかるだろう。

三四〇　＊原二〇一（一〇参照）　ラ七四一（二ノ二六）

計算器は、動物の行なうどんなことよりも、いっそう思考に近い結果を出す。だが、動物のように、意志を持っていると人に言わせるようなことは何もしない。

三四一　＊原二〇一（一〇参照）ラ七三八（二ノ二六）

リアンクール[*1]の河魳《かわかます》と蛙《かえる》との話。[*2]それらはいつもそうするのであって、決して違うことをしない。また別の精神的なこともしない。

（1）当時の大貴族（公爵）で、ポール・ロワヤルの後援者。
（2）河魳と蛙とのたたかいで、蛙が河魳の目をえぐったという古い書物に書かれた話をさすのではないかと推測されている。

三四二　原二二九　ラ一〇五（一ノ六）

もしある動物が、狩りのために、そして仲間に獲物《えもの》を見つけたとか、見失ったと告げるために、本能的にやっていることを精神的にやり、本能的に話すことを精神的に話しているとしたならば、それよりももっと切実なことがら、たとえば、「おれを傷つけ、おれには届かないあの縄をかみ切ってくれ」と言うためにもうまく話したことだろう。

三四三　一写三七ノ二　ラ一〇七（一ノ六）

きれいなのに、自分でぬぐっている鸚鵡《おうむ》のくちばし。

三四四　　一写三九　ラ一一二（一ノ六）

本能と理性、二つの自然性のしるし。

三四五　　＊原二七〇　ラ七六八（二ノ二六）

理性は主人よりもずっと高圧的にわれわれに命令する。なぜなら、後者に服従しなければ不幸であるが、前者に服従しなければ、ばかであるから。

三四六　　原一六九　ラ七五九（三ノ二六）

考えが人間の偉大さをつくる。

三四七　　原六三（前半）、一写一〇一（後半）　ラ二〇〇（一ノ一五）

人間はひとくきの葦《あし》にすぎない。自然のなかで最も弱いものである。だが、それは考える葦である。彼をおしつぶすために、宇宙全体が武装するには及ばない。蒸気や一滴の水でも彼を殺すのに十分である。だが、たとい宇宙が彼をおしつぶしても、人間は彼を殺すものより尊いだろう。なぜなら、彼は自分が死ぬことと、宇宙の自分に対する優勢とを知っているからである。宇宙は何も知らない。

だから、われわれの尊厳のすべては、考えることのなかにある。われわれはそこから立ち上がらなければならないのであって、われわれが満たすことのできない空間や時間からではない。だから、よく考えることを努めよう。ここに道徳の原理がある。

三四八　　原一六五　ラ一一三（一ノ六）

考える葦。

私が私の尊厳を求めなければならないのは、空間からではなく、私の考えの規整からである。私は多くの土地を所有したところで、優《まさ》ることにならないだろう。空間によっては、宇宙は私をつつみ、一つの点のようにのみこむ。考えることによって、私が宇宙をつつむ。

三四九　　原三九三　ラ一一五（一ノ六）

魂の非物質性。

自分の情念を制御した哲学者たち。[*1] どんな物質にそれができたのだろう。

（1）ストア派の哲学者をさす。

三五〇　　原二五五　ラ一四六（一ノ九）

ストア派の人々。

彼らは、人がときたまできることはいつもできるし、名誉欲がそのとりこにしている人たちに何ごとかをやらせるので、他の人たちも同じようにできるだろうと結論する。それらは、熱病的な動きで、健康のときにはまねのできないものである。エピクテトスは、堅固なキリスト者があるということから、だれでもそのように堅固になれると結論する。*1

（1）エピクテトス『語録』四の七。

三五一

原二六九（三〇四参照）　ラ八二九（二ノ三一）

魂がときたま届くことがあるような、精神の偉大な努力は、魂がそこにとどまってはいられないものである。魂はそこに飛び上がるだけである。それも玉座の上にいつもいるようにではなく、ほんの一瞬のあいだだけである。

三五二

原四三九　ラ七二四（二ノ二五）

一人の人間の徳に何ができるかは、その努力によってではなく、その日常によって測られなければならない。

三五三

原四二五　ラ六八一（二ノ二五）

一つの徳、たとえば勇気について、その極度のものは、極度の勇気と極度の寛容とを持っていたエパミノンダス[1]のように、その反対の徳も同時に認められるのでなければ、私は感心しない。なぜなら、そうでない場合は、登るのではなくて落ちるのである。人がその偉大さを示すのは、一つの極端にいることによってではなく、両極端に同時に届き、その中間を満たすことによってである。

だが、それも両極端の一方から他方への魂の急激な運動にすぎないのかもしれない。そして燃えさしの薪《まき》のように、[2]魂も現実には一点にしかいないのかもしれない。それなら、それでよい。だが、そのことは、魂の広さのしるしにならないまでも、すくなくともその敏捷《びんしょう》さのしるしにはなるのだ。

（1）紀元前五世紀のギリシアの軍人政治家。モンテーニュ『エセー』二の三六、三の一による。
（2）ポール・ロワヤル版では「振り回している」との説明句が加えられている。

三五四

原八三　ラ二七（一ノ二）

人間の本性は、いつでも進むものではない。進むこともあれば、退くこともある。

熱病にはその悪寒《おかん》と高熱とがある。そして寒気《さむけ》は、熱そのものと同じように、熱病の熱の激しさを示している。

世紀から世紀にわたる人間の発明も同様に進む。世の中の善意と悪意とについても、概して同様である。
〈多くの場合、貴人にとって変化は心地よい〉[*1]

（1）モンテーニュ『エセー』一の四二に引用されているホラティウスの句。

三五五　　原二五一（五八参照）ラ七七一（二ノ二七）

立てつづけの雄弁は、退屈させる。

――

君主や国王たちは、ときどき遊ぶ。彼らはいつも玉座にいるわけではない。彼らはそれに退屈する。偉大さを感じるには、それを離れる必要がある。何事においても、連続は、嫌気《いやけ》を起こさせる。身体をあたためるには、寒さも心地よい。

――

自然は〈往と還〉の進み方で動く。それは[*1]往《い》っては戻り、ついでもっと遠くに行き、ついで二倍も少なく、ついで今までかつてなかったほど遠くに行く、等々。
海の上げ潮は、次のように行なわれ、太陽は次のように進むかに見える。[*2]

（1）この上の一行に相当する原文の右端に、短いジグザグが画かれている。
（2）この行の原文の左下に長いジグザグが画かれている。

三五六　原一六九（四参照）　ラ五一四（二ノ二二）

身体の栄養物は少しずつである。
多くの栄養物とわずかの養分。

三五七　原二二五（二三参照）　ラ七八三（二ノ二七）

徳を両極端いずれにも推し進めようとすれば、悪徳があらわれてきて、小さい無限の側からは、気づかれない道を通って、気づかれないように忍び込み、またそれが、大きい無限の側からは、群れをなしてあらわれてくるので、人はその悪徳のなかで途方にくれ、もはや徳など見えなくなってしまう。

人は完全な徳そのものをさえ責めるようになる。*1
（1）この一行は右の欄外に記されている。

三五八　原四二七　ラ六七八（二ノ二五）

人間は、天使でも、獣でもない。そして、不幸なことには、天使のまねをしようとおもうと、獣になってしまう。

三五九　原四二七　ラ六七四（二ノ二五）

われわれが徳のなかに身を保っているのは、われわれ自身の力によるのではなく、相反する二つの悪徳の釣合《つりあい》によってである。ちょうど、反対方向の二つの風のあいだでわれわれが立っているように。それらの悪徳の一つを取り除くがいい。われわれは他のほうにおちこむだろう。

三六〇　原三七四　ラ一四四（一ノ九）

ストア派の人々の提唱していることは、実にむずかしく、実にむなしい。

――

ストアの人々は主張する。高度の知恵に達していない者はみな、おなじように愚かであり、不徳である。ちょうど水中、指二本の幅の深さに沈んでいる者と同じように。

三六一　一写六五　ラ一四七（一ノ一〇）

至上善。

至上善についての論議。

〈君が自分自身と自分から生まれる善で満足するために〉*1

そこに矛盾がある。なぜなら、彼らはとどのつまり、自殺をすすめるからだ。ああ、ペストから逃げるように人がそこからのがれ出るとは、なんとしあわせな人生だろう。

（1）ヤンセンの『アウグスティヌス』より引用したセネカの句。

三六二

原三九七（九二一、三六二）　ラ九六〇（欠）

「〈元老院の決議と人民投票とによって……〉」[*1]

同様の箇所をさがすこと。

（1）断章二九四参照。

三六三

原二一四　ラ五〇七（二ノ二〇）

「〈元老院の決議と人民投票とによって、罪が犯される〉」セネカ、五八八。[*1]

「〈どんなに不条理なことを言おうとしても、いずれかの哲学者によって言われたことがないようなものは何もない〉」占い。[*2]

「〈ある特定の説に身をささげた者は、自分の是認しないことまで擁護しなければならないことになる〉」キケロ。[*3]

「〈あらゆるものの場合と同様に、われわれは、学問の過剰に悩む〉」セネカ。[*4]

「〈各人に最も適しているのは、各人に最も自然なものである〉」五八八。[*5]

「〈自然が初めにこれらの限界を与えた〉」ゲオルギカ。*6

「〈健全な精神のためには、わずかの学問しか必要でない〉*7」

「〈恥ずかしくないことでも、大衆にほめそやされると恥ずかしくないことではなくなってくる〉*8」

「〈私はこういうふうにやっている。君は、君のやらなければならないやり方で、やりたまえ〉」テレンティウス。*9

(1) 断章二九四参照。数字は一六五二年版モンテーニュ『エセー』のページ数を示している。
(2) モンテーニュ『エセー』二の一二に引用されている、キケロ『占いについて』二の五八。
(3) 同じ章に引用されているキケロの句。
(4) 同三の一二に引用されているセネカの句。
(5) 同三の一に引用されているキケロの句。数字は一六五二年版のページ数。
(6) 同一の三〇(現行版一の三一)に引用されているヴェルギリウス『ゲオルギカ』二の二〇。
(7) 同三の一二に引用されているセネカの句。
(8) 同二の一六に引用されているキケロの句。
(9) 同一の二七(現行版一の二八)に引用されているテレンティウスの句。

三六四

原二九五　ラ五〇八(二ノ二〇)

「〈人が自分自身を十分尊敬することは、実際まれである〉*1」

「〈あんなに多くの神々が、たった一つの頭をめぐって立ち騒ぐ〉」[*2]
「〈断定が認識に先行するほど恥ずかしいことはない〉」キケロ。[*3]
「〈私は、彼らと違って、自分の知らないことを知らないと告白するのを恥ずかしいとは思わない〉」[*4]
「〈はじめないほうが、楽である〉」[*5]

（1）モンテーニュ『エセー』一の三八（現行版一の三九）に引用されているクィンティリアヌスの句。
（2）同二の一三に引用されているマルクス・セネカの句。
（3）同三の一三に引用されているキケロの句。
（4）同三の一一に引用されているキケロの句。
（5）同三の一〇に引用されている、〈はじめないほうが、途中でやめるよりも、楽である〉というセネカの句の一部。

三六五

原二二九（二一二参照）　ラ七五六（二ノ二六）

考え。

人間の尊厳のすべては、考えのなかにある。だが、この考えとはいったい何だろう。それはなんと愚かなものだろう。

考えとは、だから、その本性からいえば、すばらしい、比類のないものである。それがさげすまれるには、そこに異常な欠点があるにちがいない。ところで、それは、それ以上おかしなものはないほどの欠点を持っているのである。考えとは、その本性からいって、なんと偉大で、その欠点からいって、なんと卑しいものだろう。

三六六　原七九　ラ四八（一ノ二）

世の最高の裁判官の精神も、彼のまわりで起こるやかましい音でたちまちかき乱されないほど、超然としたものではない。彼の考えを妨げるためには、大砲の音などいらない。風見や滑車の音だけでいい。彼が現在うまく推理できないからといって驚いてはいけない。一匹の蠅《はえ》が、彼の耳もとでぶんぶんいっているのだ。彼によい決断ができないようにするためには、それだけで十分なのだ。もし彼が真理を見いだせるようになることをお望みなら、この動物を追い払いたまえ。それが、彼の理性を働かせなくし、幾多の都市や王国を治めているこのたくましい知性をかき乱しているのだ。

なんというおかしな神であろう。〈ああ、滑稽千万の英雄よ〉[*1]

（1）原文イタリア語。

三六七　原八三　ラ二二（一ノ二）

虫けらの威力。虫どもは戦いに勝ち[*1]、われわれの魂の活動を妨げ、われわれのからだを食らう。

（1）モンテーニュ『エセー』二の一二にある、蜜蜂の群れを放って敵軍を破った話をさしているのだろうと推測されている。

三六八

原四三三　ラ六八六（二ノ二五）

熱は若干の球状分子の運動にすぎず、光は、われわれが感じる〈遠心力〉にすぎないなどと人が言うと[*1]、われわれはびっくりさせられる。なんだって。快感は、精気の舞踊以外の何ものでもないのだって。われわれは、それとはあんなに違った考え方をしていたのに。そして、そのような感覚は、われわれが、それに比べて同じ感覚とは言うものの、他の諸感覚とあんなにかけ離れていると思えるのに。火の感覚、すなわち、触覚とは全く違った仕方でわれわれに影響を及ぼすあの熱さ、音や光の感受、こういうものはすべて、われわれにとって神秘的に思える。それなのにこれは、石でもぶつけるように、粗《あら》いことなのだ。もっとも、毛孔《けあな》にはいる微細な精気は、別の神経に触れるわけであるが、しかし、いずれにせよ神経に触れることに変わりはない。

（1）デカルトの学説をさす。「遠心力」は、デカルト『哲学の原理』三の五四、「(動物) 精気」については、『情念論』一の一〇に説明されている。

三六九　　　　　　　　原四二〇（一四参照）　ラ六五一（二ノ二五）

記憶は、理性のあらゆる作用にとって必要である。

三七〇　　　　　　**　原一四二（九九参照）　ラ五四二、五四三（二ノ二三）

〔偶然がいろいろの考えを与え、偶然がそれを奪う。保存したり、獲得したりするための技術はない。

逃げてしまった考え、私はそれを書きとめたかったのだ。その代わりにそれが私から逃げてしまったと書く〕

――

〔脇道にそれること〕

三七一　　　　　　原一四六（四七参照）　ラ五五六（二ノ二三）〔一写欠〕*1

〔子供のころ、私は自分の本を抱きしめた。そして、それを抱きしめたと思っても、（まちがっていた）*2ことが、ときたまあったので、自分で自分を疑った〕

（1）第一写本には、この断章と同じ紙片の反対側にある断章四七だけが二の二三に掲げられている。

（2）（ ）内は、原稿が切断されて欠けているところを、フォジェール版が補ったもの。

三七二

原四三七　ラ六五六（二ノ二五）

私の考えを書きとめている途中で、それがときたま逃げてしまうことがある。だがこのことは、つい忘れがちな、私の弱さというものを思いおこさせてくれる。これは、私の忘れ去った考えに劣らず、私にとって教訓的である。なぜなら、私にとっては、自分の無を知ることだけが大事であるからである。

三七三

原一三七（五参照）　ラ五三二（二ノ二三）

懐疑論。

私はここに私の考えを無秩序に、しかもおそらく無計画な混乱ではないように、書き記そうと思う。それが真の秩序であって、その無秩序さそのものによって私の目的を常に特徴づけてくれるだろう。

もし私が私の主題を秩序立って取り扱ったとしたら、それに名誉を与えすぎることになろう。なぜなら、私が示そうとしているのは、その主題には秩序がありえないということなのだから。

三七四

＊＊　原八一　ラ三三（一ノ二）

私をいちばん驚かすことは、世間の人たちがみな自分の弱さに驚いていないということである。人は大まじめに行動し、それぞれ自分の職務に服している。しかも、そういうしきたりなのだから、自分の職務に服すのが実際によいのだという理由からではなく、それぞれ道理と正義とがどこにあるかを確実に知っているかのように、である。人は、たえず期待を裏切られている。ところが、おかしな謙虚さから、それは自分のあやまちのせいであって、心得ていることを常に自分が誇りとしている処世術のせいではないと思っているのだ。だが、世の中に、懐疑論者でないこのような連中があんなにたくさんいるということは、懐疑論の栄光のために結構なことである。そのおかげで、人間というものは、最も常軌を逸した意見をもいだきうるということを示せるのである。なぜなら、人間は、自分はこの自然で避けがたい弱さのなかにいるのではないと信じたり、反対に、自然の知恵のなかにいるのだと信じたりすることができるからである。

懐疑論者でない人たちが存在するということほど、懐疑論を強化するものはない。もしみなが懐疑論者だったら、懐疑論者たちがまちがっていることになろう。

三七五

原一一〇（四八参照）　ラ五二〇（二ノ二三）

〔私は、生涯の長いあいだを、一つの正義が存在すると信じて過ごしてきた。そしてその点で、私はまちがっていなかった。なぜなら、神がわれわれに啓示しようとされたところに従って、正義は存在するからである。だが、私はそれをそのようにとってはいなかった。そして、その点においてこそ私はまちがっていたのだ。なぜなら私は、われわれの正義が本質的に正しく、私はそれを知り、それを判断するものを持っていると信じていたからである。だが、私はあまりたびたび正しい判断を欠いたので、ついに自分について、ついで他人について疑心をいだくようになった。私はすべての国々や人たちの変わるのを見た。そしてこのように、真の正義についての判断をたくさん変えた後に、われわれの本性は絶えまのない変化でしかないことを私は知った。そして、それ以来私は変わらなかった。そしてもしも変わったならば、私は自分の意見を確かめることになるだろう。独断論者に舞いもどった懐疑論者アルケシラオス[*1]〕

(1) 紀元前三世紀のギリシアの哲学者で、新アカデメイア派の創始者。

三七六　＊原八三　ラ三四（一ノ二）

この学派[*1]は、その味方よりも、その敵によっていっそう強化される。なぜなら、人間の弱さは、それを知っている人たちよりは、それを知らない人たちにおいて、ずっとよく現われているからである。

（1）懐疑論者たちのこと。

三七七　　原四三七　ラ六五五（二ノ二五）

謙虚さについての論議も、うぬぼれた人たちには、高慢の種となり、謙虚な人たちには謙虚さの種となる。同様に懐疑論についての論議も肯定的な人たちには肯定の種となる。謙虚さについて謙虚に話す人は少なく、貞潔について貞潔に話す人は少なく、懐疑論について疑いながら話す人は少ない。われわれは、嘘《うそ》、二心、矛盾だらけである。そして、自分に自分を隠し、自分を偽るのである。

三七八　　原一〇九（四八参照）　ラ五一八（二ノ二三）

懐疑論。

極度の才知は、極度の精神喪失と同様に、狂愚として非難される。中ほどだけがよい。これを確立したのは、多数者であって、多数者というものは、だれでもそのどちらかの端から逃げ出すものに対してかみつくのである。私も逃げ出そうと片意地を張ったりしないだろう。人が私を中ほどのところに置くのに快く同意する。そして、下の端にいることを断わる。それが低いからではなく、ただ端だからなのだ。なぜなら、人が私を上に置くのも同じように断わるだろうから。中間から出るのは、人間性から出ることである。

人間の魂の偉大さは、中間にとどまるのを心得ることである。偉大さは、中間から出ることにあるどころか、そこから出ないことにあるのである。

＊ 原六七　ラ五七（一ノ三）

三七九

あまりに自由なのは、よくない。

必要なものがみなあるのは、よくない。

原一四一（九九参照）　ラ五四〇（二ノ二三）

三八〇

世の中には、あらゆるよい格言がある。人はそれらの適用にあたって、しくじるだけである。

たとえば、公共のよいものを守るためには、自分の生命をかけるべきだということを人は疑わない。そして多くの人がそうしている。だが、宗教のためにはそうしない。

人間のあいだに不平等があるのは必要である。それはほんとうである。だが、それがいったん認められると、扉は最高の支配に向かってだけでなく、最高の圧制に向かってまで開かれることになる。

精神を少しばかりゆるめることは必要である。だが、それは最大の放縦に向かって扉を開くことになる。

その限界をしるすがよい。事物のなかに限界はない。法律はそこに限界を置こうとする。そして精神はそれにがまんできない。

三八一　原八三　ラ二一（一ノ二）

若すぎると正しい判断ができない。年をとりすぎても同様である。考えが足りない場合にも、考えすぎる場合にも頑固になり、夢中になる。

――自分の著作を書きたてに検討したのでは、まだそれに全くとらわれている。あまりあとからでは、もうそこにはいって行けない。

――遠すぎるところから、あるいは近すぎるところから見た絵の場合も同じである。そして真の場所は、不可分な一点しかない。その他の点では、近すぎるか、遠すぎるか、高すぎるか、低すぎる。絵画の技術では、遠近法がその一点を指定する。だが、真理や道徳においては、だれがそれを指定するのだろう。

三八二　原四三三（一一九参照）　ラ六九九（二ノ二五）

すべてが一様に動くときには、船の中のように、見たところ何も動かない。みなが放縦のほうへ向かって行くときには、だれもそちらに向かって行くように見えない。立ち止まった者が、固定点の役割をして、他の人たちの行き過ぎを認めさせる。

三八三　原四三一　ラ六九七（二ノ二五）

でたらめな生活をしている人たちが、きちんとした生活をしている人たちに向かって、君たちが本性から離れているのだと言い、自分たちは自然に従っていると思っている。ちょうど、船の中にいる人たちが、岸にいる人たちが遠ざかって行くと思うのと同じである。言うことは、どちらの側も同じである。それを判定するためには、固定点がなければならない。港は、船の中にいる人たちについて判断を下す。ところが、道徳においては、われわれはどこに港をおくべきであろうか。

三八四　原二二九　ラ一七七（二ノ一三）

反対があるということは、真理を見分けるよいしるしではない。多くの確かなことが反対されている。

多くの嘘が、反対なしにまかり通っている。

反対のあることが嘘のしるしでもなければ、反対のないことが真理のしるしでもない。

三八五

原三四三（五五参照）　ラ九〇五（二ノ三四）

懐疑論。

この世では、一つ一つのものが、部分的に真であり、部分的に偽である。本質的真理はそうではない。それは全く純粋で、全く真である。この混合は真理を破壊し、絶滅する。何ものも純粋に真ではない。したがって、何ものも純粋な真理の意味においては、真ではない。人は殺人が悪いということは真であると言うだろう。それはそうである。なぜなら、われわれは悪と偽とはよく知っているからである。だが、人は何が善《よ》いものであると言うだろう。貞潔だろうか。私は、いなと言う。なぜなら、世が終わってしまうだろうからである。結婚だろうか。いな。禁欲のほうが優っている。殺さないことだろうか。いな。なぜなら、無秩序は恐るべきものとなり、悪人はすべての善人を殺してしまうだろうからである。殺すことだろうか。いな。なぜなら、それは自然を破壊するからである。われわれは、真も善も部分的に、そして悪と偽と混じったものとしてしか持っていないのである。

三八六

原三八一（一〇六参照）　ラ八〇三（二ノ二九）

もしわれわれが、毎晩同じことを夢に見ていたなら、それは、われわれが毎日見ているものごとと同じ程度に、われわれに影響を与えることだろう。そして、もしある職人が、毎晩十二時間ぶっ続けに、彼が王様であるという夢を確かに見るのだったなら、彼は、毎晩十二時間ぶっ続けに職人であるという夢を見る王様とほとんど同じようにしあわせであろうと私は思う。

もしわれわれが、毎晩、われわれが敵に追われ、その苦しい幻想に悩まされている夢を見、また毎日、たとえば旅行をしている時のようにいろいろ違った仕事をしていたとするならば、われわれは、それがほんとうであったのと同じ程度に苦しむことだろう。そして、眠ることを恐れることだろう。ちょうど、実際にそうした不幸にはいるのがこわくて、目ざめるのを恐れるのと同じように。そして、実際に、それは現実とほとんど同じくらいの苦しみを与えることだろう。

ところが、夢というものはすべて異なっており、そして同じものでもいろいろに変わるので、そこで見るものは、さめていて見るものよりはずっと影響を与えることが少ないのである。これは、さめていて見るものには連続性があるからであるが、それも、変わることが決してないほど連続的で、均等的であるというわけではない。ただ、旅をしている時のようにたまに起こる場合を除けば、変わり方の急激さが少ないというだけのことである。それだからこそ、旅をしている時には、「私は夢を見ているようだ」と人が言うのである。

なぜなら、人生は、定めなさがいくらか少ない夢であるからである。

三八七　原一一〇（四八参照）　ラ五二一（二ノ二三）

〔真の証明が存在するということはありうる。だが、それは確実ではない。だから、これは、すべて不確実であるというのは確実ではないということを示すものにほかならない。懐疑論の栄光のために〕

三八八　原二三　ラ五二一（一ノ二）

良識。

彼ら[*1]は、こう言わざるをえない。「君たち[*2]のやることはまじめではない。僕らは、眠ってなんかいはしない」などと。この思い上がった理性が、いやしめられ、哀願しているのを見るのは、なんと楽しいことだろう。なぜなら、これは、自分の権利が脅《おびや》かされ、それを手に武器と力とをもって防衛している人間のことばではないからだ。そういう人間は、相手のやることがまじめでないなどと言ったりしていないで、この不誠実を力で罰するのである。

（1）独断論者たち。
（2）懐疑論者たち。

三八九　原七三　ラ七五（一ノ三）

『伝道の書』は、神なき人間はあらゆるものについての無知と、避けられない不幸とのうちにあることを示している。[*1] なぜなら、欲してもできないというのは不幸であるからである。ところで、人は、幸福でありたいと欲し、またなんらかの真理を確保したいと欲する。それなのに、彼は、知ることもできなければ、知ろうと願わないでいることもできない。彼は、疑うことさえできないのである。

（1）『伝道の書』八の一七。

三九〇　原四四七（二八五参照）　ラ八九六（二ノ三四）

いやはや。これはなんと愚かな議論だろう。「神が世界をつくったのは、それを地獄におとすためだったのだろうか。こんなに弱い人間から、そんなに多くを要求するのだろうか、等々」懐疑論は、この害悪に対する薬であり、この思い上がりを打ちすえるだろう。

三九一　原四二三　ラ六五八（二ノ二五）

会話。
宗教に対する大言。「私はそれを否定する」

会話。

懐疑論は宗教に役立つ。

三九二　　　　　　　　　　原一九七　ラ一〇九（一ノ六）

懐疑論反駁《はんばく》。

〔これらのものを定義しようとすれば、どうしてもかえって不明瞭になってしまうというのは奇妙なことである。われわれは、これらのものについて、いつも話している〕われわれは、皆がこれらのものを、同じように考えているものであると仮定している。しかしわれわれは、何の根拠もなしにそう仮定しているのである。なぜなら、われわれは、その証拠を何も持っていないからである。なるほど私は、これらのことばが同じ機会に適用され、二人の人間が一つの物体が位置を変えるのを見るたびに、この同じ対象の観察を二人とも「それが動いた」と言って、同じことばで表現するということをよく知っている。そして、この適用の一致から、人は観念の一致に対する強力な推定を引き出す。しかし、これは肯定に賭《か》けるだけのことは十分あるとはいえ、究極的な確信により絶対的に確信させるものではない。なぜなら、異なった仮定から、しばしば同じ結果を引き出すということをわれわれは知っているからである。

これは、われわれにこれらのものを確認させる自然的な光を全く消し去ってしまうというわけではないが、すくなくとも問題を混乱させるには十分である。アカデメイアの徒なら賭けたであろう。[*1] だが、これは自然的な光を曇らせて独断論者たちを困惑させ、懐疑論の徒党に栄光を帰させてしまう。その徒党は、この曖昧《あいまい》な曖昧さと、ある種の疑わしい暗さとのうちに、存するのである。そこでは、われわれの疑いもすべての光を除くことができず、われわれの自然的な光もすべての暗黒を追いはらうことができない。

（1）モンテーニュ『エセー』二の一二に記されているように、懐疑論の一種であるとはいえ、「アカデメイアの徒は、判断のある種の傾きを承認していた」のである。

三九三

＊　原一五七　ラ七九四（二ノ二八）

神と自然とのあらゆる掟《おきて》を放棄しておきながら、自分らで掟をつくり、それにきちんと従っている人たちがこの世にあるということを考察するのは、おもしろいことである。たとえば、マホメットの兵士、盗賊、異端者たちなどである。論理学者たちも同様である。彼らが、あのように正当で神聖な限界や障壁をあんなにたくさん踏み越えたのを見れば、彼らの放縦にはなんの限界や障壁もないはずに見えるのに。

三九四

原八　ラ六一九（二ノ二四）

懐疑論者、ストア哲学者、無神論者たちなどのすべての原理は真である。だが彼らの結論は誤っている。なぜなら、反対の原理もまた真であるからである。

三九五　＊＊　原四八九　ラ四〇六（二ノ一）

本能、理性。

われわれには、どんな独断論もそれを打ち破ることのできない、証明についての無力がある。

われわれには、どんな懐疑論もそれを打ち破ることのできない、真理の観念がある。

三九六　原二七三　ラ一一二八（一ノ七）

二つのものが、人間にその本性のすべてを知らせてくれる。本能と経験。

三九七　原一六五　ラ一一四（一ノ六）

人間の偉大さは、人間が自分の惨めなことを知っている点で偉大である。樹木は自分の惨めなことを知らない。

だから、自分の惨めなことを知るのは惨めであることであるが、人間が惨めであることを知るのは、偉大であることなのである。

三九八　　原三九四　ラ一一六（一ノ六）

これらすべての惨めさそのものが、人間の偉大さを証明する。それは大貴族の惨めさであり、位を奪われた王の惨めさである。

三九九　　一写二二五　ラ四三七（二ノ五）

感じることがなければ惨めではない。こわれた家は惨めではない。惨めなのは人間だけである。〈私は……をさとる人間である〉[*1]

（1）『哀歌』三章の書き出し。

四〇〇　　原七五　ラ四一一（二ノ一）

人間の偉大さ。

われわれは、人間の魂について実に偉大な観念を持っているので、人の魂からばかにされたり、一つの魂の尊敬のうちになかったりすることに堪えられない。そして、人々の至福のすべては、この尊敬のうちにある。

四〇一

原四二九　ラ六八五（二ノ二五）

栄誉。

獣は、互いに感心しあうことはない。馬はその仲間に感心しない。競争の際に互いに張り合わないというわけではないが、しかしそれは結果を生まない。なぜなら、馬屋にいる時には、人間がそうされるのを欲するように、いっそう鈍重で不恰好《ぶかっこう》な馬が自分のまがらす麦を他の馬に譲ったりはしないからである。馬どもの徳は、それ自身で満足している。

四〇二

原四〇五　ラ一一八（一ノ六）

邪欲そのもののなかにおける人間の偉大さ。邪欲のなかから驚嘆に値する規定を引き出すことができて、それを愛の模写となしたという点で。

四〇三

原四一九　ラ一〇六（一ノ六）

偉大さ。

現象の理由は[*1]、邪欲からあんなにみごとな秩序を引き出した人間の偉大さを示す。

（1）断章三二八〜三三七参照。

四〇四

一写二五五　ラ四七〇（二ノ一一）

人間の最大の卑しさは、名誉の追求にある。だが、それがまさに人間の優秀さの最大のしるしである。なぜなら、地上にどんな所有物を持ち、どんなに健康と快適な生活とに恵まれていようと、人々の尊敬のうちにいるのでなければ、人間は満足しないのである。彼は、人間の理性を大いに尊敬しているので、地上にどんなに有利なものを持とうと、もしそれと同時に人間の理性のなかにも有利な地位を占めているのでなければ嬉しくない。これが世の中で最も美しい地位であり、何物も彼をこの欲望からそむかせることはできない。そして、それが、人間の心の最も消しがたい性質である。

人間を最も見下し、獣と同列に置いた人たちでも、そのことによって人から感心されたり信用されたいと願い、自分自身の感情でもってみずから矛盾しているのである。何よりも強い彼らの本性は、理性が彼らの卑しさを彼らに納得させるよりも、もっと強く、人間の偉大さを彼らに納得させるのである。

四〇五

原七三　ラ七一（一ノ三）

反対。

思い上がりは、あらゆる惨めさの重みと釣合を保っている。思い上がりは、自分の惨めさを隠すか、あるいはまた、もしこれを現わす場合は、それを知っているということで得意になるかのどちらかである。

一写二五七　ラ四七七（二ノ一一）

四〇六

思い上がりは、あらゆる惨めさの重みと対抗し、それに打ち勝ってしまう。これこそ異様な怪物であり、きわめて明らかな迷いである。こうして自分の場所から落ちてしまっているので、そのもとの場所を不安げにさがし求めている。それはすべての人々のしていることである。ではいったいだれがその場所を見つけたかを調べよう。

原一四一（九九参照）　ラ五三七（二ノ二三）

四〇七

邪悪は、自分の側に道理があるときは、高慢になり、その道理の輝きをそっくりひけらかす。

苦行や、厳しい選択が真の善に達するのに成功せず、自然に従うことにもどらなければならなくなったときは、邪悪はこの復帰によって高慢になる。

原一三四（四〇参照）　ラ五二六（二ノ二三）

四〇八

悪はやさしく、しかも無数にある。善はほとんど一つしかない。だが、ある種の悪は、人が善と名づけるものと同じように見つけるのがむずかしい。そして、人はしばしば、この特殊な悪を、こうしたしるしから善として通用させてしまう。この特殊な悪に到達するには、善に到達するのと同様に、魂の異常な偉大ささえ必要とするのである。

四〇九

原一五七　ラ一一七（一ノ六）

人間の偉大さ。

人間の偉大さは、その惨めさからさえ引き出されるほどに明白である。なぜならわれわれは、獣においては自然なことを、人間においては惨めさと呼ぶからである。そこで、われわれは、人間の本性が今日では獣のそれと似ている以上、人間は、かつては彼にとって固有なものであったもっと善い本性から、堕ちたのであるということを認めるのである。

なぜなら、位を奪われた王でないかぎり、だれがいったい王でないことを不幸だと思うだろう。パウルス・エミリウス*1がもはや執政官でないことを、人は気の毒だと思っただろうか。反対に、だれもかも、彼がかつて執政官であったのをしあわせな人だと思ったのである。なぜなら、彼の身分は、常に執政官であることではなかったからである。ところが、人は、ペルセウス*2が王でなくなったのを、非常に不幸なことだと思った。なぜなら、彼の身分は常に王であることだったので、彼がおめおめと生きているのを不思議に思ったくらいだからである。自分に口が一つしかないからといって、だれが不幸だと思うだろう。そして、目が一つしかないことを、だれが不幸と思わないでいられようか。目が三つないといって悲しむ気になった人は、おそらく今までにないだろうが、自分に目が一つもなかったら、なんとしても慰められることはないだろう。

（1）紀元前一八二年と一六八年とにローマの執政官となった将軍。
（2）紀元前一六八年、パウルス・エミリウスの軍に敗れた、マケドニア最後の王。

四一〇

原八三　ラ一五（一ノ二）

マケドニア王ペルセウス──パウルス・エミリウス。人はペルセウスが自決しないのを責めた。

四一一

原四七　ラ六三三（二ノ二四）

われわれにとって切実で、われわれを喉《のど》くびで押えているこれらすべての惨めさを見ながらも、われわれには、われわれを高めている押えつけることのできない本能がある。

四一二

原一　ラ六二一（二ノ二四）

理性と情念とのあいだの人間の内戦。
もし人間に、情念なしで、理性だけあったら。

もし人間に、理性なしで、情念だけあったら。

ところが、両方ともあるので、一方と戦わないかぎり、他方と平和を得ることができないので、戦いなしにはいられないのである。こうして人間は、常に分裂し、自分自身に反対している。

四一三

原四八九　ラ四一〇（二ノ一）

理性対情念のこの内部の戦いは、平和がほしいと願った人たちが、二つの派に分かれる結果を生じた。ある人たちは、情念を放棄して神々になろうとした。他の人たちは、理性を放棄して、野獣になろうとした。デ・バロー。[*1] だが、彼らは、どちらの側も、そうはできなかった。理性は理性で、常にとどまっており、情念の卑しさと不正とを非難して、それに身をゆだねている人たちの平安を乱し、情念は情念で、それを放棄しようとする人たちのなかで常に生きているのである。

（1）パスカルと同時代の無神論者。

四一四

原四八三　ラ四一二（二ノ一）

人間は、もし気が違っていないとしたら、別の違い方で気が違っていることになりかねないほどに、必然的に気が違っているものである。

四一五

原二〇一　ラ一二七（二ノ七）

人間の本性は、二通りに考察される。一つは、その目的においてであり、その場合は偉大で比類がない。他は、多数のあり方においてであり、たとえば人が馬や犬の本性を、走ることや、〈近よせぬ心〉*1を取り上げて、その多数のあり方において判断するような場合である。その場合は、人間は下賤《げせん》で卑劣である。人間に対して異なった判断を下させ、哲学者たちをあのように論争させる原因となる二つの道が、ここにあるのである。

なぜなら、一方は他方の仮定を否定するからである。一方は言う。「人間はその目的のために生まれたのではない。なぜなら、彼のすべての行動はそれと矛盾するからである」と。他は言う。「人間がこうした卑しい行動をとるときには、彼の目的から離れているのだ」と。

（1）番犬の本能をさすのであろう。

四一六

原一六一　ラ一二二（二ノ七）

A. P. R.*1 偉大さと惨めさ。
惨めさは偉大さから結論され、偉大さは惨めさから結論されるので、ある人たちは、偉大さを証拠として用いたために、それだけ多く惨めさを結論し、他の人たちは、惨めさそのものから結論したので、それだけいっそう強力に偉大さを結論したのである。一方の人たちが偉大さを示すために言いえたすべてのことは、他方の人たちが惨めさを結論する論拠に役立つばかりであった。なぜなら、人はいっそう高いところから堕ちれば堕ちただけ、それだけもっと惨めであるからである。そして、他の人たちの場合は、その逆である。彼らは、果てしのない輪を描いて、互いに立ち向かっていった。たしかに人間は、光を多く持つにつれて、人間のうちに、偉大さも惨めさも見いだすものである。要するに、人間は自分が惨めであることを知っている。だから、彼は惨めである。なぜなら、事実そうなのだから。だが、彼は、実に偉大である。なぜなら惨めであることを知っているから。

（1）**A Port-Royal**（ポール・ロワヤルにおいて）の略であろうと推測される。

四一七

原四七　ラ六二九（二ノ二四）

人間のこの二重性はあまりにも明白なので、われわれには二つの魂があると考えた人たちがあるほどである。

彼らには、度はずれた思い上がりから恐ろしい落胆にまで至る、こんなに、そして急激な変化が、単一の主体に起こりうるとは思えなかったのである。

四一八　　　原二三五　ラ一二一（一ノ七）

人間に対して、彼の偉大さを示さないで、彼がどんなに獣に等しいかをあまり見せるのは危険である。卑しさ抜きに彼の偉大さをあまり見せるのもまた危険である。どちらも知らせないのは、また更にもっと危険である。だが、彼にどちらをも提示してやるのはきわめて有益である。

人間が獣と等しいと信じてもいけないし、天使と等しいと信じてもいけないし、どちらをも知らないでいてもいけない。そうではなく、どちらをも知るべきである。

四一九　　　＊原四四四（三二一参照）　ラ四六四（二ノ一一）

私は彼が、どちらの一方のうちに安んじることも許さないだろう。それによって、落ち着くところもなく、安まることもなく……ために。

四二〇　　　＊原四四二　ラ一三〇（一ノ七）

彼が自分をほめ上げたら、私は彼を卑しめる。
彼が自分を卑しめたら、私は彼をほめ上げる。
そして、いつまでも彼に反対する。

彼がわかるようになるまでは、
彼が不可解な怪物であるということを。

四二一　原四八七　ラ四〇五（二ノ一）

私は、人間をほめると決めた人たちも、人間を非難すると決めた人たちも、気を紛らすと決めた人たちも、みな等しく非難する。私には、呻《うめ》きつつ求める人たちしか是認できない。

四二二　原六三　ラ六三一（二ノ二四）

解放者に諸手《もろて》をさし出すようになるために、真の善の無益な探求で倦《う》ませられ、疲らせられるのはよいことである。

四二三　一写四五　ラ一一九（一ノ七）

対立。

人間の卑しさと偉大さとを示したのち。

いまや人間は、自分の価値を自分で評価するがいい。自分を愛するがいい。なぜなら彼のなかには、善にあずかる能力をそなえた自然性があるから。だが、それだからといって、そこにある卑しさを愛してはいけない。自分を軽蔑するがいい。なぜならその能力は、空《から》になっているのだから。だが、それだからといって、この自然の能力を軽蔑してはいけない。自分を憎むがいい。自分を愛するがいい。彼のなかには、真理を知り幸福になる能力がそなわっているのだ。だが、彼は、変わらない真理も、満足すべき真理も持っていない。

だから私は、人間が真理を見いだしたいと願うように、仕向けたい。そして、情念によって自分の認識がどんなに曇ったかを知って、真理を見いだしたそのところで真理に従うように、用意をととのえ、情念から解放されているように仕向けたい。彼の選択にあたって邪欲が彼を盲目にしないために、そしてまた彼が選んだ後に邪欲が彼をおしとどめないために、彼が自分のなかで、意のままに彼を左右している邪欲を憎むようになることを、私は心から願っている。

四二四　　原四八七　ラ四〇四（二ノ一）

宗教を知ることから私を最も遠ざけるように見えた、これらのあらゆる対立は、私を最も速く真の宗教に導いてくれたものである。

第七章　道徳と教義

四二五

原三七七、三七八　ラ一四八（一ノ一〇）

第二部。
信仰のない人間は、真の善をも正義をも知ることができないということ。[*1]

すべての人は、幸福になることをさがし求めている。それには例外がない。どんな異なった方法を用いようと、みなこの目的に向かっている。ある人たちが戦争に行き、他の人たちが行かないのは、この同じ願いからである。この願いは両者に共通であり、ただ異なった見方がそれに伴っているのである。意志というものは、この目的に向かってでなければ、どんな小さな歩みでも決してしないのである。これこそすべての人間のすべての行動の動機である。首を吊《つ》ろうとする人たちまで含めて。

それにもかかわらず、大昔から、信仰なしにはだれ一人として、このすべての人が絶えず狙《ねら》っている点に到達したことはない。だれもかれも嘆いている。王侯も臣下も、貴族も平民も、老いた者も若い者も、強者も弱者も、学者も無学な者も、健康な者も病人も、あらゆる国、あらゆる時代、あらゆる年齢、あらゆる状態の人たちが嘆いている。

こんなに長い、絶えまのない、そして同じ形の試みは、われわれには自分の努力によって善に達する力はないということを、十分納得させたはずである。ところが前例は、われわれに教えるところが少ない。微妙な違いさえも何もないというほどに完全に似ている前例はないからである。その違いに目をつけて、今度は、われわれの期待が前の例のときのように裏切られないだろうと期待するのである。こうして、現在は決してわれわれを満足させてくれないので、経験がわれわれを欺き、不幸から不幸へと、そしてついに不幸の永遠に最たるものである死へと、われわれを引き立てて行くのである。

それならば、この渇望とこの無力とが、われわれに叫んでいるものは次のことでなくて何であろう。すなわち、人間のなかにはかつて真の幸福が存在し、今ではその全く空虚なしるしと痕跡《こんせき》しか残ってはいない。人間は、彼を取り巻くすべてのものによってそこを満たそうと試み、現在あるものから得られない助けを、現在ないものにさがし求めているのであるが、それらのものにはどれにもみな助ける力などはない。なぜなら、この無限の深淵《しんえん》は、無限で不変な存在、すなわち神自身によってしか満たされえないからである。

神だけが、人間の真の善である。そして人間が神から離れて以来、自然のなかで、人間にとって神の代わりになれなかったものは何もなかったというのは、奇妙なことである。天体、天、地、元素、植物、キャベツ、ねぎ、動物、昆虫《こんちゅう》、子牛、蛇《へび》、熱病、ペスト、戦争、飢饉《ききん》、悪徳、姦淫《かんいん》、不倫などそれである。そして、真の善を失って以来、人間にとって、あらゆるものが、何でも真の善として見なされうるようになり、神と理性と自然とのすべてにあんなにも反する自分自身の破壊に至るまでそうなったのである。

ある人たちは真の善を権威のうちに、ある人たちは好奇心と学問とのうちに、ある人たちは逸楽のうちに求める。

真の善に実際最も近づいた人たちは次のように考えた。すなわち、すべての人が欲している普遍的な善は、ただ一人によってしか所有されえないような個々の事物の、いずれのなかにも存在しないことが必要である。そういう個々の事物は、分配されれば、その所有者を彼の持っている部分を享受することによって満足させるよりも、彼の持っていない部分が欠けていることによって、いっそう悲しませるのである。彼らは、真の善とは、減少も羨望《せんぼう》も伴わず、すべての人が同時に所有することができて、だれも自分の意に反してこれを失うことのできないようなものでなければならないということを、了解した。彼らの理由は、この願いがすべての人に必ずある以上、それは人間にとって自然なものであり、人間はそれを持たないではいられないからというにある。彼らは、そこから結論して……

（1）「善」の原語「ビアン」は、「幸福」「富」「財産」などと訳されることもある。

四二六

一写一九四　ラ三九七（二ノ二）

真の本性が失われたので、すべてのものが彼の本性になる。ちょうど、真の善が失われたので、すべてのものが彼の真の善となるように。

四二七

原四六五　ラ四〇〇（二ノ二）

人間はどんな地位に自分を置いたらいいのかを知らない。彼らは明らかに道に迷っているのであり、自分の本来の場所から落ちたまま、それを再び見いだせないでいる。彼はそれを、見通すことのできない暗黒のなかで、不安にかられて、いたるところに求めているが、成功しない。

四二八

＊原四四四（三二一参照）　ラ四六六（二ノ一二）

もし自然によって神を証明することが、弱さのしるしであるなら、そのことで聖書を軽蔑《けいべつ》してはいけない。[*1]もしこれらの対立を知ったことが、強さのしるしであるなら、そのことで聖書を尊重したまえ。[*2]

（1）断章二四二、二四四参照。
（2）断章四二四、四三〇参照。

四二九

原二三　ラ五三（一ノ三）

獣《けだもの》に服従して、それを崇《あが》めるまでに至っている人間の卑しさ。

四三〇

原三一七、三一八、三二一、三二二、三三五、三二六、五七　ラ一四九（一ノ一一）

A. P. R.[*1]始め。

不可解を説明したのちに。

人間の偉大さと惨めさとはこんなにも明らかであるから、真の宗教はどうしてもわれわれに、人間のなかには何らかの偉大さの大きな原理が存在し、また惨めさの大きな原理が存在することを教えてくれなければならない。

すなわち、真の宗教は、われわれに、これらの驚くべき対立を説明してくれなければならないのである。

人間を幸福にするためには、真の宗教は彼に、神が存在すること、人は神を愛さなければならないこと、われわれの真の至福は神のなかに在《あ》ることであり、われわれの唯一の不幸は神より離れていることであるということを示さなければならない。そしてその宗教は、われわれが暗黒に満ち、そのために神を知り神を愛することを妨げられており、したがってわれわれの義務はわれわれに神を愛することを義務づけるにもかかわらず、われわれの邪欲は、神を愛することからわれわれをそむかせているのであるから、われわれは不義に満ちているということを認めなければならない。その宗教は、神に対し、またわれわれ自身の善に対してわれわれが持っているこれらの反対を説明してくれなければならない。その宗教は、われわれに、このような無能に対する救済と、その救済を得る手段とを教えてくれなければならないのである。ここで、世界じゅうのあらゆる宗教を吟味して、キリスト教以外に果たしてこれらの点を満足させるものがあるかどうかを考えてみてほしい。われわれのうちにある善を、いっさいの善であるといってわれわれに提示する哲学者たちが、果たしてそれだろうか。真の善とは、そんなものだろうか。彼らは果たしてわれわれの悪に対する救済を見いだしたのだろうか。人間を神と等しい地位に置いたことによって、人間の思い上がりを癒したというのであろうか。われわれを獣と同列に置いた人たち、そしてまた、地上の快楽を、永遠においてさえもわれわれのいっさいの善であるとして与えたマホメット教徒たちは、果たしてわれわれの邪欲に対する救済をもたらしたのだろうか。

それならば、どの宗教がわれわれに傲慢《ごうまん》と邪欲とを癒すことを教えてくれるのだろう。いったいどの宗教がわれわれに、われわれの善、われわれの義務、これらのものからわれわれを遠ざける弱さ、その弱さの原因、その弱さを癒しうる救済、そしてその救済を得る手段を教えてくれるのだろう。これは、他のすべての宗教にできないことであった。では、神の知恵のなすところを見よう。

神の知恵は言う。「ああ、人よ、人間から真理をも慰めをも期待してはいけない。私はあなたがたを形づくったものであり、あなたがたが何ものであるかを教えることのできるのは、私一人である。

「だが、今あなたがたは、私があなたがたを形づくったときの状態にはいないのである。私は人間を清く、罪なく、完全に創造した。彼を光と知性とで満たした。彼に私の栄光と驚異とを伝えた。そのとき、人の目は、神の威容を見ることができた。そのとき彼は、彼を盲目にする暗黒のなかにも、彼を苦しめる死と惨めさとのなかにもいなかった。

「だが、彼はこれほどまでの栄光を、思い上がりに陥らないでは保つことができなかったのである。彼は、自分で自分の中心となり、私の助けから独立しようと欲した。彼は、私の支配からのがれ出た。そして、自分のなかに幸福を見いだそうとの欲求によって、自分を私と等しいものとしたので、私は彼をそのなすがままにまかせた。そして、それまで彼に従っていたもろもろの被造物をそむかせ、彼の敵とした。その結果、今日では、人間は獣に似たものとなり、私からあんなにまで遠く離れているので、その創造主のおぼろげな光がかろうじて残っているのにすぎないものとなった。これほどまでに、彼のあらゆる知識は、消し去られるか、かき乱されてしまったのだ。理性から独立して、しばしば理性の主となった感覚は、理性を快楽の追求へとかり立てた。すべての被造物は、あるいは彼を苦しめ、あるいは彼を誘惑する。そして、あるいは暴力によって彼を従わせ、あるいは優しさによって魅惑しながら、彼を支配する。この魅惑による支配のほうは、いっそう恐ろしく絶対的なものである。

「これが、人間が今日おかれている状態である。人々には、最初の本性の幸福について、いくらかの力のない本能が残っている。そして、彼らは、彼らの盲目と邪欲との惨めさのなかに沈みこみ、それが彼らの第二の本性となっているのである。

「私があなたがたに啓示するこの原理によって、あなたがたは、すべての人を驚かせ、あんなにさまざまの意見に分かれさせた、あのように多くの対立の生じた原因を知ることができるのである。今は、あんなにも多くの惨めなことの試練によっても窒息させることのできない偉大さと栄光とのすべての動きを観察するがいい。そして、その原因が、他の本性になければならないものであるかどうかを考えてみるがいい」

A. P. R. 明日のため。

擬人法。

「ああ、人よ、あなたがたが、あなたがた自身のなかに、あなたがたの惨めさに対する救済を求めてもむだである。あなたがたのすべての光は、あなたがたが真理や善やを見いだすのは、あなたがた自身のなかではないのだと悟るところまでしか到達できないのである。

「哲学者たちは、あなたがたにそれを約束したのだが、彼らにはそれはできなかった。

「彼らは、何があなたがたの真の善であり、何が〔あなたがたの真の状態〕なのであるかを知らないのだ。

「彼らが知りさえもしなかったあなたがたの悪に対して、どうして彼らにその救済を講じることができたであろう。あなたがたの主な病は、あなたがたを神から引き離す傲慢、あなたがたを地上に縛りつける邪欲である。それなのに、彼らは、これらの病のうちの少なくとも一つを保たせる以外の何もしなかった。もし彼らがあなたがたに神を目的として与えたとしたら、それはあなたの尊大を助長するだけであった。彼らは、あなたがたが、本性の上から神に似ており、神にかなっていると、あなたがたに思い込ませた。また、このような思い上がった主張のむなしさを悟った人たちは、あなたがたの本性が獣のそれと等しいとあなたがたに悟らせることによって、あなたがたを他の断崖《だんがい》に投げ込んだ。そして、あなたがたの善を、動物の分け前である邪欲のなかに求めるように、あなたがたをしむけた。こうしたものは、あなたがたの不義——これらの賢者たちの知らなかったあなたがたの不義を癒す道ではない。あなたがたが何であるかを、あなたがたに悟らせることができるのは、私一人である。……」

　アダム、イエス・キリスト。

――もしあなたがたが神に結ばれるとしたら、これは恩恵によるのであって、本性によるのではない。

――もしあなたがたがへりくだらせられるとしたら、それは悔悛《かいしゅん》によるのであって、本性によるのではない。

――このようにして、この二重の能力は……

――あなたがたは、あなたがたの創造されたときの状態にはいない。

――これらの二つの状態が啓示されたからには、あなたがたがそれらを認めないわけにはいかない。

あなたがたの動きについて行き、あなたがた自身を観察せよ。そして、そこに、これらの二つの本性の生きたしるしを見いださないかどうかを見よ。

――こんなに多くの矛盾が、単一の主体のなかに見いだされるものだろうか。

——不可解。すべて不可解なものは、それでも依然として存在する。無限の数。有限に等しい無限の空間。——

神がわれわれに結びつくなどということは信じられない。

そのような考えは、われわれの卑しさを見ることだけによって引き出されたものである。だが、もし君たちがほんとうにまじめに見ているのだったら、私と同じように遠くまで見ていき、神のあわれみが、果たしてわれわれを神に結ばれうるものとすることが可能かどうかさえ、われわれ自身で知ることはできないほど、われわれは事実卑しいのであるということを認めるがいい。なぜなら、自分自身がこんなに弱いことを認めているこの動物が、神のあわれみを計量し、自分で気まぐれに思いついた限界をそれにあてはめる権利をどこから得たかを知りたいものである。この動物は、神が何であるかを知ることがあんなにも少ないので、彼自身が何であるかも知らないのである。そして、自分自身の状態を見て困惑したあげく、自分を神との交わりにあずからせることなどは、神にできないとあえて言うのである。だが、私は彼にたずねたい。神は、彼が神を知って、神を愛すること以外の何を彼に求めておられるのだろう。彼には生来、愛と認識との能力がある以上、どうして彼から知られ、愛される対象に神がなれないと決めこんでいるのだろう。人がすくなくとも、自分の存在していることと、何かを愛していることとを知っていることには、疑いがない。それならば、もし彼が、自分がいる暗黒のなかで何ものかを認め、そしてもし地上の事物のあいだに何か愛の対象を見いだしているならば、まして神が彼にその本質の光をいくらかお与えになった場合には、神がわれわれと交わろうとなさるその仕方で、神を知り、神を愛することが、どうして彼にできないというのだろう。したがって、この種の議論は、一見謙虚さにもとづいているように見えても、がまんのならない思い上がりを伴っていることは、疑いない。すなわちわれわれは、自分が何であるかを自分で知ってはいないので、われわれにはそれを神から教えてもらう以外のことはできないということを、われわれに告白させるような謙虚さでなければ、誠意あるものでも、理にかなったものでもないのである。

――

「私はあなたがたが、あなたがたの信仰を理由なく私に従わせるようになどとは思っていない。そして私は、あなたがたを圧制的に服従させようなどとも思っていない。私はまた、あなたがたに、すべての事物の理由を説明しようとも思っていない。そして、これらの相反するものを調和させるためには、私は、私のうちにある神性のしるしを、説得力のある証拠によってあなたがたにはっきり見せようと思っているのである。それらの神性のしるしは、私が何であるかをあなたがたに納得させ、そして、あなたがたが拒むことのできない不思議や証拠によって、私に権威を与えるであろう。その上で、私があなたがたに教える事柄を、あなたがたが信じるようにさせようと思っているのである。そのときには、それらの事柄が果たして存在するか否かを、あなたがた自身で知ることはできないという以外には、それらを拒む別の理由を、あなたがたはそこに見いださないであろう」

神は人間をあがない、神を求める人たちに対して救いを開こうとされた。だが人々は、みずからそれにあまりにも値しないものとなってしまったので、受ける資格のないものに対するあわれみによって、神がある人たちにお与えになるものを、他の人たちには、そのかたくなさのために拒まれるというのは、正しいことである。

もし神が、最もかたくなな人たちの強情を克服しようとのぞまれたのならば、神の本質の真理を彼らが疑いえないほど明白に、彼らに神自身を現わすことで、それをなさったであろう。あたかも、世の終わりの日に、死人もよみがえり、盲人もそれを見るであろうほどの激しい雷鳴と、自然の崩壊とによって現われるであろうように。

神は、その柔和な来臨においては、そのような仕方で現われようとはのぞまれなかった。なぜなら、あんなに多くの人々が神の寛大さに値しなくなっているので、神は、彼らののぞまない善が欠けたままで、彼らを放っておこうとされたのである。したがって、神が明らかに神の仕方で、すべての人を納得させうるほど絶対的な方法で現われたもうのは、正しくなかった。だが、神が、真心から神を求めている人たちからも認められないほど隠れた方法で来られるのも、正しくなかった。神は、そのような人たちからは完全に知られるように、みずからなろうとのぞまれた。このようにして、全心で神を求めている人たちには明らかに現われ、全心で神を避けている人たちには隠れようとのぞまれたため、神は、神についての認識を加減して、神のしるしを、神を求めている人たちには見うるように、求めていない人たちには見えないように、お与えになったのである。

ひたすら見たいとのぞんでいる人たちには、十分な光があり、反対の心構えの人たちには、十分な暗さがある。

（1）断章四一六の注（1）参照。

四三〇の二　　原四七　ラ二三〇（一ノ一八）

すべて不可解なものは、それでも依然として存在する。

四三一　　一写二二〇　ラ四三〇（二ノ三）

他のだれも、人間が最も優《すぐ》れた被造物であることを知らなかった。人間の優秀さの事実をよく知った一方の人たちは、人々が自分について自然にいだいている卑しい感情を、卑《ひ》怯《きょう》とか忘恩と解釈した。この卑しさがどんなに現実的であるかをよく知った他の人たちは、人間にとっては同じように自然であるこれらの偉大さの感情を、笑うべき思い上がりとして取り扱った。

一方の人たちは言う。「君たちの目を神に向けよ。君たちに似ていて、自身を崇めさせるために君たちを作ったものを見よ。君たちは、彼に似たものとなることができるのだ。もし君たちが彼に従おうと欲するなら、知恵が君たちを彼と等しいものとするであろう」と。エピクテトスは言う。「自由人よ、頭を高くせよ」と。そして他の人たちは言う。「君ら賤《いや》しい虫けらにすぎない者よ。目を地に下げて、君らの仲間である獣をながめよ」と。

人間はいったいどうなるのだろう。等しいのは、神となのか、獣となのか。なんという恐ろしい距離だろう。われわれはいったいどうなるのだろう。すべてこれらのことによって、人間が道に迷っていること、本来の場所から堕ちていること、不安にかられてそれをさがしていること、もはやそれを見いだしえないでいることを悟らない者があろうか。そして、いったいだれが彼をそこへ向かわせてくれるのだろうか。最も偉い人たちにも、それができなかった。

四三二　　原四二五　ラ六九一　（二ノ二五）

懐疑論はほんとうである。なぜなら、結局、人々は、イエス・キリスト以前には、自分がどんなところにあるのか、自分が偉大なのか、卑小なのかを知らなかったからである。

そして、そのどちらかを説いた人たちも、それについては何も知らず、理由もなく行きあたりばったりに当て推量をしていたのである。しかも、彼らは、それらのどちらかを排除することによって、常に誤っていたのである。

〈あなたがたが、知らないで求めているものを、宗教があなたがたに告げ知らせる〉*1

（1）『使徒行伝』一七の二三に近い。

四三三

原四六五　ラ二一五（一ノ一六）

人間の本性のすべてを知ったのちに。

ある宗教がほんとうであるためには、それがわれわれの本性を知っていなければならない。それは、偉大さと卑小さとを、そして双方の理由を、知っていなければならない。キリスト教以外に、どの宗教がそれを知っていただろうか。

四三四

原二五七、二五八、二六一、二六二、ラ一三一（一ノ七）

懐疑論者たちの主な力は、些細《ささい》なものは放っておくが、次のようなものである。すなわち、これらの原理が真であることについてわれわれは、信仰と啓示とによらないかぎり、われわれが自分自身のなかでそれらの原理を自然に感知するということ以外には何も確証を持っていない。ところが、この自然的直感も、それらの原理が真理であるということとの確証にはならない。なぜなら、人間が善《よ》き神により、邪悪の鬼神により、あるいは偶然に創造されたものであるかについては、信仰によらないかぎり確実性がない以上、これらの原理も、われわれの起原に応じて、われわれに真のものとして授けられたものであるか、偽物《にせもの》としてであるか、不確実なものとしてであるかが疑わしいからである。

その上、何びとも信仰によらないかぎり、自分が目ざめているのか、眠っているのかということについて確信が持てない。なぜなら、人は眠っているあいだでも、われわれが現在しているのと同じようにしっかりと、目がさめているものと信じているからである。*1〔そして、一つの夢に他の夢を重ねて、夢を見ているということを夢に見ることがしばしばあるように、一生そのものも一つの夢にすぎず、その夢の上に他の夢が接《つ》ぎ木《き》され、その夢のなかからは、死ぬ時に目ざめ、その一生のあいだには、自然の夢のあいだと同じようにわずかしか真理と善との原理を持っていないのであって、そこでわれわれを揺さぶるさまざまな考えは、われわれの夢における時間の流れや、むなしい幻と同様の幻影にすぎないのではなかろうか〕空間、形、運動が見えると信じ、時が流れるのを感じてそれを計り、そして目ざめている時と同じに行動する。それであるから、われわれがみずから認めているように、一生の半分は眠りのなかで過ごされ、そこでは、その時にわれわれが感じることがすべて錯覚である以上、何がどう見えようとわれわれは真理の観念を一つとして持たないのである。したがって、われわれが目ざめていると考えている一生の他の半分も、最初のものと少しだけ違う他の眠りであり、そこからは、われわれが眠ると思う時に目ざめるのではないかどうかを、だれが知ろう。

以上は、どちらも主な力である。懐疑論者たちが、習慣、教育、国々の風俗やその他類似のものの及ぼす影響に対して行なう反論のような、些細なものは放っておく。これらのものの及ぼす影響は、一般の人々の大部分を引きずり回し、その人々は、このむなしい基礎の上だけに立って独断論をほしいままにしているのであるが、そういうものは懐疑論者たちのほんの一息によって覆《くつが》えされてしまうのである。もしこのことが存分に納得できないなら、彼らの書物を見れば十分である。そうすれば、たちまちに納得し、おそらく納得しすぎてしまうであろう。

私は独断論者たちの唯一の砦《とりで》の前に足をとめよう。それは、誠実にまじめに話すならば、自然的な諸原理を疑うことはできないということである。

これに反対して、懐疑論者たちは、われわれの起原の不明という一言をもって対抗し、そのなかには、われわれの本性の不明という問題も含まれているのである。それに対して、独断論者たちも、世の始めから何か答えつづけている。

こうして、人間のあいだに戦端が開かれたのである。この戦いでは、各人はその去就を決し、あるいは独断論、あるいは懐疑論のいずれかの側に必ず立たなければならないのである。なぜなら、中立を守ろうと思う者こそ、懐疑論者の最たるものであるからである。

中立を守るということこそ、この徒党の本質なのである。彼らに反対しない者は、りっぱに彼らの側に立っているのである。〔そこに彼らの有利な点があるように見える〕彼らは、自分たちの側に立つのではない。彼らは、中立で、無関心、すべてについて宙ぶらりんである。彼ら自身に対しても例外でない。

こんな状態で人間は、いったいどうしたらいいのだろう。すべてを疑おうか。果たして目ざめているのか、つねられているのか、焼かれているのかということを疑おうか。自分が疑っていることを疑おうか。果たして自分が存在しているのだろうかと疑おうか。

人は、こんなところまで来るわけにはいかない。私はあえて断言するが、いまだかつて実際に完全な懐疑論者というものが存在したためしはない。自然が無力な理性を支えて、こんなところにまではめをはずすのを防ぐのである。

それならば、その反対に、人間は確実に真理を所有していると言うのだろうか。ただわずかばかり突つかれただけで、何の資格も示すことができず、つかんでいるものを手放してしまわなければならないこの人間が。

では、人間とはいったい何という怪物だろう。何という新奇なもの、何という妖怪《ようかい》、何という混沌《こんとん》、何という矛盾の主体、何という驚異であろう。あらゆるものの審判者であり、愚かなみみず。真理の保管者であり、不確実と誤謬との掃きだめ。宇宙の栄光であり、屑《くず》。

だれがこのもつれを解いてくれるのだろう。*2〔これは確かに、独断論と懐疑論、そして人間的哲学のすべてを越えている。人間は人間を越えている。だから、懐疑論者たちに対して彼らがあんなに盛んに叫んだことを承認してやるべきである。すなわち、真理はわれわれの力の及ぶ範囲にはなく、われわれの獲物《えもの》でもない。それは地上には留まらず、天の一族で、神の懐《ふところ》に宿り、人はそれを神が思召《おぼしめ》しによって啓示してくださる程度にしか知ることができないのである。それならば、創造されたものでなく、しかも肉となった真理[*3]から、われわれの真の本性を教えてもらおう」自然は懐疑論者たちを困惑させ、理性は独断論者たちを困惑させる。自分の自然的な理性によって自分の真の状態を知ろうと求めている人たちよ、あなたがたはどうなってしまうのだろう。あなたがたは、これらの宗派のいずれかを避けることができず、そうかといってそのいずれに留まることもできないのである。

そうだとしたら、尊大な人間よ、君は君自身にとって何という逆説であるかを知れ。へりくだれ、無力な理性よ。だまれ、愚かな本性よ。人間は人間を無限に越えるものであるということを知れ。そして、君の知らない君の真の状態を、君の主から学べ。

神に聞け。

なぜなら、結局、もし人間がいまだかつて腐敗したことがなかったならば、その罪のない状態において、真理と至福とを、安心して楽しむことができたであろう。また、もし人間が、初めからただ腐敗しているばかりだったならば、真理についても、至福についても、何の観念も持たなかったであろう。だが、不幸なことには、そしてそれはわれわれの状態のなかに何の偉大さもなかったとする場合よりももっと不幸なことであるが、われわれは幸福の観念を持っていながら、そこに到達することができないのである。われわれは真理の影像を感じながらも、嘘《うそ》ばかりしか持っていないのである。絶対に無知であることも、確実に知ることもできないのである。すなわち、われわれがかつて完成へのある段階にいたにもかかわらず、不幸にしてそこから堕ちてしまったということは、こんなにも明白なのである。

しかし、驚くべきことは、われわれの理解から最も遠いところにあるあの秘義、すなわち原罪遺伝の秘義は、それがなければわれわれ自身について何の理解も得られなくなるということである。

なぜなら、最初の人間の罪が、この源からあんなに遠く離れており、それにあずかることが不可能であるように見える人たちまでをも、有罪としてしまうこと以上に、われわれの理性に、はなはだしく突き当たるものはないことには疑う余地がないからである。このような流通は、われわれにとって、ただ不可能に見えるばかりでなく、はなはだ不正であるとさえ思われる。なぜなら、意志の力のない子供を、彼が生まれ出た時より六千年も前に犯された、彼が関与したと見るふしがあんなにも少ない一つの罪のために、永遠に地獄におとすということほど、われわれのあわれな正義の尺度に合わないものはないからである。確かにこの教理ほどわれわれにひどく突き当たるものはない。しかし、それにもかかわらず、あらゆるもののなかで最も不可解なこの秘義なしには、われわれは自分自身にとって不可解なものになってしまうのである。われわれの状態の結び目は、その折り目や曲がり目をこの深淵のなかにとっているのである。その結果、この秘義が人間にとって不可解である以上に、この秘義なしには人間そのものがもっと不可解となるのである。[*4]〔そこから神は、われわれの存在についての難問をわれわれ自身に理解できないようにしようと欲して、その難問の結び目を、われわれがとても到達できないほど高いところに、というよりは、むしろ低いところに隠されたように思われる。その結果、われわれが真にわれわれ自身を知ることができるのは、われわれの理性の思い上がった動きによってではなく、理性の単純な服従によってなのである。

宗教のおかすべからざる権威の上にしっかりと立てられたこれらの基礎は、われわれに、等しく不変な二つの信仰の真理があることを知らせてくれる。

一つは、人間は創造の状態、あるいはまた恩恵の状態においては、自然全体の上に引き上げられ、神に似たようなものにされ、その神性にあずかるものとされるということであり、いま一つは、腐敗と罪との状態では、人間はさきの状態から堕ちて、獣に似たものとされるということである。これら二つの命題は、等しく堅固で確実である。

聖書は、若干の箇所で次のように述べる際に、これらの二命題をわれわれに明らかに宣言している。「〈私の喜びは人の子らとともにあることである〉」[*5]「〈私は私の霊をすべての肉なる者の上に注ぐであろう〉」[*6]等々。「〈あなたがたは神だ〉」[*7]そしてまた他のところで、「〈すべての肉は草だ〉」[*8]「〈人は心なき獣とくらべられ、それと等しくされた〉」[*9]「〈私は人の子らについて自分の心に言った〉」[*10]

以上のことから明らかであると思うが、人間は、恩恵によっては神に似たようなものにされ、その神性にあずかるものとされるが、恩恵なしには、野獣に似たものと見なされるのである」

（1）〔　〕内は、初めに書いた部分である。後になって、この部分を消して、その先の部分（パラグラフの終わりまで）を書き加えたものである。
（2）〔　〕内は、初めに書いた部分である。後になって、この部分を消して、その先の部分（神に聞け）までを書き加えたものである。
（3）キリストをさす。
（4）ここから終わりまでは、全部一本の縦線で一度に消されたもの。
（5）『箴言』八の三一。
（6）『ヨエル書』二の二八。
（7）『詩篇』八二（ヴルガータ訳八一）の六。
（8）『イザヤ書』四〇の六。
（9）『詩篇』四九（ヴルガータ訳四八）の一二、二〇。

(10)『伝道の書』三の一八。

四三五

原三七三、三七四　ラ二〇八（二ノ一六）

これらの神聖な知識がなかったならば、人々は、過去の偉大さのなごりである内にある感情によって自分を高めるか、あるいはまた、現在の弱さを見て気を落としてしまうかのほかに何ができただろう。なぜなら、真理の全部を見ることができなかったために、彼らは完全な徳に達することができなかったのである。ある人たちは、本性を腐敗していないものと見なし、他の人たちは、修理不能なものと見なした。それで彼らは、すべての悪徳の二つの源である、高慢あるいは怠惰のいずれかをのがれることができなかった。というのは、彼らは、悪徳のなかへ、卑怯にも身をゆだねてしまうか、あるいは高慢によってそこから脱出するほかはなかったからである。なぜなら、もし彼らが人間の優秀さを知ったとしても、その腐敗を知らない。その結果、怠惰はうまく避けても、尊大のなかに身を滅ぼしてしまうのである。また、もし彼らが、本性の虚弱を認めたとしても、その尊厳を知らない。その結果、虚栄をうまく避けることができたとしても、それは絶望のなかへ飛び込むことによってである。

そこから、ストア派とエピクロス派、独断論とアカデメイア派、[*1]等々のさまざまの宗派が生じたのである。

ひとりキリスト教だけが、この二種の悪徳を癒すことができたのである。それは地上の知恵によって、一をもって他を追い払うのではなく、福音の単純さによって、両者をともに追い払うのである。なぜなら、キリスト教は、正しい人々に対しては、彼らを神性そのものにあずかるところまで引き上げるが、そのような崇高な状態においても、彼らはまだあらゆる腐敗の源を持っているのであって、そのために彼らは、生涯を通じて、誤り、惨めさ、死、罪に陥りうるものであるということを教える。そしてまた、最も不信仰な人々に対しても、彼らでも贖《あがな》い主《ぬし》の恩恵にあずかることができると叫ぶ。このようにして、キリスト教は、その義とする人たちをおののかせ、その罪する人たちを慰めつつ、すべての人に共通である恩恵と罪との二つの可能性によって、恐れと希望とをあのように多大な正しさで調節していくので、単なる理性がなしうるよりも無限に低く人々をへりくだらせるが、しかも絶望させず、また本性の高慢がなしうるよりも無限に高く人々を引き上げるが、しかも高ぶらせないのである。このように、ただひとり誤りと悪徳とからまぬかれているので、人々を教え、正しうるのは、キリスト教だけであることを明らかに示しているのである。

それならば、この天来の光に対して、それを信じ、それを崇めることをだれが拒みえようか。なぜなら、われわれのなかに、優秀さの消すことのできないしるしを感じるということは、日の光を見るよりも明らかではなかろうか。そしてまた、われわれが、いつもわれわれの嘆かわしい状態の結果を経験していることも同じように真実ではなかろうか。この混沌とこの奇怪な混乱は、これらの二つの状態が真実であることを、とうてい逆らうことのできないほどの強い声でわれわれに叫んでいるのでなくて何であろう。

(1) 断章一九四の二の注(2)参照。

四三六　原二四四　ラ二八(一ノ二)

弱さ。

人々のあらゆる仕事は、富*1を得ようとするにある。それなのに、彼らは、その富を正当に所有しているということを示すに足るだけの資格を持つことができないだろう。なぜなら、彼らには人間の思いつきしかないのであって、その富をしっかり所有するだけの力もないからである。

これは学問についても同様である。なぜなら病気がそれを奪ってしまうからである。われわれは、真理についても、幸福についても、無能力である。

(1) 断章四二五の注(1)参照。

四三六の二　原四一五(五一参照)　ラ八九〇(二ノ三四)

人々のあらゆる仕事は、富を得ようとするにある。それなのに、彼らには、その富を正当に所有する資格も、その富をしっかりと所有するだけの力もない。学問についても、快楽についても同様である。われわれは真理をも幸福をも持っていない。

四三七　原四八七　ラ四〇一（二ノ一）

われわれは、真理を望む。しかし、われわれのうちには不確実しか見いださない。

われわれは幸福を求める。しかし、惨めさと死としか見いださない。

われわれは真理と幸福を望まないわけにいかない。しかし、確実さにも幸福にも達することができない。

この欲求がわれわれに残されているのは、われわれを罰するためであると同時に、われわれがどこから堕ちたかを感じさせるためである。

四三八　原四八五　ラ三九九（二ノ一）

もし人間が神のために作られたのでなければ、なぜ神にあってのみ幸福なのだろうか。

もし人間が神のために作られたのならば、なぜこんなに神に逆らっているのだろう。

四三九　原二七七（七二一、四三九、六三〇、七一四、六四一、七一五、七九二）　ラ四九一（二ノ一八）

腐敗した本性。

人間は、彼の存在を形づくっている理性によって行動しない。

四四〇　　一写三五二　ラ六〇〇（二ノ二四）

理性の腐敗は、あんなに多くの異なった、常軌を逸した風習によって現わされている。人間が自分自身のなかで、もはや生きないためには、真理[*1]が来なければならなかったのだ。

（1）キリストをさす。

四四一　　一写二五六　ラ四七一（二ノ一一）

私としては、キリスト教が人間の本性は腐敗し神のもとから堕落しているという原理を啓示するやいなや、それが私の目をひらき、いたるところにこの真理のしるしを見せてくれたことを、告白する。なぜなら、自然というものは、人間の内と人間の外とを問わず、いたるところに失われた神と腐敗した本性とを、さし示しているからである。

四四二　　原四八七　ラ三九三（二ノ一）

人間の真の本性、彼の真の善、真の徳、真の宗教など、これらの認識は引き離すことのできないものである。

四四三

原七五　ラ六一三（二ノ二四）

偉大、悲惨。

人は光を多く持つにつれて、それだけ多くの偉大と卑小とを、人間のうちに発見する。

普通の人々。

さらに教養ある人々。

哲学者たち。

彼らは普通の人々を驚かす。

キリスト者たち、彼らは哲学者たちを驚かす。

そこで、人が光を多く持つにつれてそれだけ多く認めることを、宗教は徹底的に認めさせるものでしかないのを見て、驚かないものがあろうか。

四四四

原四五　ラ二二九（二ノ一八）

人々が彼らの最大の光によって知りえたことを、この宗教はその子らに教えた。

四四五

一写三七七　ラ六九五（二ノ二五）

原罪は、人間の目には愚かなものである。だが、それは愚かなものとして提供されている。だから、君たちはこの教理には道理がないといって、私を責めてはならない。なぜなら、私はそれを、道理なしに存在するものとして提供しているからだ。しかし、この愚かさは、人間のあらゆる知恵よりも賢明である。〈人よりも賢い〉[*1]これなしに、人間の何であるかが語りえられるであろうか。彼の状態のすべては、知覚することのできないこの一点にかかっている。このことが理性によって、どうして認知されうるであろうか。なぜかといえば、それは理性に反することであり、理性は自分の方法によってそれを案出しえないどころか、それが提出されると、遠のいてしまうからである。

（1）『コリント人への第一の手紙』一の二五。

四四六　＊＊　原二六七　ラ二七八（一ノ二〇）

原罪について。ユダヤ人による原罪の十全な伝承。[*1]

『創世記』八章のことばによれば、[*2]人が心に思いはかることは、幼いときから悪い。

ラビ・モーセ・ハダルシャン。この悪いパン種は、[*3]人間がつくられたときから、彼のうちにおかれている。

マセシェット・スッカ。この悪いパン種は、聖書のなかで七つの名を持っている。それは、悪、包皮、汚れ、敵、つまずき、石の心、北風、と呼ばれている。すべてこれらのものは、人間の心のうちに隠され刻みつけられている邪欲を意味する。ミドラシュ・ティリムも同様のことを言い、神は人間の良い本性を悪い本性から解放されるであろう、と言っている。

この邪悪は、毎日、人間に対して新しい力をふるうこと、『詩篇』三七篇[4]にしるされているとおりである。「不信者は正しい者をうかがい、これを殺そうとはかる。しかし神は正しい者を見捨てられないであろう」

この邪悪は、現世において、人の心を誘惑し、来世において、それを告発するであろう。これらはすべて『タルムード』に書かれている。

ミドラシュ・ティリムの『詩篇』四篇[5]「あなたがたは慎んで、罪をおかしてはならない」の注解。慎んであなたがたの邪欲を恐れよ、そうすれば、邪欲はあなたがたを罪に導かないであろう。また、『詩篇』三六篇[6]「不信者はその心のうちに語って、神を恐れる思いが、私の前にないように、と言った」これは、とりもなおさず、人間生来の邪悪が、不信者にそう言ったのである。

ミドラシュ・エル・コヘーレット。「貧しくても賢い子は、未来を予知しえない老いた愚かな王にまさる」[7]子は徳であり、王は人間の邪悪である。それが王と呼ばれるのは、すべての肢体《したい》がそれに従うからである。老いていると言われるのは、それが幼時から老年まで、人間の心のなかにあるからである。愚かであると言われるのは、それが人間の予知しない滅びの道に、人間を導くからである。

同様なことは、ミドラシュ・ティリムにもある。

ベレスシト・ラバの『詩篇』三五篇、[*8]「主よ、私のすべての骨はあなたを讃《たた》えます。あなたは貧しい者を、暴君の手から救いだされるからです」の注解。悪いパン種以上に偉大な暴君があろうか。

また『箴言《しんげん》』二五章、[*9]「あなたの敵がもし飢えたら、これに食物を与えよ」の注解。これは、とりもなおさず、もし悪いパン種が飢えたら、『箴言』九章に書かれている知恵のパンを与え、もし渇いたら、『イザヤ書』五五章に書かれている水を与えよ、ということである。

ミドラシュ・ティリムは、同様のことを言い、聖書がその箇所でわれわれの敵といっているのは、悪いパン種のことであり、また彼にこのパンとこの水とを〔与える〕とは、彼の頭に熱い炭を積むことである、と言っている。

ミドラシュ・エル・コヘーレットの『伝道の書』九章、[*10]「大いなる王が小さい町を攻めた」の注解。この大いなる王とは、悪いパン種であり、彼が町に向かって建てめぐらした大いなる雲梯《うんてい》とは、誘惑である。そして、一人の知恵のある貧しい人がいて、その町を救ったというのは、すなわち徳のことである。

また『詩篇』四一篇、[*11]「貧しい人をかえりみる者は幸いである」の注解。

また『詩篇』七八篇、[*12]「霊は去ってまた帰らない」の注解。このことばを、ある人々は誤って、霊魂の不死を反駁《はんばく》する理由にした。だが、その意味は、この霊とは、悪いパン種であり、それは人間に、死の時までつきまとい、復活の時にはふたたび帰らないというのである。

『詩篇』の一〇三篇に同じことがある。

また『詩篇』一六篇。[*13]

(1) この断章中の諸項目は、すべて中世紀の『不信者とりわけユダヤ人の不実にとどめをさすキリスト者の短刀』――省略して『信仰の短刀』(プギオ・フィデイ)――と題する書物からかりたものである。この書は、十三世紀にドミニコ会の修道士レーモン・マルタンによって書かれたもので、一六五一年、ロデーヴの司教ボスケによって復刻されたため、パスカルは同時代の書と考えていた。

(2) 『創世記』八の二一。

(3) 『コリント人への第一の手紙』五の八。

(4) 『詩篇』三七の三二。

(5) 同四の四。

(6) 同三六の一。

(7) 『伝道の書』四の一三。

(8) 『詩篇』三五の一〇。

(9) 『箴言』二五の二一。

(10)『伝道の書』九の一四。
(11)『詩篇』四一の一。
(12)同七八の三九。
(13)第一写本には、ここに次のことばが付加されている。「ラビたちの原理。二人のメシア」

四四七

原三八一(一〇六参照) ラ八〇四(二ノ二九)

正義は地をはらったと言ったことによって、人々が原罪を認めたといえるであろうか。〈何びとも死ぬまでは幸福でない〉[*1]ということは、死とともに永遠の本質的な祝福がはじまるのを、彼らが認めたということなのであろうか。

(1) オヴィディウス『メタモルフォセス』三の一三五(モンテーニュ『エセー』一の一九)にもとづくことば。

四四八

＊ 原四四〇(一二九参照) ラ六四二(二ノ二五)

〔ミトン〕[*1]は、本性が堕落しており、人間が道義[*2]に反しているのを、よく見ている。だが、なぜ人間がいっそう高く飛びかけりえないかを知らない。

(1) 断章一九二の注(1)参照。パスカルは、ある意味で彼を尊敬し、プラトンやデカルト以上に評価していた。

（2）メレ、ミトンなどによって代表される当時の社交人たちの道徳。

四四九　＊　原四四二　ラ四六七（二ノ一一）

秩序。

堕落の章の後に言う、「この状態にある人が、それにあまんじている人もあまんじていない人も、すべてそのことを知っている、というのは正しい。しかし、すべての人が救いを見ている、というのは正しくない」

四五〇　原六五（五七六、四五〇）　ラ五九五（二ノ二四）

もし人が、尊大と野心と邪欲と弱さと悲惨と不正とに自分が満ちていることを知らなかったら、彼はよほどの盲人である。またもし知っていながら、それから救われることを願わないならば、そんな人についてなんと言うべきであろうか。

そうだとしたら、人は人間の欠点をかくもよく知っている宗教を尊敬するほかに、またそれに対してかくも望ましい救治法を約束する宗教の真理を求めるほかに、何をなしえるであろうか。

四五一

＊ 原四六七　ラ二一〇（二ノ一六）

すべての人は生来たがいに憎みあうものである。人は邪欲を公共の福利に役立たせようとして、できるだけ用いた。だが、それは見せかけにすぎない、愛の虚像にすぎない。なぜなら、実のところ、それは憎しみにほかならないのだから。

四五二

原四三九　ラ六五七（二ノ二五）

不幸な人々に同情するのは、邪欲にさからうことではない。反対に、人はそういう好意のしるしを示し、何も与えずに、情けぶかいという評判をとりたがるものだ。

四五三

原四六五　ラ二一一（二ノ一六）

人は邪欲から政治や道徳や裁判についてのすばらしい規則をつくり、引き出した。だが、実際において、人間のこの醜い地金《じがね》、この〈悪しきさま〉[＊1]は、おおわれているだけで、除かれてはいない。

（1）『詩篇』一〇三の一四（ラテン語訳）にもとづくことば。

四五四

原六七　ラ七四（一ノ三）

不正。

彼らは、他人を害することなしに、邪欲を満足させる方法を見いだすことはできなかった。[1]

（1）これは当時の社交人たちのことである。彼らは自分と社会とを等しく満足させようと望んでいた。

四五五

原七五　ラ五九七（二ノ二四）

自我[1]は憎むべきものだ。ミトン君、君はそれを隠しているが、そうしたからといって、それを除いたことにはならない。だから、君はやはり憎むべきものだ。

そんなことはない。なぜなら、われわれがしているように、すべての人に親切にふるまえば、人から憎まれるはずはないではないか。それはそうだ、もし、自我を憎むということが、自我から生じる不快だけを憎むというのであるならば。

だが、私がそれを憎むのは、それが不正であり、それがすべてのものの中心になるからだとすれば、私はやはりそれを憎むであろう。

要するに、自我は二つの性質を持っている。それはすべてのものの中心になるから、それ自身、不正である。それは他人を従属させようとするから、他人には不快である。なぜなら、各人の自我は互いに敵であり、他のすべての自我の暴君になろうとするからである。

君は不快を除くが、不正を除きはしない。

ゆえに、自我の不正を憎む人々に、それを愛すべきものとはさせない。自我のうちに敵を認めない不正な人々にのみ、それを愛すべきものとさせるだけだ。したがって、君はあいかわらず不正であり、不正な人々を喜ばすことしかできない。

(1) ポール・ロワヤル版は「自我という語は……自愛を意味するものにほかならない」と注している。

四五六

原二二九 (三参照) ラ七四九 (二ノ二六)

なんという判断の錯乱であろうか、人々が、他のすべての人々の上に出ようとし、自分自身の善、自分の幸福と生命との永続を、他のすべての人々のそれらよりも好まずにいられないとは。

四五七

原四〇二 (二五参照) ラ六六八 (二ノ二五)

各人は各自にとって一つの全部である。なぜなら、彼が死ねば、彼にとってすべてのものは死ぬからである。ここからして各人はすべてのものにとって全部であると思うようになる。[*1] 自然はわれわれの立場から判断すべきでなく、それ自身によって判断すべきである。

(1) パウロの「私はすべての人に対して、すべての人のようになった」(『コリント人への第一の手紙』九の二二）と正反対の態度である。

四五八

原一一五（七七八、四五八、五一五、七八四、七七九、七八〇）ラ五四五（二ノ二三）

「すべて世にあるものは、肉の欲、目の欲、生命の誇りである。[*1]〈官能欲、知識欲、支配欲〉[*2]」災いなのは、これらの三つの火の川が、うるおしているというよりも燃えたっている呪《のろ》われた地上である。さいわいなのは、それらの川の上で、沈まず、巻き込まれず、泰然として動かず、しかも、それらの川の上で、立ちもせずに、[*3]低い安全な場所にすわっている人々である。彼らは光がさすまで、そこから立ち上がらず、そこで安らかに休息したのち、やがて彼らを引き上げて聖なるエルサレムの城門にしっかりと立たせてくださるかたに、その手をさしのべる。そこではもはや高慢も彼らを責め、彼らを打ち倒すことはできない。とはいえ、彼らは涙を流す。それはすべての滅びるべきものが激流に巻き込まれて過ぎ去るのを見てではない。その長い流離の日のあいだ、たえず慕いつづけてきた彼らの愛する故国、天のエルサレムをなつかしんでである。

（1）『ヨハネ第一の手紙』二の一六。

（2）ヤンセンの『アウグスティヌス』のうちにあることば。ただし、同書では最後の語が「優越欲」となっている。

（3）トゥルヌール版の読みに従う。

四五九

原八五　ラ九一八（欠）

バビロンの川は[*1]流れ、くだり、巻き込む。

――ああ聖なるシオンの都よ、そこでは、すべてのものがとどまり、何ものもくずれることはない。

われわれは川の上にすわらなければならない。下でも、中でもなく、上に。また立っていないで、すわらなければならない。すわるのは、謙虚であるため、上にいるのは、安全であるために。だが、エルサレムの城門では立ち上がるであろう。

――その快楽がとどまるか流れるかを見よ。もし過ぎ去るならば、それはバビロンの川である。

（1）聖なるシオン、天のエルサレムが神の国の表徴であるのに対して、バビロンの川は世俗の表徴である。『詩篇』一三七篇参照。

四六〇

原八五　ラ九三三（欠）

肉の欲、目の欲、誇りなど。

事物には三つの秩序がある。肉体、精神、意志である。

肉的なのは富者や王者である。彼らは肉体を対象とする。

探求者と学者、彼らは精神を対象とする。

賢者たち、彼らは正義を対象とする。

神はすべてのものを支配されるはずであり、すべてのものは神に帰依すべきである。

肉の事柄は、もともと邪欲の支配に属し、
精神の事柄はもともと探求心のそれに、
知恵の事柄はもともと誇りのそれに属している。

これは人が財産や知識を誇りえないというのではない。ただそれらは誇りの場所でないというだけである。なぜなら、われわれは、ある人が学者であることは許すとしても、彼が尊大であるのはまちがっていると、彼を説得せずにはいられないからである。

誇りの本来の場所は、知恵である。なぜなら、われわれはある人が知者をもって自任しているのを認めながら、彼が誇っているのはまちがっていると言うことはできない。それは当然のことだからである。

そして、知恵を授けるのは、神だけである。だから、〈誇るものは、主によって誇れ〉[*1]と書かれている。

（1）『コリント人への第一の手紙』一の三一。なおこの断章にあらわれた三つの秩序の思想は、断章七九三においていっそう展開されている。

四六一　原二七五　ラ一四五（一ノ九）

三つの邪欲は、三つの学派を[*1]つくった。哲学者たちは、三つの邪欲のうちの一つに従うよりほかに、なにもしなかった。

（1）エピクロス派、ピュロン派、ストア派のこと。

四六二　原四七　ラ六二六（二ノ二四）

真の善の探求。

普通の人々は善を、財産や外的な幸福や少なくとも気ばらしのうちに置く。

哲学者たちは、すべてそれらのもののむなしさを示し、彼らの置きうる場所に善を置いた。

四六三　原一九一　ラ一四二（一ノ九）

〔イエス・キリストなしに神を持つ哲学者たちに対して〕
哲学者たち。
彼らは、神だけが、愛され讃美されるに値するということを信じながら、自分たちが人から愛され讃美されることを願った。彼らは自分の堕落を知らない。もし彼らが神を愛しあがめる感情に満ちているとみずから感じ、そこに彼らの主要な喜びを見いだすならば、自分を善だと思うがよい。それは結構なことだ。しかし、もし彼らがそれに嫌悪《けんお》をおぼえ、人々の尊敬を受けるものになりたいという意向しか持たないとしたら、また十全な理想として彼らのなしうる唯一のことが、人々を強制せずに彼らを愛せしめ、それによって人々を幸福にしようとするのであるならば、私はそのような理想を恐るべきものだと言うであろう。なんたることか。彼らは神を知っていて、しかも人々が神を愛することだけを願わず、彼ら自身にとどまってくれることを願ったのだ。彼らは人々の気ままな幸福の対象になることを望んだのだ。

四六四　原二五一　ラ一四三（一ノ九）

哲学者たち。

われわれは自分を外部に投げやる事物に満たされている。

われわれの本能は、自分の幸福を自分の外に求めなければならないことを感じさせる。われわれの情念は、その対象が現われてそれを刺激しないときですら、われわれを外部へ押しやる。外部の対象はまた、われわれがそれを考えていないときですら、それみずからわれわれを誘い、われわれを呼びだす。そういうわけで、哲学者たちが、「君たち自身に帰れ。君たちはそこで君たちの善を見いだすであろう」と言ったところで、無益である。人は彼らを信じない。彼らを信じるのは、最もむなしい愚かな人々である。

四六五　　原四八一　ラ四〇七（二ノ一）

ストア派の人々は言う、「君たち自身のうちに帰れ、君たちはそこで平安を見いだすであろう」と。しかし、それは真ではない。

他の人々は言う、「外に出よ、気ばらしのうちに幸福を求めよ」と。しかし、これも真ではない。病気になることもある。

幸福は、われわれの外にも、われわれの内にもない。それは神のうち、すなわち、われわれの外と内とにある。

四六六　　原一九七　ラ一四〇（一ノ九）

エピクテトスは道を完全に悟ったとしても、人々にはこう言うだけだ。「君たちは道をまちがえている」と。彼は、ほかに道があることは示すが、そこに導いてはくれない。それは神が望まれることを望む道であり、イエス・キリストだけがそこへ導く。〈道、真理〉[*1]

ゼノン[*2]自身の悪徳。

（1）『ヨハネ福音書』一四の六。

（2）ストア派の祖（紀元前四世紀ころ）。エレア派の哲学者ゼノン（紀元前五世紀ころ）に対して、キュプロスのゼノンとして知られている。エピクテトスは彼の学説をついだ一人である。

四六七

原一六一　ラ一〇〇（一ノ五）

現象の理由。

エピクテトス。[*1]「君は頭痛を病んでいる」[*2]という人々。これは同じではない。人は健康は保証しても、正義はそうはいかない。事実、彼の正義は愚劣であった。それにもかかわらず、彼は、「われわれの力でできる、できない」と言ったとき、正義を証明したつもりであった。

しかし、心情を規定するのは、われわれの力でできないことを認めなかった。また、彼がこのことを、キリスト者が存在するという事実から結論したのは、誤りであった。[*3]

（1）エピクテトスは事実を認めたが、その理由を知らなかったという意味。
（2）エピクテトス『語録』四の六。断章八〇参照。
（3）同四の七。断章三五〇参照。

四六八

原四六五　ラ二二〇（一ノ一六）

他の宗教は一つとして、自分を憎むべきことを提唱しなかった。だから、他の宗教は自分を憎んで真に愛すべき存在を求めている人々の心にかなうことはできない。それらの人々は、へりくだった神の宗教については聞くことがなかったとしても、すぐそれを受け入れるであろう。

四六九

＊ 原一二五　ラ一三五（一ノ八）

私は自分が存在しなかったかもしれないと感じる。なぜなら、自我は私が思考するところに存在するからである。だから、私が生まれ出る前に、私の母が殺されていたら、この思考する自我は存在しなかったであろう。そうだとすれば、私は必然的な存在ではない。同様に、私は永遠でも無限でもない。しかし、自然のうちには、必然的で永遠で無限な存在があることを、私はよく知っている。

四七〇

原四八三　ラ三七八（二ノ二七）

「奇跡を見たら、私は回心したであろう」と、彼らは言う。彼らは自分で知りもしないことをするなどと、どうして請け合えるのであろうか。彼らはこの回心が、自分かってに考えだした交わりと語らいとしての神への礼拝から生じると想像している。真の回心は、この普遍的な存在、すなわち、われわれがしばしばその怒りを引き起こし、そのためわれわれをいつでも正当に滅ぼしうるものの前に、全くむなしくなり、われわれは彼を離れて何事もなしえないこと、彼の不興をまねくほかに彼から何ものをも受ける資格がないことを認めるところに生じるのである。それは神とわれわれとのあいだに、いかんともしがたい対立があること、仲保者がなければ、神との交わりはありえないことを知るところに生じるのである。

四七一

＊原二四四　ラ三九六（二ノ一）

人が私に執着するのは、たとい喜んで心からしたにしても、不当なことである。私は、そういう願いを起こした人々を、裏切ることになるであろう。なぜなら、私は何びとの目的でもなく、彼らを満足させる何ものをも持たないからである。私はやがて死ぬべきものではないか。そうしたら、彼らの執着の対象も死んでしまうだろう。だから、虚偽を信じさせるということは、たとい私がやさしく人々を説得し、人々も喜んでそれを信じ、私もそれに喜びを感じたにしても、罪であるように、自分を愛させるのは罪である。もし私が人々をひきつけ、私に執着させているとしたら、私は嘘を信じようとしている人々に向かって、それが私にどんな利益をもたらそうとも、決してそれを信じてはならないと忠告すべきであるように、彼らにも私に執着してはならないと忠告すべきである。なぜなら、彼らは神を喜ばすため、または神を求めるために、その生涯と考慮とを費やすべきものだからである。

四七二　　一写一七九　ラ三六二（一ノ二六）

我意は、[*1]すべてのことを心のままになしえた場合にも、決して満足しないであろう。しかし、人は我意を投げ捨てたその瞬間から満足する。それがなくなれば、人は不満であることはできない。それがあると、人は満足していることはできない。

（1）神から出る恩恵に対して、人間から出る意志である。

四七三　　＊原一六七　ラ三七一（一ノ二六）

考える肢体に満ちた一つの身体を想像せよ。[*1]

（1）『コリント人への第一の手紙』一二の一二、二七。

四七四　　原二六五（四七四、六一一）　ラ三六八（一ノ二六）

肢体。ここから始める。

人が自分自身に対する愛を調整するには、考える肢体に満ちた身体を想像すべきである。なぜなら、われわれは全体のうちの肢体であって、各肢体がそれ自身をいかにして愛すべきかを知っているからである。……

四七五

原二六五　ラ三七四（一ノ二六）

もし足や手に別々の意志があったら、それらは全体のからだを治めている第一の意志に、それぞれの意志を服従させないかぎり、秩序を保つことはできないであろう。そうしなければ、それらは無秩序になり、不幸になる。ただ全体の善を望むことによってのみ、それらは各自の善をなしうるのである。

四七六

原一九九　ラ三七三（一ノ二六）

神のみを愛し、自分だけを憎むべきである。

――もし足が、自分が身体に属していること、自分の依存している身体があることを、つねづね知らずにいて、足自身を認め、また愛するだけであったならば、そして自分の依存する身体に属していることをたまたま知ったならば、自分の過去の生活について、また自分に生命を授けたこの身体、自分がそれから離れたように、それが自分を捨て自分から離れたならば、自分は滅びたであろうと思われるその身体に対して無益であったことについて、どんなに後悔し、どんなに当惑することだろう。その身体につらなっていることを、どんなに祈ることだろう。また身体を治めている意志に治められるため、どんなに服従して身をゆだねることだろう。もし必要なら、自分が切り捨てられることをも承諾するであろう。そうでなければ、肢体としての性質を失うことになるからである。なぜなら、すべての肢体は全体のためには滅びることをも進んで願うべきであり、全体こそすべての肢体が存在する唯一の目的だからである。*1

（1）「もし足が『私は手ではないから、からだに属していない』と言っても、それで、からだに属さないわけではない」（『コリント人への第一の手紙』一二の一五）このパウロの全体主義を、パスカルはその『護教論』のうちで展開しようともくろんでいた。

四七七

原八（八九参照）ラ四二一（二ノ二）

われわれが他人から愛される値うちがあると思うのは誤りであり、それを望むのは不正である。もしわれわれが生まれつき分別よく公平であって、われわれ自身と他人とをよく知っていたならば、われわれは自分の意志に対してこのような偏向を与えはしなかったであろう。とはいえ、われわれは生まれつきそのような偏向を持っている。つまり、生まれつき不正である。

なぜなら、すべてが自分に向かっているからである。このことは全体の秩序に反する。われわれは一般的なものに向かうべきである。自分への偏向は、戦争、政治、経済、人間の個々の身体などにおける、あらゆる無秩序のはじまりである。それゆえに、意志は腐敗している。

もし自然的、文化的共同体の各肢体が、全体の幸福に向かうならば、共同体そのものは、それらを肢体としているさらに一般的な他の全体に向かうべきである。したがって、人は一般的なものに向かうべきである。だから、われわれは生まれつき不正で腐敗している。

四七八

＊原四八一　ラ三九五（二ノ一）

われわれが神のことを考えようとするとき、われわれの心をそらし、ほかのものを考えるようにそそのかすものがありはしないか。それはすべて悪であり、われわれが持って生まれたものである。

四七九

原七　ラ六一八（二ノ二四）

一人の神があるとしたら、彼のみを愛すべきであり、過ぎゆく被造物を愛してはならない。『知恵の書』にある不信者たちの議論は、神はないということだけを基礎としている。彼らは言う、「だから、そうであるとして、つくられたものを楽しもう」[*1]。これは最悪の議論である。だが、もし愛すべき一人の神があるとしたら、彼らはそんな結論はしないで、全く反対の結論をしたことだろう。そして、これこそ知者たちの結論である。「一人の神がある。だから、被造物を楽しんではならない」

──

ゆえに、われわれをそそのかして被造物に執着させるものは、すべて悪である。なぜなら、それは、われわれが神を知っていれば、神に仕えることを妨げ、われわれが神を知らなければ、神を求めることを妨げるからである。ところでわれわれは、邪欲に満ちているので、また悪にも満ちている。したがってわれわれは、われわれ自身と、われわれをそそのかして一人の神以外のものに執着させるすべてのものとを、憎まなければならない。

（1）旧約外典『ソロモンの知恵』二の六。

四八〇　　原一九九　ラ三七〇（一ノ二六）

各肢体を幸福にするには、それらが一つの意志を持つように、またその意志を身体に合致させるように、することが必要である。

四八一　　原一六一　ラ三五九（一ノ二六）

ラケダイモン人その他の人々のあっぱれな死の模範は、われわれをさして感動させない。なぜなら、それはわれわれにどんな益をもたらすであろうか。

しかし、殉教者たちの死の模範は、われわれを感動させる。それは「われわれの肢体」[*1]であるから。われわれは彼らに共通のつながりを持っている。彼らの決意は、われわれのそれを形づくることができる。ただ模範によってだけではなく、おそらく彼らの決意がわれわれの注意を促しうることによってである。

このようなことは、異教徒の模範には見られない。われわれは彼らと何のつながりもない。あたかも、あかの他人が金持であるのを見ても、自分は金持になれないが、自分の父や夫が金持であるのを知れば、自分も金持になれるようなものである。

（1）『ローマ人への手紙』一二の五。

四八二　原一四九　ラ三六〇（二ノ二六）

道徳。[*1]

神は天地をつくられたが、天地は自分の存在の幸福を感知しないので、神はそれを意識する存在、すなわち、考える肢体が一つの全体を構成するような存在をつくろうとお望みになった。なぜなら、われわれの肢体は、それらの結合の幸福、それらの驚くべき理解の幸福、それらに精神を吹きこみ、それらを成長させ存続させるために自然が配慮してくれる幸福を感じないからである。もし肢体がそれを感じ、それを知ったならば、どんなに幸福なことであろう。だが、そのためには、肢体はそれを認識する理解力と、普遍的な魂の意志に同意するよい意志とを、必要とするであろう。しかし、理解力を授かったにしても、肢体がそれを自分の養分としてとるにとどまり、他の肢体におくることをしないならば、それらはただ不正であるだけでなく、また不幸であり、したがって、それらは互いに愛し合うより、むしろ憎み合うことになるであろう。肢体の祝福は、その義務と同様に、それらが属している全体の魂、すなわち肢体が愛している以上にそれらを愛している全体の魂の導きに、同意するところにあるのだ。

（1）第一写本にはここに「考える肢体の書き出し」という指示がある。

四八三　　　原一四九　ラ三七二（一ノ二六）

肢体であるということは、全体の精神によってのみ、また全体のためにのみ、生命と存在と運動とを持つことである。肢体が分離して、その属している全体をもはや顧みないならば、それは滅びゆき死にゆく存在にすぎない。しかるに、それは自分を全部であると信じ、自分が依存している全体を顧みないので、自分にしか依存していないと信じ、自分を中心とし全体そのものにしようとする。しかし、自分のうちに生命の根元を持っていないので、迷わずにはいられない。また自分が全体でないことを感じながらも、自分が一つの全体の肢体であることを悟らないところから、自分の存在の不安定に驚く。ついに自分を知るにいたると、あたかも自分の家に立ち帰ったかのように、全体のためにしか自分を愛せず、過ぎた日の迷いを悔やむのである。

肢体はその性質上、自分自身のため、自分に服従させるためでなければ、他のものを愛することができない。なぜなら、すべてのものは何よりも自分を愛するからである。

しかし、全体を愛することは、自分を愛することである。というのは、肢体は全体にあって、全体によって、全体のためにのみ存在しているからである。〈神につくものは、これと一つの霊になる〉[*1]

――

全体は手を愛する。手はもし一つの意志を持っていたら、魂が手を愛するのと同じように、自分を愛すべきである。それを越える愛は、すべて不正である。

――

〈神につけば、一つの霊になる〉[*2]人はイエス・キリストの肢体であるから、自分を愛する。人はイエス・キリストが全体であり、自分がその肢体であるから、イエス・キリストを愛する。三位一体のように、全体は一つであり、一つは全体のうちにある。

（1）（2）『コリント人への第一の手紙』六の一七。

四八四　　原四一九　ラ三七六（二ノ二六）

二つの律法[*1]は、あらゆる政治的法律にもまさって、キリスト教国を統治するのに十分である。

（1）『マタイ福音書』二二の三五以下、『マルコ福音書』一二の二八以下に見える、神を愛し人を愛せよという戒め。

四八五

原一一三（四八五、五九一）　ラ五六四（二ノ二三）

真の唯一の徳は、それゆえに、自分を憎むこと（なぜなら、人はその邪欲のゆえに憎むべきものであるから）と、真に愛すべき存在を愛するために、それを求めることとである。しかし、われわれは自分の外にあるものを愛することはできないので、われわれのうちにあって、しかもわれわれでない存在を愛さなければならない。このことは全人類の一人一人について真実である。ところで、そのようなものは普遍的存在のほかにはない。神の国はわれわれのうちにある。[*1] 普遍的な善は、われわれのうちにあって、われわれ自身であり、しかもわれわれではないものである。

（1）『ルカ福音書』一七の二一。

四八六

原二二五（二三参照）　ラ七八八（二ノ二七）

人間の尊厳は、その堕落以前においては、被造物を使用し支配するにあった。しかし、今では被造物から離れ、それに従うにある。[*1]

（1）被造物から離れるのは、神に結びつくためであり、それに従うのは自分をへりくだらせるためである。

四八七

原二三五（八〇三、四八七）　ラ八三三（二ノ三三）

その信仰において、一人の神をあらゆる事物の本源として崇めない宗教、その道徳において、唯一の神をあらゆる事物の目的として愛さない宗教は、すべて虚偽である。

四八八

ゲリエ第二写本　ラ九八八

……だが、神が本源でないならば、決して終極ではありえない。人はその目を高いところにつけているが、その身を砂の上にささえている。だから、地が崩れたら、人は天を仰ぎながら倒れるであろう。

四八九

原四五七　ラ二〇五（二ノ一六）

もしすべてのものの唯一の本源があり、すべてのものの唯一の目的があるならば、――すべてのものはそれにより、すべてのものはそのためにある――したがって、真の宗教はわれわれにそれのみを崇め、それのみを愛すべきことを教えなければならない。しかし、われわれは自分の知らないものを崇めることも、自分以外のものを愛することもできないのであるから、これらの義務を教える宗教は、これらの無力をも教え、その救治法をも示してくれるはずである。それは一人の人によって、すべてが失われ、神とわれわれとのつながりが破壊されたことと、一人の人によって、そのつながりが回復されたことを、われわれに教える。

われわれは生まれつき神の愛に全くそむいており、しかも神の愛は絶対に必要なのであるから、われわれが生まれつき罪があるのでなければ、神が不正であるということになろう。

四九〇

原九〇（五八〇、四九〇） ラ九三五（欠）

人々は善行をすることに慣れず、なされた善行を見て、それに報いることにのみ慣れているので、神をも自己流に判断する。[*1]

（1）神の恩恵はあくまでも自発的、先行的であって、人間の行為に左右されないが、人は自分の打算的態度から推して、神が人間の行為に応じて恩恵を与えるように考えやすい。

四九一

原四五五 ラ二一四（二ノ一六）

真の宗教は、神を愛せよとせまるのを、その特色としていなければならない。それはきわめて正当なことであるにもかかわらず、どんな宗教もそれを命じなかった。われわれの宗教は、それを命じた。

それはまた邪欲と無力とをも知っていなければならない。われわれのは、それを知っていた。

それはその救治法をもたらすべきである。その一つは祈りである。どんな宗教も、神を愛し神に従うことを、神に要求しなかった。[*1]

（1）どんな宗教でも、神に、「あなたを愛し、あなたに従う力を与えてください」と祈り求めなかったという意味。

四九二　原一一　ラ六一七（二ノ二四）

自分のうちにある自愛心を憎まず、また自分をおだてて神にしようとする本能を憎まない人は、全く盲目である。それほど正義と真理とに反するものはないということを、認めないものがあろうか。なぜなら、われわれが神に値すると思うのは迷妄《めいもう》であるから。そこまでいくのは、不正であり、不可能である。というのは、すべての人が同じことを要求するからである。[*1]だから、これはわれわれが持って生まれた明白な不正であり、われわれがみずから脱却しえないもの、しかも脱却しなければならないものである。[*2]

それにもかかわらず、どんな宗教も自愛心が罪であること、われわれが生まれながらそのなかにあること、それに抵抗しなければならないことを示さず、その救治法を授けることをも考えなかった。

（1）神になろうとすることは、すべてを支配しようとすることである。しかるに、すべての人は生まれつき普遍的支配欲を持っているので、それは互いに衝突せざるをえない。
(2) 宗教は人間に、神の力によらなければとうてい不可能な責務を課する。

原四六五　ラ二一六（一ノ一六）

四九三

真の宗教は、われわれの義務とわれわれの無力、高慢と邪欲とを示し、またその救治法、すなわち謙虚と節制とを教える。

一写二三二　ラ四五〇（二ノ五）

四九四

真の宗教は、偉大と悲惨とを教え、自己の尊重と軽蔑とに、愛と憎しみとに、導くものでなければならない。

原六五　ラ六二三（二ノ二四）

四九五

人の何であるかを探求しないで生きることが、とてつもない盲目であるとするならば、神を信じながら悪い生活をすることは、恐るべき盲目である。

原四一二　ラ三六五（一ノ二六）

四九六

信仰と善意とのあいだには大きな差異があることを、経験はわれわれに知らせてくれる。

四九七

＊　原二二七　ラ七七四（二ノ二七）

神のあわれみをたのんで善行をなさず、放逸に過ごす人々に対して。

われわれの罪の二つの源泉は高慢と怠惰とであるから、神はそれらを癒すために、神の二つの性質、すなわち、あわれみと正義とを明らかにされた。正義の正義であるところは、高慢をくじくにある、その行為がどんなに神聖であっても。〈あなたの僕《しもべ》のさばきに、たずさわらないでください、云々〉[*1] またあわれみのあわれみであるところは、善行をすすめて怠惰とたたかうにある。その聖句としては、〈神の慈愛が、あなたを悔い改めに導く〉[*2] と、ニネベ人の他の句、〈悔い改めて、神がわれわれをあわれんでくださるかどうかを見よう〉[*3] とがある。このようにあわれみは放縦をゆるさないのみか、反対にそれと断然たたかうことを、特色としている。だから「神にあわれみがなかったならば、徳のためにあらゆる努力をするはずであったのに」と言うかわりに、むしろ「神にあわれみがあるからこそ、あらゆる努力をしなければならない」と言うべきである。

（1）『詩篇』一四三の二の上半句であるが、この場合はむしろ下半句のほうが適切である。すなわち「生ける者は一人も御前に義とされないからです」

（2）『ローマ人への手紙』二の四。

（3）『ヨナ書』三の九にもとづくものであろう。

四九八

原九四（八五六、九〇五、四九八）　ラ九二四（欠）

信仰にはいるのに、苦痛が伴うのは事実である。しかし、この苦痛は、われわれのうちに生じはじめた信仰から出るのでなく、そこにまだ残っている不信仰から出るのである。もしわれわれの感性が悔悛に反対せず、われわれの腐敗が神の清さに反対しなかったならば、入信にはわれわれの苦痛になる何ものも存在しなかったであろう。われわれは、生来の悪徳が、超自然の恩恵に抵抗する程度に応じてのみ苦しむ。われわれの心は、相反する二つの努力に引きさかれるのを感じる。しかし、この強暴を、われわれを引きとめるこの世に帰《き》せずに、われわれをひきつける神に帰するのは、全く不当であろう。それは一人の幼児が、母親によって盗賊の手から奪い返されるとき、その受けつつある苦痛のなかで、彼の自由を獲得してくれる母親の愛に満ちた正当な暴力を愛し、また彼を不当にも引きとめる盗賊の激烈残忍な暴力をひたすら憎むのが当然であるのと、同様である。この人生において、神が人々に課しうる最も残酷なたたかいは、神がもたらされたこのたたかいに彼らを参加させずにおくことである。「私は、たたかいをもたらすために来た」[*1]と、彼は言われた。またこのたたかいについて教えるために、「私は剣と火とを投じるために来た」[*2]とも言われた。彼以前には、人々は偽りの平和のうちに生きていたのだ。

（1）『マタイ福音書』一〇の三四。

（2）『ルカ福音書』一二の四九。

四九九

原一〇七（五〇五、四九九、五五五）　ラ九二八（欠）

外的行為。

神と人とに喜ばれるほど、危険なことはない。なぜなら、神と人とに喜ばれる状態は、神に喜ばれることと人に喜ばれることとの、別々のものから成っているからだ。聖テレサ[*1]の偉大さなどは、それである。神に喜ばれたのは、彼女が霊示を受けたときの深い謙虚であり、人に喜ばれたのは、彼女の知恵である。そこで、人は彼女の状態にならうつもりで、彼女のことばをまねるのに懸命であるが、それほど神の愛されるものを愛し、神の愛される状態に身をおこうとはしない。

――断食しないでも、そのために謙虚であるほうが、断食してそれで満足しているよりもまさっている。

パリサイ人、取税人。[*2]

――もし記憶することが、同様に私の害にも益にもなるとしたら、またすべてのことが神の祝福にかかっているとしたら、記憶したからとて何の役に立とう。神はその祝福を、神のためになされたことに対してのみ、神の定めと方法とに従って与えられるのである。したがって、態度は事柄と同様に、いな、おそらくそれ以上に、重要なのではあるまいか。なぜなら、神は悪から善を引き出すことができるが、人は、神なしには、善から悪を引き出すからである。

（1）（一五一五〜八二）。宗教改革に対抗して、スペインにカトリックの信仰を復興させた聖女。その信仰は神秘的で、しばしば神の声を聞き、恍惚状態におちいった。

（2）『ルカ福音書』一八の九〜一四のイエスのたとえ話をさす。

五〇〇

一写二五六　ラ四七三（二ノ一一）

善と悪という二語の理解。

五〇一

＊原一五七　ラ七五四（一ノ二六）

第一段、悪を行なって叱《しか》られ、善を行なってほめられること。

第二段、ほめられも叱られもしないこと。

五〇二

原二四九（八八五、五〇二）　ラ六〇三（二ノ二四）

アブラハムは自分のために何ものも取らず、ただ従僕のためにのみ取った。[*1] そのように、義人も自分のためには世から何ものも取らず、世の称讃も取らず、ただ彼の情念のためにのみ取る。彼はみずから主人として自分の情念を使役し、その一つに「行け」[*2]と言い、他の一つに「来い」と言う。〈あなたはあなたの欲望を治める〉[*3]このように支配された情念は、そのまま徳である。むさぼり、ねたみ、怒りは神でさえ自分の属性としておられる。そして、これらは同じく情念である寛容、情け、誠実とともに、りっぱな徳である。われわれはそれらを奴隷として使役し、それらに食物をあてがい、その食物を魂に横取りされないようにしなければならない。なぜなら、情念が主人になると、それらは悪徳になり、そのときには情念が魂に自分の食物を与え、魂がそれを食べて中毒をおこすからである。

（1）『創世記』一四の二四。
（2）『マタイ福音書』八の九。
（3）『創世記』四の七参照。

五〇三

原二六五　ラ三七五（一ノ二六）

哲学者たちは、悪徳を神自身に帰することによって、それを聖化した。キリスト者たちは、徳を聖化した。

五〇四

原九〇　ラ九四七（欠）

義人は小さいことでも信仰によって行なう。彼は従僕を叱るときにも、神の霊によって彼らが回心することを望み、神が彼らを矯正してくださるように祈る。また彼が叱ったことに期待するとともに、神に期待し、神が彼の矯正を祝福してくださるように祈る。ほかの行為においても、そのとおりである。

五〇五

原一〇七（四九九参照）　ラ九二七（欠）

あらゆるものは、われわれに有益につくられたものでも、われわれに致命的となりうる。たとえば、自然の世界では、壁はわれわれを殺しうるし、階段も踏みはずせば、われわれを殺しうる。

――

ごく小さい運動も全自然に影響する。大海も一つの石で変動する。そのように、恩恵の世界でも、ごく小さい行為がその結果をすべてのものに及ぼす。ゆえに、すべてのものが重要である。

――

どんな行為でも、行為そのもののほかに、われわれの現在、過去、未来の状態と、それが影響して起こる他の状態とを観察し、すべてそれらのものの関係を見なければならない。そうすれば、人はよほど慎みぶかくなるだろう。

五〇六　　原四三三　ラ六九〇（二ノ二五）

神が、われわれの罪、すなわち、われわれの罪のあらゆる結果と帰結とを、われわれに帰したまわないように。ごく小さいあやまちでも、無慈悲に追及されたら、恐ろしいことになる。

五〇七　　原四二九　ラ七〇二（二ノ二五）

恩恵。恩恵のはたらき、かたくなな心、外的事情。[*1]

（1）キリスト者の魂は、神の恩恵のはたらきと生来のかたくなな心とのあいだにはさまれ、神の摂理の表われである外的事情によって、決定を迫られることがしばしばである。

五〇八　　原四五三　ラ八六九（二ノ三四）

一人の人を聖徒にするには、恩恵というものがぜひとも必要である。それを疑う人は、聖徒の何であるかも、人間の何であるかも、知らない人である。[*1]

（1）人間性と恩恵との対立は、ジャンセニスムの根本教理であった。

五〇九　　原四一六　ラ一四一（一ノ九）

哲学者たち。

自分を知らない人間に向かって、君は自分自身で神のところへ行きなさいと叫ぶのも、妙なものである。また自分を知る人間に向かって、そう言うのも、妙なものである。

五一〇　　原二七　ラ二三九（一ノ一八）

人間は神にふさわしいものではない。しかし、ふさわしくなりえないものでもない。

神が惨めな人間のなかに加わるのは、神にふさわしいことではない。しかし、人間をその惨めさから引き出すのは神にふさわしくないことではない。

五一一　　原四七　ラ二三一（一ノ一八）

もし人が、人間は神との交わりにあずかるにはあまりに小さいと言おうとするならば、そのように判断することが非常に偉大なことである。

五一二　　原三九〇　ラ九五七（欠）

彼の言い方によれば、それはすべてイエス・キリストのからだではあるが、イエス・キリストのからだのすべてであるとは言えない。[*1]

――二つのものが変化せずに結合すれば、一が他になるとは言えない。

――そのように魂はからだに結合する、

火は薪《たきぎ》に、変化せずに。

しかし、一方の形が他方の形になるためには、変化が必要である。

それが神のことばと人間との結合の場合である。

――私のからだは私の魂なしには、人間のからだを構成しないであろうから、私の魂はなんらかの物質と結合して、私のからだを構成するであろう。

必要な条件と十分な条件とは区別されない。結合は必要であるが、十分ではない。

――左の腕は右の腕ではない。

――不可入性は物体の本質である。

〈数〉の同一は、同一の時間には、物質の同一を要求する。

――したがって、もし神が私の魂を中国にある一つのからだに結びつけられたとしたら、〈数において〉同じそのからだは中国にあるであろう。――

そこを流れている同じ川は、同じときに中国を流れる川と〈数において〉同じである。*2

（1）「すべて……からだ」は toute le corps で、「からだのすべて」は tout le corps である。

（2）この断章はカトリック教会のミサ聖祭における聖体の実体的変化に関するものであることは明らかであるが、全体としてきわめて難解であり、ブランシュヴィックの注に引用されているクーチュールの解釈なども、その解明としては不十分であると思われるので、ここには別に解説を加えないことにした。

五一三

原一二一　ラ九三〇（欠）

神が祈りを設けられた理由。

一、その被造物に、因果の尊厳を知らせるため。

二、われわれが誰から徳を授けられるかを教えるため。

三、われわれを努力によって他の諸徳にあずからせるため。

しかし、神は優先権を保つため、御旨《みむね》にかなう者に祈りをお与えになる。

抗議。だが、人は自分で祈りをしていると考えている。

それは不合理だ。なぜなら、人は信仰を得ても、徳を得るとはかぎらないのに、どうしてその信仰を得るのか。信仰から徳までの距離よりも、不信仰から信仰までの距離のほうが、いっそう大きいのではあるまいか。[*1]

――

「値する」[*2] この言葉が不明瞭である。

――

〈彼は贖い主を持つに値する〉[*3]

――

〈彼はかくも聖なる肢体に触れるに値する〉[*4]

――

〈私はかくも聖なる肢体に触れるに値する〉[*5]

――

〈私は値しないもの、[*6] 値せずして食するもの〉[*7]

――

〈受けるに値する〉[*8]

――

〈私を値する者にしてください〉[*9]

——

神は自分の約束に従われるだけである。

神は祈る者に正義を与えると約束されたが、[*10] 祈りを与えることは、約束の子らにしか約束されなかった。[*11]

聖アウグスティヌスは明確に言った、「能力は義人から取り去られるであろう」[*12]と。

だが、彼は偶然そう言ったのである。なぜなら、それを言う機会がこないということもありえたであろうから。しかし、その機会がきたら、彼がそれを言わないことも、その反対を言うこともありえないことは、彼の根本方針によって明らかである。そうだとしたら、彼は機会がきたので、そう言ったというよりも、機会がきた以上、そう言わざるをえなかったのである。前者は偶然であり、後者は必然である。だが、これらの二つは人が求めうる場合のすべてである。

（1）祈禱の教理は、ジャンセニスムのなかで重要な地位を占めていた。それは救い主の恩恵の結果である人間の善意のしるしであるとともに、またその善意が行為となり、信仰が徳となるために、新しい恩恵を必要とすることのしるしでもあった。

（2）mérite はこの場合、人間が救い主の功績に値することを意味する。それが不明瞭であるというのは、人はイエス・キリストの功績にのみより頼むとき、その功績に値することができると言われているからである。
(3) 聖土曜日（復活祭の前日）の日禱。
(4) 聖金曜日の日禱。
(5) 讃歌 Vexilla-regis.
(6) 『ルカ福音書』七の六。
(7) 『コリント人への第一の手紙』一一の二九。
(8) 『ヨハネ黙示録』四の一一
(9) 聖母日の日禱。
(10) 『マタイ福音書』七の七。
(11) 『ローマ人への手紙』九の八。
(12) 義人が自分のうちに功績を認めず、ただ救い主の功績にのみ頼ろうとすること。

五一四

原四九五、四九六　ラ九六九（欠）

「恐れをもって自分の救いを全うせよ」[*1]

――恩恵による貧しき者。[*2]

〈求めよ、与えられるであろう〉[*3]ゆえに、求めることはわれわれの力のうちにあるか、いな、[*4]反対に、それはわれわれの力のうちにはない。受けることはわれわれの力のうちにあるが、祈ることはそのうちにないからである。なぜなら、救いが、われわれの力のうちにないのだから、受けることがそのうちにあるとしても、祈りはそのうちにないわけである。

――

そうだとすれば、義人はもはや神に期待する必要がないであろう。なぜなら、彼は期待しなくても、求めたものを受けようと努めればよいからである。

そこで結論すれば、人間は今やこの直接能力を用いることができず、[*5]また神も人が神から離れないのは、その能力のためであることをお望みにならないので、人が神から離れずにいるのは、ただ有効な能力によってである。

だから、離れるものは、この有効な能力、すなわち、それがなければ人が神から離れるものを持たないのであり、離れないものは、この有効な能力を持っているのである。

したがって、この有効な能力によって恩恵のときをしばらく過ごしていながら、祈ることをやめる人は、この能力を持たないのである。

その後、神はこの意味でみずから離れて行かれる。[*6]

（1）『ピリピ人への手紙』二の一二。
（2）ラフュマ版の読みに従う。
（3）『マタイ福音書』七の七。ただし、ラテン語訳聖書は少しちがっている。
（4）トゥルヌール版により補う。

（5）トゥルヌール版の読みに従う。
（6）この断章は全体として不明瞭であり、ブランシュヴィック版と他の諸版とはだいぶ相違しているが、ここでは諸版を参照しつつ、だいたい前者に従った。

五一五　原一一五（四五八参照）　ラ五四六（二ノ二三）

神に選ばれた者は自分の徳を知らず、神に見捨てられた者は自分の罪の大きさを知らないであろう。「主よ、いつあなたが飢え渇かれたのを見て……」[*1]

（1）『マタイ福音書』二五の三七。

五一六　＊原四四二　ラ七〇三（二ノ二五）

『ローマ人への手紙』三章二七節。〈誇りは除かれた。何の法則によってか。行ないの法則によってか。そうではなく、信仰によってである〉ゆえに、信仰は、律法の行為のように、われわれの力のうちにはない。それは他の道によってわれわれに与えられる。

五一七　原六三　ラ二〇二（二ノ一五）

心を安んじるがよい。君がそれを[*1]期待すべきは、君からではない。むしろ反対に、君から何ものも期待しないことによって、それを期待すべきである。

（1）「それ」とは神の恩恵である。自分をたのまず、神のみをたのむところに、恩恵は与えられるという意味。

五一八

＊ 原一〇三　ラ九二一（欠）

あらゆる状態は、殉教者のそれでさえも、聖書によれば、恐れおののくべきものである。煉獄《れんごく》の苦痛の最大のものは、審判の未決定ということである。

〈隠れている神〉[＊1]

（1）『イザヤ書』四五の一五。

五一九

原四三　ラ八〇七（二ノ二九）

『ヨハネ福音書』八章。

〈多くの人が彼を信じた。

そこで、イエスは言われた、「あなたがたが……おるなら、ほんとうに私の弟子《でし》である。

また真理は、あなたがたに自由を得させるであろう」

彼らは答えた、「私たちはアブラハムの子孫であって、まだ人の奴隷になったことはない」〉[＊1]

弟子と「ほんとうの」弟子とのあいだには大きな相違がある。両者の差を知るには、

「真理はあなたがたに自由を得させるであろう」と、彼らに言ってみるがよい。もし彼らが、「自分らは自由だ、悪魔への隷属から自力で脱出した」と答えるならば、彼らはたしかに弟子ではあるが、ほんとうの弟子ではないからである。

（1）『ヨハネ福音書』八の三〇～三三。

五二〇

原八五　ラ九二五（欠）

律法は人の本性を破壊せず、かえってそれを教育した。[*1] 恩恵は律法を破壊せず、かえってそれを実行させた。[*2]

洗礼のときに受けた信仰は、キリスト者と回心者との全生涯の原動力である。

（1）『ローマ人への手紙』七の七。

（2）同三の三一。

五二一

原四二三（八一参照）　ラ六六二（二ノ二五）

恩恵は常にこの世に存在するであろう——自然もまた。——そこで恩恵は、ある意味で自然的になる。それゆえに、この世にはいつもペラギウス主義者[*1]があり、いつもカトリック教徒があり、いつもたたかいがあるであろう。

なぜなら、第一の誕生が前者をつくり、第二の誕生の恩恵が後者をつくるから。

（1）ペラギウス（紀元四、五世紀）はアウグスティヌスの論敵。人間は生来の力によって善をなしうると主張し、教会会議によって異端の宣告を受けた。

五二二

原四〇九　ラ八二四（二ノ三〇）

律法は、自分が授けなかったことを命じた。恩恵は、自分が命じることを授ける。

五二三

原四五（七八九、五二三）　ラ二二六（一ノ一八）

すべての信仰は、イエス・キリストとアダムとにおいて成り立ち、すべての道徳は邪欲と恩恵とにおいて成り立つ。

五二四

原四〇五　ラ三五四（一ノ二六）

人間は絶望と高慢との二重の危険に常にさらされているので、恩恵を受けることも失うこともありうるという、彼の二重の可能性を教える教理ほど、人間にとって適切な教理はない。

五二五

原四八一　ラ三九八（二ノ一）

哲学者たちは、二つの状態に適応する心構えを教えなかった。

彼らは純粋に偉大な動きを鼓吹したが、それは人間の状態ではない。彼らは完全に低劣な動きを鼓吹したが、それも人間の状態ではない。

自然から生じるのでなく、悔悛から生じる卑下の動き、そこにとどまるためでなく、偉大にいたるための卑下の動きが、必要である。功徳から生じるのでなく、恩恵から生じる偉大の動き、しかも卑下を通過したのちの偉大の動きが、必要である。[*1]

（1）パスカルが回心の『覚え書』のなかに「人の魂の偉大さ」と書きつけたのは、この偉大の動きの例である。

原三九三　ラ三五二（一ノ二六）

五二六

悲惨は絶望を是認させる。

高慢はうぬぼれを是認させる。

神の子が人となられたことは、人間が必要とした救いの偉大さによって、人間の悲惨の偉大さを人に示すものである。

原四一六　ラ一九二（一ノ一四）

五二七

自分の悲惨を知らずに神を知ることは、高慢を生みだす。

神を知らずに自分の悲惨を知ることは、絶望を生みだす。

イエス・キリストを知ることは中間をとらせる。なぜなら、彼においてわれわれは神とわれわれの悲惨とを見いだすからである。

原四六七　ラ二一二（二ノ一六）

五二八

イエス・キリストは、人が高慢にならずに近づき、絶望せずにその下に自分を卑下しうる神である。

原二六五　ラ三五三（二ノ二六）

五二九

……われわれをして善を不可能ならしめるほどの卑下でもなく、悪からまぬかれしめるほどの清浄でもない。

原四二九　ラ七一二（二ノ二五）

五三〇

一人の人が、ある日、自分は告解からの帰りがけに、非常な喜びと安心とをおぼえた、と言った。他の人は、自分は恐れを感じつづけた、と言った。それについて、私は思った。これらの二人をいっしょにすれば、一人のりっぱな人ができるだろう、どちらもそれぞれ他方の感情を持たないところに欠陥がある、と。同様なことは、他の事柄にもしばしば起こるものだ。

五三一

原一四一（九九参照）　ラ五三八（二ノ二三）

主人の意志を知っている者は、いっそう多く打たれるであろう。[*1] 知っていることは、彼の特権であるから。

〈義なるものはさらに義を行なうであろう〉[*2] 義であることは、彼の特権であるから。

最も多く受けた人は、最も多く請求されるであろう。助けを受けたことは、彼の特権であるから。

（1）『ルカ福音書』一二の四七。

（2）『ヨハネ黙示録』二二の一一。

五三二

原四一　ラ八〇〇（二ノ二九）

聖書はあらゆる状態の人々を慰め、あらゆる状態の人々を恐れさせるために、その章句を用意した。

自然も、自然的と道徳的との二つの無限によって、同じことをしたように見える。なぜなら、われわれが高いものと低いもの、上手なものと下手なもの、りっぱなものと惨めなものとをいつも持っているのは、われわれの高慢を引き下げ、われわれの卑屈を高めるためであろうからである。

五三三

原四四七（二八五参照）　ラ八九七（二ノ三四）

〈砕かれた心〉[*1] 聖パウロ。これこそキリスト者の性格である。「アルバは君たちを指名した。私はもう君たちと縁がない」[*2]（コルネイユ）これこそ非人間的性格である。人間的性格はその反対である。

（1）第一写本には Circumcidentes cor（割礼ある心）と訂正している。「砕かれた心」は『詩篇』五一篇を思わせる語で、パウロの常用語ではない。

（2）コルネイユ『オラース』二幕三場。そのなかでオラースは非人間的性格を表わし、キュリアスは人間的性格を示している。が、そのほかに第三の性格がある。それはキリスト教的謙虚であるというのであろう。

五三四

原一四二　ラ五六二（二ノ二三）

二種の人々があるだけである。一は、自分を罪びとだと思っている義人、他は、自分を義人だと思っている罪びと。

五三五

原四（二三三参照）　ラ四二二（二ノ二）

われわれは欠点を指摘してくれる人々に大いに感謝しなければならない。なぜなら、彼らはわれわれを鍛えてくれるからである。彼らはわれわれが軽蔑されていたことを知らせてくれるが、将来われわれが同じことを繰り返すのを止めてはくれない。なぜなら、われわれは軽蔑されるような欠点をほかにたくさん持っているからである。でも、彼らは矯正の実行と、ある欠点からの脱出とを用意してくれる。

五三六

原二三二　ラ九九（一ノ五）

人間は、おまえはばかだとたびたび言われると、そう思いこみ、またおれはばかだと自分にたびたび言いきかせると、そう思いこむようにできている。なぜなら、人間は一人で自分と内的な会話をするからである。そこでそれをよく調節するのがたいせつである。〈悪い交わりは、良いならわしをそこなう〉[*1]われわれはできるだけ沈黙し、われわれが真理であると認めている神とだけ語らなければならない。そうすればわれわれは真理を自分に納得させることができる。

（1）『コリント人への第一の手紙』一五の三三。

五三七

原四一二　ラ三五一（一ノ二六）

キリスト教は奇妙である。それは人間に、自分がくだらない、しかも憎むべきものであることを認めよと命じ、また彼に、神に似ることを願えと命じる。このような釣合《つりあい》をとる錘《おもり》がなかったならば、その高挙は彼をおそろしく空虚にするか、その謙虚は彼をおそろしく卑屈にするかしたことであろう。

五三八

原二〇二　ラ三五八（一ノ二六）

キリスト者は、自分が神に結ばれていると信じていながら、いかに高慢でないことか。自分を虫けらに比べていながら、いかに卑屈でないことか！　生と死と、幸と不幸とを受けるなんという麗しい態度。

五三九

原一四六　ラ三五六（一ノ二六）

従順について、兵士とシャルトルー[*1]の修道士とのあいだには、どんなに大きな相違があることだろう。彼らは等しく従順で、依存的で、同様な苦行を行なっている。しかし、兵士はいつも命令者になろうとするが、決してなれない。なぜなら、隊長や長官にしても、常に隷属者であり、依存者であるからだ。だが、兵士はいつもそれを希望し、常にそれになろうと努める。ところが、シャルトルーの修道士は、永久に依存者であることのみを誓約する。だから、彼らは、両者がいつもおかれている絶えざる隷属という点では相違しないが、一方が常にいだき、他方が決していだかない希望という点で相違している。

（1）一〇八四年、ケルンのブルーノがユラ・アルプス山間の不毛の地に創設した修道会。厳格な規律によって知られていた。

五四〇　原九九（五四〇、九二〇）　ラ九一七（欠）

無限の善を得たいというキリスト者の希望には、恐れのなかに現実的な喜びがまじっている。それは、ある王国を望んでも、臣下であるため、とうてい得られないというようなものではない。キリスト者は清さと不義からの解放とを望み、それらのいくぶんかをすでに得ているからである。

五四一　原四一一　ラ三五七（一ノ二六）

真のキリスト者ほど幸福で、道理にかない、有徳で、愛すべきものは、ほかにない。

五四二　原八（八九参照）　ラ四二六（欠）

人間を同時に「愛すべき幸福なもの」とするのは、キリスト教だけである。道義[*1]では、人は同時に愛すべき幸福なものとはなりえない。

（1）断章四四八参照。

五四三　　原二六五　ラ一九〇（二ノ一四）

序言。神の形而上学《けいじじょうがく》的証拠は、人々の推理からはなはだかけ離れ、その上すこぶるこみいっているので、さして感銘を与えない。それはある人々には役立つにしても、彼らがその証明を見ている瞬間だけ役立つにすぎない。一時間もたつと、欺かれたのではないかとあやぶむ。

――〈彼らは好奇心によって見いだしたものを、高慢によって失った〉[*1]――

これがイエス・キリストなしに得られる神の認識、すなわち、仲保者なしに知った神と仲保者なしに交わることとの結果である。

それに反して、仲保者によって神を知った人々は、自分の悲惨を知る。

（1）アウグスティヌス『説教』一四一。

五四四　　一写二五三　ラ四六〇（二ノ一一）

キリスト者の神は、神が魂の唯一の善であること、魂の十全な平安は神のうちにあること、魂の唯一の喜びは神を愛するにあることを、魂に感じさせる神である。またこの神は、それと同時に、魂を引きとめる障害、魂が全力をつくして神を愛することを妨げる障害を、恐れさせる神である。魂をはばむ自愛と邪欲とは、神にとって堪えがたいものである。この神は、魂が自分を滅ぼす自愛の根を持っていること、神のみが魂を癒しうることを、魂に感じさせてくださる。

五四五

原二九　ラ二七一（二ノ一九）

イエス・キリストは、次のことを人々に教えられただけであった。すなわち、人々は自分自身を愛している、彼らは奴隷で、盲人で、病人で、不幸者で、罪びとである。彼は人々を救い、照らし、祝福し、癒さなければならない。このことは、彼らが自分自身を憎み、かつ十字架の苦難と死とによって彼に従うところに全うされる。

五四六

原四八五　ラ四一六（二ノ一）

イエス・キリストなしには、人間は悪徳と悲惨とのうちにいるほかはない。イエス・キリストとともにおれば、人間は悪徳と悲惨とからまぬかれる。彼の内に、われわれのすべての徳とすべての幸福とがある。彼の外には、悪徳、悲惨、誤り、暗黒、死、絶望があるだけである。

五四七

原一五一　ラ一八九（二ノ一四）

イエス・キリストによる神。

われわれはイエス・キリストによってのみ神を知る。この仲保者がなければ、神との交わりはすべて取り去られる。イエス・キリストによって、われわれは神を知る。イエス・キリストなしに神を知り神を証明すると主張した人々は、無力な証拠を持っていたにすぎない。しかし、イエス・キリストを証明するものとして、われわれは預言を持っている。それは確実明白な証拠である。これらの預言は成就され、事実によってその真であることを立証したのであるから、これらの真理の確かさを、したがってイエス・キリストの神性の証拠を示している。ゆえに、彼において、また彼によって、われわれは神を知る。彼を離れ、聖書なく、原罪なく、約束され来臨した、なくてならない仲保者なしに、人は神を絶対的に証明することも、正しい教理と正しい道徳とを教えることもできない。けれども、イエス・キリストにより、イエス・キリストにおいて、人は神を証明し、道徳と教理とを教える。ゆえに、イエス・キリストは人間の真の神である。

しかし、われわれは、それと同時に、われわれの悲惨を知る。なぜなら、この神はわれわれの悲惨の救済者にほかならないからである。そこで、われわれは自分の罪を知ることによってのみ、神を明らかに知ることができる。したがって、自分の悲惨を知らずに神を知った人々は、神を崇めたのでなく、自分を崇めたのである。〈世は自分の知恵によって神を認めなかった。そこで神は、宣教の愚かさによって、信じるものを救おうとされたのである〉[*1]

（1）『コリント人への第一の手紙』一の二一。

五四八

＊　原四九一　ラ四一七（二ノ一）

われわれは、ただイエス・キリストによってのみ神を知るばかりでなく、またイエス・キリストによってのみわれわれ自身を知る。われわれはイエス・キリストによってのみ生と死とを知る。イエス・キリストを離れて、われわれは、われわれの生、われわれの死、神、われわれ自身が何であるかを知らない。

ゆえに、イエス・キリストのみを主題とする聖書がなければ、われわれは何も知らず、神の性質についてもわれわれ自身の本性についても、曖昧《あいまい》と混乱とを見るだけである。

五四九

原三七四　ラ一九一（二ノ一四）

イエス・キリストなしに神を知ることは、たんに不可能であるだけでなく、また徒労である。彼らは神に遠ざからないで、近づいた。[*1]自分を卑下しないで……。〈われわれをよくしている理由を自分自身に帰するならば、たとい善い人でも悪くなるであろう〉[*2]

（1）自分の罪を意識しないところから、神との結合を安易に考えたという意味か。
（2）ベルナール『雅歌講解説教』八四章。

五五〇

原一〇四　ラ九三一（欠）

私は貧しさを愛する。彼もそれを愛されたから。*1 私は富を愛する。それは惨めな人々を助ける手段を供するから。私はすべての人々に忠信を守る。私は自分に悪をする人々に、悪を報い〔ない〕。むしろ私は、人間から善をも悪をも受けない私のような状態が、彼らにも与えられることを望む。私はすべての人に対して、公正で、誠実で、真摯《しんし》で、忠信でありたいと心がける。*2 また神が私にいっそう近く結びつけられた人々に対して、心からの愛情をいだく。

そして、ひとりであれ人前であれ、私のあらゆる行為を、やがてそれを裁かれる神、また私のすべてをささげた神の目の前で行なう。

これが私の気持である。

私はこのような気持を私にお授けになった私の贖い主、弱さと悲惨と邪欲と高慢と野心とに満ちた人間を、その恩恵のゆえにそれらのすべての悪からまぬかれた人間としてくださった贖い主を、生きる日のかぎり讃美する。すべての栄光はその恩恵に帰すべきものであり、私には悲惨と誤りとがあるだけである。

（1）この告白は「私はすべての人を兄弟として愛する。彼らはすべてあがなわれているから」という文章ではじまっているが、パスカルはそれを消している。
（2）最初「私は忠信と正義とを守る」と書いたのをなおしている。それは謙虚の気持からであろう。

五五一　　原四六七　ラ二一三（一ノ一六）

〈口づけされるよりも打たれるのに値しているが、私は恐れない。なぜなら、私は愛しているから[*1]〉
（1）ベルナール『雅歌講解説教』八四章。

五五二　　原一一九　ラ五六〇（二ノ二三）

イエス・キリストの墓。

イエス・キリストは死なれたが、見られていた、十字架の上では。彼は死んで、隠されていた、墓の中では。

イエス・キリストは聖徒たちによってのみ葬られた。

イエス・キリストは墓の中では、なんの奇跡をも行なわれなかった。

その中にはいったのは聖徒たちだけであった。

イエス・キリストが新しい生命を得られるのは、そこにおいてであって、十字架の上においてではない。

それは苦難と贖罪《しょくざい》との最後の秘義である。[*1]

イエス・キリストが地上で休息される場所は、墓のほかになかった。

彼の敵は、墓にいたるまで、彼を苦しめることをやめなかった。

（1）ここに「イエス・キリストは、生き、死に、葬られ、よみがえったことによって教える」という文章があるが、消されている。

五五三

原八七、八九、九九　ラ九一九（欠）

イエスの秘義。[*1]

イエスはその苦難においては、人間が彼に加える苦しみを忍ばれる。だが、その最後の苦悶《くもん》においては、自分で自分に与える苦しみを忍ばれる。〈激しく感動し〉[*2]それは人間の手から生じる苦痛ではない、全能の御手《みて》からくる苦痛である。それに堪えるには全能でなければならないから。

――

イエスは、すくなくともその三人の最愛の友に多少の慰めを求められる。しかし、彼らは眠っている。彼らが彼とともにしばらく堪え忍ぶことを求められる。しかし、彼らはさして同情がないので、一瞬間も眠りにうちかつことができず、彼を全くなおざりにしてかえりみない。かくしてイエスは、ただひとり神の怒りの前に取り残される。

――イエスはただひとり地上におられる。地上には彼の苦痛を感じ、それを分けあう者がないだけでなく、それを知る者もない。それを知っているのは、天と彼とのみである。

――イエスは園におられる。それは、はじめの人アダムが自分と全人類とを堕落させた快楽の園ではない。彼が自分と全人類とを救われた苦悩の園である。

――彼はこの苦痛とこの置き去りとを、夜の恐怖のなかで忍んでおられる。

――イエスが嘆かれたのは、このとき一度しかなかったと思う。だが、このときには、極度の苦しみにもはや堪えられないかのように嘆かれた。「私は悲しみのあまり死ぬほどである*3」

――イエスは人間のがわから仲間と慰めとを求められる。このようなことは、彼の一生にただ一度であったと思う。だが、彼はそれを得ることができない。弟子たちが眠っているからである。

――イエスは世の終わりまで苦悶されるであろう。そのあいだ、われわれは眠ってはならない。

――イエスは、かくすべてのものから見捨てられ、彼とともに目ざめているために選ばれた友だちからまで見捨てられながら、彼らが眠っているのを見いだして、彼でなく、彼ら自身がさらされている危険のゆえに心を痛め、彼らが忘恩におちいっているあいだも、彼らに対する心からの愛情をもって、彼ら自身の救いと彼らの幸福とについて彼らをさとし、「心は熱しているが、肉体が弱いのである」[*4]とお告げになる。

――イエスは、彼らが彼のことを思っても彼ら自身のことを思っても、目をさましていることができず、なおも眠っているのを見て、親切にも彼らを呼び起こさず、休ませたままでおかれる。

――イエスは、父の御旨が確かめられないままに、祈りかつ死を恐れられる。だが、それがわかると、進み出て死に身をさし出される。〈立て、さあ行こう。進み出て〉[*5]（ヨハネ）

―イエスは人間にお求めになったが、聞き入れられなかった。

―イエスは、その弟子たちが眠っているあいだに、彼らの救いを行なわれた。彼は義人が生前の虚無と生後の罪とのうちに眠っているあいだに、そのおのおのの救いを行なわれた。

―彼は一度だけ祈られる。「この杯を過ぎ去らせてください」と。そして、なおも従順に、ふたたび祈られる。「やむをえなければ、来たらせてください[*6]」と。

―哀愁のなかのイエス。

―イエスは、その友だちがみな眠り、その敵どもがみな覚めているのを見て、その身を父に全くおゆだねになる。

―イエスは、ユダのうちに敵意を見ず、かえって自分の愛する神の命令を見、それを言いあらわされる。なぜなら、ユダを友とお呼びになったから。

―

イエスは最後の苦悶にはいろうとして、その弟子たちからお離れになる。彼にならおうとしたら、最も近い最も親しい人々から離れなければならない。

――イエスは最後の苦悶、最大の苦痛のうちにおられるのであるから、われわれはもっと長く祈ろう。

――われわれは神のあわれみを祈り求めよう、神が悪徳のうちにわれわれを安住させないで、そのなかからわれわれを救い出してくださるように。

――もし神が手ずから教師たちをわれわれにつかわされたとしたら、ああ、いかに喜んで彼らに従うべきであろうか。必然と出来事とは、まごうかたなくそれらの教師である。*7

――「心を安んじるがよい、おまえが私を見いださなかったならば、おまえは私をたずねなかったであろう。*8

――「私は私の最後の苦悶のなかで、おまえを思った。私はおまえのためにかくも血潮を流した。

「まだ起こりもしないことをとやかく案じるのは、おまえ自身をためすことであるよりも、私を試みることである。それが起こったら、おまえのうちにあって、私はそれをするであろう。

――

「私の規範によって導かれるがよい。私を宿して働かせた聖母や聖徒たちを、私がいかによく導いたかを見るがよい。

――

「父は私のすることを、すべて嘉《よみ》される。

――

「おまえは涙も流さずに、私に人間としての私の血をいつも流させようと望むのか。

――

「おまえの回心こそ、私の関心事である。恐れるな、私のために祈るように、確信をもって祈るがよい。

――

「私は聖書のなかの私のことばにより、教会のなかの私の霊により、もろもろの霊感により、司祭たちのうちにある私の力により、信者たちのうちにある私の祈りによって、おまえの現前にある。

――「医者はおまえを癒さぬであろう。なぜなら、おまえはついには死ぬであろうから。しかし、私こそおまえを癒し、おまえのからだを不死にするものである。

――「身体的な鎖と隷属とを忍ぶがよい。私は今は精神的な隷属から、おまえを解き放つだけである。

――「私はだれよりも親しいおまえの友である。なぜなら、私はおまえのために、彼らよりも多くのことをしたからである。彼らは、私がおまえのために苦しんだほど苦しまず、おまえが不信で冷淡であったとき、私がおまえのために死んだようには、死なないであろう。その死こそ、私が選んだ人々と聖なる秘跡とのなかで、私がしようとし、また現にしていることである。

――「もしおまえが自分の罪を知ったならば、おまえは気を失うであろう」「そうしたら、主《しゅ》よ、私は気を失うでありましょう。私はあなたの証言によって、私の罪を邪悪だと思うからです」「気を失ってはならない。なぜなら、おまえにそれを知らせる私は、おまえを癒すことができるからである。また、私がおまえにそれを告げるのは、私がおまえを癒そうとしているしるしである。おまえはおまえの罪を償うにつれて、その罪を知るであろう。そして『見よ、おまえの罪はゆるされた』ということばを聞くであろう。

ゆえに、おまえの隠れた罪のために、またおまえの知っている罪のひそかな邪悪のために悔悛するがよい」

――主よ、私はあなたにすべてをささげます。

――「私はおまえが自分の汚れを愛したのにまさって、いっそう熱くおまえを愛するであろう。〈泥にまみれてよごれていたので〉[*9]

――「私に栄光を帰せよ、虫けらでありく土くれであるおまえに帰するな」

――「私自身のことばが、おまえにとって、悪と虚栄または好奇の機会になることを、おまえの指導者に告白するがよい」[*10]

――私は自分のうちに、高慢と好奇と邪欲との深淵を見る。私から神への、または義なるイエス・キリストへの道はない。だが、彼は私のために罪となられた。あなたの災いは、すべて彼の上にくだりました。彼は私よりももっとひどく憎まれながら、私を憎むどころか、私が彼のもとに行き、彼を助けるのを光栄に思っておられる。しかし、彼は自分で自分を癒された。だから、なおさら私をも癒されるであろう。

私の傷を彼の傷に加え、私を彼に結びつけなければならない。そうすれば、彼は自分を救うことによって、私をも救われるであろう。

しかし、今後は、これ以上、傷を加えてはならない。

〈あなたがたは神のように善悪を知るものとなるであろう〉[*11]すべての人は「これは善い、これは悪い」と判断することによって、また出来事をあまり悲しんだり喜んだりすることによって、自分を神にしている。

―

小事をも大事のように行なうがよい。それらのことをわれわれのうちで行ない、われわれの生涯を生きられるイエス・キリストの御稜威《みいつ》のゆえに。また大事をも、たやすい小事のように行なうがよい。彼の全能のゆえに。

（1）「イエスの秘義」はあらゆる注解を絶するといわれる。他のどんな部分も、キリスト教の独自な性格をこれほど深い感動的な仕方で表わしてはいない。ここに現実的な一人格をめぐって、人の心に存在する最も高揚した普遍的な感情、すなわち自己放棄と愛との精神が集中しているのである。

(2)『ヨハネ福音書』一一の三三。
(3)『マルコ福音書』一四の三四。
(4)『マタイ福音書』二六の四一。
(5)同二六の四六、『ヨハネ福音書』一八の四。
(6)『マタイ福音書』二六の三九、四二。
(7)この文句は、パスカルがイエスの秘義を冥想していたとき、心に浮かんだ格言で、自分のために書きとめたものであり、この断章の本質的部分をなすものではあるまいという。
(8)アウグスティヌス『告白』一〇の一八、二〇。
(9)『ペテロ第二の手紙』二の二二によるものか。
(10)トゥルヌール版の読みに従う。
(11)『創世記』三の五。

五五四

原九〇（二五〇参照）　ラ九四三（欠）

イエス・キリストは、復活ののち、彼の傷あとにしか触れることを許されなかったように、私には思える。〈私にさわるな〉[*1] われわれは彼の苦難にしか結びついてはならない。

――

彼は、最後の晩餐《ばんさん》においては、死ぬべきものとして、エマオの弟子たちに対しては、よみがえったものとして、全教会に対しては、天に昇ったものとして、交わりのために自分をお与えになった。

(1)『ヨハネ福音書』二〇の一七。

五五五

原一〇七(四九九参照) ラ九二九(欠)

「おまえを他人にくらべないで、私にくらべよ。もしおまえがおまえをくらべる人々のうちに、私を見いださないならば、おまえは憎むべきものにおまえをくらべているのだ。もしおまえがそこに私を見いだすならば、その私におまえをくらべよ。だが、おまえはそこで誰をくらべようとするのか。おまえをか。おまえのうちの私をか。もしおまえならば、それは憎むべきものである。私ならば、おまえは私に私をくらべているのである。しかるに、私はすべてにおいて神である。

——

「私はしばしばおまえに語り、おまえにすすめる。それは、おまえの指導者がおまえに語りえないからである。なぜなら、私はおまえが指導者を持たないことを望まないからである。

——

「またおそらく私は彼の祈りにこたえて、それをするであろう。そこで、彼はおまえに見られずに、おまえを指導する。

――おまえは私を所有しなかったならば、私をたずねなかったであろう。

「だから、心配しなくてもよい」

第八章　キリスト教の基礎

五五六

一写二二八　ラ四四九（二ノ五）

……彼らは自分の知りもしないことを罵《ののし》っている。キリスト教は、二つの点から成り立つ。それらを知ることは、人間にとって等しく重要であり、それらを知らないことは、等しく危険である。またそれらの二つのしるしが示されたのは、等しく神のあわれみによるのである。

しかるに、彼らは、それらの二点のうち一方を肯定すべき論拠から、他方を否定する論拠を引き出している。一人の神しか存在しないと言った知者たちは迫害され、ユダヤ人は憎まれ、キリスト者はいっそう憎まれた。彼らは自然の光によって、地上に唯一の真の宗教が存在するならば、あらゆる事物の動向はその中心であるこの宗教に向かうべきはずだと見たのである。

事物のあらゆる動向は、この宗教の確立と偉大とをその目的とすべきはずである。人間は、この宗教の教える事柄に合致した観念を、自分のうちに持つべきはずである。結局、この宗教があらゆる事物の向かうべき目的となり、中心となり、その原理を知る者は、特殊的には人間の全性質を、一般的には世界の全動向を、説明することができなければならない。

以上のような論拠を、彼らはキリスト教を罵る理由とする。それは彼らがそれを誤解しているからである。彼らはキリスト教を、偉大、大能、永遠であると考えられる一人の神を礼拝するところにのみ成り立っていると想像する。それはもともと理神論であって、キリスト教とかけ離れていること、その正反対である無神論とあまり変わらない。そこから、彼らは結論して、この宗教は真実でないという。なぜなら、神がそんなに明らかにみずからを人間に現わしてはおられないというこの点を、あらゆる事物が確立しようと協力しているのに、彼らはそれを見ないからである。

しかし、理神論に対してなら、好きなように結論するのもよかろうが、それはキリスト教に対する結論にはならない。キリスト教は本来、贖《あがな》い主《ぬし》の秘義のうちに成り立ち、この贖い主は自分のうちに二つの性質、すなわち人間性と神性とを結びつけ、その神性によって人間を神と和《やわ》らがしめるために、彼らを罪の堕落から救い出されるのである。

ゆえに、キリスト教は、次の二つの真理を同時に人間に教える。一人の神が存在し、人間はその神を知ることができる。また人間の本性には腐敗があり、それが人間に神を知らせないようにしている。これらの点を二つとも知ることは、人間にとって等しく重要である。そして自分の悲惨を知らずに神を知ることと、それを癒しうる贖い主を知らずに自分の悲惨を知ることとは、人間にとって等しく危険である。これらの認識の一方にとどまるところから、神を知って自分の悲惨を知らない哲学者の尊大と、贖い主を知らないで自分の悲惨を知る無神論者の絶望とが、生じるのである。

そこで、これらの二つの点を知ることは、人間の必要事であり、それらをわれわれに知らせてくださったのは、神のあわれみである。キリスト教はそれらを教え、それらによって成り立つ。

これらの点から世界の秩序を検討し、あらゆる事物がこの宗教の二つの要点を確立する方向へ向かっているかどうかを調べてみるがよい。すべて迷うものは、これらの二つのうち一方を見ないために迷うのである。つまり、人は自分の悲惨を知らずに神を知ることもできるし、神を知らずに自分の悲惨を知ることもできる。だが、神と自分の惨めさとを同時に知ることなしに、イエス・キリストを知ることはできない。

イエス・キリストはすべてのものの目的であり、すべてのものが向かっている中心である。彼を知るものは、あらゆる事物の理由を知るのである。

であるから、私はここに自然的な理由によって、神の存在、三位一体、霊魂の不死など、すべてこの種の事柄を証明しようとは企てない。それはたんに頑迷な無神論者を説得しうる何ものかを自然界に見いだすだけの力が私にないと思うからではない。そのような知識は、イエス・キリストなしには、無益であり、徒労であるからだ。たといある人が、数の比例は非物質的な永遠の真理であって、その本源である、人が神と呼ぶところの、あの根本的な真理に依拠し存立していると、納得させられたにしても、私はその人が彼の救いに向かって、さして前進したとは思わないであろう。

キリスト者の神は、たんに幾何学的真理や諸元素の秩序の創造者にすぎないような神ではない。それは異教徒とエピクロス派との見解である。またたんに人間の生活と財産との上にその摂理を行ない、拝するものに幸福な年月を恵むにとどまるような神でもない。それはユダヤ教徒の関心事である。それに反して、アブラハムの神、イサクの神、ヤコブの神、キリスト者の神は、愛と慰めとの神である。みずからとらえた人々の魂と心情とを満たす神である。彼らに自分の惨めさと神の無限のあわれみとを内的に感知させる神である。彼らの魂の奥底で彼らと結びつき、彼らに謙虚と喜びと信頼と愛とを満たし、彼らをして神以外の目的を持つことができないようにさせる神である。

すべてイエス・キリスト以外のものに神を求め、自然のうちにとどまる人々は、満足しうる何らの光をも見いださないか、または仲保者なしに神を知り神に仕える方法を自分でつくりだすか、どちらかであり、そこから無神論か理神論かにおちいる。これらの二つは、キリスト教がほとんど同様に嫌悪《けんお》するものである。

イエス・キリストなしに、世界は存在しなかったであろう。なぜなら、その場合、世界は崩壊するか、地獄のようになるか、どちらかになるほかはないからである。

もし世界が人間に神を教えるために存在していたとしたら、その神性は疑う余地もないほどあらゆる方面に照り輝いていたことであろう。だが、世界は、イエス・キリストによ り、イエス・キリストのためにのみ存在し、人間にその堕落と贖いとを教えるためにのみ存在しているので、すべてのものはこれらの二つの真理を証明するものとして世界に現われている。

世界に現われているものは、神性を全く排除してもいないし、それを明白に現わしてもいない。ただみずからを隠している神の存在を示している。すべてのものはこの特性をおびているのだ。

その本性を知るものだけが、それを知って悲惨になるのであろうか。それを知るものだけが、ただひとり不幸なのであろうか。

彼は何ものをも全く見ないわけにはいかない。またそれを所有していると思うほど十分に見るわけにもいかない。ただ彼はそれを失ったということを認めるのに十分なだけを見るのである。なぜなら、堕落したことを知るには、見ることと見ないこととが必要である。そして、これこそまさしく自然的な人間の状態である。

彼がどちらの側につくにせよ、私は彼をそこに安んじさせてはおかないであろう……

五五七　　一写二二六　ラ四四四（二ノ五）

それゆえに、すべてのものが人間に彼の状態を教えているということは真実であるが、彼はそのことを正しく理解しなければならない。というのは、すべてのものが神を現わしているというのは真実でなく、またすべてのものが神を隠しているというのも真実でないからである。しかし神が、神を試みる者にはみずからを隠すということと、神を求める者にはみずからを現わすということとは、どちらも真実である。*1 なぜかといえば、人間は神を知るに値しないものであるとともに、神を知りうるものであり、その堕落によっては値しないが、その最初の本性によっては知りうるからである。

（1）試みるとは、あたかも神を知ることが自分の権利ででもあるかのように、自分の知恵や力によって神を知ろうとすることであり、求めるとは、自分に神を知る資格がないことを悟り、推理よりも祈りによって神に近づくことである。

五五八　一写二二六　ラ四四五（二ノ五）

われわれのあらゆる不分明から結論しうることは、われわれの無価値でなくして何であろうか。

五五九　一写二二七　ラ四四八（二ノ五）

もし神を現わすものが全くなかったとするならば、この永久の欠如は両義的なものとなり、人間が神を知るに値しないことを示すとともに、およそ神的なものの存在しないことを示したかもしれない。だが、神が常にではないにしても、時おり現われたということは、両義性を取り去ってしまう。もし神が一度でも現われたとしたら、神は常に存在する。*1 そこで神は存在するけれども、人は神を知るに値しないと結論するほかはない。

(1)「神はわれわれに隠れているが、神がぼんやりしてよく見えない原因は、いわば神が暗中に隠れているというように、神自身にあるのではない。その原因はわれわれ自身のうちにある。すなわち、われわれの精神の洞察力が弱いために、いなむしろ精神力がにぶいために、われわれは神の光に近づくことができないのである」(カルヴァン『テモテへの第一の手紙注解』)

五五九の二

一写二二六　ラ四四〇（二ノ五）

永遠の存在者は、一度存在すれば、常に存在する。

五六〇

一写二二〇　ラ四三一（二ノ三）

われわれはアダムの栄光の状態をも、彼の罪の性質をも、その罪がわれわれに遺伝したことをも了解しない。

それらはわれわれのとは全く違った性質の状態のうちで起こったことで、われわれの現在の理解力の状態を越えている。*1

すべてこれらのことは、われわれがそこからのがれ出るためには、知っても無益なことである。われわれがぜひとも知らなければならない重要なことは、次の点である。すなわち、われわれは悲惨であり、堕落し、神から離れてはいるが、イエス・キリストによって贖われていること、それについてわれわれは地上にすばらしい証拠を持っているということである。

このように、堕落と贖罪との二つの証拠は、宗教に無関心に生きている不信者と、宗教の和解しがたい敵であるユダヤ人とから引き出される。

（1）これらはヤンセンがその著『アウグスティヌス』において取り扱った主要な問題であった。しかしパスカルは、人間の現状とキリスト教の現実とに読者の注意を集中させるため、それらを彼の『護教論』から除外するつもりであったらしい。

五六〇の二

一写二二六　ラ四四二（二ノ五）

……このように、全宇宙は人間に、彼が堕落していることか、または贖われていることかを教え、すべてのものは彼に、彼の偉大か、悲惨かを教える。神の放棄は、異教徒に現われ、神の保護は、ユダヤ人に現われている。

五六一　原一九（七八二、七一二、五六一）　ラ八二〇（二ノ二九）

われわれの宗教の真理を納得させる方法が二つある。一は、理性の力によるもの、他は、語る人の権威によるものである。

人は後者を用いないで前者を用いる。「これは信ずべきだ、それをしるしている聖書は神聖だから」とは言わないで、「それはこれこれの理由によって信じなければならない」と言う。これは薄弱な議論である。理性はあらゆるものに屈するではないか。

五六二　＊原四四三（五六二、五七七）　ラ四六八（二ノ一一）

地上には、人間の惨めさか神のあわれみかを示さぬものは何もなく、神なき人間の無力か、神を持つ人間の能力かを示さぬものは何もない。

五六三　原二七七　ラ一七五（二ノ一三）

地獄におとされる者の狼狽《ろうばい》の一つは、彼らがキリスト教を罪に定めるために用いようとしたまさにその同じ理性で、自分が罪に定められるのを見ることであろう。

五六四　原一一三（五六四、八五五）　ラ八三五（二ノ三三）

預言や奇跡でさえも、すべてわれわれの宗教の証拠は、絶対に説得的であると言いえられるような性質のものではない。だが、それらの証拠は、信じるのが不合理だと言われうるような種類のものでもない。つまり、そこにはある人々を照らし他の人々を見えないようにするための明るさと暗さとがある。しかし、その明るさは反対の証拠以上のものであるか、すくなくともそれと同等のものである。そこで、それに従うまいと決心させるのは、理性ではない。そうだとすれば、それは邪欲と悪心以外のものではない。そういうわけで、罪を定めるには十分な明るさがあり、説得するには不十分な明るさがある。それは、それに従う人々に、彼らを従わせているのは恩恵であって理性でないことを明らかにし、それを避ける人々に、彼らを避けさせているのは邪欲であって理性でないことを明らかにするためである。

〈真に弟子《でし》、真にイスラエル人、真に自由、真にパン〉[*1]

（1）『ヨハネ福音書』八の三一、一の四七、八の三六、六の三二。

五六五

一写二二六　ラ四三九（二ノ五）

であるから、宗教の不分明そのもののうちに、それについてわれわれの持っている光の少ないことのうちに、それを知ることに対してわれわれが無関心であることのうちに、宗教の真理を認めるがよい。

五六六　　　　　　　　　　原四五　ラ二三二（二ノ一八）

神が、ある人々を盲目にし、他の人々を啓蒙《けいもう》しようとされたということを、原則として認めないかぎり、人は神の御業《みわざ》を何事も理解しない。

五六七　　　　　　　　　　原一四二　ラ五七六（二ノ二三）

二つの相反する理由。そこから始めなければならない。そうでなければ、われわれは何事をも理解せず、すべてが異端的である。そして、おのおのの真理の終わりに、反対の真理が想起されることをも付け加えなければならない。

五六八　　　　　　　　　　原一五三　ラ七六〇～七六二（二ノ二六）

抗議。明らかに聖書には聖霊の口述しなかった事柄が満ちている。

答。だからといって、それらの事柄は信仰の害にはならない。

抗議。だが、すべては聖霊から出たと、教会は決定した。

答。私は二つのことをもって答える。一は、教会はそんな決定はしなかったということ。他は、教会がそんな決定をしたにしても、それは支持されうるということ。

――偽りの霊が多くある。

――デオヌシオ[*1]は愛を持ち、その座についていた。

――福音書のうちに引用された預言は、君たちを信じさせるためにしるされていると思うのか。いな、それは君たちを信仰から遠ざけるためだ。[*2]

（1）『使徒行伝』一七の三四のデオヌシオだと思われるが、この句は意味不明である。

（2）これはパスカルが頑迷な不信者に与えた一大痛棒である。聖書は、選ばれた人々には分明であるが、見捨てられた人々には、その不分明によって、彼らを拒絶する具になるというのである。

五六九

原五九（六九七、五六九）ラ三一三（一ノ二三）

正典的。

異端的なものも、教会の成立当初は、正典的なものを証明するのに役立っている。[*1]

（1）異端的な人々や文書も、聖書の誤った解釈をするにあたって、なおかつ聖書の上に立脚し、その権威を裏書きするからである。

五七〇

原四五　ラ二二三（二ノ一八）

「基礎」の章に、「表徴」の章にある表徴の理由に関するものを付け加えなければならない。イエス・キリストがその最初の来臨を預言された理由。その来臨の仕方が曖昧《あいまい》に預言された理由。

五七一

原三九四、四一九　ラ五〇二（二ノ一九）

表徴を用いた理由。

〔彼ら（預言者たち）は肉的な民族を相手にして、この民族を霊的な契約の受託者にしなければならなかった〕[*1]

メシアを信じさせるには、先行的な預言の存在する必要があったし、またその預言が、疑いを受けぬ、勤勉で忠実で、非常に熱心な、しかも全地に知れわたった人々によって保存される必要があった。

すべてこれらのことを成就するために、神はこの肉的な民族（ユダヤ人）を選び、メシアを救い主として、またこの民族が好んでいた肉的な幸福の与え主として予告する預言を、彼らに託されたのである。

そこで、彼らは彼らの預言者たちに対して非常な熱意をいだき、彼らのメシアを予告しているそれらの書物をすべての人の目の前に持ちだし、メシアが来るであろうということ、しかも彼らが全世界に公表している書物に予告された仕方で来るであろうということを、すべての国民に確言した。とはいえ、この民族はメシアの卑賤《ひせん》な貧しい来臨によって期待を裏切られ、彼の最も残忍な敵となった。そういうわけで、世界じゅうでわれわれに好意的であるという疑いを受けることとの最も少ない民族、しかも彼らの律法と預言者とに対して最も厳格で熱心であると言われうる民族が、それらの書物を純粋に保存したのである。

したがって、彼らのつまずきとなったイエス・キリストをしりぞけて十字架につけた人々こそ、彼のことを証言し、彼がしりぞけられ、つまずきとなるであろうと述べている書物を、伝達する人々なのである。そういうわけで、彼らは彼を拒むことによって、彼のキリストであることを示したのであり、キリストは彼を受け入れた正しいユダヤ人によっても、彼をしりぞけた不正なユダヤ人によっても、等しく証明されたのである。それらはいずれも預言されていたからである。

そのために預言は、一つの隠れた意味を持っている。それはこの民族が嫌悪した霊的な意味で、彼らが愛好した肉的な意味の背後にある。もし霊的な意味が現われていたら、彼らはそれを愛好することができなかったであろう。そして、それを伝達することもできず、彼らの書物と儀式とを保存する熱意も持たなかったであろう。またもし彼らが霊的な約束を好み、メシアが来るときまでそれらを純粋に保存したとしたら、彼らの証言は効力を失っていたことであろう。なぜなら、彼らはメシアの味方であったことになるからである。ここに霊的な意味のおおわれていたことがよかった理由がある。だが、他方において、この意味が全く隠されて少しも現われなかったならば、メシアの証拠として役に立たなかったであろう。では、どんなふうになされたか。

多くの章節では現世的なものによっておおわれ、ある章節では明らかに現わされた。そのうえ、来臨の時期と世界の状態とは、火を見るよりも明らかに預言された。そして、この霊的な意味は、ある箇所では非常に明らかに説かれているので、霊が肉に屈服したとき肉が霊に投げ入れる盲目と同じ盲目におちいらないかぎり、それを認めないわけにはいかない。

であるから、ここに神の御業を見るがよい。この霊的な意味は、大多数の箇所では他の意味によっておおわれ、ある箇所ではまれに現われている。ところで、それが隠されている箇所は両義的であって、二つの意味に解されるようになっており、他方、それが現われている箇所は単義的であって、霊的な意味にしかとれないようになっている。

そこで、このことが誤りに導くことはありえなかった。それを誤解するほど肉的な民族は、一つしかなかった。

なぜなら、幸福がゆたかに約束されている場合、それを真の幸福と解するのを妨げるのは、その意味を地上の幸福にのみ限る彼らの欲心でなくして何であろうか。だが、神のうちにのみ幸福を見いだした人々は、それらの幸福をただ神にのみ帰《き》した。

そこには人間の意志を分ける二つの原理、すなわち欲と愛とがあるからだ。といっても、欲は神への信仰と両立しえないとか、愛は地上の幸福と共存しえないとかいうのではない。ただ欲は神を利用してこの世を楽しむが、愛はその反対だというのである。

ところで、（聖書では）最後の目的に応じて事物に名称が与えられる。われわれがその目的に達するのを妨げるすべてのものは、敵と呼ばれる。だから、どんなに良い被造物でも、義人を神からそむけさせるならば、義人の敵である。神すらも、神によってその強欲をかき乱される人々には、敵である。

このように、敵ということばは、最後の目的いかんにかかっているので、義人は敵を彼らの欲情と解したし、肉的な人はバビロン人と解した。そこで、これらの用語は、不義な人にとってのみ、不分明であった。

これこそ、イザヤが〈教えを私の選んだ人々のうちに封じておこう〉[*2]と言ったことである。

また、イエス・キリストをつまずきの石となるであろう[*3]とも言っている。だが、「彼につまずかないものはさいわいである」[*4]

――

ホセアもそのことを巧みに言っている。「知恵ある者はだれか。彼は私の言うことを悟るであろう。正しい人はそのことを知るであろう。なぜなら、神の道はまっすぐであるが、悪い人はそれにつまずくからである」[*5]

（1）この句はパスカルによって消されているが、一六七八年版には収録されている。
（2）『イザヤ書』八の一六、ただしラテン語訳とは少しちがっている。
（3）同八の一四。
（4）『ルカ福音書』七の二三。
（5）『ホセア書』一四の九。

五七二

原二一四（六一八、五七二）　ラ四五七（二ノ一〇）

使徒詐欺師説。時期は明らかに、仕方は曖昧に。
表徴の五つの証拠。[*1]

二〇〇〇 ｛ 一六〇〇　預言者たち。
　　　　　 四〇〇　散らされた人々。[*2]

（1）（2）これらのことは、次の諸断章に展開される。

五七三

原四六七　ラ八九三（二ノ三四）

聖書における盲目。

ユダヤ人は言った、「キリストはどこから来られるかわからないと、聖書はしるしている」『ヨハネ福音書』七章二七節。また一二章三四節に、「キリストはいつまでも生きておられる」としるしている。だのに、この人（イエス）は、「自分は死ぬであろう」と言う。また聖ヨハネは「彼はこのように多くの奇跡を行なわれたが、彼らは信じなかった。これはイザヤのことばが成就するためである。いわく、神は彼らの目を暗くし、云々」としるしている。[*1]

（1）『ヨハネ福音書』一二の三七、三八、四〇。

五七四　　一写二五六　ラ四七二（二ノ一一）

偉大。この宗教はじつに偉大なものである。だから、それが不分明であるとしたら、それをたずねるだけの労をとろうとしないものは、それ（宗教）をとりあげられるのが当然である。この宗教は求めることによって見いだされるものであるとしたら、それをつぶやくことがあろうか。

五七五　　原一三七　ラ五六六（二ノ二三）

すべてのことが、選ばれた人々には、さいわいに変わる。

聖書の不分明すらも、そうなる。彼らは神聖な光のゆえに、それらの不分明を尊重するからである。しかし、すべてのことは、光でさえも、他の人々には不幸に変わる。彼らは自分で理解しえない不分明のゆえに、それらの光を冒瀆《ぼうとく》するからである。

五七六

原六五（四五〇参照）　ラ五九四（二ノ二四）

〔順序〕教会に対する世人の一般的態度。神は盲目にし、また開眼される。

これらの預言が神から出たことは、出来事が証明したので、その他の預言も信じられるはずである。それによってわれわれは、世界の秩序を次のように見る。

――

すなわち天地創造と大洪水との奇跡が忘れられたので、神はモーセの律法と奇跡とをおくり、特殊な出来事を預言する預言者たちをつかわされた。そして、永続的な奇跡の準備として、諸種の預言とその成就とを用意された。しかし、預言は疑われうるので、神はそれらを疑う余地のないものにしようとされたのである、云々。

五七七

＊原四四三（五六二参照）　ラ四六九（二ノ一一）

〔卑下〕

神はこの民族の盲目を、選ばれたものの幸福のために利用された。

五七八

原五七　ラ二三六（二ノ一八）

盲目にする。開眼する。聖アウグスティヌス、モンテーニュ、スボン。[*1]

選ばれた人々を照らすには十分な光があり、彼らをへりくだらせるには十分な暗さがある。見捨てられた人々を盲目にするには十分な暗さがあり、彼らを罪に定め、言いのがれさせないためには十分な光がある。

――

旧約聖書におけるイエス・キリストの系図は、他の多くの無用なもののあいだに混じって見分けにくいまでになっている。もしモーセがイエス・キリストの祖先だけを記録していたら、それはあまりに明確であったろう。もし彼がイエス・キリストの系図をしるさなかったならば、それはあまりに不明確であったろう。だが結局、こまかく見る人は、イエス・キリストの系図がタマル、ルツその他によって十分見分けられることを知りうる。

――

犠牲の供え物を制定した人々は、それらが無用であることを知っていたし、それらの無用を宣言した人々は、それらの執行をやめなかった。[*2]

――

もし神がただ一つの宗教しか許されなかったならば、それはあまりにたやすく知られたことであろう。だが、こまかく見る人は、この混乱のうちにほんとうのものを十分見分けることができる。

原理。モーセは賢明な人であった。だから、彼が理知によって自分を律していたら、理知にまともに反するようなことはあからさまに言わなかったであろう。

このようにして、きわめて明白な弱点さえも、すべて長所になるのである。例。『マタイ福音書』と『ルカ福音書』との二つの系図。[*3] これらが照合してつくられたものでないことは、何より明白ではないか。

（1）モンテーニュ『エセー』二の一二「レーモン・スボンの弁護」中のアウグスティヌスの意味。

（2）『ヘブル人への手紙』五～一二章参照。

（3）『マタイ福音書』一の一～一六。『ルカ福音書』三の二三～三七。

五七九

原一四一（九九参照）ラ五三六（二ノ二三）

神（と使徒たちと）[*1]は、高慢の種が異端を生じさせることを予見し、その異端が自分自身のことばから生じる場合を防ごうとして、聖書と教会の祈禱書《きとうしょ》とのうちに相反する語と種[*2]とをおき、それらが時に応じて実を結ぶようにされた。[*3]

同様に、神は道徳のうちに愛を与え、それが邪欲に敵して実を結ぶようにされた。

（1）あとで書き加えられた字句。

（2）トゥルヌール版の読みに従う。
（3）この思想を理解するには、パスカルが異端を一面的真理として、すなわち相反的真理を排除するものとして、考えていたことを想起すべきである。断章五六七、八六二参照。

五八〇

原九〇（四九〇参照）　ラ九三四（欠）

自然はみずからが神の影像であることを示すために、ある完全さを持ち、みずからが影像にすぎないことを示すために、ある欠陥を持っている。

五八一

原四五　ラ二三四（一ノ一八）

神は理知よりも意志をととのえようと望まれる。完全な光は理知には有用であろうが、意志には有害であろう。

尊大を卑下させること。

五八二

原八五　ラ九二六（欠）

人は真理をすら偶像にする。なぜなら、愛を離れた真理は神ではないからである。それは神の影像であり、偶像であって、愛すべきものでも拝すべきものでもない。まして真理の反対である虚偽を、愛したり拝したりしてはならない。*1

――私は全き暗黒を愛することはできる。だが、神が私を薄明のうちにおかれるとすれば、そのようなわずかな暗さは私を不快にする。私は全き暗黒にあるような長所をそこに認めないので、不快になるからである。これは欠点であり、私が神の秩序から離れて暗黒を自分の偶像にしている証拠である。ところで、あがめるべきは神の秩序だけである。

（1）たんなる真理は、それを省察する知性に満足を与え、それを見いだした理知に誇りの種を供するゆえに、それを目的とすることは邪欲に身をゆだね、神に反することである。

五八三　＊　原二〇一（一〇参照）　ラ七四〇（二ノ二六）

弱者とは、真理を認めはするが、自分の利害がそれに合致するかぎりにおいてのみ、それを支持する人々のことである。その他のときには彼らは真理を放棄する。

五八四　一写二五三　ラ四六一（二ノ一一）

世界はあわれみと裁きとを行なうために存続し、人々はそこに神の手から出てきたもののようではなく、いわば神の敵として存在している。彼らに対して神は、彼らが神をたずね神に従うことを望みさえすれば、神のもとに立ち返るのに十分な光を、恩恵によって与えておられるが、彼らがたずね従うことを拒むならば、彼らを罰するのに十分な光をも与えておられる。

五八五　原五五（五八五、六〇一）　ラ二四二（一ノ一八）

神がみずからを隠そうとされたこと。

もし一つの宗教しかなかったならば、神はそのうちに明らかにお現われになるであろう。

もしわれわれの宗教にしか殉教者がなかったならば、同様であろう。

神はこのように隠れているので、神が隠れていることを説かない宗教は、すべて真ではない。またその理由を明らかにしない宗教も、すべて有益ではない。われわれの宗教は、それらをことごとく果たしている。〈まことにあなたは隠れている神である〉[*1]

（1）『イザヤ書』四五の一五。

五八六　一写二二七　ラ四四六（二ノ五）

もし不分明でなかったならば、人間は自分の堕落に気づかなかったであろう。もし光がなかったならば、人間は救いを望まなかったであろう。したがって神がなかば隠れなかば現われているということは、われわれにとって正当であるばかりでなく、また有益でもある。なぜなら、自分の悲惨を知らずに神を知ることも、神を知らずに自分の悲惨を知ることも、人間にとって等しく危険だからである。

五八七

原四九一　ラ二九一（二ノ二二）

神聖で純粋で欠点のない奇跡において、学者、偉大な証人、殉教者において、たてられた王（ダビデ）、王族イザヤにおいて偉大であり、知識において偉大であるこの宗教は、あらゆる奇跡とあらゆる知恵とをならべたのち、それらのすべてを否認して言う、自分には知恵もしるしもない、ただ十字架と愚かさとがあるだけだ[*1]、と。

なぜなら、これらのしるしと知恵とによって君たちの信頼をかちえ、またそれらの性質を君たちに立証した人々が次のように宣言するからである。それらのすべてはわれわれを改変することも、われわれに神を知らせ愛させることもできない、それをなしうるのは知恵もしるしもない十字架の愚かさの力であって、この力を持たぬしるしではない、と。

このように、われわれの宗教は、その現実的な力の原因については愚かであるが、その備えをする知恵については賢明である。

（1）『コリント人への第一の手紙』一の一八〜二五。『ガラテヤ人への手紙』五の一一。

五八八

原四六一（五八八、八三六、八三七、八六一）　ラ八四二（三ノ二三）

われわれの宗教は賢くもあり愚かでもある。賢いというのは、それが最も知恵に富み、奇跡、預言などの上に最もかたく立てられているからである。愚かであるというのは、人をそれに帰依させるのは、すべてこれらのものではないからである。これらのもの〔奇跡、預言など〕は、この宗教に帰依しない者を罪に定めるではあろうが、それに帰依する者を信じさせはしない。彼らを信じさせるのは十字架である。〈十字架がむなしくならないために〉[*1]

だから、知恵としるしとを持ってきた聖パウロは、自分は知恵もしるしも携えてきたのではないと言う。なぜなら、彼は回心させるために来たからである。だが、たんに説得するために来る人は、知恵としるしとを持ってきたと言うかもしれない。

(1)『コリント人への第一の手紙』一の一七。

一写二五三　ラ四五八（二ノ一一）

五八八の二

相反。――この宗教の無限の知恵と愚かさ。

第九章　永続性

五八九　＊ 原二一三　ラ七四七（二ノ二六）

キリスト教が唯一の宗教ではないということについて。

このことはキリスト教が真の宗教でないことを信じさせる理由になるどころか、かえって、それが真の宗教であることを知らせるものである。[*1]

（1）キリスト教は、神が見捨てられたものを盲目にされると説くので、キリスト教の真理がそれらの人に不分明に見えるのは当然であり、そこから種々の類似宗教が生じるのである。

五九〇　一写二五七　ラ四八〇（二ノ一一）

諸宗教に対しては真剣でなければならない。真の異教徒、真のユダヤ人、真のキリスト者。

五九一　原一一三（四八五参照）　ラ五六五（二ノ二三）

マホメット
イエス・キリスト
異教徒
――神についての無知。

五九二

原四六七　ラ二〇四（一ノ一六）

他宗教の虚偽。

彼らは証人を持たない。この人々は持っている。*[1]

神は他の諸宗教に挑戦して、このようなしるしを生んでみよと言われる。『イザヤ書』四三章九節、四四章八節。

（1）ユダヤ人のこと。

五九三

原一五九　ラ八二二（二ノ三〇）

中国史。*[1]

証人がそのために死をも辞さないような歴史のみを、私は信じる。

〔二つのうちどちらがいっそう信じられうるか、モーセか中国か〕

問題はそれを大ざっぱに見ることではない。私が君たちに言いたいのは、そこには盲目にするものと、開眼するものとがあるということだ。

この一語によって、私は君たちのあらゆる推論を打破する。「でも、中国は困惑させる」と君たちは言う。が、私は答える、「中国は困惑させる。しかし、そこには光も認められる。それをさがしたまえ」

このように、すべて君たちの言うことは、意図の一つをささえるだけで、他の意図に反しはしない。したがって、それは益にこそなれ、害にはならないのだ。

ゆえに、それはこまかく見ることが必要だ。書きものは机上に置かれなければならない。

（1）一六五八年、マルティニが『中国史』をラテン語で出版した。この著者によれば、中国の最初の王朝は、ノアの洪水後、人類が世界に分散したときよりも六百年前に存在していた。そうなると、聖書の記事と矛盾する。そこでこの問題について、パスカルは所見を述べたのである。

五九四

一写二五七　ラ四八一（二ノ一一）

中国史への反駁《はんばく》。メキシコの史家たち、五つの太陽、しかも、最後の太陽は、八百年しかたたない。[*1]

一民族によって受け入れられた書物と、一民族をつくりだす書物との相違。

（1）モンテーニュ『エセー』三の六。

五九五

原四六七　ラ二〇三（一ノ一六）

他宗教の虚偽。
マホメットには権威がなかった。[*1]
だから、彼の理論はその固有の力にのみよったので、非常に有力であったはずだ。
では、彼は何と言ったか。自分を信じなければならないと言っただけだ。

（1）彼のことばを支持するような外的証拠によらなかったという意味。

五九六　　原二七　ラ一（一ノ一）

『詩篇』は全地でうたわれる。[*1]
マホメットの証言をするのはだれか。彼自身である。
——
イエス・キリストは、自分自身の証言が無効であることを望まれる。[*2]
——
証人は、その性質上、常にいたるところに存在することが必要である。しかるに、気の毒なことに、彼（マホメット）はひとりなのだ。

（1）旧約聖書中の『詩篇』はメシアの預言に満たされているので、それはイエス・キリストの証言でもある。
（2）『ヨハネ福音書』五の三一。

五九七

原四五七　ラ二〇七（二ノ一六）

マホメット反駁。
『コーラン』がマホメットのものであることは、福音書が聖マタイのものであること以上に確かではない。なぜなら、福音書は多くの著者たちにより幾世紀にもわたって引用され、その敵であるケルソスやポルフュリオスさえ、それを否認しなかったからである。[*1]
『コーラン』は、聖マタイは善人であった、と言う。だから、善人を悪人であると言ったり、その人たちがイエス・キリストについて語ったことに同意しなかったりした彼（マホメット）は、偽りの預言者であったのだ。

（1）この断定はパスカルがグロティウスの『キリスト教の真理について』二の五からかりたものであり、次のマタイが善人であったというのも、グロティウスが一般の使徒たちについて言ったことを、その一人であるマタイに適用したのである。

五九八

原四六五　ラ二一八（二ノ一六）

マホメットのうちにある漠然としたもの、神秘的な意味に解されうるものによってではなく、むしろ彼の天国その他のような判然としたものによって、彼を批判してもらいたい。それこそ彼の笑うべき点である。であるから、彼の判然としたものを笑うべきであるとしたら、彼の漠然としたものを神秘的と解するのは不当である。[*1] 聖書はそれと同日の談ではない。そのなかにマホメットの漠然さと同様に奇妙な漠然さがあることは、私も認める。だが、そこにはすばらしい光があり、あからさまに成就した預言がある。だから、勝負は対等ではない。漠然さにおいてだけ似ていて、その漠然さを尊敬させるに足るような光においては似ていないものを、混同し同一視してはならない。

（1）シャロン『三つの真理』二の一一。

五九九

原四六七、四五七　ラ二〇九（一ノ一六）

イエス・キリストとマホメットとの相違。

マホメット、預言されない。イエス・キリスト、預言される。

マホメット、殺す。イエス・キリスト、おのれのもの（信者たち）を殺させる。

マホメット、読書を禁じる。使徒、読書を命じる。[*1]

要するに、まったく相反しているので、マホメットが人間的に成功する道をえらんだとしたら、イエス・キリストは人間的に破滅する道をとられたことになり、またマホメットが成功したのだから、イエス・キリストも十分成功しえたはずだ、と結論するかわりに、マホメットが成功したのだから、イエス・キリストは当然破滅すべきであった、と言わなければならない。

（1）「マホメットは、私の聞いたところでは、その信者たちに学問を禁じた」（モンテーニュ）、「読むことに心を用いよ」（パウロ）

六〇〇

＊ 原五七 ラ三二一（一ノ一三）

マホメットのしたことは、だれにでもできる。彼は奇跡も行なわなかったし、預言もされなかったのだから。だが、イエス・キリストのされたことは、だれにもできない。

六〇一

＊＊ 原五五（五八五参照） ラ二四三（二ノ一八）

われわれの信仰の基礎。

異教は〔今日では〕基礎を持たない。〔かつてはことばによるお告げという基礎を持っていたといわれる。しかし、それをわれわれに保証する書物は、どんなものであるか。それらの書物は、その著者たちの有徳のゆえに、信じられる価値があるのか。それらは決して改変されなかったと保証されうるような十分の注意をもって保存されているのか〕

マホメット教は、その基礎として、『コーラン』とマホメットとを持っている。だが、世界の最後の希望であるべきこの預言者は果たして預言されていたのか。彼は自称預言者といわれる人々には見られない、なんらかのしるしを持っていたのか。どんな奇跡を行なったと、彼は自分で言うのか。自己流の伝説によってでもよい、どんな神秘を彼は教えたのか。どんな道徳とどんな幸福とを。

ユダヤ教は、聖書の伝承と民衆の伝承とでは、違ったふうに見られなければならない。その道徳と幸福とは、民衆の伝承によれば、笑うべきものである。が、〔聖書〕の伝承によれば、すばらしいものである（このことはあらゆる宗教についても同様である、なぜなら、キリスト教も、聖書と決疑論者とでは全く違っているからである）。その基礎はすばらしい。それは世界最古の書物であり、最も純正な書物である。またマホメットが、彼の書物を存続させようとして、それを読むことを禁じたのに対して、モーセは、彼の書物を存続させようとして、すべての人にそれを読むことを命じた。*1

われわれの宗教（キリスト教）は、いま一つの神聖な宗教（ユダヤ教）をたんなる足台にしているほど、神聖なものである。

（1）『申命記』三一の一一。

六〇二　　原二七　ラ八（一ノ一）

秩序。

ユダヤ人のあらゆる状態のなかで、明白なものと争う余地のないものとを見ること。

六〇三　ポール・ロワヤル版一〇ノ一五

ユダヤ教は、その権威、その期間、その永続、その道徳、その教理、その効果において、全く神聖である。[*1]

（1）三冊本では、この断章をポール・ロワヤルによってなされた要約として除外している。

六〇四　原七（八九参照）　ラ四二五（欠）

常識と人間の本性とに反する唯一の知識こそ、人々のあいだに常に存続してきた唯一のものである。

六〇五　原二六五　ラ二八四（一ノ二一）

本性に反し、常識に反し、われわれの快楽に反する唯一の宗教こそ、常に存在してきた唯一のものである。

六〇六　原八（八九参照）　ラ四二一（二ノ二）

われわれの宗教以外のどんな宗教も、人間が罪のなかに生まれていることを教えなかった。哲学者たちのどんな学派も、そのことを言わなかった。だから、なにものも真実を語らなかった。

どんな学派も、宗教も、地上に永存しなかった、キリスト教のほかには。

六〇七

原一五一　ラ二八七（二ノ二一）

ユダヤ人の宗教を粗雑な人々から推して判断する人は、それを誤解するであろう。それは聖書と預言者たちの伝承とに明らかであり、両者は預言者たちが律法を字義的に解しなかったことを明らかに教えてくれた。同じように、われわれの宗教も、福音と使徒と伝承とにおいては神聖であるが、その取り扱い方を誤る人々には滑稽なものになる。

メシアは、肉的なユダヤ人によれば、この世の偉大な君主であるはずであった。イエス・キリストは、肉的なキリスト者[*1]によれば、われわれをして神を愛することを免れさせ、われわれと無関係にあらゆる効力をあらわす秘跡を授けるために来られたことになる。そのれらはどちらも、キリスト教でもなければ、ユダヤ教でもない。

真のユダヤ人と真のキリスト者とが常に待望してきたのは、彼らをして神を愛せしめるメシア、その愛によって敵に打ち勝たしめるメシアであった。

（1）ジャンセニストの論敵であったモリニストやジェズイットをさすものらしい。

六〇八　　＊　原二五五　ラ二八九（二ノ二一）

肉的なユダヤ人は、キリスト者と異教徒とのあいだに、中間の位置を保っている。異教徒は神を知らないで、この世だけを愛する。ユダヤ人は真の神を知って、この世だけを愛する。キリスト者は真の神を知って、この世を愛さない。ユダヤ人と異教徒とは同じ幸福を愛する。ユダヤ人とキリスト者とは同じ神を認める。

ユダヤ人には二種類があった。一つは、異教的感情しか持たなかったが、他は、キリスト教的感情を持っていた。

六〇九　　原二七七　ラ二八六（二ノ二一）

それぞれの宗教における二種類の人々。

異教徒のあいだでは、動物の崇拝者と自然宗教内の唯一神の崇拝者。

ユダヤ人のあいだでは、肉的な人々と古い律法内のキリスト者であった霊的な人々。

キリスト者のあいだでは、新しい律法内のユダヤ人である粗雑な人々。

肉的なユダヤ人は、肉的なメシアを待望した。粗雑なキリスト者は、メシアが彼らをして神を愛することを免れさせたと考える。真のユダヤ人と真のキリスト者とは、彼らをして神を愛せしめるメシアをあがめる。

六一〇　　原二三九、二四〇、二四三、二四四　ラ四五三（二ノ八）

真のユダヤ人と真のキリスト者とは同一の宗教を持っているということを示すために。

ユダヤ人の宗教は、もともとアブラハムの父性、割礼《かつれい》、供え物、儀式、契約の箱、神殿、エルサレム、要するに、モーセの律法と契約とに存する、と思われてきた。

私は言う、それは決して、これらのどれにも存せず、ただ神の愛にのみ存し、神はその他のすべてのものをお捨てになったと。

神はアブラハムの子孫をお受け入れにならなかった。ユダヤ人は、もし神にそむいたら、異邦人と同様に、神から罰せられるであろう。

『申命記』八章一九節、「あなたがたが、もしあなたがたの神を忘れて、ほかの神々に従うならば、私はあなたがたに警告する、神があなたがたの前に滅ぼしさられた国々の民のように、あなたがたも滅びるであろう」

異邦人は、もし神を愛するなら、ユダヤ人と同様に、神に受け入れられるであろう。

『イザヤ書』五六章三節、「異邦人は言ってはならない、主《しゅ》は私をお受け入れにならないであろうと。神につく異邦人は、これに仕え、これを愛するであろう。私は彼らを私の聖なる山に導き、彼らからその供え物を受けるであろう。私の家は祈りの家だからである」

真のユダヤ人は、彼らの功徳がアブラハムからでなく、神からのみ来ると考えていた。

『イザヤ書』六三章一六節、「あなたはまことに私たちの父です。アブラハムは私たちを知らず、イスラエルも私たちを認めませんでしたが、あなたは私たちの父、私たちの贖《あがな》い主《ぬし》です」

モーセさえ、彼らに、神は人を偏《かたよ》りみることをしないと言った。『申命記』一〇章一七節、「神は人を偏りみず、供え物をお受けにならない」と彼は言う。安息日はしるしにすぎなかった。『出エジプト記』三一章一三節。またエジプトを出た記念にほかならなかった。『申命記』五章一五節。ゆえに、それはもはや必要ではない。エジプトは忘れられるべきものであるから。

割礼はしるしにすぎなかった。『創世記』一七章一一節。

そういうわけで、荒野にいたときには、彼らは割礼を受けなかった。なぜなら、彼らは他の民族と混交することはありえなかったからである。割礼は、イエス・キリストの来臨後はもはや必要でない。

心の割礼が命じられている。

『申命記』一〇章一六節、『エレミヤ書』四章四節、「心に割礼を行なえ、あなたの心の前の皮を取り去れ。もはや、かたくなになるな。あなたの神は、大いなる力強い恐るべき神であって、人を偏りみることがないからである」

神は他日それを行なうであろうと言われた。

『申命記』三〇章六節、「神はあなたの心とあなたの子孫の心とに割礼をほどこし、あなたをして心をつくして神を愛させてくださるであろう」

心の割礼を受けない者は裁かれるであろう。

『エレミヤ書』九章二六節、神は割礼を受けない民と、すべてのイスラエルの民とを裁かれるであろう。なぜなら、後者は「心に割礼を受けない者」だからである。

外面的なものは、内面的なものがなければ、無効である。

『ヨエル書』二章一三節、〈あなたがたは衣服ではなく、心を裂け〉など。

『イザヤ書』五八章三、四節など。

神を愛することは『申命記』の全部にわたってすすめられている。

『申命記』三〇章一九節、「私は天と地とを呼んで証人とする。私は死と生とをあなたがたの前においた。あなたがたは生を選び、神を愛し、これに従え。神はあなたがたの生命だからである」

この愛を欠いたユダヤ人は、その罪のゆえにしりぞけられ、そのかわりに異教徒が選ばれるであろう。

『ホセア書』一章一〇節。

『申命記』三二章二〇節、「私は彼らの終わりの罪を見て、私の顔を彼らに隠そう。彼らはよこしまな不信の民である。

彼らは神でないものをもって、私の怒りを引き起こしたので、私も私の民でない民をもって、彼らにねたみを起こさせ、知恵も悟りもない民をもって、彼らにねたみを起こさせるであろう」

『イザヤ書』六五章一節。

この世の幸福は偽りであり、真の幸福は神に結びつくにある。『詩篇』一四四章一五節。

彼らの祭りは神に喜ばれない。『アモス書』五章二一節。

ユダヤ人の供え物は神に喜ばれない。『イザヤ書』六六章一～三節、同一章一一節、『エレミヤ書』六章二〇節、ダビデ〈『詩篇』五一篇〉。——善人の場合でさえも、〈『イザヤ書』五章七節〉。『詩篇』五〇篇八、九、一〇、一一、一二、一三、一四節。

神はそれら（供え物）を彼らがかたくなであるためにのみ定められた。『ミカ書』六章はすばらしい。『列王紀上』一五章二二節、『ホセア書』六章六節。

異教徒の供え物は神に受け入れられ、ユダヤ人の供え物は御心《みこころ》にかなわない。『マラキ書』一章一一節。

神はメシアによって新しい契約を立て、古い契約を捨てられる。『エレミヤ書』三一章三一節。

——

〈よからぬ命令〉『エゼキエル書[*1]』

―


昔のことは忘れられる。『イザヤ書』四三章一八、一九節、六五章一七、一八節。

契約の箱はもはや思い出されない。『エレミヤ書』三章一五、一六節。

神殿は見捨てられる。『エレミヤ書』七章一二、一三、一四節。

供え物はしりぞけられ、他の純粋な供え物が定められる。『マラキ書』一章一一節。

アロンの祭司職は捨てられ、メルキゼデクのそれがメシアによってもたらされる。〈『詩篇』一一〇篇〉

この祭司職は永遠につづく。同上。

エルサレムは捨てられ、ローマは受け入れられる。〈『詩篇』一一〇篇〉

―


ユダヤ人の名は捨てられ、新しい名が与えられる。『イザヤ書』六五章一五節。

このあとの名はユダヤ人の名よりもすぐれ、永遠にいたる。『イザヤ書』五六章五節。

ユダヤ人は預言者もなく（『アモス書』[*2]）、王もなく、君主もなく、供え物もなく、偶像もないようになる。

ユダヤ人は、それにもかかわらず、民族として常に存続する。『エレミヤ書』三一章三六節。

（1）二〇の二五。

（2）八の一一。

六一一　原二六五（四七四参照）　ラ三六九（一ノ二六）

国。

キリスト教国も、ユダヤ人の国も、支配者として神のみを持っていた。ユダヤ人フィロン[*1]が『王国論』に指摘しているとおりである。

彼らが戦ったとしたら、それは神のためであった。〔彼ら〕はひたすら神に希望をおいた。彼らはその町々を神に属するものとのみ考え、それらを神のために守った。『歴代志上』一九章一三節。

（1）一世紀ごろの哲学者で、アレクサンドリア学派の先駆者。ユダヤの伝説とギリシアの哲学とを調和させようと試み、モーセのうちにプラトニスムの起原を求めた。

六一二　原三九　ラ七九九（二ノ二九）

『創世記』一七章。[*1]〈私はあなたとのあいだに契約をたてて、永遠の契約とし、あなたの神となるであろう〉

〈あなたは私の契約を守らなければならない[*2]〉

（1）七節。

（2）同じく九節。

六一三　　　原二一八　ラ二八一（二ノ二一）

永続性。
この宗教、すなわち人間は栄光の状態および神との交わりから、悲哀と悔悛と神からの離反との状態におちたが、そのような生活ののちに、来たるべきメシアによってふたたび元にかえされるであろうと信じるところに成り立つこの宗教は、常に地上に存在してきた。

あらゆるものは過ぎ去ったが、あらゆるものの存在目的であるこの宗教は存続した。

この世の初期の時代に、人々はあらゆる種類の乱脈におちいったが、それでもなお、エノク、レメク、その他のように、世のはじめから約束されたキリストを忍耐づよく待望した聖徒たちがあった。ノアは人間の悪が頂点に達したのを見、彼自身がその表徴であったメシアを期待することによって、みずから人々を救いうるものとなった。アブラハムは偶像崇拝者たちにとりまかれていたとき、彼がはるかにその出現を祝福したメシアの秘義を[1]神から示された。イサクとヤコブとの時代には、憎むべきことが全地にはびこったが、これらの聖徒たちは信仰に生きた。そして、ヤコブは死に臨んで、その子らを祝福し、ことばもとぎれるほどの感激をもって叫んだ、「ああ、私の神よ、私はあなたの約束された救い主を待っています」〈主よ、私はあなたの救いを待ち望みます[2]〉と。エジプト人は偶像崇拝と魔術とに感染していた。神の民すらも、彼らのならわしに引きこまれていた。それにもかかわらず、モーセその他の人々は、見えない神を信じ、神が彼らのために備えられた永遠の賜物《たまもの》を望みつつ、神を礼拝した。

次に、ギリシア人とローマ人とが偽りの神々を横行させた。詩人たちは幾百の異なる神学を案出し、哲学者たちは幾千の相違する学派に分裂した。それでもなお、ユダヤの中心には、選ばれた人々が常に存在し、彼らしか知らないメシアの来臨を預言していた。

ついに時が満ちて、彼は来られた。そのとき以来、人は多くの分派と異端、多くの国家の滅亡、あらゆる事物のおびただしい変化が生じるのを見た。しかし、常に礼拝されつづけた神を礼拝する教会は、絶えまなく存続した。そして、この常に存続した宗教が常に攻撃されてきたということは、驚くべき、無比な、全く神聖なことである。それは幾千回となく、全般的破壊に近づいた。しかし、そのような状態におかれるつど、神はその力の異常な発動によって、それを復興されたのである。それとともに驚くべきことは、それが暴君の意志にも屈せず、たゆまずみずからを守り通してきたことである。というのは、国家ならば、その法律を必要に応じてときどき変えれば存続するということは不思議ではないが……(モンテーニュ中の指示された箇所を見よ)[*3]

(1)『ヨハネ福音書』八の五六。
(2)『創世記』四九の一八。

（3）『エセー』一の二三の一節であろうという。

六一四　　原二八三　ラ二八〇（一ノ二一）

国々は必要に応じてその法律をときどき曲げなければ滅びるであろう。だが、宗教はそれを許さなかったし、また行なわなかった。したがって、そういう調停か、奇跡かが必要である。

曲げることによってみずからを保った例は珍しくないが、それはほんとうにみずからを保持することではない。それでもなおついには全く滅びるのだ。千年もつづいた国は一つもない。だのに、この宗教はいつもみずからを保持し、しかも変節しなかった。これはその神聖を示すものだ。

六一五　　原四一（二四〇参照）　ラ八一七（二ノ二九）

今さら言ってもむだなことだが、キリスト教のうちに何か驚くべきものがあるということは認めなければならない。「それは君がそのなかで生まれたからだ」と言う人があるかもしれない。どういたしまして。私はそういう理由があればこそ、その先入見に誘われはしないかと、大いに警戒しているのだ。しかし、自分がそのなかで生まれたにせよ、それが驚くべきものであることは認めずにはいられない。

六一六 ＊＊ 原二三七 ラ二八二（一ノ二一）

永続性。

メシアはいつも信じられてきた。アダムの伝説は、ノアとモーセとにはなお新鮮であった。それ以後、預言者たちはメシアのことを預言し、それとともに他の事柄をも常に預言した。それらの出来事はときどき人々の目の前で起こり、彼らの使命が真実であること、ひいてはメシアについての彼らの約束が真実であることを示した。イエス・キリストは奇跡を行ない、使徒たちもまたそれを行なって、すべての異教徒を回心させた。そのようにして、あらゆる預言は成就し、メシアは永久に証明されたのである。

六一七 原七七 ラ三九〇（二ノ一）

永続性。

次のことを考えてほしい。世のはじめ以来、メシアへの待望または礼拝が絶えまなく存続したこと、その民を救うべき贖い主が生まれるであろうという示しを神から受けたと語った人々が存在したこと、ついでアブラハムが現われて、彼のもうける息子《むすこ》からメシアが生まれるであろうという啓示を受けたと言ったこと、ヤコブが、彼の十二人の子供のうちユダから、メシアが生まれるであろうと言明したこと、次にモーセと預言者たちとが現われて、メシア来臨の時期と仕方とを言明したこと、彼らはその所有する律法がメシアの律法の準備にすぎず、そのときまで彼らの律法は絶えず存在するが、メシアの律法は永久に存続し、かくして彼らの律法もしくはそれが約束したメシアの律法はいつまでも地上に存在するであろうと語ったこと、事実それは常に存続したこと、ついにイエス・キリストがあらゆる予告された事情のもとに来臨されたこと。これは驚くべきことである。

六一八　　原二一四（五七二参照）　ラ四五六（二ノ一〇）

これは確実なことだ。あらゆる哲学者たちが種々の学派に分かれているあいだに、世界の一隅《いちぐう》に、世界最古の民族に属する人々がいて、全世界は迷妄《めいもう》におちいっている、神は自分らに真理を啓示された、この真理はいつまでも地上に存在するであろう、と宣言するのである。事実、他の学派は断絶したが、この真理は絶えず存続して、それから四千年になるのである。彼らは次のように宣言する。人間は堕落して神との交わりを失い、神から全く遠ざかったが、神は彼らの救いを約束されたということを、彼らは先祖たちから伝えられた。この教理はいつまでも地上に存続するであろう。彼らの律法は二重の意味を持っている。

千六百年のあいだ、彼らが預言者と信じた人々がいて、時期と仕方とを預言した。四百年後に、彼らは方々に散らばった。それはイエス・キリストがいたるところに宣《の》べ伝えられるためであった。

イエス・キリストは預言された仕方と時期とに来臨された。

それ以来、ユダヤ人は方々に散らばり、呪《のろ》われながらも、なお存続している。

六一九　原三三五、三三六、三三九　ラ四五四（二ノ九）

私はキリスト教がそれに先行する宗教（ユダヤ教）の上に基礎をおいているのを認める。そして、これは確実なことだと思う。

私はここで、モーセ、イエス・キリスト、使徒たちの奇跡については語るまい。それはまず説得的には見えないし、それに私がここで明らかにしようとしているのは、キリスト教のあらゆる基礎、すなわち明々白々な、何びとであれ疑いをさしはさむ余地のないものだけだからである。

われわれが世界の多くの場所に、世界の他のあらゆる民族からかけ離れた特殊な一民族、みずからをユダヤ人と呼んでいる人々を見いだすことは、確かである。

——

それから、私は世界の多くの場所とあらゆる時代とに、おびただしい宗教があるのを認める。だが、それらの宗教には、私の心にかなう道徳も私をひきつける証拠もない。そこで、私は、マホメットの宗教も中国のそれも古代ローマ人の宗教もエジプト人のそれも、この一つの理由、すなわち、それらの一つは真理のしるしを他よりも多く持っていないし、これでなければならないという何ものも持っていないので、理性はそれらのどちらにも私を傾かせることができないという理由によって、等しくしりぞけるであろう。

しかし、このように時代が変わるにつれて習俗や信仰が定めのない奇怪な種々相を示すのを見たうえで、私は世界の一隅に、地上の他のあらゆる民族からかけ離れ、それらのうちで最も古く、その歴史はわれわれの知っている最古のものよりも数世紀先んじている特殊な一民族を見いだす。

私はさらに、この偉大な多数の民族がただ一人の人から生まれ、唯一の神を拝み、神の手から受けたと自称する一つの律法によって導かれているのを見いだす。彼らは神からその秘義を啓示された世界唯一の民族であること、あらゆる人間は堕落して神の恩恵を失っていること、人間はみな自分の感性と自分の生来の理知とのうちに放任されていること、そこから宗教や習慣について人間のあいだに奇怪な迷妄や不断の変化が生じること、それにもかかわらず、彼らはその行為において不動の態度をとっていること、しかし神は他の諸民族を永久にこの暗黒のうちに放任しておかれないこと、すべての人のために救い主が来るであろうこと、彼らはこのことを人々に告知するためこの世に存在すること、彼らはこの大きな出来事の先駆者および伝令者となるため、またすべての民族を召集して彼らとともにこの救い主を待ち望ませるために特につくられていること、これらのことを彼らは主張する。

この民族との出会いは私を驚かせ、私の注目に値するように思われる。彼らが神から受けたと誇っている律法を見て、私はそれがすばらしいものであるのを認める。それはあらゆる律法のうち最初のものであり、しかもギリシア人のあいだに法律という語が通用する約千年も前に、彼らに受け入れられ、絶えず守られてきたものである。また私が奇異に思うのは、この世界最古の法律が最も完全なものでもあったということである。そういうわけで、世界最大の立法者たちがユダヤ人の律法を借用したことは、アテナイの十二戒律[*1]にも表われている。これはのちにローマ人によって採用されたもので、ヨセフス[*2]その他の人々が、この問題を十分論じなかったとしても、それを証明するのは容易のわざなのである。

（1）アテナイには「十二戒律」というものは存在しない。パスカルは、これをグロティウスから不正確に引用したのであろうという。アヴェの調査によれば、グロティウスのなかには次のような一節がある。「アテナイのこの非常に古い法律は、その後ローマ人の法律の本元になったが、その起原をモーセの律法に発している」

（2）ヨセフス『アピオンを駁《ばく》す』二の一六。ヨセフス（三七～一〇〇ころ）はユダヤの史家で、ローマ軍によるエルサレム包囲のとき、捕虜となり、以後ローマに住み、フラヴィウス家の皇帝に仕えた。

六二〇

原二九七、二九八、三四一　ラ四五一（二ノ六）

ユダヤ民族の長所。

この研究において、ユダヤ民族は、彼らのうちに見られる多くの驚くべき特異な事実によって、まず私の注意をひく。

最初に私が気づくのは、一民族が全部同胞として構成されていることである。他のあらゆる民族が無数の氏族の集合から成っているのに対して、この民族は非常に多数ではあるが、全部がただ一人の人から出ている。したがって、みな同じ血肉であり、互いに肢体《したい》であるために、〔彼らは〕一つの有力な家族国家を形づくっている。これが独自な点である。

この家族または民族は、人々の知っているかぎりでは最も古い民族である。このことはその民族に対して特別な敬意を私にいだかせずにはおかない。われわれが現にしている研究においては特にそうである。というのは、もし神があらゆる時代にわたって人々にみずからを示されたとしたら、われわれがその伝承を知るために赴くべきは、まさにこの民族だからである。

この民族はたんにその古さにおいて重要であるばかりでなく、またその永続においても異例である。それはその発生以来、今日まで絶えず存続してきた。なぜなら、その後長くたってから現われたギリシア、イタリア、ラケダイモン、アテナイ、ローマ、その他の諸民族は、すでに久しい以前に滅びたのに反して、この民族は常に存続してきたからである。さらに、ユダヤ人の歴史家たちが立証しているように、また長い年月のあいだの事物の自然な成り行きからたやすく判断されるように、多くの有力な王たちが幾百回となく彼らを滅ぼそうとしてさまざまのことを企てたにもかかわらず、彼らはなお常に保存され、しかもその保存が預言されていたのである。そして、彼らの歴史は最古の時代から最近の時代にわたっているので、その期間のうちにわれわれのあらゆる歴史の期間を含み、「われわれのよりもはるかに先行しているのである」。

この民族を治める律法は、世界の法律のなかで最も古い完全なものであるとともに、また一国において常に絶えまなく守られてきた唯一のものである。これはヨセフスが『アピオンを駁す』のなかで、[*1]またユダヤ人フィロンがいろいろの章句で、[*2]みごとに示していることである。それらのなかで彼らは、ユダヤ人の律法が非常に古いことは、法律という名称すらそれより千年以上ものちに最古の民族によってようやく知られたほどである、と指摘している。したがって、多くの国々の物語を書いたホメロスも、この名称を用いていない。またその完全さを知るには、一読しただけで十分である。その律法ではすべてのことが非常な知恵と多大の公正と極度の分別とをもって用意されているので、それをいくぶんか知っていたギリシア、ローマの最古の立法者たちは、彼らの主要な法律をユダヤの律法から借用したほどである。このことは十二戒律とよばれる法律や、ヨセフスがあげている他の証拠によっても明らかである。

しかし、この律法は、彼らの宗教的祭儀に関するかぎり、あらゆる法律中もっとも峻《しゅん》厳《げん》であり、もっとも苛烈《かれつ》でもあって、この民族をその義務に服せしめるために、幾千のめんどうな施行細目を死の極刑に訴えて、これに課している。そういうわけで、それがこのように反逆的ないらだたしい民族によって幾世紀にもわたり絶えず保持されてきたということは、全く驚くべきことである。

そのあいだに他のあらゆる国々は、それぞれの法律を、はるかにゆるやかなものであったにもかかわらず、しばしば変更せざるをえなかったのである。

あらゆる法律中の最初のものを含むこの書物は、それ自身、世界最古の書物であって、ホメロスのもの、ヘシオドスのもの、その他のものは、それより六、七百年もおくれているのである。

（1）『アピオンを駁す』二の一五。
（2）『モーセ伝』二。

六二一

一写二二一　ラ四三五（二ノ四）

天地創造と大洪水とは過ぎ去って、神はもはや世界を破壊することも、それを再び創造することも、彼自身のそのような大きなしるしを与えることも必要でなくなったので、特に形づくられた一民族を地上に設けはじめ、メシアがその霊をもって形づくられる一民族の興るときまで、彼らを存続させようとされた。

六二二　　　一写二五六　ラ四七四（二ノ一一）

世界の創造が過去のこととなりはじめたので、神は一人の同時代の歴史家を備え、一民族に彼の書物の守護をゆだね、その歴史が世界で最も純正なものとなり、全人類がぜひとも知るべき一事をそれによって学ぶことができるように、それによらなければ知ることができないようにされた。

六二三　　　原一九　ラ三五〇（一ノ二五）

〔ヤペテから系図がはじまる〕

――

ヨセフはその両腕を交差して、弟をとりたてる。[*1]

（1）『創世記』四八の一二～一九。断章七一一参照。ヨセフはヤコブの誤記と考えられる。

六二四　　　原四九一（二〇四の二参照）　ラ二九二（一ノ二二）

モーセの証拠。

なぜモーセは人々の寿命をかくも長くし、彼らの世代をかくも少なくしたのであろうか。[*1]

それは、年代の長さでなく、世代の多いことが、ものごとを曖昧《あいまい》にするからである。

なぜなら、真実は人々が変わることによってのみゆがめられるからである。

とはいえ、彼はかつて人の思い浮かんだもののなかで最も記憶すべき二つのこと、すなわち、天地創造と大洪水とを非常に近く、ほとんどすれすれに置いている。[*2]

(1)『創世記』にしるされたアダムからヤコブまでの始祖および族長の系図は二十二代、二千三百十五年である。しかも、彼らの全寿命を合わせると、五人分でそれだけの期間をうずめることができる。

(2) 二つの事件は年代からすれば相当に遠いが、世代からすれば非常に近い。

六二五

＊＊　原四八九　ラ二九六（二ノ二二）

セムはレメクを見、レメクはアダムを見たが、そのセムがまたヤコブを見、[*1] ヤコブがモーセを見た人々を見た。だから、大洪水と天地創造とは事実である。このことはそれを正解する人々のあいだでは、決定的である。

(1) これは『創世記』の記事と合致しないというので、ポール・ロワヤル版では「すくなくともアブラハムを見、アブラハムはヤコブを見」と訂正している。

六二六

＊ 原四九一 ラ二九〇（一ノ二二）

他の丸印。[＊1]

族長たちの寿命が長かったことは、過去の事実の物語を失わせるかわりに、かえってそれを保存するのに役立った。なぜなら、人が先祖の物語をよく知らないことがあるのは、彼らとともに長く生活しなかったからであり、人が物ごころのつく年ごろになるまでに、彼らが多く死んでいるからである。しかるに人々が非常に長命であったころは、子供も長いあいだ親たちとともに生活した。彼らは長いあいだ互いに語り合った。そんなとき、彼らは先祖の物語のほかに何を話したであろうか。なぜなら、あらゆる物語は先祖の話にもどってきたし、彼らはわれわれの日常の会話の大部分を占めている研究や学問や技芸などを全く持たなかったからである。だから、この時代には、人々が自分らの系図を保存するために、特別な注意をはらっていたことが知れる。

（1）ラフュマ版によって補う。原稿にある指示。

六二七

原二二五（二三参照）ラ七九〇（二ノ二七）

私は思うに、ヨシュアは神の民のなかでこの名[＊1]をつけた最初の人であり、イエス・キリストは神の民のなかでその最後の人である。

（1）ヨシュアとイエスとはヘブル語では同義で、ともに救い主を意味する。

六二八

一写二二五　ラ四三六（二ノ五）

ユダヤ人の古さ。――ある書物と他の書物とのあいだには、いかに大きな相違があることか。私はギリシア人が『イリアス』を書き、エジプト人や中国人が彼らの歴史を書いたことをべつに怪しまない。ただどうしてそれらが発生したかを見る必要がある。これらの伝説的歴史家たちは、彼らの書いている事柄と同時代の人々ではない。ホメロスは一篇の物語を書き、それを物語としておくりだし、それは物語として受けとられる。〔なぜなら、トロイアもアガメムノンも、黄金の林檎《りんご》と同様に実在しないことは、だれも疑わなかったからである〕したがって、彼は歴史をつくろうと思わずに、ただ娯楽物をつくろうと思ったのだ。彼はその時代のことを書いた唯一の人であり、その著作の美しさによって、書かれた事柄を後世に伝えた。すべての人がそれを知り、それを口にする。それは必ず知らねばならず、だれでもそれを暗記している。四百年後には、書かれた事柄の目撃者はもはや存在しない。だれも自分の知識によって、それが作り話であるか歴史であるかを知ることはできない。人がそれを先祖から受けついだというだけで、それは真実として通るのである。

同時代の記録でないあらゆる歴史、たとえば『シビュラの書』『トリスメギストスの書』*1、その他、世間で信じられてきた多くの書物は偽書であり、時がたつにつれて偽書であることがわかってくる。同時代の著者たちの場合は、そうはならない。一個人が書いて、民族に発表する書物と、一民族が自分でつくる書物とのあいだには、大きな相違がある。そういう書物が民族とともに古いということは、疑うことができない。

（1）「シビュラ」とは巫女のことで、『シビュラの書』とはその神託集である。それははじめ不明確なギリシア語で書かれていたが、ローマ紀元六七〇年の火事で焼けてから、新たに編集増補され、のちにはキリスト紀元三八九年までのギリシア、ローマ、アフリカの多くの神託を含むものになった。「トリスメギストス」とは三重に偉大なるものという意味で、ギリシアではヘルメス神の別名であった。『トリスメギストスの書』とは『シビュラの書』と同様な神託集で、かつては四十二巻にものぼる大部のものであったが、今ではそのうちのわずかな部分が残っているにすぎない。

六二九

原四九一　ラ二九五（一ノ二二）

ヨセフスはその民族の恥を隠す。

モーセは自分自身の恥を隠さないし、……

〈民がみな預言することを許すのはだれであろうか〉[*1]

彼は民衆に愛想をつかしていた。

（1）『民数記』一一の二九。

六三〇

原二七七（四三九参照）　ラ三八四（二ノ一）、四九二（二ノ一八）

ユダヤ人の純真さ。
彼らにもはや預言者があらわれなくなってからのマカベア家の人々。[*1] イエス・キリスト以後のマソラ。[*2]
「この書物は、あなたがたのために、あかしとなるであろう」[*3]
欠けている文字と語尾の文字。[*4]

――

彼らは自分の名誉にさからって純真であり、そのためには死をも惜しまない。これは世界に類例がなく、自然性にも根ざしていない。

（1）マカベア家は、紀元前二世紀ごろ、エルサレムを統治した一家で、当時のシリア王の暴虐に反抗して立ち、ユダヤ人の宗教的自由のため、果敢な闘争を繰り返したことによって知られている。
（2）ヘブル語で伝承の意味で、特に旧約聖書の正しい読み方を決定するために集められた律法学者たちの伝承を言う。
（3）『イザヤ書』三〇の八。

（4）断章六八七、六八八参照。

六三一　　原三三三　ラ四五二（二ノ七）

ユダヤ人の純真さ。

彼らが愛と忠実とをもって伝えるこの書物のなかで、モーセは、彼らは生きる日のかぎり神に対して忘恩的であったし、自分の死後いっそうそうなることを知っているが、自分は天と地とを呼んで彼らに対する証人とするであろう、自分は彼らに教えるだけのことは十分〔教えた〕と言明している。

モーセはまた、ついに神は彼らに対して怒り、彼らを地のすべての民のあいだに散らされるであろう、彼らが彼らの神でない神々を拝んで神を怒らせたように、神もその民でない民を呼び出して彼らを憤らせられるであろう、神はみずからのすべてのことばが永久に保存されることを望み、またその書物が彼らに対していつまでもあかしとして役立つために、契約の箱に〔納め〕られることを望んでおられる、と言明する。[*1] イザヤも三〇章八節に同じことを言っている。

（1）『申命記』三一、三二章。

六三二　　＊＊　原二四七　ラ九七〇（欠）

エズラについて。

諸書が神殿とともに焼失したという話。『マカベア書』によれば虚偽、[*1]「エレミヤは彼らに律法を与えた」

彼が全部を暗記したという話。ヨセフス[*2]とエズラ[*3]とは「彼は書物を読んだ」と指摘している。

バロニウス『年代誌』一八〇、〈諸書が焼失し、エズラによって再編されたということは、『エズラ第四書』以外には、古代ヘブル人の何びとも伝えていない〉

彼が文字を変えたという話。

フィロン『モーセ伝』に〈むかし律法がしるされたときの言語と文字とは、七十人訳のときまで、そのままであった〉

ヨセフスは言う、[*4]律法は七十人によって翻訳されるまで、ヘブル語であったと。

アンティオコスとヴェスパシアヌスとの治下では、諸書を禁じようとしたが、そのとき、預言者もいなかったのに、それは行なわれなかった。バビロニア人の治下では何の迫害も行なわれず、預言者も多くいたのに、それらを焼くにまかせたであろうか？

――

ヨセフスは……に堪えなかったギリシア人[*5]を嘲笑している。

テルトリアヌス、[*6]〈バビロニアの侵略によってエルサレムが滅ぼされたとき、ユダヤの諸書をエズラが回復したように、激しい洪水によってこぼたれた諸書を、（ノア）は御霊《みたま》によって再興することができた〉。彼は言う、エズラが捕囚中に失われた聖書を再編したように、ノアも洪水によって失われたエノクの書を御霊によって再編しえたであろうと。〈ネブカデネザルの世に、民は捕囚となり、律法の書は焼かれたが、……（神は）レビ族の祭司エズラに御霊を授けて、さきにあった預言者らのことばをことごとく再録し、モーセによって与えられた律法を、民の前で建てなおされた〉[*7]彼はこれを引用して、次のことを証明しようとする。すなわち、七十人が、人も驚くほどのあの一致をもって聖書を解明したということは、信じがたいことではないと。エウセビオス『教会史』五巻八章。彼はこれを聖エイレナイオスから引くのである。[*8]

聖ヒラリウスは『詩篇』の序言のうちに、エズラは『詩篇』を正しく排列したと言っている。

この伝説の起原は『エズラ第四書』一四章からきている。

〈すべての人が始めから終わりまで同じことばでそれを引用しているので、神は讃美され、真の聖書は信じられたのである。そのため人々は、聖書が神の御霊によって解かれ、神がそのことを成し遂げられたのは不思議でないのを知ることができる。ネブカデネザルのもとで民が捕われたとき、諸書はこぼたれたが、七十年後、ユダヤ人が故国に帰り、ついで、ペルシア王アルタクセルクセスのとき、神はレビ族の祭司エズラに御霊を授けて、さきに

あった預言者らのことばをことごとく思いおこさせ、モーセによって与えられた律法を、民の前で再興された〉

(1) 旧約外典『マカベア第二書』二の二。
(2) ヨセフス『古代史』一一の五。
(3) 旧約外典『エズラ第二書』八の八。
(4) ヨセフス『古代史』一二の二。
(5) この語 Grecs (ギリシア人)を、ブランシュヴィック版では「ユダヤ人」と読んでいるが、トゥルヌール版その他によって改める。
(6) テルトリアヌス『デ・クルツ・フェミナルム』一の三。
(7) この文はギリシア文字で書かれている。
(8) エイレナイオス『異端反駁論』三の二五。

六三三

＊ 原一六三　ラ九七一 (欠)

エズラの話[*1]を反駁する。

『マカベア第二書』二章。

——

ヨセフス『古代史』二巻一章。クロスはイザヤの預言を理由にして民族を釈放した。

——ユダヤ人はクロス治下のバビロンにおいて、その財産を平和に維持した。だから、彼らが律法を持っていた可能性は十分ある。

――ヨセフスは、エズラについてのあらゆる歴史のなかで、この再編のことには一言もふれていない。

『列王紀下』一七章二七節。

（1）エズラの話とは、旧約外典『エズラ第四書』一四章にある話であって、そこにはエズラが捕四中に焼失した聖書を再編したとしるされている。この話は聖書の純粋性を危うくするので、カトリック教会ではその書（『エズラ第四書』）を除外しているほどである。パスカルもトリエント公会議の決議に従って、教会の立場を支持したのである。

六三四　　原四一一　ラ九七二（欠）

もしエズラの話が信じられるならば、聖書が聖なる書であることはいっそう信じられなければならない。なぜなら、その話は七十人訳の権威を主張する人々の権威の上にのみ立っており、その七十人訳は聖書が聖であることを立証しているからである。

したがって、その話が真実であるならば、われわれはそれによって利益を得るし、そうでなければ、なおさら利益を得る。そこでモーセの上に立てられたわれわれの宗教の真理をこぼとうとする人々は、彼らが攻撃するのに用いる同じ権威によって、われわれの宗教の真理を立てることになる。したがって、このような摂理によって、われわれの宗教は常に存続する。

六三五

原二〇二　ラ二七七（一ノ二〇）

ラビ教説の年代記。

（ページ数を示したのは『プギオ・フィデイ』の書による）

二七ページ、R・ハカドシュ。

『ミシュナ』または『口伝』または『第二の律法』の著者（二〇〇年）。

『ミシュナ』の注解
『シフラ』
『バライェトート』
『タルムード・ヒエロソール』
『トシフトート』
（三四〇年）

『ベレシト・ラバ』R・オサイア・ラバ著『ミシュナ』の注解。

『ベレシト・ラバ』『バル・ナコニ』は精細で快適な論述で、歴史的かつ神学的である。この同じ著者は『ラボート』という書を著わした。

——

『タルムード・ヒエロソール』の百年後（四四〇年）に、R・アセが『バビロンのタルムード』を編集した。それはすべてのユダヤ人の全般的賛同を得たもので、ユダヤ人はそのなかにしるされたすべてのことをぜひとも守る義務がある。

R・アセの付録は『ゲマラ』と呼ばれる。それは『ミシュナ』の注解である。

また『タルムード』は『ミシュナ』と『ゲマラ』のどちらをも含んでいる。

六三六　　原三九四　ラ九五九（欠）

「もし」は無関心を意味しない。

『マラキ書』*1

『イザヤ書』

イザヤ、〈もし快く従うなら〉*2など。

〈その日には〉*3

（1）二の二。

（2）一の一九。

（3）『創世記』二の一七。

六三七　　原二六五　ラ三四二（一ノ二四）

預言。

王権はバビロン捕囚によって中断されはしなかった。帰還が約束され、預言されていたからである。

六三八　　原五九　ラ三〇五（一ノ二三）

イエス・キリストの証拠。

七十年のうちに釈放されるという確信をもって捕われたのは、真に捕われたことではなかった。だが、いまや彼らは何の希望もない捕われの身である。

神は彼らに約束して、たとい私があなたがたをこの世の果てにまで散らしても、もしあなたがたが私の律法に忠実であるならば、あなたがたを再び集めるであろう、と言われた。

彼らは律法にはなはだ忠実であるが、やはり圧迫されつづけている。

六三九　　原五三　ラ三一四（一ノ二三）

ネブカデネザルがユダヤ民族を連れ去ったとき、王権がユダから除かれたと人々が思うのを恐れて、彼らの捕われの日の短いことと、再び連れもどされるであろうことが、あらかじめ告げられたのである。

――

彼らはいつも預言者たちに慰められ、彼らの王室はつづいた。

しかし第二の破滅は、回復の約束もなく、預言者もなく、王もなく、慰めもなく、希望もないものである。それは王権が永久に取り去られたからである。

六四〇　＊　原四九　ラ三一一（二ノ二三）

次のような事実を見るのは驚くべきことであり、特別な注意に値することである。すなわち、このユダヤ民族がすでに長い年月のあいだ、しかも常に悲惨な状態で存続しているということ、イエス・キリストの証拠として必要なので、彼らはイエス・キリストを証明するために存続するとともに、彼を十字架にかけたために悲惨であるということ、そして悲惨であることと存続することとは相反しているのに、彼らはその悲惨にもかかわらず、常に存続しているということ。

六四一　原二七七（四三九参照）　ラ四九五（二ノ一八）

彼らがメシアの証人として役立つために特につくられた民族であるということは、明白である（『イザヤ書』四三章九節[*1]、四四章八節）。彼らは諸文書を保ち、それらを愛したが、理解しなかった。そして、神の裁きは彼らにゆだねられるが、それは封じられた書としてである[*2]ということが、すべて預言されている。

（1）むしろ一〇節の「あなたがたは私の証人である」のほうが適切である。

（2）『イザヤ書』二九の一一。

第十章　表徴

六四二

＊　原四五　ラ二七四（二ノ一九）

旧約と新約とを一度に証明すること。[*1]

これらの二つを一気に証明するには、一方の預言が他方において成就しているかどうかを見さえすればよい。

預言を吟味するには、それらを理解しなければならない。

もし人がそれらに一つの意味しか認めなければ、メシアが来臨しないことは確かであるが、それらに二重の意味があるとすれば、メシアがイエス・キリストとして来臨することは確かである。

だから、あらゆる問題は、預言に二重の意味があるかどうかを知ることにかかっている。

聖書にイエス・キリストと使徒たちとが与えた二重の意味があることは、以下によって証明される。

一、聖書自身による証明。

二、ラビたち（ユダヤの律法学者）による証明。モーセ・マイモニデスは言う、聖書には二つの面があり、預言者たちはイエス・キリストについてのみ預言した、と。
三、カバラ（旧約についての伝説）による証明。
四、ラビたち自身が聖書に与える神秘的解釈による証明。
五、ラビたちの根本原理による証明。すなわち二重の意味がある、彼らの功績に応じて栄光の姿においてか、卑賤《ひせん》の姿においてか、メシアの二つの来臨がある。預言者たちはメシアについてのみ預言した――律法は永久的でなく、メシアによって改変されるべきものである――そのとき人はもはや紅海を思い起こさないであろう、ユダヤ人と異邦人とは混じりあうであろう。
〔六、イエス・キリストと使徒たちとがわれわれに授ける鍵による証明〕
（1）ヤンセンの定式によれば、「新約は旧約のうちに隠れており、旧約は新約のうちに表われている」（『アウグスティヌス』救い主キリストの恩恵について、三の八）

六四三　　原四三　ラ二七五（一ノ一九）

表徴。

『イザヤ書』五一章。紅海、贖罪の影像。

〈人の子が地上で罪をゆるす権威を持っていることを、あなたがたに知らせるために、あなたに言う、起きよ〉*1

神は見えない聖なるものをもって聖なる民をつくり、それに永遠の栄光を満たしうることを示そうとして、見える事物をつくられた。自然は恩恵の影像であるから、神は恩恵の賜物《たまもの》のなかでなすべきことを、自然の賜物のなかで行なわれた。これは神が見えることを行なわれる以上、見えないことも行ないうるということを、人に悟らせるためである。

そこで、神はこの民族を、大洪水から救い、アブラハムから生まれさせ、敵のなかからあがないだし、平安のうちにおかれた。

神の目的は、たんに豊かな土地にのみ導こうとして、大洪水から救い、一民族をアブラハムから生まれさせたのではなかった。

さらに恩恵すらも栄光の表徴にほかならない。なぜなら、それは究極の目的ではないからである。それは律法によって表徴され、それ自身また〔栄光〕を表徴する。恩恵は栄光の表徴であり、その原理または原因である。

——

人々の日常生活は、聖徒の生活に似ている。彼らはいずれも自分の満足を求める。ただその満足を何においているかが違っているだけである。彼らは自分を妨害したりする人々を敵と呼ぶ。ゆえに、神は見えるものに対して力を持っていることを示すことによって、見えない賜物を与える力を持っていることを示されたのである。

（1）『マルコ福音書』二の一〇～一一。

六四四　　原七七　ラ三九二（二ノ一）

表徴。

神は聖なる民をつくり、それを他のあらゆる国民から引き離し、その敵から救い、安息の地に置こうとして、それをすることを約束し、その預言者たちを通してメシア来臨の時期と仕方とを預言された。とはいえ、その選民の希望を固めるために、神はあらゆる時代にわたってその希望の影を彼らに見させ、彼らを救おうとする神の力と意志とに対して彼らが確信を失うことのないようにされた。なぜなら、人間が創造されたとき、アダムはそのことの証人であり、女から救い主が生まれるであろうという約束の受託者であったからである。

そのとき人々は天地創造からさほど離れず、彼らの創造と堕落とを忘れることができなかった。アダムを見た人々がもはやこの世にいなくなったとき、神はノアをつかわし、一つの奇跡によって彼を救い、全地を水浸しにされた。この奇跡は、神が世を救う力を持っておられること、またその救いを行なう意志を持ち、しかも女の子孫からその約束されたメシアを生まれさせる意志を持っておられることを、明らかに示したものである。

この奇跡は〔人間〕の希望を固めるのに十分であった。

大洪水の記憶がまだ人々のあいだに新しく、ノアもまだ生きていたころ、神はアブラハ

ムに約束を与え、またセムがまだ生きていたころ、神はモーセをつかわし……[*1]

（1）ユダヤ民族の歴史が、ここで神の目的に関連して解釈されている。ユダヤ民族は神の預言の受託者であり、各時代におけるこの預言への信仰は、神の力と意志とを明示するような何らかのあかしによって更新され、確かめられてきたというのである。これは今日のヨーロッパ神学界の一傾向である救済史的見地と相通じるものである。

六四五　原五九　ラ二三八（二ノ一八）

表徴。

神は彼を信じる人々から、消え去るべき幸福を奪おうとされたが、それが無力のゆえでないことを示すために、ユダヤ民族をつくられた。

六四六　原一一〇　ラ五七三（二ノ二三）

ユダヤ人の会堂が滅びなかったのは、それが表徴であったからである。

だが、それは表徴でしかなかったので、隷属の状態におちいった。

表徴は真理が現われるまで存続した。教会が、それを約束する形象としてか、または現実としてか、常に見えていなければならなかったので。

六四七

原二九　ラ二四五（一ノ一九）

律法は表徴的なものであったこと。[*1]

（1）ヤンセンは「旧約聖書の状態は表徴的である」（『アウグスティヌス』三の八）と言っている。パスカルにおける表徴の教理は、ふつう言われるように、中世神学への復帰や、『プギオ・フィディ』のたんなる模倣ではなく、このジャンセニスムの神学への適応である。

六四八

＊原三一　ラ二五二（一ノ一九）

二つの誤り。一、すべてを字義的に解すること。二、すべてを精神的に解すること。

六四九

原一五　ラ二五四（一ノ一九）

あまりに行きすぎた表徴に反対して述べること。

六五〇

原四五九　ラ二一七（二ノ一六）

表徴のなかには明白な論証的なものもあるが、多少こじつけと思われるものもないではない。後者は他の方法で説得されている人々に、証拠を与えるだけである。それらは黙示主義者のもの[*1]に似ている。

だが、その相違は、それらが少しも確実性を持たない点にある。したがって、それらをわれわれの表徴のあるものと同様に、しっかりした基礎を持っていると言いはるほど、不当なことはない。それらはわれわれの表徴のあるもののように論証的ではないからである。だから、勝負は対等ではない。それらのものを同列において、混同してはならない。なぜなら、それらはある点では似ているように見えても、他の点では全く異なっているからである。分明なものこそ、それが神聖である場合、その不分明な点を尊敬されてもよいのである。

〔それはちょうどある種の不分明なことばを語り合う人々のようなもので、それを解しない人にはつまらぬ意味しかわからないのである〕

(1) 黙示主義とは、新約聖書中の『ヨハネ黙示録』をはじめ、旧約聖書中の『ダニエル書』、旧約外典中の同傾向の文書などの思想を中心として、聖書の預言を空想を混じえて終末論的に解する立場をいう。

六五一　　原一一七　ラ五七五（二ノ二三）

黙示主義者、アダム以前人類存在論者、千年至福論者[*1]などの不条理。

聖書にもとづいて不条理な説をたてようとする人。

たとえば「これらのことがことごとく起こるまで、この時代は過ぎ去らない」[*2]と言うようなことばの上に、その説をたてようとする。それについて私は、この時代ののちに、他の時代がくる、そのようにして常に相次ぐであろう、と言いたい。

――

『歴代志下』には、ソロモンと王とが別人であったかのようにしるされている。[3] 彼らは二人であったと、私は言いたい。

（1）千年至福説とは世の終わりの前に、一千年間メシア（キリスト）が世界を統治し、理想の王国を実現するという説。

（2）『マタイ福音書』二四の三四。

（3）『歴代志下』一の一四。

六五二　　　原一五　ラ三四九（一ノ二五）

特殊な表徴。

二つの律法、二つの律法の板、二つの神殿、二つの捕囚。

六五三　　　原三一　ラ二四八（一ノ一九）

表徴。

預言者たちは、帯、ひげ、焼けた髪の毛などの表徴[1]によって預言した。

(1)『エレミヤ書』一三の一、四一の五、『ダニエル書』三の二七。

六五四　　　　　　　　原四三九　ラ九六八（欠）

午餐《ごさん》と晩餐との相違。*1

神にあっては、ことばと意向とは違わない、神は真実であられるから。ことばと結果とも違わない、神は大能であられるから。手段と結果とも違わない、神は賢明であられるから。ベルナール〈つかわされたものについての最後の講話〉*2

――

アウグスティヌス『神の国』五巻一〇章。神は全能であるというこの基準は一般的である。死ぬとか、欺かれるとか、偽るとかいうような、神がそれをすれば全能でなくなることは別として。

――

真理の確証のために幾人もの福音書記者たち。

――

有益な彼らの不一致。

――

最後の晩餐ののちの聖餐、表徴ののちの真理。

イエスの死後四十年たって起こったエルサレムの滅亡、世界の滅亡の表徴。

――「私は知らない」人間として、または使者として。『マルコ福音書』一三章三二節。

――ユダヤ人と異邦人とによって罪に定められたイエス。

――二人の子によって表徴されたユダヤ人と異邦人。アウグスティヌス『神の国』二〇巻二九章。
（1）『ルカ福音書』一四の一二。
（2）同一の二六にもとづく最後の福音書講話に関する指示。

六五五

＊原四四二　ラ二八三（一ノ二一）

六つの時代、六つの時代の六人の父祖、六つの時代の当初の六つの驚異、六つの時代の当初の六つの曙《あけぼの》。＊1
（1）アウグスティヌスの『マニ教徒を駁《ばく》して創世記を論ず』一の二三によれば、六つの曙とは、天地創造、箱舟下船、アブラハムの召命、ダビデの治世、バビロン移住、イエスの宣教である。

六五六　＊原一三〇　ラ五九〇（二ノ二三）

アダム〈来たるべきものの型〉。[*1] 一方をつくるための六日、他方をつくるための六つの時代。アダムが形づくられるためにモーセがしるした六日は、イエス・キリストと教会とを形づくるための六つの時代の形象にすぎない。もしアダムが罪を犯さず、イエス・キリストが来臨されなかったならば、契約はただ一つしかなく、人間の時代はただ一つしかなく、天地創造はただ一度で成し遂げられたものとしてしるされていたであろう。

（1）『ローマ人への手紙』五の一四。

六五七　原一九　ラ二四六（二ノ一九）

表徴。

ユダヤ、エジプトの両民族は、モーセが出会った二人の個人によって、明らかに預言されている。エジプト人がユダヤ人を打ち、モーセがユダヤ人のために報復してエジプト人を殺し、ユダヤ人がそれに対して感謝しなかったというあの二人に。[*1]

（1）『出エジプト記』二の一一〜一四。

六五八　原一〇四（一〇四参照）　ラ九三八（欠）

病める魂の状態をあらわす福音書の表徴は、病めるからだである。だが、一つのからだだけでは、どんなに病んでいても、それをあらわすのに十分でないので、多くのからだが必要であった。そういうわけで、聾者《ろうしゃ》、唖者《あしゃ》、盲人、中風患者、死んだラザロ、悪霊につかれたものなどがある。これらのすべては、病める魂のうちに含まれている。

六五九

原三八二（七〇〇、六五九）ラ五〇一（二ノ一九）

表徴。

旧約聖書が表徴にすぎないことと、預言者たちが現世の幸福を来世の幸福と解したことを、示しているのは次の点である。まず、それは神にふさわしくないであろうということ。次に、彼らの教説は、現世の幸福の約束をきわめて明らかに示してはいるが、それにもかかわらず、その教説は漠然としていて、その意味は決して理解されないであろうと、彼らが言っていること。それによってわかるのは、この隠された意味は彼らが明らかに示したものではなかったこと、したがって、彼らは他の供え物、他の救い主などについて語ろうとしていること。時代の終わりまでそれは理解されないであろうと、彼らは言っている。『エレミヤ書』三三章結句。[*1]

第三の証拠は、彼らの教説が対立し相殺《そうさい》しあっているところから、彼らが律法とか供え物とかいう語はモーセのそれらを意味するものにほかならないと考えるならば、そこに大きないちじるしい矛盾が生じるということである。だから、彼らが同じ章句のなかで互いに矛盾することを言っているときには、別のことを意味していたのである。ところで、ある著者の意味するところを理解しようとすれば[*2]……

(1) 三〇章の誤記である。

(2) 断章六八四を参照。

六六〇

原一　ラ六一六（二ノ二四）

邪欲はわれわれに自然なものになり、われわれの第二の天性になった。そこで、われわれのうちには、一つは良く一つは悪い二つの天性がある。神はどこにおられるか。君たちのいないところに。しかも神の国は君たちのうちにある。[*1]ラビたち。

(1) 神は人間の本性が堕落しているかぎり、人間のうちにはおられない。しかし、その本性が最初の状態に復帰すれば、そこに宿られる。同様に、肉的なユダヤ人が物質的に解するかぎり、神は聖書のうちにおられないが、彼らが愛をもって精神的に解するとき、そのうちにおられる。

六六一

原九〇（二五〇参照）　ラ九四五（欠）

あらゆる秘跡のうちでただ一つ悔悛だけが、ユダヤ人に明らかに宣布され、先駆者聖ヨハネによってなされた。それから他の秘跡がそれにつづいた。全世界においても各人においても、この順序が守られるべきことを示すために。

六六二　　原一七　ラ二五六（二ノ一九）

肉的なユダヤ人は、彼らの預言のなかに告げられたメシアの偉大をも卑賤をも理解しなかった。彼らは預言されたメシアの偉大さを誤解した。たとえば、メシアはダビデの子であるとはいえ、その主であるとか[*1]、彼はアブラハムより先にあるものであって、アブラハムは彼を見たとか[*2]、キリストが言われた場合が、それである。彼らはメシアの偉大さが、その永遠性にあるとは信じなかった。またメシアの卑賤と死とをも、同様に誤解した。「メシアは永遠にながらえるはずであるのに、この人は、私は死ぬであろうと言う」[*3]と、彼らは言った。——したがって、彼らはメシアを死ぬべきものとも、永遠なものとも信ぜず、ただ彼の肉的な偉大さのみを求めたのである。

（1）『マタイ福音書』二二の四五。
（2）『ヨハネ福音書』八の五六〜五八。
（3）同一二の三四。

六六三　　原八　ラ六一五（二ノ二四）

表徴的なもの。

何ものも貪欲《どんよく》ほど愛に似たものはなく、また何ものもこれほど愛に反するものはない。そこで、貪欲を喜ばす富に満たされていたユダヤ人は、キリスト者によく似ていたとともに、全く反していた。このようにして、彼らはぜひとも持たなければならない二つの特性、すなわち、メシアを表徴するために、彼によく似ることと、疑わしい証人であってはならないために、彼に全く反することとを持っていたのである。

六六四

原一　ラ六一四（二ノ二四）

神は、ユダヤ人をイエス・キリストに仕えさせるために、彼らの邪欲を利用された。

表徴的なもの。

〔キリストは邪欲の救治法をもたらされたから〕

六六五

原四五五（八九三、八〇六、六六五）　ラ八四九（二ノ三三）

愛は表徴的な戒めではない。イエス・キリストは表徴を取り去り、真理を立てるために来られたのに、それを愛の表徴を立てて、それ以前に存在していた現実的な愛を取り去るためにのみ来られたというならば、それは恐ろしいことだ。

「もし光が暗ければ、その暗さはどんなであろうか」[*1]

（1）『マタイ福音書』六の二三。

六六六

原三八一（一〇六参照）　ラ八〇一（二ノ二九）

魅惑。〈深い眠り〉[*1]〈この世の状態〉[*2]

――聖餐。

〈あなたの食べるパン〉[*3]〈私たちのパン〉[*4]

――〈神の敵は地をなめるであろう〉[*5]罪びとが地をなめるとは地上の快楽を愛することである。旧約聖書は来世の喜びの表徴を含んでいたが、新約はそれに到達する方法を含んでいる。表徴は喜びであり、方法は悔悛であった。とはいえ、過越《すぎこし》の小羊は〈苦菜《にがな》をそえて〉[*6]食べた。

〈私はひとりで、のがれるであろう〉[*7]イエス・キリストは、死ぬ前には、ほとんどただひとりの殉教者であった。

（1）『詩篇』七六の六。
（2）『コリント人への第一の手紙』七の三一。
（3）『申命記』八の九。
（4）『ルカ福音書』一一の三。

(5)『詩篇』七二の九。
(6)『出エジプト記』一二の八。ラテン語訳は少し違っている。
(7)『詩篇』一四一の一〇。

六六七　　原三九　ラ二五〇（二ノ一九）

表徴的なもの。
剣《つるぎ》、楯《たて》という用語。〈ますらおよ〉[*1]
(1)『詩篇』四五の三。断章七六〇参照。

六六八　　原九七　ラ九四八（欠）

愛から迷い出るときにのみ、人は迷い出るのである。

――

われわれの祈りと徳とは、イエス・キリストの祈りと徳とでないならば、神の前では憎むべきものである。またわれわれの罪は、それがイエス・キリストの〔もの〕[*1]でないならば、神の〔あわれみ〕の対象とはならずに、裁きの対象となるであろう。

――

彼はわれわれの罪を引きうけ、われわれに〔彼との〕結合を〔ゆる〕された。なぜなら、彼には徳は〔固有〕であり、罪は外来のものであるが、われわれには徳は外来のもので〔あり〕、罪は固有のものだからである。

――

善なるものを判断するため、〔これ〕までわれわれが用いてきた基準を変えようではないか。われわれは自分の意志をその基準としてきたが、いまや〔神〕の意志をとろうではないか。すべて神の望まれることは、われわれにとって善であり義であり、すべて神の望まれないことは〔悪〕である。

すべて神の望まれないことは、禁じられている。罪は、神が私はそれを望まないと言われた一般的宣言によって、禁じられている。神が一般的に禁じないで放置しておられること、人がそれを理由にして許されたと言っていることは、必ずしも常に許されているのではない。なぜなら、神があることをわれわれから遠ざけられるときには、また神の意志表示である出来事によって、われわれがあることをするのを神が望まれないと思われるときには、そのことは罪としてわれわれに禁じられているからである。それというのは、神の意志が、それらのいずれをもなすべきでないと、われわれに告げているからである。ただ二つのあいだにある相違は、神が罪を望まれないということは確かであるが、それに反して神が他方を決して望まれないということは確かでないという点にある。だが、神がそれを望まれないかぎり、われわれはそれを罪と見なすべきである、ただひとり全き善であり、全き義であられる神の意志を欠くことによって、それが不正になり悪になっているかぎりは。

（1）この断章の〔　〕内は草稿の紙が破れているため、後人がことばを補った箇所である。

六六九

一写三四二　ラ五八二（二ノ二三）

表徴が変わるのは、われわれの弱さのゆえである。

六七〇

原三五　ラ二七〇（二ノ一九）

表徴。

ユダヤ人は、次のような世俗的なことを考えつつ年を重ねた。すなわち、神は彼らの父祖アブラハム、その肉体およびそれから出た子孫を愛された。そのために、彼らをふやし、他の諸民族と区別し、彼らが雑婚するのを許されなかった。彼らがエジプトでうめいていたとき、彼らのために多くの偉大な奇跡を行なって、彼らをそこから引き出された。荒野では、マナをもって養い、はなはだ豊かな土地に導かれた。彼らに王と神殿とを与えられた。それは犠牲《いけにえ》をささげ、その血をそそぐことによって彼らを清めるために、りっぱに建てられたものであった。そして、ついには、彼らを全世界の支配者にするためにメシアをつかわそうとして、その来臨の時期を預言された。

世界がこのような肉的な迷妄《めいもう》のなかで年を重ねていたとき、イエス・キリストは預言された時期に来臨されたが、人が予期したような光輝をもってではなかった。そのため彼らはそれがメシアであるとは思わなかった。彼の死後、聖パウロは人々に教えにきた。すなわち、すべてこれらのことは表徴として起こったのだ、神の国は肉のうちになく、霊のうちにある、人間の敵はバビロン人でなく、情欲である、神は人の手でつくられた神殿を喜ばず、清いへりくだった心を喜ばれる。肉体の割礼《かつれい》は無益であり、心の割礼こそ必要である、モーセは彼らに天からのパンを与えたのではなかったなど、と。

――

しかし神は、これらのことを、それに値しないこの民族にあからさまに示そうとはされなかったが、それらを信じさせるために預言しようとして、その時期を明らかに預言するとともに、それらをときには明らかに、多くは表徴によって表わし、表徴するものを好む人がそこに心をとめ、表徴されるものを愛する人がそこに愛するものを見いだすようにされた。*1

――

すべて愛にまでいたらぬものは表徴である。

――

聖書の唯一の目的は愛である。

――すべてこの唯一の目的にまでいたらぬものは表徴である。なぜなら、目的は一つしかないのであるから、すべて的確なことばでそれを示さないものは表徴だからである。

――このようにして、神はこの愛の唯一の戒めに多様性を与え、われわれを唯一の必要なものに常に導くこの多様性によって、多様性を求めるわれわれの好奇心を満足させてくださるのである。なぜなら、必要なものはただ一つであるが、われわれは多様性を好むからである。そこで神は、唯一の必要なものに導くこの多様性によって、両方の要求を満足させてくださる。

――ユダヤ人は表徴するものを非常に好み、それらを熱心に待望したため、実物が預言された時期と仕方とにおいて現われたとき、それを誤解した。

――ラビたちは、新婦の乳房《ちぶさ》[*2]を表徴と解し、また彼らの持つ唯一の目的、すなわち、地上の財宝を表わさないものを、すべて表徴と解する。

――しかし、キリスト者は、聖餐をすら彼らの目ざしている栄光の表徴と解する。

（1）「表徴するもの」は外面的、現象的、時間的なもの、「表徴されるもの」は内面的、本質的、永遠的なもの。

（2）『雅歌』四の五。

六七一

原一一九（八二三、六七一、八二七）　ラ八三八（二ノ三三）

国々と王たちとを制御すべく召されたユダヤ人は、罪の奴隷であった。そして奉仕と服従とを使命としたキリスト者は、自由の子である。[*1]

（1）「キリスト者はすべてのものの上に自由な主であって、何びとの下にもない。キリスト者はすべての者の奉仕的なしもべであって、あらゆる人の下にある」（ルター『キリスト者の自由』）

六七二

＊　原一九七　ラ三六七（一ノ二六）

形式主義者でなく。[*1]

聖ペテロと使徒たちとが、割礼の廃棄について協議したとき、[*2] それは神の律法に反しはしないかという問題が起こったが、[*3] 彼らは預言者たちの意見をきかず、ただ無割礼の人が聖霊を受けたことにのみ注目した。

彼らは律法を守らなければならないということよりも、神がその御霊《みたま》を満たした人を嘉《よみ》されるということのほうが確実であると判断した。

律法の目的は聖霊でしかないこと、そして人は割礼なしに聖霊を受ける以上、割礼は必要でないことを、彼らは知っていたのである。

(1) ラフュマ版の読みに従う。
(2)『使徒行伝』一五の七以下。
(3)『創世記』一七の一〇、『レビ記』一二の三。

六七三

原二七〇　ラ八二六、八二七(二ノ三一)

〈あなたは山で示された型に従って造らなければならない〉*1

だから、ユダヤ人の宗教は、メシアの真理への類似の上に形づくられてきたし、メシアの真理は、それの表徴であったユダヤ人の宗教によって、認められてきたのである。

ユダヤ人には、真理は表徴されていただけであり、天上では、それは明示される。

教会では、それは隠されており、表徴との関係において認められる。

表徴は真理にもとづいてつくられた。

真理は表徴にもとづいて認められた。*2

―――

聖パウロは、人々が結婚を禁じるであろうと、自分で言っていながら、*3 コリント人に向かっては、罠《わな》にでもかけるかのように、結婚するなと、自分で語っている。*4 もしある預言者が前のように言い、あとで聖パウロが後のように言ったならば、彼は非難されていたであろうからである。

（1）『出エジプト記』二五の四〇。
（2）真理は、原理的に見れば、表徴よりも前にある。しかし、歴史的に見れば、表徴が真理よりも前にこの世に存在した。旧約が新約に先んじたのは、それである。
（3）『テモテへの第一の手紙』四の一〜三。
（4）『コリント人への第一の手紙』七の三五、三七。

六七四

原三九　ラ二四七（二ノ一九）

表徴的なもの。

「あなたは山で示された型に従ってすべてのものを造るべきである」それについて聖パウロは、ユダヤ人は天上のものをかたどったのだ、と言っている。[*1]

（1）『ヘブル人への手紙』八の五。

六七五

原一四五　ラ五〇三（二ノ一九）

……つまずくであろう。[*1] とはいえ、ある人々を盲目にし、他の人々を開眼するためにつくられたこの聖書は、それによって盲目にした人々のうちにすら、他の人々の知るべき真理をおいていた。彼らが神から受けた見える幸福は、絶大であり神聖であったので、神が彼らに見えない幸福とメシアとを与えられることもありうると思われたからである。

なぜなら、自然は恩恵の影像であり、見える奇跡は見えない奇跡の影像であるから。

〈あなたがたに知らせるために……あなたに言う、起きよ〉[*2]

贖罪は紅海を徒歩で渡るようなものであろうと、イザヤは五一章で[*3]言っている。

だから、神は、エジプトや紅海からの脱出、王たちの征服、マナ、アブラハムの全系図などによって、神が救いをほどこしうること、天からのパンを与えうること、などを示されたのである。そういうわけで、敵国民とは、彼らの知らないメシアその人の表徴であり、形象である。

そこで、神はすべてこれらのものが表徴にすぎないこと、〈真に自由〉[*4]、〈真のイスラエル〉[*5]、〈真の割礼〉[*6]、〈天からの真のパン〉[*7]などが何であるかを、ついにわれわれに教えられた。

これらの約束のうちに、各人は自分の心の底にあるもの、すなわち、一時的な幸福か霊的な幸福か、神か被造物かを見いだす。だが、このような相違がある。すなわち、そこに被造物を求める人は、求めるものを見いだしはするが、多くの矛盾と、それらを愛してはならないという禁制と、神のみを拝し神のみを愛せよ（これらは同じことにほかならないが）という命令とともに、それを見いだす。要するに、メシアは彼らのために来臨されたのではない。それに反して、そこに神を求める人は、なんの矛盾もなく、神のみを愛せよという戒めとともに、神を見いだす。メシアは彼らの求めている幸福を与えるために、預言された時期に来臨されたのである。

――

このように、ユダヤ人は奇跡と預言とを持ち、それらが成就するのを見た。また彼らの律法の教えは一人の神のみを拝しかつ愛せよというのであって、これまた永続的なものであった。したがって、それは真の宗教のあらゆる特徴をそなえていたし、事実、真の宗教であった。けれども、ユダヤ人の教えとユダヤ人の律法の教えとは、区別しなければならない。ところで、ユダヤ人の教えは、奇跡や預言や永続性を持ってはいたが、真ではなかった。というのは、それは神のみを拝しかつ愛するといういま一つの点をそなえていなかったからである。

（1）ラフュマ版によって補う。断章五七一の終わりの一語。
（2）『マルコ福音書』二の一〇、一一。
（3）一〇、一一節。
（4）『ヨハネ福音書』八の三六。
（5）同一の四七。
（6）『ローマ人への手紙』二の二八、二九。

（7）『ヨハネ福音書』六の三二。

六七六　　一写二五七　ラ四七五（二ノ一一）

ユダヤ人のためにこの書（聖書）の上におかれていたヴェール[*1]は、邪悪なキリスト者のためにも、また、すべて自分自身を憎まない者のためにも、おかれている。しかし、人は真に自分自身を憎むとき、いかによく聖書を理解し、イエス・キリストを知るようにそなえられることか。

（1）『コリント人への第二の手紙』三の一二～一八。

六七七　　原三五　ラ二六五（一ノ一九）

表徴は、無いものと有るものと、快と不快とを伝える。
符号は二重の意味を持つ、明らかな意味と、隠されているといわれる意味と。

六七八　　原一五　ラ二六〇（一ノ一九）

肖像は、無いものと有るものと、快と不快とを伝える。実物は、無いものと不快とを取り去る。

表徴。

律法と供え物とが実物であるか表徴であるかを知るには、預言者たちがそれらのことを語るにあたって、彼らの見解と思想とをそれらに限り、ただあの古い契約のみをそこに認めたか、それとも彼らがそこに他の何ものかを認め、律法と供え物とをその何ものかの写し絵であるとしたかを見きわめなければならない。肖像のうちには表徴の主体が見えるからである。それを見るには、彼らがそれについて言っていることを吟味すればよい。

彼らが律法は永遠であると言うとき、それは彼ら自身がその変わるべきことを言明している契約について言っているものと解すべきであろうか。また供え物その他についても同様であろうか。

符号は二重の意味を持つ。人が重要な書面を手に入れて、そこに明らかな意味を認めながらも、その意味が包まれおおわれ、いわば隠されているので、その書面を見ても見えず、聞いても聞こえないような場合、そこには二重の意味を持つ符号があると考えるほか、何を考えるであろうか。

まして文字どおりの意味に明白な矛盾が認められるときは、なおさらのことではあるまいか。

預言者たちはあからさまに言った、イスラエルは常に神から愛される、律法は永遠にとどまるであろうと。また彼らは言った、人々は彼らのことばの意味を悟らず、それはおおわれているであろうと。[*1]

そうだとしたら、符号をわれわれに明らかに示し、隠れた意味を知ることを教えてくれる人々を、どんなに尊敬しなければならないことであろうか、特にそれらの人々の引き出す原理が、じつに自然で明白である場合には。これこそまさに、イエス・キリストとその使徒たちとがしたことである。彼らは封印をとき、幕を裂き、内容を示してくれた。彼らは、そのようにして、人間の敵は自分の悪念であること、贖《あがな》い主《ぬし》は霊的であり、その支配も霊的であること、二度の来臨があり、一は高ぶる人をへりくだらせるための卑賤な来臨であり、他はへりくだる人を高めるための栄光のそれであること、イエス・キリストは神であり人であることを、われわれに教えたのである。

（1）欄外にあることば。

六七九

原一五　ラ二五三（二ノ一九）

表徴。

イエス・キリストは、聖書を理解させるため、彼らの心を開かれた。

二大啓示とは、次のようなものである。一、あらゆることは彼らに表徴として起こった。〈真にイスラエル〉、〈真に自由〉、天からの真のパン。

二、十字架にいたるまでへりくだった神。キリストは栄光にはいるため苦難を受けねばならなかった。「自分の死によって死にうち勝たれた」[*1]二つの来臨。

（1）『ヘブル人への手紙』二の一四。

六八〇　　原三七　ラ二六七（二ノ一九）

表徴。

ひとたびこの秘密が現わされると、それを見ないわけにはいかない。この見地から旧約聖書を読んでみたまえ。そして供え物が真であったか、アブラハムを父祖とすることが神の愛顧を受ける真の原因であったか、また約束の地が真の安息の場所であったかを、調べてみたまえ。――そうではなかった。だから、それらは表徴であったのだ。同様に、定められたすべての儀式、愛に関するもの以外のすべての戒めを、調べてみたまえ。それらは表徴であることがわかるであろう。

――

すべてこれらの供え物と儀式とは、したがって、表徴であるか、たわごとであるか、どちらかである。ところで、それらはたわごとと見なすには、あまりに明瞭であり高尚である。

預言者たちが、彼らの見解を旧約聖書に限ったか、それともそこに他の事柄を認めたかを知ること。

六八一　　原三九　ラ二四九（一ノ一九）

表徴的なもの。

符号をとく鍵。

〈真の礼拝者〉[*1]――〈見よ、世の罪を取り除く神の小羊〉[*2]

（1）『ヨハネ福音書』四の二三。

（2）同一の二九。

六八二　　原三三九、三〇一、三〇三、三〇五、三〇七、三〇九　ラ四八六（二ノ一五）

『イザヤ書』一章二一節。善を悪に変えること、および神の報復。

――

『イザヤ書』一〇章一節。〈不義の判決を下す者は災いである〉

『イザヤ書』二六章二〇節。〈さあ、わが民よ、あなたのへやにはいり、あなたのうしろの戸を閉じて、憤りの過ぎ去るまで、しばらく隠れよ〉

『イザヤ書』二八章一節。〈誇りの冠は災いである〉

――

奇跡。――『イザヤ書』〔三三章〕九節。〈地は嘆き衰え、レバノンは恥じて枯れ、云々〉

〈主《しゅ》は言われる、今私は起きよう、今たち上がろう、今みずからを高くしよう〉*1

――『イザヤ書』四〇章一七節、〈もろもろの国民はみな無きに等しい〉

――『イザヤ書』四一章二六節、〈だれが初めからわれわれに告げ知らせたか、だれが昔からわれわれに告げて、これは正しいと言わせたか〉

――『イザヤ書』四三章一三節、〈私が行なえば、だれがとどめることができよう〉

――『エレミヤ書』一一章二一節、〈主の名をもって預言してはならない。おそらくあなたはわれわれの手にかかって死ぬであろう。ゆえに主はこう言われる〉

――『イザヤ書』四四章二〇節、〈わが右の手に偽りがあるではないかとは思わない〉

――『イザヤ書』四四章二一節以下、〈ヤコブよ、イスラエルよ、これらのことを心にとめよ、あなたはわが僕《しもべ》である。私はあなたをつくった。あなたはわが僕である。イスラエルよ、私はあなたを忘れない〉

〈私はあなたの咎《とが》を雲のように吹き払い、あなたの罪を霧のように消した。私に立ち返れ、私はあなたをあがなったから〉

——

四四章二三、二四節、〈天よ、歌え、主があわれみをほどこされたから。……主はヤコブをあがない、イスラエルに栄光を現わされるであろう。あなたをあがない、あなたを胎内につくられた主は、こう言われる、私は主である、私はよろずのものをつくり、ただ私だけが天をのべ地をひらいた〉

——

『イザヤ書』五四章八節、〈あふれる憤りをもってしばしわが顔を隠したけれども、とこしえの慈《いつく》しみをもって、あなたをあわれむと、あなたをあがなわれる主は言われる〉

——

『イザヤ書』六三章一二節、〈栄光のかいなをモーセの右に行かせ、彼らの前に水を二つに分けて、みずから、とこしえの名をつくったもの〉

——

一四節、〈このようにあなたはおのれの民を導いて、栄光の名をつくられた〉

——

『イザヤ書』六三章一六節、〈あなたはわれわれの父です、アブラハムがわれわれを知ら

ず、イスラエルがわれわれを認めなくても〉
――
『イザヤ書』六三章一七節、〈われわれの心をかたくなにして、あなたを恐れないようにされるのですか〉
――
『イザヤ書』六六章一七節、〈みずからを清くし、みずからを分かつ……ものは、みなともに絶えうせる、と主は言われる〉
――
『エレミヤ書』二章三五節、〈あなたは言う、私は罪がない、彼の怒りは決して私に臨むことがない、と。見よ、あなたが、私は罪を犯さなかったと言うことによって、私はあなたを裁く〉
――
『エレミヤ書』四章二二節、〈彼らは悪を行なうのにさといけれども、善を行なうことを知らない〉
――
『エレミヤ書』四章二三、二四節、〈私は地を見たが、形がなく、またむなしかった。天を仰いだが、そこには光がなかった。私は山を見たが、みな震え、もろもろの丘は動いていた。私は見たが、人は一人もおらず、空の鳥はみな飛び去っていた。私は見たが、カルメルは荒れ地となり、そのすべての町は、主の前に、その激しい怒りの前に、こぼたれた。それは主がこう言われたからだ、全地は荒れ地となる、しかし、私はことごとくはこれを滅ぼさない〉

――

『エレミヤ書』五章四節、〈ゆえに、私は言った、これらはただ貧しい愚かな人々で、主の道とその神のおきてとを知りません。私は偉い人たちの所へ行って、彼らに語ります。彼らは主の道を知っています。しかるに、彼らもみな軛《くびき》を折り、縄目を断っていた。ゆえに、林から出る獅子《しし》が彼らを殺し、豹《ひょう》がその町々をねらっている〉

――

『エレミヤ書』五章二九節、〈主は言われる、私はこのようなことのために、彼らを罰しないであろうか。私はこのような民にあだを返さないであろうか〉

――

『エレミヤ書』五章三〇節、〈驚くべきこと、恐るべきことが、この地に起こっている〉
『エレミヤ書』五章三一節、〈預言者は偽って預言し、祭司は自分の手によって治め、わが民はこのようにすることを愛している。しかし、あなたがたはその終わりにどうするつもりか〉

『エレミヤ書』六章一六節、〈主はこう言われる、あなたがたは分かれ道に立って見、古い道について、どれが良い道であるかを尋ねて、その道に歩み、そして、あなたがたの魂に安きを得よ。しかし、彼らは答えて、われわれはそれに歩まないと言う〉〈私があなたがたの上に番人をたて、喇叭《らっぱ》の声を聞け、と言った。しかし、彼らは答えて、われわれは聞かないと言う〉*2〈ゆえに、もろもろの民よ、聞け。彼らに何が起こるかを知れ。地よ、聞け。私はこの民に災いを下す、*3云々〉

――

外的儀式への忠誠。『エレミヤ書』七章一四節、〈私はシロにしたように、わが名をもって称《とな》えられるこの家にも行なう。すなわち、あなたがたが頼みとする所、私があなたがたとあなたがたの先祖とに与えたこの所に行なう。ゆえに、この民のために祈ってはならない〉*4

肝要なのは、外的な供え物ではない。

『エレミヤ書』七章二二節、〈私があなたがたの先祖をエジプトから導き出した日に、燔祭《はんさい》と犠牲とについて語ったこともなく、命じたこともない。ただ私はこのことを彼らに命じ、あなたがたが私の声を聞くならば、私はあなたがたの神となり、あなたがたは私の民となるであろう、私があなたがたに命じるすべての道を歩んで幸いを得なさい、と言っ

た。しかし、彼らは聞かなかった〉[*5]

多数の教説。

『エレミヤ書』一一章一三節、〈ユダよ、あなたの神々は、あなたの町の数ほど多い。またあなたがたは、エルサレムの巷《ちまた》の数ほどの祭壇を恥ずべき者のために立てた。だから、この民のために祈ってはならない〉

『エレミヤ書』一五章二節、〈もし彼らが、われわれはどこに行けばよいのかと、あなたに尋ねたら、あなたは彼らに言うがよい。主はこう言われる。死に定められた者は死に、剣に定められた者は剣に、飢饉《ききん》に定められた者は飢饉に、捕虜《とりこ》に定められた者は捕虜に、行くであろうと〉――『エレミヤ書』一七章九節、〈心はすべてのものよりも偽るもので、はなはだ悪い。だれがこれをよく知っていようか〉それは、だれがそのすべての悪意を知りえよう、なぜなら、その邪悪はすでに知られているのだから、という意味である。〈主である私は心をさぐり、思いを試みる。〉[*6]彼らは言う、さあ、計略をめぐらして、エレミヤをたおそう。祭司には律法があり、預言者にはことばがあって失われることがない〉[*7]――『エレミヤ書』一七章一七節、〈どうか私を恐れさせないでください。災いのときに、あなたは私ののがれ場です〉

『エレミヤ書』二三章一五節、〈邪悪がエルサレムの預言者から出て、全地に及んでいる〉

『エレミヤ書』二三章一七節、〈彼らは私を軽んじる者に向かって、あなたがたは平安を

得ると言い、また自分のかたくなな心に従って歩むすべての人に向かって、災いはあなたがたに来ないと言う〉

（1）『イザヤ書』三三の一〇。
（2）『エレミヤ書』六の一七。
（3）同六の一八、一九。
（4）同七の一四、一六。
（5）同七の二二〜二四。
（6）同一七の一〇。
（7）同一八の一八。

六八三

原二九　ラ二六八（一ノ一九）

表徴。

文字は殺す。すべては表徴として起こった。これこそ聖パウロがわれわれに与える符号である。キリストは苦難を受けなければならない。へりくだった神。

――

心の割礼、真の断食、真の供え物、真の神殿。すべてこれらは霊的なものでなければならないと、預言者たちはさし示した。

朽ちる食物でなく、朽ちない食物。

――「あなたがたは真に自由なものとなるであろう」[*1]ゆえに他の自由は、この自由の表徴にすぎない。

――「私は天からくだってきた真のパンである」[*2]

（1）『ヨハネ福音書』八の三六。
（2）同六の四一。

六八四　＊原二五五　ラ二五七（二ノ一九）

矛盾。

われわれのすべての相反するものを一致させないかぎり、りっぱな人間像をつくることはできない。また相反するものを一致させずに、一致している性質の系列に従うだけでも、不十分である。ある著者の意味するところを理解するには、あらゆる相反する章句を一致させなければならない。

それゆえに、聖書を理解するにも、あらゆる相反する章句がそこで一致するような一つの意味をとらえなければならない。いくつかの一致する章句を解くのに好都合な一つの意味をとらえるだけでは、不十分である。相反する章句さえも一致させる一つの意味をとらえることが必要である。

すべての著者は、あらゆる相反する章句を一致させる一つの意味を持っている。そうでなければ、全く意味を持たないことになる。聖書や預言者については、そんなことは言えない。それらは確かにりっぱな意味を持っている。だから、すべての相反するものを一致させる一つの意味をさがさなければならない。

そうだとすれば、真の意味はユダヤ人の解したものではない。イエス・キリストにおいてこそ、あらゆる矛盾は一致する。

ユダヤ人は、ホセアによって預言された王位や公位の断絶を、ヤコブの預言と一致させることはできないであろう。[*1]

もし人が、律法、供え物、王位などを実在的なものと解するならば、すべてこれらの章句を一致させることはできない。ゆえに、それらはどうしても表徴でしかありえない。人は、同じ著者、同じ書物、ときには同じ章の語句をさえ一致させることができない。このことは、著者の意味するところが何であったかを、明白に示している。たとえば『エゼキエル書』二〇章[*2]に、人は神の戒めによって生きよと言い、また生きてはいけないと言っている場合などが、それである。

（1）『ホセア書』三の四と『創世記』四九の一〇とを比較されたい。

（2）その一三節と二五節とをさすものであろう。

六八五　　＊＊　原二五三（七二八、六八五）　ラ二五九（一ノ一九）

表徴。

もし律法と供え物とが真理であったら、それは神に喜ばれこそすれ、神にきらわれないはずである。もしそれらが表徴であったら、喜ばれもし、きらわれもするはずである。

ところで、聖書を通観すれば、それらは喜ばれもし、きらわれもしている。そこには、律法は変わり、供え物は変わるであろう、彼らには律法も君主も供え物もなくなるであろう、新しい契約が結ばれ、律法は更新されるであろう、彼らの受けた訓戒はよくない、彼らの供え物は憎むべきものだ、神は決してそんなものを要求されない、としるされている。

それに反して、律法は永遠につづき、この契約は永遠に残り、供え物は永久に行なわれるであろう、王権は決して彼らから取り去られないであろう、なぜなら、永遠の王が来臨するまで、それは彼らから取り去られるべきものではないからである、ともしるされている。

すべてこれらの章句は実在的なものを示しているのであろうか。いな。では、表徴的なものを示しているのであろうか。いな、実在か表徴か、どちらかを示している。だが、前の章句は、実在を除外することによって、表徴にすぎないことを示している。

これらの双方の章句は、すべての実在について言ったものではありえないが、表徴について言ったものではありうる。ゆえに、それらは実在について言ったものでなく、表徴について言ったものである。

〈世のはじめから屠《ほふ》られた小羊〉[*1]は、犠牲の意味を決定する。

（1）『ヨハネ黙示録』一三の八。

六八六

原三九　ラ二六三（一ノ一九）

相反。

メシアまでつづく王権。王もなく君もない。

永遠の律法――変えられた律法。

永遠の契約――新しい契約。

よい律法――わるい戒律。『エゼキエル書』二〇章。[*1]

（1）これらの相反の例は、次の諸断章において解明される。

六八七

原三一　ラ二七二（一ノ一九）

表徴。

神の真実なことばは、字義的にはまちがっていても、霊的には真実である。〈わたしの右に座せよ〉[*1]これは字義的にはまちがっている。だから、霊的には真実である。

このような表現においては、神が擬人的に語られる。このことは人間がその右手にだれかをすわらせるときに持つような意向を、神も持たれるということ以外に、何をも意味するものではない。だから、それは神の意向の表示であって、その実行方法の表示ではない。

次のようにしるされている場合も、同様である。「神はあなたがたの香《こう》のかおりをお受けになった。その報いとして豊かな土地をあなたがたにお与えになるであろう」それは、ある人が君たちの香を喜び、その報いとして豊かな土地を君たちに与えたいという意向を持つように、神も同じ意向を君たちに対して持たれるであろう、なぜなら、君たちは、ある人が香をささげる相手の人に対して持つような意向を、神自身に対して持ったからである、という意味である。

〈神が怒られた〉「ねたむ神」[*2]なども、同様である。それというのは、神のことは説明しがたいので、ほかに言いようがないからである。そこで、教会は今日でも、そういうことばを使っている。〈主はあなたの門の貫《かん》の木《き》を堅くし〉[*3]など。

聖書が、そのような意味だということをわれわれに啓示してもいない意味を、聖書に与えることは許されない。たとえば、イザヤの閉じられた「メム」[*4]が六百を意味するということは、まだ啓示されていない。語尾の「ツァデ」[*5]と欠けた形の「ヘ」[*6]とが秘義を意味

するということも言えない。だから、そうだと言うことは許されないし、ましてそれを「仙丹」[*7]のようなものだということは、なおさら許されない。だが、字義的な意味が真実でないことは、預言者たち自身もそう言ったのであるから、われわれも言える。

（1）『詩篇』一一〇の一。
（2）『出エジプト記』二〇の五。
（3）『詩篇』一四七の一三。
（4）ヘブル語のアルファベットの第十三字。
（5）同じく第十八字。
（6）同じく第五字。
（7）古人が下等金属を黄金に化する力があると信じていたもの。

六八八　一写二五七　ラ四七六（二ノ一一）

「メム」は秘義的だなどと、私は言わない。

六八九　＊　原二一三　ラ二八八（一ノ二二）

モーセは（『申命記』三〇章に）[*1]約束して、神は彼らの心に割礼をほどこし、彼らをして神を愛しうるようにされるであろう、と言っている。

（1）六節。

六九〇

原二四七　ラ二七九（二ノ二一）

ダビデやモーセの一句、たとえば「神は心に割礼をほどこされるであろう」というような句で、彼らの精神を判断することができる。

その他のあらゆる説話が漠然としており、彼らが果たして哲学者であるかキリスト者であるかが疑われるにしても、この種の一句が他のすべてを決定する。あたかもエピクテトスの一句が、他のすべての語句を反対の意味に決定するように。それまでは不分明がつづくが、それからはそれがなくなる。

六九一

原三一　ラ二七六（二ノ一九）

くだらぬ話をしている二人のうち、一方がその仲間で理解される両義的なことばを使い、他方が単義的なことばしか使わなかったとする。そこへだれかその秘密を知らない人がやってきて、二人がそういうふうに話し合っているのを聞いたら、二人に同様な判断を下すであろう。だが、のちにその話の残部で、一方が天使のような事柄を話し、他方が相変わらず日常茶飯の事柄を話したとしたら、一方は秘義を語っているし、他方はそうでないと、その人は判断するであろう。一方はそういうくだらぬことを話しえず、秘義を語りうることを十分示したし、他方は秘義を語りえず、くだらぬことを話しうることを十分示したからである。

――

旧約聖書は符号である。

六九二

原三三　ラ二六九（二ノ一九）

人間の唯一の敵は、彼らを神からそむけさせる邪欲であって、……*1ではないということ、唯一の幸福は神であって、豊かな土地ではないということを、明らかに認めている人々がある。人間の幸福は肉体にあり、不幸は官能的快楽から彼をそむけさせるものにあると思っている人々は、それに「飽き」、それに「おぼれる」がよい。だが、全心をもって神を求め、神を見失うことのみを不幸であると感じ、神を所有しようという願いしか持たず、神から自分をそむけさせるものを敵とし、そのような敵に自分がとりまかれ支配されているのを見て悲しむ人々は、みずから安んじるがよい。私は彼らに幸いなおとずれを伝える。彼らには一人の救い主がある。私はその救い主を彼らに見せよう。彼らには一人の神があることを示そう。他の人々には神を見せることはすまい。私は彼らを敵の手から救うべき一人のメシアが約束されていること、しかもそのメシアは彼らを罪から救い出すために来たのであって、敵の手から救い出すために来たのでないことを知らせよう。

――メシアはその民を敵の手から救い出すであろうとダビデが預言したとき、それはエジプト人からの救いだと肉的に考えることもできる。そうなると、その預言が成就したことを示すわけにはいかない。だが、それは罪からの救いだと考えることも十分できる。なぜなら、事実において敵はエジプト人でなく、罪こそ敵だからである。

　だから、敵という語は両義的である。だが、もし彼が事実言っているように、[*2] イザヤその他の人々と同様、メシアはその民を罪から救い出すであろうと[*3] 他の箇所で言っているとしたら、両義性は除かれ、メシアはその民を罪から救い出すであろうという単一の意味に還元されることになる。なぜなら、彼が心に罪を感じていたら、それを敵という語で表わすことは十分できるが、もし彼が敵のことを考えていたら、それを罪と呼ぶことはできないからである。

　ところで、モーセとダビデとイザヤとは、同じ語を用いた。そうだとしたら、それらの語が同じ意味を持っていないと、だれが言いえよう。またダビデが敵と言ったときには、明白に罪を意味したのに、モーセが敵と言った場合には、〔それ〕は同じことを意味しなかったと、だれが言いえよう。

――

　ダニエルは（九章に）[*4]、その民が敵の捕われから解放されるために祈っている。しかし、彼は罪のことを考えていた。そして、そのことを示そうとして、天使ガブリエルが来て、彼の祈りはきかれた、あと七十週待てばよい、それが過ぎると、民は罪から解放され、罪は終わりを告げ、至聖者である救い主は「永遠の」正義を、すなわち、律法的な正義でない永遠のそれをもたらすであろう、と告げたと言っているのである。

（1）ブランシュヴィックはここに「神」という字を補っているが、むしろ「エジプト人」か「バビロン人」を当てるほうが適当であろうと、トゥルヌールは示唆している。
（2）『詩篇』一三〇の八。
（3）『イザヤ書』四三の二五。
（4）『ダニエル書』九の二〇～二四。

第十一章　預言

六九三

原一　ラ一九八（二ノ一五）

人間の盲目と悲惨とを見、沈黙している全宇宙をながめるとき、人間がなんの光もなく、ひとり置き去りにされ、宇宙のこの一隅《いちぐう》にさまよっているかのように、だれが自分をそこにおいたか、何をしにそこへ来たか、死んだらどうなるかをも知らず、あらゆる認識を奪われているのを見るとき、私は、眠っているあいだに荒れ果てた恐ろしい島につれてこられ、さめてみると〔自分がどこにいるのか〕わからず、そこからのがれ出る手段も知らない人のような、恐怖におそわれる。それを思うと、かくも悲惨な状態にある人がどうして絶望に陥らないかを、私はあやしむ。私は自分の周囲に、同様な性質の人々を見る。彼らに、私より多くのことを知っているかどうかを尋ねてみても、彼らは否と答える。そこで、これらの惨めなさすらい人らは、自分の周囲を見まわし、何か楽しそうなものが見つかると、それに専心し執着した。私はといえば、そんなものに執着することはできなかった。そして、自分の見ているもの以外に何かあるような様子が多分にあるのを見て、あるいは神がみずからのしるしを何か残しておられはしないかと探求したのだ。

私は多くの相反する宗教があるのを見る。ゆえに、一つのほかは、すべて偽りである。おのおのの宗教はそれ自身の権威によって信仰を要求し、不信仰者をおびやかす。だから、私はそれらを信じない。だれでもそういうことは言える。だれでも自分を預言者と呼ぶことはできる。だが、キリスト教を見ると、そこには預言が存在する。これはだれにもできないことだ。

六九四　原二三二　ラ三二六（一ノ二四）

またこれらのすべてを大成するのは預言である、それらを偶然のしわざであると言わせないために。

だれでも一週間しか生きられない人が、それらのすべてを偶然のしわざでないと信じるほうが得だと思わないとしたら……

ところで、情欲がわれわれをとらえていなかったら、一週間も百年間も同じことである。

六九五　一写一七一　ラ三四三（一ノ二四）

偉大なるパン[*1]は死んだ。

（1）ギリシア神話中の牧羊神で、山羊の足とひげとを持ち、葦《あし》の笛を吹く姿によって知られている。

六九六　原四〇一　ラ一七一（二ノ一三）

〈大いなる渇きをもって御言葉《みことば》を受け、果たしてそのとおりかどうかを知ろうとして、聖書をしらべた〉*1

（1）『使徒行伝』一七の一一。

六九七　原五九（五六九参照）　ラ三一二（二ノ二三）

〈あらかじめ告げられたことを読め〉

〈成し遂げられたことを見よ〉

〈成し遂げられるべきことを集めよ〉

六九八　原一〇〇　ラ九三六（欠）

預言された事柄が起こるのを見て、はじめて人は預言を理解する。したがって隠退、謹慎、沈黙などの証拠は、それらを知り、かつ信じる人々にのみ有効である。

――全く外的な律法のうちにあって、きわめて内的であったヨセフ。

――

外的な悔悛は、内的なそれへの準備である、ちょうど卑下が謙虚への準備であるように。したがって……

六九九　原五九　ラ三一九（一ノ二三）

ユダヤ教の会堂はキリスト教会に先行し、ユダヤ人はキリスト者に先行した。預言者たちはキリスト者のことを預言し、聖ヨハネはイエス・キリストのことを預言した。

七〇〇　原三八二　ラ五〇〇（二ノ一九）

ヘロデやカエサルの歴史は、信仰の目をもって見れば、いかに美しいことか。

七〇一　原四八五　ラ三一七（一ノ二三）

律法と神殿とに対するユダヤ人の熱心（ヨセフスとユダヤ人フィロンの『カイウスに呈す』）。――ほかのどんな民族が、そのような熱心を保持したであろうか。彼らは熱心でなければならなかったのだ。

――イエス・キリストは、その来臨の時期と世界の情勢とが預言されていた。足のあいだから取り去られた主権、[*1] および第四王国。[*2]

――この暗黒のなかに、この光を見る人は、なんと幸福であろうか。ダリウスとクロス、アレクサンドロス、ローマ人、ポンペイウスとヘロデが、福音の栄光のために、そうとは気づかずに働いているのを、信仰の目をもって見るのは、なんとすばらしいことか。

（1）『創世記』四九の一〇。
（2）『ダニエル書』二章。

七〇二　原四九一　ラ二九七（一ノ二二）

律法に対するユダヤ民族の熱心、とりわけ預言者がいなくなったのちの熱心。

七〇三　原四九一　ラ二九四（一ノ二二）

預言者たちが律法を維持しようとしていたあいだ、民衆は冷淡であった。だが、預言者たちがいなくなったら、冷淡から熱心に変わった。

七〇四　原一一九　ラ五八九（二ノ二三）

悪魔は、イエス・キリスト以前には、ユダヤ人の熱心を妨害した。熱心が彼ら（ユダヤ人）に有益であったからだ。しかし、以後はそうではない。

――

異邦人からあざけられたユダヤ民族、迫害されたキリスト教徒。

七〇五

原五三　ラ二四〇（一ノ一八）

証拠。

預言とその成就。

イエス・キリスト以前のものと以後のもの。

七〇六

＊原一六七　ラ三三五（一ノ二四）

イエス・キリストの（メシアである）最大の証拠は、預言である。神もまた預言のために最大の準備をされた。なぜなら、その成就として起こった出来事は、教会の発生から終局にいたるまで継続する一大奇跡だからである。そこで、神は千六百年間に預言者たちを起こし、そしてその後の四百年間に、それらのあらゆる預言を、その伝達者であるすべてのユダヤ人とともに、世界のいたるところに散布された。これらのことが、イエス・キリストの降誕に対する準備であった。その福音は全世界の人々から信じられねばならなかったので、それを信じさせるために預言のあることが必要であっただけでなく、それを全世界の人々に受け入れさせるために、預言が全世界に行きわたることが必要であった。

七〇七　原四八九　ラ三八五（二ノ一）

しかし、預言があるというだけでは十分でなかった。それがいたるところに分布され、すべての時代に保持されなければならなかった。

そして、その成就が偶然のしわざであると思われないために、そのことが預言される必要があった。

七〇八　原四〇五　ラ三三三（一ノ二四）

メシアにとって真に絶大な栄光は、彼ら（ユダヤ人）が彼の目撃者であり、彼の栄光の手段ですらあるということである。神が彼らを保存されたことは別として。

七〇九　原四〇五　ラ三三六（一ノ二四）

預言。

その時期はユダヤ民族の状態により、異教民族の状態により、神殿の状態により、年の数によって、預言された。

同一のことを多くの仕方で預言するには、大胆でなければならない。偶像崇拝的または異教的な四つの王国と、ユダの治世の終末と、七十週とは、同時に起こらなければならなかったし、またこれらのすべては第二の神殿が破壊される前に起こらなければならなかった。

七一〇

原一六七　ラ三三二（一ノ二四）

預言。

ただ一人の人が、イエス・キリストの来臨の時期と仕方とを預言する書物を書き、イエス・キリストがそれらの預言に応じて来臨されたとしても、それは非常に有力な事実であろう。

しかし、ここにそれ以上のことがある。それは歴代の人々が四千年にわたって、たえず変わらずつぎつぎに現われ、この同じ出来事を預言するのである。それを告知するのは、一民族の全体である。彼らは彼らのいだく確信を、一団となって立証するために、四千年にわたって存在する。彼らに対してなされたどんなおどしや迫害も、彼らをその確信から引き離すことはできない。これは格別に重大なことである。

原三二九、三三〇、三三三　ラ四八四（二ノ一三）

七一

特殊な事柄の預言。

彼らはエジプトでは、その地にもどこにも何の私有財産も持たない外来者であった。〔そのころの彼らには、のちに長くつづいた王権や、モーセによって制定されイエス・キリストの時代までつづいた「サンヘドリン」と呼ばれる七十人の議員からなる最高議会は、まだ何の兆《きざし》も見せなかった。これらのすべてのものは、彼らの当時の状態から最大限にかけ離れていた〕そのときヤコブは死に臨んで十二人の子らを祝福し、彼らが大きな土地を所有するようになるであろうと宣言した。また特にユダ族に対して、他日彼らを治める王たちがユダの種族から出るであろう、彼の兄弟たちはみなその臣下となるであろう、〔諸国民の待望の的であるメシアすらも、彼から生まれるであろう。待望のメシアが彼の種族のなかに現われるまで、王権はユダから取り去られず、統治者や立法者もその子孫から取り去られないであろう〕と預言した。

この同じヤコブは、将来所有すべき土地を、あたかも自分がその所有者であるかのように分配し、その分け前を他の者よりもヨセフに多く与えて言った、「私は一つの分をあなたの兄弟よりも多くあなたに与える」[*1]と。そしてヨセフがヤコブの前に自分の二人の子エフライムとマナセとを連れてきて、兄のマナセを右側に、弟のエフライムを左側においたのを祝福するにあたり、ヤコブは両手を交差し、右手をエフライムの頭の上に、左手をマナセの上におき、そのようにして二人を祝福した。それに対して、ヨセフが、父上は弟をひいきなさるのですかと言って抗議すると、ヤコブは恐ろしいけんまくで答えた、「私はよく知っている、わが子よ、私はよく知っている。けれども、エフライムはマナセよりも大いなるものとなるであろう」[*2]と。これは、実際、その結果において真実となった。この一種族は非常に繁栄し、二つの血統を合わせると一国をなすほどになったため、それらは普通エフライムという一つの名で呼ばれてきた。この同じヨセフは死に臨んで、その子らがかの土地にはいるとき、彼の骨をいっしょに携えていくように命じているが、そのことは二百年後にようやく実行された。

　モーセは、すべてこれらのことが起こるよりもずっと以前に、それをしるしたのであるが、あたかも自分がその支配者であるかのように、その土地にはいるに先立って、その分け前をみずから各種族に割り当てた。〔そして、彼はついに神が彼らの国民と家系とから一人の預言者を起こされるはずであり、自分はその預言者の表徴であると言明し、また自分の死後彼らの行こうとする土地で彼らに望むべきすべてのこと、神が彼らに与えられる勝利、神に対する彼らの忘恩、そのために彼らの受ける刑罰、その他彼らに臨むべき諸事件を、正確に預言した〕モーセは彼らにその割り当てをすべき司《つかさ》たちを与え、彼らの守るべきあらゆる行政機構、彼らの建てるべきのがれの町を規定し……

（1）『創世記』四八の二二。
（2）同四八の一九。

七一二

原一九（五六一参照）　ラ八一九（二ノ二九）

預言のうちに、特殊な事柄に関するものと、メシアに関するものとが混じっているのは、メシアに関する預言が証拠を欠くことのないためであり、特殊な預言が実を結ばないことのないためである。*1

（1）特殊な事件が、預言者たちの預言したとおり、世人の前に実現すれば、彼らは預言者として確実に認められ、したがって、彼らがメシアについて預言したことの真実性も疑われなくなるからである。

七一三

原一七一、一七三、一七五、一七七、一七九、一八一、一八三、一八五、一八七、一八九、ラ四八九（二ノ一七）

ユダヤ人の無期捕囚。

『エレミヤ書』一一章一一節、「私は災いをユダに下す、彼らはこれをまぬかれることができないであろう」

表徴。

『イザヤ書』五章、「主《しゅ》は一つの葡萄《ぶどう》畑を持ち、良い葡萄が実を結ぶのを待ち望んでおられた。ところが、結んだものは野葡萄であった。だから、私はその葡萄畑を荒らし、これをとりこわす。地はただ茨《いばら》だけを生じるであろう。私は天に命じて、その上に〔雨が降らな〕いようにする。

主の葡萄畑はイスラエルの家である。その喜ばれた芽ばえはユダの人である。私は彼らに正義を行なうことを望んだのに、彼らは不義を生じただけである」

『イザヤ書』八章。

「あなたがたは恐れとおののきとをもって主をあがめよ。彼のほか恐れてはならない。主はあなたの聖所となられるであろう。しかし、イスラエルの二つの家には、つまずく石、妨げの岩となるであろう。

エルサレムの民には、罠《わな》となり、滅びとなるであろう。彼らのうち多くのものは、この石につまずき、倒れ、傷つき、罠に捕えられ、かつ滅びるであろう。

私の弟子《でし》たちのために私のことばをおおい、私の律法を封ぜよ。

「ゆえに、私は、ヤコブの家にみずからをおおい隠される主を、堪え忍びつつ待ち望もう」

『イザヤ書』二九章、「イスラエルの民よ、あなたがたは惑いかつ驚け。揺るぎ、よろめき、酔いしれよ。しかし、酒のためではない。よろめけ。しかし、酔ったためではない。それは神があなたがたに熟睡の霊を注がれたからである。神はあなたがたの目をおおい、あなたがたの君たちと異象を見る預言者たちとの目をくらまされるであろう」

――

(『ダニエル書』一二章、「悪《あ》しきものは悟らないであろう。しかし、よく教えられたものは悟るであろう」

――

『ホセア書』最後の章、最後の節に、現世的幸福を多くしるしたのちに言う、「知恵のあるものはだれか。その人はこれらのことを悟るであろう、云々」)*1

「すべての預言者たちの幻は、あなたがたには封じられた書物のようであろう。それを文字を知る学者に渡しても、彼は答えて、封じられているので読むことができない、と言うであろう。また読むことのできない人々に渡したら、私は文字を知らないと言うであろう」

「主は私に言われる、この民は唇をもって私を敬うけれども、その心は私に遠ざかっている。(これが理由であり原因である。彼らがもし心から神を敬っていたら、預言を悟ったであろう)彼らが私に仕えるのは、人の道によってである。

ゆえに、私はこの民に与えた他のすべてのことの上に、一つの驚くべきわざ、大いなる恐るべきことを加えるであろう。知者の知恵もなくなり、彼らの悟りも〔くらん〕でしまうからである」

　預言。神性の証拠。

『イザヤ書』四一章。

「もしあなたがたが神々ならば、近づくがよい。後のことを私たちに告げよ。私たちはあなたがたの言葉に心をとめよう。はじめにあったことを私たちに教え、後に成ろうとすることをあらかじめ告げよ。

「それによって、私たちはあなたがたが神々であるのを知ろう。あなたがたがもしできるならば、幸いか災いかを下してみよ。私たちはそれを見て、ともに論じよう。

　しかし、あなたがたはむなしい。憎むべきものにすぎない、云々。

　あなたがたのうちだれが（事件と同時代の著者たちによって）[*2]世の初めから行なわれたことを私たちに教えたか。そして、私たちをしてあなたは正しいと言わせたか。――私たちを教えるものは一人もなく、後のことを告げるものは一人もない」

　――

『イザヤ書』四二章、「私こそ主である。私は自分の栄光を他のものに与えない。私こそすでに起こったことを預言し、やがて起ころうとすることをも預言する。全地よ、神に向かって新しい歌をうたえ。

「目があっても見ず、[*3]耳があっても聞かない民を、ここに連れてくるがよい。

もろもろの国民をともに集《つど》わせるがよい。彼らのうち——また彼らの神々のうち——だれが過ぎたことと来たるべきこととをあなたがたに教えるであろうか。彼らが自分の正しさを示すために、その証人を連れてくるように。そうでなければ、私にきいて、真理はここにあると言うがよい。

「主は言われる、あなたがたは私の証人である。私を知らせ、私が主であることを信じさせようとして、私が選んだ僕《しもべ》である。

「私は預言し、私は救い、私だけがあなたがたの目の前でこれらの不思議を行なった。あなたがたは私が神であることの証人である、と主は言われる。

「私はあなたがたを愛すればこそ、バビロン人の力をくじいたのだ。私はあなたがたを清め、あなたがたを造ったものだ。

「私はあなたがたをして水のなか、海のなか、流れのなかを通らせ、あなたがたにさからった強い敵を永久におぼれさせ、滅ぼしたものである。

「しかし、これらの昔の恵みを思い出してはならない。過ぎたことに目を向けてはならない。

「見よ、私は新しいことをするであろう。それは、やがて起こる。あなたがたはそれを知るであろう。私は荒野を、人の住みうる麗《うるわ》しい所とするであろう。

「私は自分のためにこの民を造り、私の誉れを述べさせるために彼らを建てた、云々。

「しかし、私は自分自身のために、あなたがたの咎《とが》を消し、あなたがたの罪を心にとめないのだ。(あなたがた自身が正しいかどうかを知るために、あなたがたの忘恩を心にとめよ)あなたがたの遠い先祖は罪を犯し、あなたがたの教師はことごとく私にそむいた」

『イザヤ書』四四章、「主は言われる、私は初めであり終わりである。私に等しいと思うものは、私がいにしえの民を造ってからこのかたしたことの経過を語り、また来たらんとすることを告げよ。

恐れるな、私はこれらのことをみなあなたがたに知らせたではないか。あなたがたは私の証人である」

クロスについての預言。

『イザヤ書』四五章四節、「私の選んだヤコブのゆえに、私はあなたの名を呼んだ」

『イザヤ書』四五章二一節、「さあ、いっしょに論じよう、だれが世の始めからこのかたのことを知らせたか、だれがそのときからのことをあらかじめ告げたか。それは主である私ではないか」

『イザヤ書』四六章、「主は言われる、あなたがたはいにしえの世を思い出し、私に比べうるもののないことを悟れ。私は終わりに起こるべきことを初めから告げ、世の始めから知らせている。私の命令は立ち、私の喜ぶことはことごとく成るであろう」

『イザヤ書』四二章九節、「いにしえのことはあらかじめ告げたように起こった。見よ、いま私は新しいことを預言し、それが起こらない先に、あなたがたに告げよう」

『イザヤ書』四八章三節、「私はいにしえのことをあらかじめ告げさせ、ついでそれらを成し遂げた。それらは私が言ったように起こった。それは、あなたがたがかたくなで、心がそむきやすく、あつかましいことを知っているからである。ゆえに、私は事が起こる前に、それらをあなたがたに示そうと思う。あなたがたがそれらをあなたがたの神々のわざ、神々の命令の結果であると言うことのないためである。

「あなたがたはあらかじめ告げたことが起こるのを見た。あなたがたはそれを告げひろめないのか。いま私は新しいことをあなたがたに告げる。それは私の力のうちに隠しておいたことで、あなたがたがまだ見たことのないことである。これは今私が備えたことであるから、前からあったことではない。私はこれをあなたがたに隠しておいた。そうでなかったら、あなたがたは誇って言うであろう、私たちはすでにこれを知っている、と。

「あなたがたはこれを知らない。あなたがたにこれを語った者はなく、あなたがたの耳はそれについて何も聞いたことがないからである。また私はあなたがたを知り、あなたがたが反逆に満ちているのを知って、あなたがたの生まれた初めの日から反逆者の名をあなたがたに与えたからである」

『イザヤ書』六五章。

ユダヤ人の排斥と異邦人の回心。

「私は私をたずねない者に求められ、私を求めない者に見いだされた。私の名を呼ばなかった民に私は言う。私はここにいる、私はここにいる、と。

「私はおのれの思いに従って悪しき道を歩む不信の民に、終日私の手をさしのべた。この民は私の前で行なう罪のゆえに、たえず私の怒りを引き起こし、おのれを供え物として偶像にささげる民である、云々。

「これらの者は、私の怒りの日に、煙のように消えうせるであろう、云々。

「私はあなたがたとあなたがたの先祖たちとの不義を集め、あなたがたのわざに従ってことごとくあなたがたに報い返すであろう。

「主はこう言われる、私は私の僕どもを愛しているから、イスラエルをことごとくは滅ぼさない。そのあるものを残すであろう。人が葡萄のふさのなかに粒を残しておき、これを取り去るな、それは祝福［であって果実の望み］であるからと言うようなものである。

「私は私の選んだ僕らに受けつぐべき山々と、肥えて豊かな野べとを持たせるために、ヤコブとユダとから人々を引きぬくであろう。

しかし、ほかの者はみな絶やすであろう。あなたがたはあなたがたの神を忘れて異なる神々に仕えたからである。私が呼んだのにあなたがたは答えず、私が語ったのにあなたがたは聞かなかった。あなたがたは私の禁じたことを選んだのである。

「ゆえに、主はこう言われる。見よ、私の僕らは食べるけれども、あなたがたは飢えかわき、私の僕らは喜ぶけれども、あなたがたは恥じ、私の僕らは心の大いなる喜びによって歌をうたうけれども、あなたがたは心が悲しいために泣き叫ぶであろう。

「あなたがたの残す名は私の選んだ者に呪《のろ》いの文句となるであろう。主はあなたがたを絶やし、ご自身の僕らをほかの名をもって呼ばれるであろう。そのとき、地にあって幸福であろうとするものは、神にあって幸福になるであろう、云々。

先の苦しみは忘れ去られるからである。

「見よ、わたしは新しい天と新しい地とを創造する。過ぎたものは覚えられることがなく、心に浮かぶこともないであろう。

「しかし、あなたがたは私の創造する新しいものによって、とこしえに喜べ。私は、エルサレムを造って喜びそのものとし、その民を楽しみとするからである。私は、エルサレムと私の民とを楽しむであろう。そして泣く声と叫ぶ声とは、そのなかに聞こえないであろう。

彼らが求めないさきに、私は答え、彼らが語り終わらないうちに、私は聞くであろう。狼《おおかみ》と小羊とはともに草を食し、獅子《しし》と牛とは同じ藁《わら》をくらい、蛇《へび》は塵のみを糧《かて》とするであろう。そして、私の聖なる山のどこでも、殺すことや害《そこ》なうことはなくなるであろう」

『イザヤ書』五六章三節。

「主はこう言われる、あなたがたは公平を守り正義を行なえ。私の救いは近づき、私の義は現われようとしているからである。幸いなのは、そのように行なって安息日を守り、その手をおさえて悪しき事をしないものである。

「私に帰依《きえ》する異邦人は言ってはならない、神が私をその民から分けられるであろうと。なぜなら、主はこう言われる、だれでも私の安息日を守り、私の意志をなすことを選び、私の契約を守る者には、私の家で位を与え、私の子らに与えた名にまさる名を与えよう。これはとこしえの名となって、いつまでも絶えることがないであろう」

『イザヤ書』五九章九節、「私たちの罪のために、公平は私たちを離れた。私たちは光を待つけれども、暗黒を見いだすだけだ。輝きを望むけれども、闇のなかを行く。私たちは盲人のように壁を手さぐり、真昼でも夜中のようにつまずき、暗い所にいる死人のようだ。

「私たちはみな熊のようにほえ、鳩のようにうめく。公平を待つけれども、それは来ることなく、救いを望むけれども、それは遠く離れている」

『イザヤ書』六六章一八節。

「しかし、私が彼らをもろもろの国、もろもろの民らとともに集めようとして来るとき、彼らの業《わざ》と思いとをたずねよう。そして、彼らは私の栄光を見るであろう。

「私は彼らのうちに一つのしるしを立てて、救われるべきものを、アフリカ、リディア、イタリア、ギリシアの国々と、私が語るのを聞いたこともなく、私の栄光を見たこともない民らとにつかわそう。彼らはあなたがたの兄弟を連れてくるであろう」

神殿の排斥。

『エレミヤ書』七章。

「あなたがたは私の名を初めておいたシロに行き、私の民の罪のために私がしたことを見よ。(なぜなら、私はこれを捨て、自分のためにほかの宮を建てたからである)*4

主は言われる、今あなたがたは同じ罪を犯したので、私の名の呼ばれる所、あなたがたのたのむ所、私自身あなたがたの祭司に与えた所であるこの宮に、私はシロでしたのと同じことをするであろう。

「私はあなたがたの兄弟であるエフライムの子らを捨てたように、あなたがたを遠く退けるであろう。(無期の棄却)

だから、この民のために祈ってはならない」

『エレミヤ書』七章二二節、「あなたがたは供え物に供え物を加えても、なんの益があろうか。私はあなたがたの先祖をエジプトから導き出したとき、供え物と燔祭《はんさい》とについて語ったことはなく、命じたこともない。私が彼らに与えた教えは、こうである。あなたがたは私の命令に従い、これを守れ、そうすれば、私はあなたがたの神となり、あなたがたは私の民となるであろう」

（彼らが黄金の子牛に供え物をささげるようになってから、私は悪しき習慣を良いものに変えるため、はじめて供え物を設けた）

―――

『エレミヤ書』七章四節、「あなたがたは、これは主の宮だ、主の宮だ、主の宮だと、あなたがたに語る人々の偽りのことばを、頼みとしてはならない」

（1）（2）（　）内のことばは欄外にあるもの。
（3）『イザヤ書』四三の八以下。
（4）（　）内のことばは欄外にあるもの。

七一三の二

一写二五三　ラ四五九（二ノ一一）

『ゼパニヤ書』三章九節、「私は私のことばを異邦人に与えよう。彼らがみな心を合わせて私に仕えるためである」
『エゼキエル書』三七章二五節、「私の僕ダビデが、とこしえに彼らの君となるであろう」
『出エジプト記』四章二二節、「イスラエルは私の長子である」＊1

（1）パスカルの訳したこれらの聖句は、現行邦訳聖書とは多少違っている。

七一四

原二七七（四三九参照）ラ四九三、四九四、四九六、四九七、四九六（二ノ一八）

成就した預言。

『列王紀上』一三章二節。

『列王紀下』二三章一六節。

――

『ヨシュア記』六章二六節。――『列王紀上』一六章三四節。――『申命記』二三章。

――

『マラキ書』一章一一節。退けられたユダヤ人の供え物と異教徒の供え物（エルサレム以外の）いたるところにおいて。

――

モーセは死にさきだって、異邦人の召されること（『申命記』三二章二一節）と、ユダヤ人の捨てられることとを預言した。

モーセはおのおのの種族に起こるべきことを預言した。

――

神の証人であるユダヤ人。『イザヤ書』四三章九節、四四章八節。

「彼らの心をかたくなにし」[*1]どのようにしてか。彼らの邪欲を喜ばせ、その充足を望ませることによって。

――

預言。

「あなたがたの名は、私の選んだものに、呪いの文句となるであろう。私は彼らに別の名を与えるであろう」
（1）『イザヤ書』六の一〇。

七一五　＊＊　原二七七（四三九参照）　ラ四九八（二ノ一八）

預言。

アモスとゼカリヤ。彼ら（ユダヤ人）は義人を売った。それゆえに、決して呼びもどされない。

裏切られたイエス・キリスト。

人はエジプトのことをもはや思い出さないであろう。『イザヤ書』四三章一六、一七、一八、一九節。『エレミヤ書』二三章六、七節を見よ。

預言。

ユダヤ人はいたるところに散らされるであろう。『イザヤ書』二七章六節。

新しい律法。『エレミヤ書』三一章三二節。[*1]

栄光ある第二の神殿。イエス・キリストはそこに来られるであろう。『ハガイ書』二章七、八、九、一〇節。『マラキ書』。グロティウス。*2

異邦人の召されること。『ヨエル書』二章二八節、『ホセア書』二章二四節、『申命記』三二章二一節、『マラキ書』一章一一節。

（1）三一節の誤り。

（2）グロティウス『キリスト教の真理について』五の一四。

七一六

原四〇九　ラ三三四（一ノ二四）

『ホセア書』三章。

——

『イザヤ書』四二章、四八章、「私はいにしえから預言して言った、彼らがそれこそ私であるということを知るためである」。五四章、六〇章結句。

——

アレクサンドロスに対するヤドス。*1

（1）アレクサンドロスがエルサレムの神殿にもうでたときの大祭司。

七一七

原三三五　ラ四五五（二ノ九）

〔預言。——ダビデには後継者が絶えないであろうという誓約。『エレミヤ書』[*1]〕

（1）三三の一四～一六。

七一八

原二七〇　ラ三四八（一ノ二四）

ダビデの血統の永久の統治、『歴代志下』[*1]。あらゆる預言により、しかも誓約をもって。しかるに、それは現世的には成就しなかった。『エレミヤ書』三三章二〇節。

（1）七の一八。

七一九

原三九　ラ二六六（二ノ一九）

預言者たちが、王権は永遠の王（メシア）が来臨するまでユダ族から決して去らないであろうと、預言したとき、彼らは民衆にへつらってそう言ったのであり、彼らの預言はヘロデの即位によって誤りであることを表わしたと、人はおそらく考えるであろう。だが、これは彼らの意味したところでなく、かえってこの現世的王国が絶えるのを、彼らが十分知っていたことを示すために、ユダヤ人は王もなく君もなく、長く存続するであろうと、彼らは言ったのである。『ホセア書』[*1]

（1）三の四。

七二〇

原二二九　ラ三四〇（二ノ二四）

〈カエサルのほか、私たちに王はない〉[*1]だから、イエス・キリストはメシアであったのだ。なぜなら、彼らはもはや他国人しか王として戴《いただ》かず、ほかの王を望んでもいなかったから。

（1）『ヨハネ福音書』一九の一五。

七二一

原二七七（四三九参照）　ラ四九〇（二ノ一八）

「カエサルのほか、私たちに王はない」

七二二

＊＊

原三〇九、三一一、三一三、三二五、二八九、二九一、二九三、二九五　ラ四八五（二ノ一四）

『ダニエル書』二章。

「王の問われる秘密は、どんな占い師も知者も、王に解き明かすことはできない。

（この夢が王の心を悩ましたにちがいない）[*1]

しかし、天に一人の神がおられて、これをしてくださる。彼は後の日に起こるべきことを夢によって王に示されたのである。

「私がこの秘密を悟ったのは、自分の知恵によるのでなく、この同じ神の示しによるのである。神が私にこれを表わし、王の前でこれを解き明かさせてくださるのである。

「あなたの夢は次のようである。あなたは一つの大きな高い恐ろしい像があなたの前に立っているのをご覧になった。その頭は金、胸と両腕とは銀、腹と腿《もも》とは銅、脛《はぎ》は鉄、しかし、足は鉄と土（粘土）とを混ぜ合わせたものであった。

あなたがこれらをじっと見ておられると、ついに一つの石が、人手によらずに切りだされ、その像の鉄と土とを混ぜ合わせた足を打ち砕いた。

「こうして、その鉄と土と銅と銀と金とは、みな砕けて風に吹き去られた。しかし、その像を打った石は、大きな山となって全地に満ちた。これがあなたの夢である。私は今その解き明かしを御前《みまえ》に述べよう。

「あなたは諸王のなかの最も大いなるものであられ、神はあなたにすべての民を恐れさせるほど広大な力を賜《たま》わった。あなたはあなたの見られた像の金の頭で表わされている。

しかし、あなたののちに、その力があなたに劣る一つの国が興る。また第三の銅の国が興って全世界にひろがる。

「しかし、第四の国は鉄のように固いであろう。鉄があらゆるものを打ち砕くように、その国もすべてのものを打ち砕くであろう。

「あなたがその足と指とを見られて、一部は土、一部は鉄であったというのは、その国が分けられて、鉄のように固い所と土のようにもろい所とになることを示すものである。

「しかし、鉄と土とは固く結びつくことができないように、鉄と土とによって表わされたものも、たとい婚姻によって結ばれても、長い盟《ちか》いを保つことはできない。

「しかるに、この王たちの日に、神は一つの国を建てられる。これはいつまでも滅びることがなく、ほかの民に帰《き》することもない。これはほかのもろもろの国を散らし、かつ滅ぼす。しかし、その国はとこしえに続くであろう。あの石が、人手によらずに切り出され、山からころんで鉄と土と銀と金とを打ち砕いたのを、あなたがご覧になったとおりである。

このように、神はのちの日に起ころうとすることを、あなたに現わされたのである。この夢は真実であって、この解き明かしも正確である。

「そのときネブカデネザルはひれ伏して、云々」

『ダニエル書』八章八節。

「ダニエルは雄羊と雄山羊《おやぎ》とのたたかいを見ていたが、雄山羊が雄羊に勝って地を治めた。ところが、その大きな角が折れ、他の四つの角が生じて、天の四方に向かった。またその角の一つから一つの小さい角が出てきて、南に向かい、東に向かい、イスラエルの地に向かって非常に大きくなり、天軍にさからうほど高くなり、星々を投げ落としてこれを踏みつけ、ついに君たるものをうちたおし、日々の供え物を廃し、聖所を荒らすようになった。

「これがダニエルの見たことである。彼がその解き明かしを求めたら、一つの声がこう叫んだ。ガブリエルよ、彼にその見たことを悟らせよ。そこで、ガブリエルは言った、あなたが見た雄羊はメディアとペルシアとの王である。また雄山羊はギリシアの王、その目のあいだの大きな角は、その国の最初の王である。「またその角が折れて、かわりの四つの角が生じたというのは、この王につぐこの国の四人の王である。しかし、彼らの力は最初の王におよばないであろう。「しかるに、この国の末期に、不義が増し加わるにおよんで、一人の王が興る。高慢で勇猛であるが、自分の力によるのではない。彼はすべてのことを意のままにする。聖なる民を荒らし、腹黒い偽りの心をもってその企てを成し遂げ、多くの人を滅ぼす。またついには君の君にさからって立つ。しかし、彼は荒い人手によらないで、惨めにも滅び去るであろう」

――

『ダニエル書』九章二〇節。

「私は心を尽くして神に祈り、私の罪と私のすべての民の罪とを懺悔《ざんげ》して、私の神の御前にひざまずいていたとき、私がはじめ幻のうちで見たあのガブリエルが、晩の供え物をささげるころ、私のところに来て、私に触れ、私に教えて言った。ダニエルよ、私は今あなたに物事の悟りを得させようとして来た。あなたが祈りはじめたときから、私はあなたの願ったことを示そうとして来ていたのである。あなたは祈りの人だからである。ゆえに、このことばを聞き、幻の意義を悟るがよい。あなたの民とあなたの聖なる町とのために、七十週が定められている。その咎を除き、罪を去り、不義をこぼち、永遠の義をもたらし、幻と預言とを成し遂げ、いと聖なるものに油をそそぐためである。(その後は、この民はもはやあなたの民でなく、この町は聖なる町ではなくなる。怒りの時は過ぎ、恵みの年が永久に来る)

「ゆえに悟って知るがよい。エルサレムを建てなおせということばが出てから、メシアの君が興るまで、七週と六十二週とあるであろう。(ヘブル人は数を分けて、少数のものを前におくのを常とした。だから、この七と六十二とは六十九である。そうすると七十週のうち第七十週すなわち最後の七年が残る。それについては、彼が次に言及する)街と石垣とは騒乱のあいだに建て直される。その六十二週(最初の七週につぐものである。だから、キリストは六十九週ののち、すなわち終わりの週に殺される)ののち、キリストは殺される。また一つの民がその君とともに来て、町と聖所とをこぼち、洪水のようにすべてをくつがえす。この戦いの終わりには荒廃がきわまるであろう。

「しかるに、彼は一週(残りの第七十週)のあいだに、多くの者と契約を結ぶ。またその週のなかば(すなわち最後の三年半)に供え物と犠牲とを廃し、荒らす憎むべき者を怪しまれるほどおしひろげ、それを怪しむ人々の上にきわみまで注ぎつづける」

―――

『ダニエル書』一一章。

「天使はダニエルに言った、こののち(クロスののち、クロスの世にはまだである)ペルシアに三人の王が興る（カンビセス、スメルディス、ダリウス）。そして、その後にくる第四の王（クセルクセス）は、富と力とにおいて最も強く、その民をことごとく率いて、ギリシア人を攻める。

「しかし、一人の強い王（アレクサンドロス）が興り、その領土を大いに広げ、あらゆる企てを意のままに成し遂げる。ただし、その国はまさに建てられようとするときに滅び、四つに分けられて天の四方に向かう。（すでに七章六節、八章八節に、天使が言っているように）しかし、彼の血統に属する何びとにも帰しないであろう。彼の後継者には、彼の力に及ぶ者はない。なぜなら、彼の国は分けられて、後継者でない者（四人の主要な後継者たち）に帰するからである。

「彼の後継者たちのうち、南方を治めるもの（エジプト、ラゴスの子プトレマイオス）は強くなる。しかし、ほかの一人がこれに勝ち、その国は大きな国となるであろう。（シリア王セレウコス。彼はアレクサンドロスの後継者たちのうち、最も強い者であると、アピアヌスは言う）

「年を経たのち、彼らは同盟し、南の王の娘（ベレニケ、ほかのプトレマイオスの子プトレマイオス・フィラデルフスの娘）が、北の王（セレウコス・ラギダスの甥《おい》、シリアとアジアとの王アンティオコス・デウス）のところに来て、彼らのあいだに和親をとり結ぶ。

「しかし、彼女もその子孫も長く権威を保つことはできない。彼女とこれをつかわした者

とその子らとその友らとは、死に渡されるからである。（ベレニケとその子とは、セレウコス・カリニコスのために殺される）

「しかし、彼女の根から出た一つの芽（プトレマイオス・エウエルゲテスはベレニケと同じ父から生まれた）が起こり、大軍をもって北の王の地に攻め入る。彼はすべてをその配下におき、また彼らの神々、君たち、金銀、およびすべての貴重な獲物《えもの》を、エジプトに携えて行く。（もし彼が国内の事情でエジプトに呼び返されなかったならば、セレウコスの物をすべて取り上げたであろうと、ユスティノスは言う）そして北の王は、彼に対して何もすることなく年を重ねる。

「かくして、彼はその国に帰るであろう。しかし北の王の子ら（セレウコス・ケラウヌス、アンティオコス大王）は憤って大軍を集める。

彼らの軍勢は進んできてすべてのものを荒らす。そこで、南の王（プトレマイオス・フィロパトル）は怒ってまた大軍をおこし、戦いを交えて（アンティオコス大王とのラフィアの戦い）、これに打ち勝つ。また彼の軍隊は誇り、彼の心はたかぶる。（このプトレマイオスは神殿を汚した。ヨセフス）彼は多くの人に打ち勝つ。しかし、その勝利は確実ではない。

なぜなら、北の王（アンティオコス大王）が、はじめのときよりも大いなる軍勢をもって帰ってくるからである。またこの時、多くの者が興って南の王に敵する。（若きプトレマイオス・エピファネスの治世）またあなたの民のうちの背教者、無頼漢どももみずからたかぶり、幻を成就して、ついに滅びる。（エウエルゲテスがスコパスに軍隊をおくろうとしたとき、彼の気に入ろうとして自分の宗教を捨てた人々、アンティオコスはスコパスを奪い、彼らを破るであろうからである）

北の王は城壁をこぼち、堅固な町々を攻め落とす。南の全軍はこれに当たることができず、すべてその意に従うであろう。

彼はイスラエルの地に踏みとどまり、その地は彼に降服する。

かくして、彼はエジプト全国の君となることを企てる。（エピファネスの若年をあなどって、とユスティノスは言う）

そのため、彼はエジプト王と同盟を結び、その娘を彼に与える。（クレオパトラ。彼女をしてその夫を裏切らせるために。それについてアピアヌスは言う、エジプトがローマ人の保護下にあるため、武力によってその君となれるかどうかを疑い、術策によって事を成そうとしたのであると）彼は彼女の堕落を願うけれども、彼女は彼の意に従わない。

かくして、彼はほかの計略に身をゆだね、ある島々（すなわち海港）の君となることを企て、多くの島を攻め取るであろう。（アピアヌスの言うように）

「しかし、一人の大将が、彼の征服に反抗し（スキピオ・アフリカヌス。彼はアンティオコス大王の進軍をはばむ。なぜなら、大王はローマ人の同盟国を侵害して、ローマ人の気を損じたからである）、彼が与えた恥をそそぎ、彼の上に返す。

かくして、彼はその国に帰り、そこで死に（彼は臣下の者に殺される）、もはやこの世にいないであろう。

「これを継ぐ者（アンティオコス大王の子セレウコス・フィロパトル、またはソテル）は暴君であって、課税によって国の栄光（それは民のことである）を苦しめる。ただし、ほどなく彼は反乱にも戦争にもよらずに死ぬであろう。

彼の位を継ぐものは卑しい人であって、王の栄誉を受けるにたらない。彼は巧みに甘言をもって臨む。

あらゆる軍勢が彼の前にくずれ、彼は彼らを破り、先に同盟を結んだ君にすら打ち勝つであろう。彼は、同盟を新たにしてその君を欺き、わずかな軍勢をもって安らかに恐れなく彼の領土に攻め入り、最もよい土地を奪い、彼の父祖たちもしなかったことをして、いたるところを荒らす。彼はその治世のあいだ大いなる計略をめぐらすであろう」*2

（1）この断章の（ ）内はパスカル自身の注釈。
（2）この断章は、パスカルが『ダニエル書』二章、八章、九章、一一章のあちこちを自由に仏訳し、ところどころに彼自身の注をつけたものである。パスカルは、それによって預言が成就したことを証明しようとしたのであるが、近代の研究によれば、『ダニエル書』の主要部分は、預言でも歴史でもなく、迫害時代のユダヤ人を激励するための黙示文書であるというのが通説になっている。すなわち、シリア王アンティオコス・エピファネス（前一七五〜一六四在位）がエルサレムに侵入して、神殿を汚し、ユダヤ人を迫害したとき、その苦悩のさなかで書かれたものである。したがって、ここには細かい注をつけることを省略した。トゥルヌール版はこの断章全部を削除している。

七二三　原一九五　ラ三四一（一ノ二四）

預言。

ダニエルの七十週は預言のことばであるから、はじまる時期は漠然としている。また年代学者たちのあいだに相違があるため、終わる時期もそうである。だが、これらのすべての相違は、せいぜい二百年を出ない。

七二四　原一九九　ラ三三八（二ノ二四）

預言。

第四王国のころ第二神殿の破壊前、ユダヤ人の主権が除かれる前、ダニエルの第七十週に、第二神殿が存在しているあいだに、異教徒は教えを受け、ユダヤ人の拝する神を知るようになるであろうということ。神を愛する人々は敵の手から救われ、神を恐れ愛する心を満たされるであろうということ。

そうしたら、第四王国のころ、第二神殿の破壊前、等々に、異教徒が群れをなして神を拝し、天使のような生活をするようになった。

娘たちはその貞操と生涯とを神にささげ、男たちはあらゆる快楽を捨てた。プラトンが少数の選ばれた教養ある人士にさえ説得しえなかったことを、あるひそかな力がわずかな言葉によって幾百万とも知れぬ無知な人々に、したのである。

富者はその財産を捨て、子は父の楽しい家を離れて、荒野へ苦行に行った。(ユダヤ人フィロンの書を見よ)

いったい、これらは何ごとであろうか。それは久しい以前から預言されていたことなのである。二千年来、一人の異教徒もユダヤ人の神を拝まなかった。だのに、預言された時期になると、多数の異教徒がこの唯一の神を拝する。神々の宮はこぼたれ、王たちも十字架に服従する。いったい、これは何ごとであろうか。それは神の霊が地上にそそがれたのだ。

モーセからイエス・キリストまでは、ラビたちの言葉に徴しても、一人の異教徒すら信じない。イエス・キリスト以後、多数の異教徒がモーセの書を信じ、その本質と精神とを守り、そのうちの無益なものだけを退ける。

七二五　　原一五七　ラ三三〇(一ノ二四)

預言。
エジプト人の回心。
『イザヤ書』一九章一九節、エジプトにおける真の神への祭壇。

七二六　　一写二五九　ラ四八三（二ノ一二）

預言。
エジプトにおいて、『プギオ』六五九ページ、『タルムード』「われわれのあいだに一つの言い伝えがある。メシアが来られるとき、その御言葉をひろめるために建てられた神の家は、汚《けが》れと不浄とに満ち、学者らの知恵は堕落し腐敗するということ。罪を犯すことを恐れるものは、民から退けられ、狂愚なものと見なされるであろうということ」[*1]
『イザヤ書』四九章、「聞け、遠い所におる民らよ、またあなたがた、海の島々に住む者たちよ、主は私が母の胎《たい》を出たときから、私の名を呼ばれた。彼は私をその御手《みて》の陰に隠し、私の言葉を鋭利な剣のようにしてくださった。また私に言われた、あなたは私の僕である、あなたによって私の栄光を現わそうと。しかし、私は言った、主よ、私はいたずらに働き、むなしく私の力を費やしました。主よ、裁きを行なってください。私の労苦はあなたの御前にあります。そのとき、ヤコブとイスラエルとを導くために私を母の胎を出たときから立てて自分の僕とされた主が言われた、あなたは私の前に栄えあるものである、私はみずからあなたの力となるであろう、あなたがヤコブの種族を悔い改めさせるのは軽いことである、私はあなたを立てて異邦人の光とし、私の救いとして地の果てにまでいたらしめる。これが、その魂をへりくだらしめるもの、異邦人にあなどられ忌みきらわれるもの、地の司たちに仕えるものに、主が言われた言葉である。君と王とはあなたを拝する。あなたを選んだ主は、真実であられるからである。

「主はまた言われた、私は救いの日、恵みの日にあなたに答えた。私はあなたを立てて民の契約とし、非常に荒れた国をあなたに継がしめる。あなたが縛られた者に、出て自由になれと言い、暗い所にいる者に、光にきて豊かな肥えた地を継げと言うためである。彼らはもはや飢えと渇きと熱気とによって苦しまないであろう。彼らをあわれむ者が、彼らを導かれるからである。主は彼らを生ける水の源に導き、山々をも彼らの前に平らかにされるであろう。見よ、人々が東から西から北から南から、あらゆるところから集まってくる。天よ、神に栄光を帰せよ、地よ、喜べ。主はその民を慰めることを喜び、主に望みをおく貧しい者をついにあわれんでくださるからである。

「しかし、シオンはなおも言った、主は私を捨て、私を忘れられた、と。母が自分の子を忘れ、自分のふところに抱いている子を愛さないことがあろうか。たとい彼らは忘れることがあっても、シオンよ、私はあなたを忘れない。私は常に両手をもってあなたをささえる。あなたの石垣は、いつもわたしの前にある。あなたを建てなおそうとするものは急いで来、あなたをこぼつものは離れ去るであろう。目をあげて四方を見まわし、これらの群れがみな集まってあなたに来るのを見よ。私は誓って言う、これらの群れはみなあなたを永久に装うべき飾りとしてあなたに与えられる。あなたの荒れ廃《すた》れた所、いま毀《こぼ》たれているすべての地は、住まう者が多くて狭くなるであろう。あなたの生まなかった年に生まれた子らは、あなたに言うであろう、この地は狭すぎる、地界をひろげ、住むべき場所をつくろう、と。そのときあなたは心のうちに言うであろう、だれがこれらの多くの子を私に与えたか、私は子を生まず、子なしに移され、かつ捕われていたのに、だれが私のためにこれらの子を育てたのか、私は助けなく見捨てられていたのに、どこからこれらのすべての子は来たのか、と。主はあなたに言われるであろう、見よ、私は私の力を異邦人に現わし、私の旗をもろもろの民の上にあげた。彼らはその腕とふところに子らを携えてあなたに来る。王たちと后《きさき》たちとはあなたの養い親となり、その顔を地につけてあなたを拝し、あなたの足の塵をなめる。そして、あなたは私が主であることを知り、私を待ち望む者がいつまでも惑うことのないのを知るであろう。だれが強い力ある者から獲物を取り返すことができよう。しかし、たとい彼から取り返すことができても、あなたの子らを救いあなたの敵を滅ぼす私を妨げうるものは決してない。すべての人は、私が主であって、あなたを救うもの、ヤコブの力ある贖《あがな》い主《ぬし》であることを知るであろう」

「主がこう言われる[*2]、私があなたがたの会堂を捨てた離縁状は、どこにあるのか。なぜ私はそれをあなたがたの敵の手に渡したのか。私がそれを捨てたのは、その不信と罪とのためではないか。

「私が来たのに、迎える者がなく、私が呼んだのに、聞く者がなかった。私の腕は短くて救う力がないというのか。

「ゆえに、私は私の怒りのしるしを現わそう。私は暗黒をもって天をおおい、ヴェールをもってこれを隠そう。

「主は教えを受けた者の舌を私に与え、悲しみのうちにある者を私のことばをもって慰めることを得させてくださる。彼はその教えに私の耳をかたむけさせ、私は師[*3]のように彼に聞いた。

「主は私にその御心《みこころ》をお示しになった。私はさからうことがなかった。

「私は鞭《むち》打つ者に私のからだをまかせ、はずかしめる者に私の頬《ほお》をまかせ、恥と唾《つば》とに私の顔をおおわなかった。しかし、主が私をささえられたので、私は惑うことがなかった。

「私を義とする者が、私とともにおられる。だれが私をとがめようとするのか。だれが私と争い、私の罪を責めようとするのか。神がみずから私を守っておられるではないか。

「人はみな過ぎ去り、時とともに消えうせる。ゆえに、神を恐れる者よ、神の僕のことばを聞け。暗きにあってうめいている者よ、主により頼むがよい。しかし、神の怒りを自分の上に燃やすのみである者よ、あなたがたはその火の上を歩き、自分で燃やした炎のなかを歩け。これらの災いをあなたがたの上に来させたのは私の手だ。あなたがたは悩みのうちに絶え入るであろう」

『イザヤ書』五一章、「義を追い求め主を尋ね求める者よ、私に聞け。あなたがたが切り出された岩と、あなたがたが引き出された穴とを思いみよ。あなたがたの父アブラハムと、あなたがたを生んだサラとを思いみよ。見よ、彼が一人でまだ子がなかったとき、私は彼を召し、かくも多くの子らを与えた。知れ、いかに多くの祝福を私はシオンにそそぎ、いかに豊かな恵みと慰めとをそこに満たしたかを。

「私の民よ、すべてこれらのことに心をとめ、私のことばに耳をかたむけよ。律法は私から出、異邦人の光となるべき裁きは、私から出るからである」

『アモス書』八章、預言者は、イスラエルの罪を数えあげたのち、神はその報いをすることを誓われたと言う。それは次のとおりである。

「主は言われる、その日には、私は、日を真昼に沈ませ、日中に闇《やみ》をもって地をおおい、あなたがたの盛んな祭りを涙に、あなたがたのすべての歌を嘆きに変わらせる。

「あなたがたはみな悲しみと苦しみとのうちにいるであろう。私はこの国民に一人子《ひとりご》を失ったのに等しい憂いを与え、その終わりの日を苦い時とするであろう。主は言われる、見よ、日が来る、そのとき私は飢饉《ききん》をこの国におくる。これはパンと水とに飢え渇くのではない、主のことばを聞くことに飢え渇く飢饉である。彼らは海から海へとさまよい、北から東へと移り、主のことばを告げる者を求めて行きめぐるであろう。しかし、これを見いだすことはあるまい。

「彼らの乙女と若人とは、この渇きのために絶え入るであろう。あのサマリヤの偶像に仕えたもの、ダンで拝まれる神をさして誓ったもの、ベエルシバの慣わしに従ったものは倒れて、その滅びから立ち上がることはないであろう」

『アモス書』三章二節、「地のもろもろの国民のうち、私の民として知っているのは、ただあなたがただけである」

『ダニエル書』一二章七節、ダニエルは、メシアの治世の全期間をしるして、言った、「イスラエルの民の散らされることが成し遂げられるとき、これらのことはみな成し遂げられるであろう」

『ハガイ書』二章四節、「あなたがた、最初の宮の栄光に第二の宮を比べてこれをさげすむものよ、雄々しくあれと、主は言われる。ゼルバベルよ、大祭司ヨシュアよ、地のすべての民よ、あなたがたは労することをやめてはならない。私はあなたがたとともにいるからであると、万軍の主は言われる。私があなたがたをエジプトから導き出したとき私がした約束は続き、私の霊はあなたがたのうちにある。望みを失ってはならない。なぜなら、万軍の主はこう言われる、今しばらくすれば、私は天と地と海と陸とを震わす。（大いなる異常な変化を示す表現法）私はまた万国を震わす。そのとき、すべての異邦人の願っている者が来る。そして、私は栄光をこの宮に満たすと、主は言われる。

「銀も金も私のものであると、主は言われる。（すなわち、これらのものによって私はあがめられることを欲しないという意味である。野の獣《けだもの》はみな私のものである。それらを供え物としてささげても、私に何の益があろうかと、他のところにはしるされている）この新しい宮の栄光は、最初の宮の栄光よりも大きいであろうと、万軍の主は言われる。この所に私は私の宮を建てると、主は言われる」

『申命記』一八章一六〜一九節、「ホレブであなたがたが集まった日に、あなたがたは言った、主が親しくわれわれに語られないように。われわれが重ねてこの火を見ることがないように。おそらくわれわれは死ぬであろう。そこで、主は私に言われた、彼らの祈りは正しい。私は彼らの兄弟のうちからあなたのような一人の預言者を彼らのために起こし、その口に私のことばを授けよう。彼は私の命じることをことごとく彼らに告げるであろう。すべて彼が私の名によって語ることばに聞き従わない者は、だれでも私は自分でこれを裁くであろう」

『創世記』四九章、「ユダよ、あなたは兄弟がほめる者、その敵に打ち勝つ者だ。あなたの父の子らは、あなたを拝するであろう。獅子の子であるユダよ、私の子よ、あなたは獲物にとびかかり、獅子のように、立ち上がろうとする雌獅子のように、身を伏せている。

「王権はユダを離れず、律法を立てる者は、その足のあいだを離れることがなく、シロの来る時にまでおよぶであろう。もろもろの民は、彼のもとに集い、彼に従うであろう」

（1）『プギオ・フィディ』中のラテン文の訳。『詩篇』二二の一七の注解である。

（2）『イザヤ書』五〇章。

（3）パスカルは「弟子」と書いていたのを、訂正している。「師」は「彼」にかかり、「弟子」は「私」にかかるので、けっきょく意味は同じである。

七二七　＊＊　原二二二（七二七、七六一）　ラ四八七（二ノ一六）

メシアの在世中に。

〈謎《なぞ》〉『エゼキエル書』一七章。

彼の先駆者、『マラキ書』三章。

彼は幼児として生まれる、『イザヤ書』九章。

彼はベツレヘムの町に生まれる、『ミカ書』五章。彼はおもにエルサレムに現われ、ユダとダビデの氏族から生まれる。

彼は知者と学者とを盲目にする、『イザヤ書』六章、八章、二九章など。福音を貧しい者と卑しい者とに伝える、『イザヤ書』二九章。盲人の目を開き、病者を健やかにし、暗黒のなかでうめく者を光に導く、『イザヤ書』六一章。

彼は完全な道を教え、異邦人の師となる、『イザヤ書』五五章、四二章一～七節。

預言は不信者には理解されない、『ダニエル書』一二章、『ホセア書』一四章九節、しかし、よく教えられた者には理解される。

預言はメシアを貧しいものとして現わすとともに、諸国民の主として現わす、『イザヤ書』五二章一四節など、五三章、『ゼカリヤ書』九章九節。

メシア来臨の時期を予告する預言は、彼を異邦人の主、しかも受難者として予告するだけである。雲にのってくる審判者として予告しない。また彼を審判者、栄光の主として予告する預言は時期を示さない。[*1]

彼は世の罪のために犠牲となる、『イザヤ書』三九章、五三章など。

彼は貴重な礎石となる、『イザヤ書』二八章一六節。

彼はつまずきと妨げとの石となる、『イザヤ書』八章。

エルサレムはこの石につきあたる。

建築師はこの石を捨て去る、『詩篇』一一八篇二二節。

神はこの石を隅のかしら石とされる。

またこの石は大きな山となり、大地に満ちる。『ダニエル書』二章。

かくして、彼は捨てられ、否まれ、裏切られ、『詩篇』一〇九篇八節。

売られ、『ゼカリヤ書』一一章一二節、唾《つばき》せられ、打たれ、あざけられ、あらゆる仕方で苦しめられ、苦みを飲まされ、『詩篇』六九篇、刺され、『ゼカリヤ書』一二章、両手両足を貫かれ、殺され、その衣服はくじ引きされる、『詩篇』二十二篇。

彼はよみがえる、『詩篇』一六篇、三日目に、『ホセア書』六章三節。[*2]

神の右に座するため天にのぼる、『詩篇』一一〇篇。

王たちは彼にさからって武器をとる、『詩篇』二篇。

彼は父なる神の右にあって、その敵にうち勝つ。

地の王たちと万民とは彼を拝する、『イザヤ書』六〇章。

ユダヤ人は民族として存続する、『エレミヤ書』。

彼らはさまよう、王なく、云々、『ホセア書』三章、預言者なく、『アモス書』、救いを待ちつつも、それを見いだすことがない、『イザヤ書』。

イエス・キリストによって異邦人の召されること、『イザヤ書』五二章一五節、五五章五節、六〇章など、『詩篇』七二篇。

『ホセア書』一章九節、「あなたがたは散らされてふえ増したのちは、もはや私の民ではなく、私はあなたがたの神ではないであろう。あなたがたは私の民でないと言われた所で、私は彼らを私の民であると言おう。

（1）ポール・ロワヤル版には、ここに次のような省察を加えている。「メシアの偉大と栄光とが語られる場合、それは世人を裁くためで、救うためでないことは明らかである」
（2）二節の誤り。

七二七の二

一写一七一　ラ三四五（一ノ二四）

イエス・キリストによって異邦人の召されること、（『イザヤ書』五二章一五節）。

七二八

原二五三（六八五参照）　ラ二五八（一ノ一九）

主が選ばれた場所であるエルサレム以外の地で、供え物をささげることは許されず、十分の一の捧《ささ》げ物[*1]を食することさえ禁じられていた。『申命記』一二章五節など、『申命記』一四章二三節など、一五章二〇節、一六章二、七、一一、一五節。

――

ホセアは預言して、彼らは王なく、君なく、供え物なく、偶像なきにいたるであろうと、言った。これはエルサレム以外の地で正式の供え物をすることができない今日、成就したわけである。

（1）ユダヤ人が神に捧げた年産の十分の一の穀物や家畜のこと。

七二九

原一六五　ラ三四六（一ノ二四）

預言。

メシアの世になると、彼はエジプトからの脱出をも忘れさせるほどの新しい契約を立てるために来られるであろう、──『エレミヤ書』一三章五節、『イザヤ書』四三章一六節──彼はその律法を外部でなく内心におかれるであろう、それまで外面的なものにすぎなかった彼への恐れを心のさなかにおかれるであろうと、預言されている。すべてこれらのもののうちに、キリスト教の律法を見ないものがあろうか。

七三〇

原二三二　ラ三二四（一ノ二四）

……そのとき偶像崇拝はくつがえされるであろう。このメシアはあらゆる偶像を打ち倒し、人々を真の神の礼拝に引き入れるであろう。[*1] 偶像の宮は打ち倒され、また世界のあらゆる国民とあらゆる場所とにおいて、彼に純粋な犠牲がささげられ、動物はささげられないであろう。[*2]

──

彼はユダヤ人と異邦人との王となるであろう。しかるに、このユダヤ人と異邦人との王は双方からはずかしめられ、死をたくらまれるけれども、双方の支配者である彼は、モーセの祭儀を、その中心であるエルサレムにおいて破壊し、そこに彼の最初の教会を建てる。また偶像の祭儀を、その中心であるローマにおいて破壊し、そこに彼の主要な教会を建てる。[*3]

（1）『エゼキエル書』三〇の一三。

（2）『マラキ書』一の一一。
（3）『詩篇』七二の一一。

七三一　原四　ラ六二四（二ノ二四）

預言。

イエス・キリストは、神がその敵を彼に従わせるにいたるまで、神の右に座するであろうと。

だから、彼は自分では敵を従わせないであろう。

七三二　原二二一　ラ三二八（一ノ二四）

――「……そのとき、人はその隣人に教えて、あなたは主を知りなさいと、もはや言わないであろう。それは神がすべての人に主を知らしめられるからである」[*1]――「あなたがたの息子《むすこ》は預言する」[*2]――「私は私の霊と私を恐れる思いとをあなたがたの心に置くであろう」[*3]
――これらはみな同じことである。
預言するとは、神について語ることであり、しかも外的な証拠によらず、内的なじかの直感によって語ることである。

（1）『エレミヤ書』三一の三四。
（2）『ヨエル書』二の二八。
（3）『エレミヤ書』三二の四〇。

七三三

原一九七　ラ三二五（一ノ二四）

彼は人々に完全な道を教えられるであろうと。[*1] そして、彼（キリスト）の前にも後にも、それに近い神聖なことを教えた人は、だれも来なかった。

（1）『イザヤ書』二の三。

七三四

原三九八　ラ三二九（一ノ二四）

……イエス・キリストは、はじめは小さいが、のちには大きくなるであろう。ダニエルの小さい石。[*1]

たとい私がメシアについて語られている何ごとも聞かなかったとしても、世界の行程についてかくも驚くべき預言があり、しかもそれが成就したのを見ては、それを神のわざであると思うであろう。またこれらの同じ書物が一人のメシアを預言していると知ったならば、彼が来ることを確信するにちがいない。そして、これらの書物が彼の来臨の時を第二の神殿の破壊前においていると知ったならば、彼はすでに来たと、私は言明するであろう。

（1）『ダニエル書』二の三四。

七三五

＊　原一六五　ラ三四七（一ノ二四）

預言。

ユダヤ人はイエス・キリストを捨て、そのため神に捨てられる。選ばれた葡萄の木には野葡萄しかならない。選ばれた民は、不忠、忘恩、不信、〈信ぜずして言いさからう民〉[*1]となる。

神は彼らを罰して盲目にし、彼らは盲人のように真昼にも手探る。[*2]

一人の先駆者が彼の前に現われる。[*3]

（1）『イザヤ書』六五の二（『ローマ人への手紙』一〇の二一）

（2）『申命記』二八の二九。

（3）『マラキ書』四の五。

七三六

原三七（七六六、七三六）　ラ六〇九（二ノ二四）

〈その刺したもの〉『ゼカリヤ書』一二章一〇節。

悪魔の頭をくじき、その民を〈もろもろの邪悪から〉[*1]解き放つべき救い主が来臨する。新しい契約が立てられ、それが永遠に続く。メルキゼデクの位にもとづく他の祭司職が定められ、[*2]それが永遠に続く。キリストは栄え、力を帯び、強くなる。とはいえ、彼であるとは知られないほど悲惨である。人々は彼をメシアとは思わないで、拒み、かつ殺す。彼を否認した民は、もはや彼の民ではなくなる。偶像教徒が彼を受け入れ、彼に助けを求める。彼はシオンを去り、偶像教の中心地を統治する。それにもかかわらず、ユダヤ人はいつまでも存続する。彼はユダ族から、しかも、すでに王のいなくなったときに現われる。

(1)『詩篇』一三〇の八。

(2)同一一〇の四。

第十二章　イエス・キリストの証拠

七三七

原一〇三（一〇一参照）　ラ七九三（二ノ二八）

そこで、私はほかのあらゆる宗教を拒否する。

——ここにあらゆる抗議への回答がある。（隠れている神）

——至聖な神が心の清い人々にのみ、みずからを現わすということは当然である。

——それであるから、この宗教は私にとって好ましいものとなる。それはかくも神聖な道徳によってすでに十分権威づけられているのであるが、さらにそれ以上のものを、私はそこに見るのである。

人間の記憶が継続して以来、ここに他のあらゆる民族よりも古い民族が存続したということは、私には効果的である。

人類に向かって、彼らは全般的に堕落しているけれども、やがて救済者が来るであろうと、たえず告知されてきた。

それを言うのは一人の人間ではなく、無数の人間であり、一民族全体が四千年にわたって、そのためことさらに造られ、そのことを預言する。彼らの書物は四百年のあいだ分散する。

それらの書物を探究すればするほど、そこに真理があるのを私は見いだす。彼が来臨する前に一民族全体が彼を預言し、彼が来臨したのちに一民族全体が彼を礼拝する。彼に先立ったものと、彼ののちに来たもの。彼に先立ったそれらの会堂と、彼ののちに来る、預言者もいない悲惨な（それらの多数のユダヤ人）。彼らはすべて敵であることによって、彼らの悲惨と盲目とを予告しているそれらの預言の真実性をわれわれにあかしする驚くべき証人となる。ついに彼らには偶像もなく、王もない。

ユダヤ人の預言された恐るべき暗黒。〈あなたは真昼にもなお手探るであろう〉[1]〈この書物を文字を知る人に渡しても、彼は「読むことはできない」と言うであろう〉[2]

王権はまだ最初の異邦人の簒奪者《さんだつしゃ》の手にあるのに、

イエス・キリストの来臨の噂《うわさ》。

私はこの最高の尊厳な宗教が、その権威において、その期間において、その永続性において、その道徳において、その行動において、その教理において、その結果において、全く神聖であることに驚嘆する。[3] そして

——

それゆえに、私は私の救い主に両手をさしのべる。彼は四千年のあいだ預言されてから、預言された時期とそのあらゆる事情とのもとで、私のために苦しみ、かつ死のうとして地上に来られた。そして、私は彼と永久に結びつけられるという希望を持ちつつ、彼の恵みによって安らかに死を待つ。とはいえ、今は、彼がその御旨《みむね》によって私にお与えになる幸福のうちにか、彼が私のためにつかわし、彼の模範によって耐え忍ぶことを私に教えられる不幸のうちにか、喜びをもって生きるのである。

（1）『申命記』二八の二九。
（2）『イザヤ書』二九の一一。
（3）「人間の記憶が」からここまでの文章は、ラフュマ版によって再構成したので、ブランシュヴィック版とは内容と順序とが少し違っている。

七三八

＊ 原一六五　ラ三三九（一ノ二四）

預言はメシアの来臨に際してすべて起こるべきさまざまのしるしを告知したので、それらのしるしはみな同時に起こらなければならなかった。そこで、ダニエルの七十週が終わったら、第四王国が到来して、王権がユダから離れることが必要であった。そして、すべてこれらのことは苦もなく行なわれた。

そのときメシアは来るはずであったが、イエス・キリストはそのとき来て、自分をメシアだと言われた。すべてこれらのことも難なく行なわれた。これは預言が真実であることを十分示している。

七三九　　一写二五四　ラ四六二（二ノ一一）

預言者たちは預言したが、預言されなかった。次に聖徒たちは預言されたが、預言しなかった。イエス・キリストは預言されるとともに、預言した。

七四〇　　原四八五　ラ三八八（二ノ一）

イエス・キリスト、彼を二つの聖書は、旧約はその希望として、新約はその模範として、いずれも中心と見なしている。

七四一　　原五一（六参照）　ラ八一一（二ノ二九）

世界最古の二書は、モーセとヨブとである。一はユダヤ人、他は異教徒であるが、二人ともイエス・キリストをその共通の中心および目的と見なしている。モーセはアブラハム、ヤコブなどに対する神の約束と、彼の預言とを語ることによって。ヨブは〈どうか、私のことばが書きとめられるように、云々。私は知る、私をあがなうものは生きておられる、云々〉と語ることによって。[*1]

（1）『ヨブ記』一九の二三、二五。

七四二

＊　原六一　ラ二九九（一ノ二三）

福音書は聖母の童貞については、イエス・キリストの誕生までしか語らない。すべてはイエス・キリストとの関連において。

七四三

原六一　ラ三〇四（一ノ二三）

イエス・キリストの証拠。

なぜ『ルツ記』は保存されたか。

なぜタマルの話は。[*1]

（1）タマルとルツとは、どちらもユダヤ人の目から見れば、かんばしくない女たちであるが、ユダからダビデへの系図を一貫させるには必要な人々であり、したがって、ダビデの子孫であるイエス・キリストがユダの子孫から出るという預言を成就させるには不可欠の人々である。

七四四

原一二七（八四参照）　ラ五五〇（二ノ二三）

「誘惑に陥らないように祈れ」[*1]誘惑されるのは危険である。そして、人々が誘惑されるのは、祈らないからである。

——

〈あなたが立ち直ったときには、兄弟たちを力づけてやるがよい〉[*2] しかし、その前に〈イエスはふり向いてペテロを見つめられた〉

聖ペテロはマルコスを撃つ許しを請い、その答えを聞かないうちに撃ってしまう。そこでイエス・キリストの答えはあとになる。[*3]

——

ユダヤ人の群衆がピラトの前でイエス・キリストを訴えたとき、ほとんど偶然のように叫んだ「ガリラヤ」[*4]ということばが、イエス・キリストをヘロデのもとに送る口実を、ピラトに与えた。それによって、メシアがユダヤ人と異邦人とから裁かれるという秘義は成就した。偶然が、外見上、秘義を成就する原因となった。

（1）『ルカ福音書』二二の四六。
（2）同二二の三二、六一。
（3）同二二の四九、五〇。
（4）同二三の五。

七四五　　原三九　ラ二七三（一ノ一九）

信仰に入りかねる人は、ユダヤ人が信じないということに、その理由を求める。いわく、「そのことがそんなに明白であったとしたら、なぜ彼ら（ユダヤ人）は信じなかったのか」と。そして、ユダヤ人が拒んだという先例によって自分たちが尻ごみしないために、彼らが信じていてくれたらと望むかのようである。だが、ユダヤ人の拒否こそ、われわれの信仰の基礎なのだ。彼らがわれわれの側についていたら、われわれは信仰にもっと心を向けなかったであろう。そのときにはもっと大きな口実を設けたことであろう。

ユダヤ人を預言された事柄の大の愛好者とするとともに、その実現の大の敵としたことは、まさに驚くべきことである。

七四六　原三九　ラ二六四（二ノ一九）

ユダヤ人は、大きなめざましい奇跡に慣れていた。そこで、紅海やカナンの地における大きな異変も、来たるべきメシアの偉大なわざの前兆であると思っていたので、彼らはもっとめざましい奇跡、すなわちモーセのそれもその見本にすぎないと思われるようなものを、待ち望んでいた。

七四七　＊　原二二七　ラ二二二（二ノ一七）

肉的なユダヤ人と異教徒とは悲惨を持ち、キリスト者もそれを持っている。異教徒には、贖《あがな》い主《ぬし》は存在しない。彼らはそんなものを望みもしないからだ。ユダヤ人にも、贖い主は存在しない。彼らはむなしくそれを望んでいる。贖い主はキリスト者のためにのみ存在する。

（「永続性」を見よ）[*1]

（1）断章六〇七、六〇八、六〇九参照。

七四七の二　　一写八二　ラ一七八（一ノ一三）

「永続性」の項における二種の人々を見よ。

七四七の三　　一写一七九　ラ三六六（一ノ二六）

各宗教における二種の人々（「永続性」を見よ）。迷信、邪欲。

七四八　　原二四九　ラ三三一（一ノ二四）

メシアの時代に民は相分かれる。

霊的な人々はメシアを受け入れたが、俗物どもは受け入れずにメシアの目撃者として役立った。

七四九

原四八七　ラ三九一（二ノ一）

「もしこのことがそんなにはっきりユダヤ人に預言されていたとしたら、どうして彼らはそれを信じなかったのであろうか。また彼らはそんなにはっきりした事実を拒んで、どうして絶滅されなかったのであろうか」

私は答える。まず第一に、彼らがそんなにはっきりした事実をも信じないであろうということと、彼らが絶滅されないであろうということとは、いずれも預言されていた。そして、これほどメシアの栄光を増すことはない。というのは、預言者たちが存在しただけでは十分でなく、彼らの預言が嫌疑を受けずに保存されることが必要であったからである。ところで、云々。

七五〇

原一一　ラ五九二（二ノ二四）

もしユダヤ人が全部イエス・キリストによって回心させられていたら、われわれは疑わしい証人しか持たなかったであろう。またもし彼らが絶滅されていたら、われわれは証人を全然持たなかったであろう。

七五一　原四七　ラ二二八（二ノ一八）

預言者たちは、イエス・キリストについて何と言っているか。彼はあらわに神であるとか。いな、彼は真に隠れた神である、彼は無視されるであろう、この人が彼であると、人は思わないであろう、彼はつまずきの石となり、多くの人がそれにつまずくであろう、などと言っている。

そうだとしたら、明確さを欠いているからといって、われわれを責めないでほしい。われわれはそのことを公言しているのだから。しかし、どうも漠然としたものがあると、人は言う。——それがなかったら、だれもイエス・キリストにつまずきはしないであろう。この漠然さは、預言者たちの明白な意図の一つなのだ。〈心をにぶくし〉[*1]

（1）『イザヤ書』六の一〇。

七五二　原五一　ラ三一五（二ノ二三）

モーセは、まず三位一体、原罪、メシアを教える。[*1]

ダビデ、偉大な証人。

王、善良な、あわれみ深い、美しい魂、賢明な精神、有為な人物。彼は預言し、その奇跡は起こる。それらは無数である。

彼に、もし虚栄心があったら、自分はメシアであると言いさえすればよかった。彼に関する預言は、イエス・キリストに関するものよりも明白であるから。

聖ヨハネについても同様である。

（1）『プギオ・フィデイ』の所論を要約したもの。

七五三

原一六七　ラ三三七（一ノ二四）

ヘロデはメシアを信じていた。彼はユダヤの王権を簒奪したが、ユダヤの出ではなかった。ここから一つの有力な党派が生じた。

バルコスバと、ユダヤ人に受け入れられたほかの一人。[*1] また当時いたるところにあった風説。

スエトニウス、タキトゥス、ヨセフス。

メシアによって王権が永久にユダヤにとどまり、また彼の来臨によって、王権がユダヤから取り去られるとしたら、彼はどういうあり方をすればよかったのであろうか。

見ても見ず、聞いても聞かないというふうに彼らをするためには、これ以上の方法はありえなかった。

——

時代を三期に分ける人々に対するギリシア人の[*2]悪口。

(1) ユダヤに現われた偽メシアたち。『プギオ・フィディイ』からの引用。

(2) 疑わしい読み方、「ユダヤ人」とも読まれる。

七五四

原二二一　ラ七三〇（二ノ二六）

〈あなたは人間であるのに、自分を神としている〉[*1]

——

〈「あなたがたは神々である」としるされている——聖書はすたるべきではない〉[*2]

——

〈この病は死にいたらない——しかも死にいたる〉[*3]

——

〈「ラザロは眠っている」——あとで、彼は言われた、「ラザロは死んだ」[*4]

(1) 『ヨハネ福音書』一〇の三三。

(2) 同一〇の三四。

(3) 同一一の四。
(4) 同一一の一一、一四。

七五五　原六一　ラ三一八（一ノ二三）

四福音書の外見上の不一致。

七五六　＊　原四四二　ラ三四四（一ノ二四）

やがて起こるべきことを明らかに預言し、人々を盲目にするとともに開眼するという意図を公言し、やがて起こるべき明白な事柄のあいだに漠然としたものを混ぜた人に、敬意をいだかずにおられようか。

七五七　原三五　ラ二六一（二ノ一九）

第一の来臨の時期は預言されたが、第二の来臨の時期は預言されない。なぜなら、第一のは微行であるはずであったが、第二のはめざましく、その敵でさえ認めざるをえないほどあらわでなければならないから。だが、初めは人目に隠れて来臨し、聖書をさぐる人々によってのみ知られるはずであった……

七五八

原一七　ラ二五五（二ノ一九）

神は、メシアを善人には認めさせ、悪人には認めさせまいとして、彼のことを次のように預言させられたのである。もしメシアの来臨の仕方が明らかに預言されていたら、悪人にとっても漠然としたものがなくなっていたであろう。

もしその来臨の時期が漠然と預言されていたら、善人にとっても漠然としたものがあったであろう。なぜなら、彼らは「その心の善良さ」だけでは、たとえば閉じた「メム」が六百年を意味するというようなことは了解することができなかったであろうから。そこで、時期は明らかに預言され、仕方は表徴によって預言されたのである。

このようにして、悪人は約束された幸福を物質的に解して、その時期が明らかに預言されていたにもかかわらず迷ったが、善人は決して迷わなかった。

なぜなら、約束された幸福の解釈は、自分の愛するものを「幸福」と呼ぶ心のいかんにかかっているが、約束された時期の解釈は、心のいかんにかかっていないからである。ゆえに、時期の明白な預言と幸福の漠然とした預言とは、ただ悪人を失望させるにすぎない。

七五九

原二二一（三二四参照）　ラ一〇二（欠）

〔ユダヤ人かキリスト者か、そのどちらかが悪人でなければならない〕

七六〇

原七五　ラ五九三（二ノ二四）

ユダヤ人は彼を拒むが、全部が拒むのではない。聖徒は彼を受け、肉的な人々は拒むのである。このことは彼の栄光を傷つけるどころか、むしろそれを仕上げる最後の一筆である。彼らが彼を拒む理由、しかも、彼らのあらゆる書物、『タルムード』やラビたちの書に見いだされる唯一の理由は、イエス・キリストが武器を手にして諸国民を征服しなかった、ということにすぎない。〈ますらおよ、剣を腰に帯びよ〉[*1]（彼らはそれだけしか言うことがないのか。彼らは言う、イエス・キリストは殺された、敗北した、その力をもって異教徒を征服しなかった、異教徒からの分捕物《ぶんどりもの》をわれわれにくれなかった、富を授けなかった。彼らはそれだけしか言うことがないのか。それだからこそ、彼は私にとって愛すべきものとなるのだ。彼らが描いているようなメシアなら、私はほしくない）明白なことは、彼らをして彼を受け入れさせる妨げになったのは、彼の生涯にほかならないということである。しかも、この拒否によって、彼らは非の打ちどころのない証人となっただけでなく、さらにそれによって預言を成就させたのである。

「この民族が彼を受け入れなかったという事実によって、このような異変が生じた。
　すなわち、預言は人のなしうる唯一の永続的な奇跡であるが、それはとかく拒否されがちである」

(1)『詩篇』四五の三。

七六一　原二二二（七二七参照）　ラ四八八（二ノ一六）

ユダヤ人は、彼のメシアであることを認めまいとして、彼を殺したことにより、彼にメシアの決定的な証拠を与えた。

――

また彼を否認しつづけることによって、彼らはみずから申し分のない証人となった。

そして、彼を殺し、彼を拒みつづけて、預言を成就させた（『イザヤ書』六〇章、[*1]『詩篇』七一篇）。[*2]

(1) 一五節。

(2) 一一、一八節。

七六二　原三七　ラ二六二（一ノ一九）

彼に敵したユダヤ人の成しえたことはなにか。

彼らが彼を受け入れたら、メシア待望の受託者たちが彼を受け入れたのであるから、その受け入れたことによって彼のメシアであることを証明するし、彼らが彼を拒んだら、その拒んだことによって彼を証明する。

七六三　原六一　ラ三〇六（二ノ二三）

ユダヤ人は、彼（キリスト）が神であるかどうかをためして、彼が人間であることを示した。

七六四　原六一　ラ三〇七（二ノ二三）

教会は、イエス・キリストの人性を否認した人々に対して、彼が人であったことを示すのに、彼が神であったことを示すのと同等の苦労をした。外観はどちらも同様に有力であった。[*1]……

（1）断章八六二参照。

七六五　原四九　ラ二四一（二ノ一八）

相反のみなもと。十字架で死ぬまでへりくだった神。自分の死によって、死にうち勝ったメシア。イエス・キリストにおける二つの本性、二つの来臨、人間の本性の二つの状態。

七六六　原三七（七三六参照）　ラ六〇七、六〇八（二ノ二四）

表徴。

救い主、父、祭司、献《ささ》げ物《もの》、糧《かて》、王、賢者、立法者、受難者、貧者、一つの民をつくり、それを導き育てて自分の土地に導くべきもの……

―

イエス・キリスト。職務。

彼は自分一人で、選ばれ潔《きよ》められ分かたれた一つの偉大な民族をつくり、それを導き育て、清らかな休息の場所に伴い、神の前に聖なるものとし、神の宮とし、神と和《やわ》らがせ、神の怒りから救い、人の心をあらわに支配している罪の束縛から解き放ち、その民に律法を与え、その律法を彼らの心に刻みつけ、彼らのため自分を神にささげ、彼らのために犠牲となり、汚《けが》れのない献げ物となり、みずから祭司となり、彼自身を、すなわち、その肉と血とをささげ、その上なおパンと葡萄酒《ぶどうしゅ》とを神にささげなければならなかった。

―

〈世に来られたとき〉[*1]

―

「一つの石も石の上に」[*2]

それに先立つ者、それに続く者。すべてのユダヤ人は存続してさまよっている。

（1）『ヘブル人への手紙』一〇の五。

（2）『マルコ福音書』一三の二。

七六七

原四一九　ラ三五五（二ノ二六）

地上にあるすべてのもののうち、彼（キリスト）は不快なことにのみあずかり、快いことにはあずからない。彼は、隣人を愛するけれども、彼の愛は、その範囲内にとどまらず、彼の敵におよび、ついで神の敵にまでおよぶ。

七六八

原一二三（七六八、七七五）　ラ五七〇（二ノ二三）

ヨセフ[*1]によって表徴されたイエス・キリスト。

父から寵愛《ちょうあい》され、父につかわされて兄弟たちを見に行く、等々。罪なくして、兄弟たちに銀二十で売られ、しかも、そこから彼らの主人、彼らの救い主、他国人の救い主、世の救い主となる。これらのことは、彼を無きものにし、売り、排斥しようとした兄弟たちの企てがなかったならば、ありえなかったであろう。

――

牢獄の中で、二人の罪人のあいだにはさまれた罪のないヨセフ、十字架の上で、二人の盗賊のあいだに置かれたイエス・キリスト。ヨセフは同じしるしから、一人には救いを、他の一人には死を予告する。イエス・キリストは同じ罪から、選ばれた者には救いを、捨てられた者には刑罰を与える。ヨセフは予告するだけであるが、イエス・キリストは実行する。ヨセフは、救われるべき人に向かって、その人が栄位に帰ったら、自分を思い出してくれるようにと願う。イエス・キリストに救われる人は、キリストがその御国《みくに》に帰られたら、自分を思い出してくださるようにと願う。

（1）『創世記』三七章以下のヨセフ物語参照。

七六九

一写二二七　ラ四四七（二ノ五）

異教徒たちの回心は、ただメシアの恩恵が現われるまで保留されていた。ユダヤ人は長いあいだ、彼らとたたかったが、成功しなかった。ソロモンや預言者たちがそれについて語ったことも、すべて無益であった。プラトンやソクラテスのような賢人たちもメシアを信じさせることはできなかった。

七七〇

原二三二　ラ三二七（一ノ二四）

あらかじめ多くの人々が来たのち、ついにイエス・キリストは来臨して言われた、「私はここにいる、時は来た。私はあなたがたに言う、預言者たちが、時が来たら起こると言ったことを、私の使徒たちは行なうであろう。ユダヤ人は捨てられ、エルサレムはやがてこぼたれ、異教徒は神を知るようになるであろう。あなたがたが葡萄園の世継ぎを殺したのち、[*1]私の使徒たちがそれを行なうであろう」

ついで使徒たちはユダヤ人に言った、「あなたがたは呪《のろ》われるであろう」（ケルソスはそれを嘲笑した）[*2]また異教徒に言った、「あなたがたは神を知るようになるであろう」そして、このことはそのとき成就した。

（1）『マルコ福音書』一二の六～八。

（2）欄外にある句。

七七一　　　原五七　ラ二三五（二ノ一八）

イエス・キリストが来臨されたのは、明らかに見える人を盲目にし、盲人の目を開き、病者を癒し、健康者を死なしめ、罪びとを悔い改めに導いて義とし、義人を罪のうちにおらしめ、貧者を満たし、富者をむなしくするためである。

七七二　　　＊　原五九　ラ三〇一（二ノ二三）

清浄。

〈私の霊をそそごう〉[*1]すべての民は不信と邪欲とのうちにあった。全地は愛に燃え、王公はその栄華を捨て、少女らは殉教の死をとげた。このような力はどこから来たか。それはメシアが来臨されたからだ。これこそ彼の来臨の結果としるしなのだ。

（1）『ヨエル書』二の二八。

七七三　　一写一六五　ラ三二三（一ノ二四）

イエス・キリストによるユダヤ人と異教徒とのご破産。〈もろもろの民は御前《みまえ》に伏し拝むであろう〉[*1]〈軽いことである、云々〉[*2]〈私に求めよ〉[*3]〈もろもろの王はその前にひれ伏し〉[*4]〈よこしまな証人〉[*5]〈おのれを撃つものに頬《ほお》を向けよ〉[*6]〈苦い草を食物として与えた〉[*7]

（1）『詩篇』二二の二七。
（2）『イザヤ書』四九の六。
（3）『詩篇』二の八。
（4）同七二の一一。
（5）同三五の一一。
（6）『哀歌』三の三〇。
（7）『詩篇』六九の二一。

七七四　　原二二七　ラ二二一（一ノ一七）

すべての人のためのイエス・キリスト、一民族のためのモーセ。

アブラハムにおいて祝福されたユダヤ人、「あなたを祝福するものを私は祝福する」[*1]しかし「あなたの子孫によってもろもろの国民は祝福を受けるであろう」[*2]〈軽いことである、云々〉[*3]〈異邦人を照らす光〉[*4]〈主はいずれの国民をもこのようにあしらわれたのではない〉[*5]と、ダビデは律法のことを語って言った。しかし、イエス・キリストのことを語れば、こう言わなければならない、〈主はいずれの国民をもこのようにあしらわれた〉〈軽いことである〉『イザヤ書』。

　したがって、普遍的なのは、イエス・キリストのおかげである。教会すら信者のために供え物をささげるにすぎない。イエス・キリストは、すべての人のために十字架の供え物をささげられた。

（1）『創世記』一二の三。
（2）同二二の一八。
（3）『イザヤ書』四九の六。
（4）『ルカ福音書』二の三二。
（5）『詩篇』一四七の二〇。

七七五

原一二三（七六八参照）　ラ五七一（二ノ二三）

omnesをいつも「みな」と解する異端があり、またときによって「みな」と解しない異端がある。〈みな、この杯から飲め〉[*1]ユグノーはこれを「みな」と解する異端である。〈すべての人が罪をおかした〉[*2]ユグノーは信者の子を除外する異端である。だから、われわれはそれぞれの場合を知るために、教父たちと教会の伝承とに従わなければならない。なぜなら、恐るべき異端はいずれの側にもあるからだ。

（1）『マタイ福音書』二六の二七。
（2）『ローマ人への手紙』五の一二。

七七六

原二二五（二三参照）　ラ七八五（二ノ二七）

〈恐れるな、小さい群れよ〉[*1]〈恐れおののいて〉[*2]
〈では、どうすればよいか。恐れるな、恐れよ〉[*3]
恐れているとしたら、恐れるな。しかし、恐れていないのなら、恐れよ。

——

〈私を受け入れるものは、私を受け入れるのでなく、私をおつかわしになったかたを受け入れるのである〉[*4]
〈だれも知らない、子も知らない〉[*5]

——

〈輝く雲が彼らをおおう〉[*6]

――聖ヨハネは父の心を子に帰らせるはずであり、イエス・キリストは分裂を生じさせるはずであった。[*7]――これらは矛盾しない。

(1)『ルカ福音書』一二の三二。
(2)『ピリピ人への手紙』二の一二。
(3)『ルカ福音書』一二の四、五。
(4)『マタイ福音書』一〇の四〇。
(5)『マルコ福音書』一三の三二。
(6)『マタイ福音書』一七の五。
(7)『ルカ福音書』一の一七、一二の五一。

七七七

原二二五（二三参照）　ラ七九一（二ノ二七）

〈一般的〉事実と〈特殊的〉事実。

半ペラギウス派は、「特殊的」にのみ真であることを「一般的」だと主張することにおいて誤っており、またカルヴィニストは、「一般的」に真であることを「特殊的」だと主張することにおいて誤っている（と私には思われる）。[*1]

(1) ジャンセニスムの立場から言えば、罪は一般的であるが、恩恵は特殊的である。しかるに、半ペラギウス派は恩恵を一般的であるとし、カルヴィニストは罪を特殊的であるとすることにおいて、いずれも誤っているというのである。

七七八　原一一五（四五八参照）　ラ五四四（二ノ一三）

〈ユダヤ全国とエルサレムの全住民とが、みなバプテスマを受けた〉[*1]あらゆる身分の人々が、そこに集まったからである。

これらの石もアブラハムの子となり「うる」[*2]

（1）『マルコ福音書』一の五。
（2）『マタイ福音書』三の九。

七七九　原一一五（四五八参照）　ラ五四八（二ノ一三）

もし人が回心するならば、神は癒し、かつゆるされるであろう。〈悔い改めて、癒されることのないためである〉『イザヤ書』[*1]。〈罪をゆるされることのないためである〉『マルコ福音書』三章[*2]。

（1）六の一〇。
（2）四章の誤り。一二節。

七八〇

＊　原一一五（四五八参照）　ラ五四九（二ノ二三）

イエス・キリストは、聞かずに罪を定めたことはなかった。

ユダに〈友よ、なんのために来たのか〉[*1]婚礼の礼服を着ていなかった人にも、同様である。[*2]

（1）『マタイ福音書』二六の五〇。

（2）同二二の一二。

七八一

原三四四　ラ九一〇、九一一、九一二（二ノ三四）

あがないの全体性[*1]の表徴は、太陽が万物を照らすように、ただ全体だけを示す。しかし除外性の〔表徴〕は、異邦人を除外してユダヤ人をえらんだように、除外を示す。

——

「すべての人の贖い主イエス・キリスト」[*2]——そのとおりである。なぜなら、彼はそのもとに来ることを望むすべての人をあがなう人として、贖いを提供されたからである。中途で死ぬ人々があったら、それは、その人々の不幸である。だが、彼のほうからいえば、彼は彼らに贖いを提供されたのである。

なるほど、そういう例は、あがなう人と死を防ぐ人とが別人である場合には、当たっている。が、両者を兼ねているイエス・キリストの場合には、当たらない。――いやそうではない。なぜなら、イエス・キリストは贖い主の名においては、おそらくすべての人の主ではないであろう。したがって、彼は彼があがないうるかぎりにおいて、すべての人の贖い主なのである。*3

――

イエス・キリストはすべての人のために死んだのではないと言えば、君たちはその例外をすぐ自分に適用する悪癖を濫用しがちである。それは絶望をつのらせることになる。むしろ、人は絶望から転じて、希望を強めなければならない。

なぜなら、そのような外的な習慣によって人は内的な徳に慣れてくるものであるから。

(1) 全体性とは、この際、イエス・キリストの救いがすべての人のためであるという意味であり、除外性とは、それが特定の人のためであるという意味である。

(2) 降誕祭用の讃美歌の一節。

(3) この微妙な点に関するヤンセンのことばを引用しておく。これはポール・ロワヤルに対する多くの論難の原因となったものであり、また「五箇条命題」弾劾の一材料となったものである。「イエス・キリストはすべての人の贖い主である。ただし、その捕われにまどわされて、あがなわれようと望まなかった人々、またはあがなわれたのち、ふたたび元の隷属に帰った人々は、このかぎりではない」

七八二

＊　原一九　ラ八一八（二ノ二九）

死に対する勝利。「人が全世界をもうけても、自分の魂を失ったら、なんの得になろうか。自分の魂を保とうとするものは、それを失うであろう」[*1]

「私が来たのは律法を廃するためではない、かえって成就するためである」[*2]

「小羊は世の罪を除かなかった。しかし、私は罪を除く小羊である」

「モーセは天からのパンをあなたがたに与えなかった。」

モーセは捕われからあなたがたを解き放さず、あなたがたを真に自由にはしなかった」

（1）『マタイ福音書』一六の二五、二六。

（2）同五の一七。

七八三

一写二二一　ラ四三三（二ノ四）

……そのときイエス・キリストは来臨して人々に言われる、彼らは彼ら自身のほかに敵を持たない、彼らを神から引き離しているのは、彼らの悪念である、自分はそれらの悪念をこぼち、自分の恵みを彼らに与えるために来た、それは彼らのすべてを一つの聖なる教会とするためである、自分はその教会に異教徒とユダヤ人とを引き入れるために来た、異教徒の偶像とユダヤ人の迷信とをこぼつために来た、と。これらに対して、すべての人は反抗する、それはたんに邪欲の自然な反抗によってではない。なかでも、地の王たちは、すでに預言されているように、生まれたばかりのこの宗教を滅ぼそうとして団結する（預言、〈なにゆえ、もろもろの国びとは騒ぎたち……地の王たちは……キリストにさからい〉[*1]）。

地上のすべての偉大な者、学者、知者、王たちが互いに団結する。学者は記録し、知者は罪に定め、王者は死に処する。そのようなあらゆる反抗にもかかわらず、これらの平凡で無力な人々は、すべての権力に抵抗し、王、学者、知者たちをすら屈服させ、偶像崇拝を全地から一掃する。そして、これらはみな、それを預言した力によってなされるのである。

（1）『詩篇』二の一、二。

七八四

原一一五（四五八参照）　ラ五四七（二ノ二三）

イエス・キリストは、悪魔の証言や神に召される者の証言を望まず、ただ神とバプテスマのヨハネとの証言をお望みになった。

七八五

原八九　ラ九四六（欠）

私はイエス・キリストを、あらゆる人のうちに、またわれわれ自身のうちに見る。人の父のうちに、父としてのイエス・キリストを、人の兄弟のうちに、兄弟としてのイエス・キリストを、貧者のうちに、貧者としてのイエス・キリストを、富者のうちに、富者としてのイエス・キリストを、司祭のうちに、博士および司祭としてのイエス・キリストを、王公のうちに、主君としてのイエス・キリストを、というふうに。なぜなら、彼は神であるから、その栄光においては、およそ偉大なもののすべてであり、その死ぬべき生命においては、およそ貧しく卑しいもののすべてであるから。彼はあらゆる人のうちにあって、あらゆる状態の原型となりうるように、あの不幸な状態をお選びになったのだ。

七八六　　原五五　ラ三〇〇（一ノ一三）

イエス・キリストの微賤《びせん》（この世で微賤と呼ぶ意味での）は、国家の重大事しか記録しない歴史家たちがほとんど彼を認めなかったほどのものであった。

七八七　＊　原二五三　ラ七四六（二ノ二六）

ヨセフスもタキトゥスも、その他の歴史家たちも、イエス・キリストのことを語らなかったことについて。

このことは反証になるどころか、かえって確証になる。それというのは、イエス・キリストが実在したこと、彼の宗教が大評判になったこと、これらの人々がそれについて無知でなかったことは、確実であり、したがって、彼らが故意にそれを隠したか、それとも語ることは語っても、禁止されるか改変されるかしたことは、明白であるから。

七八八　　原四三九　ラ七一九（二ノ二五）

「私は七千人を私のために残した」[*1]世に知られず、預言者たちにさえ知られなかった礼拝者たちを、私は愛する。

（1）『列王紀上』一九の一八。イスラエルの王アハブの時代に、ヤハウェの宗教は迫害され、その信徒は預言者エリヤただ一人になったかと思われたほどであったが、神はほかに七千人のヤハウェ礼拝者を残しておられたという故事に関連して。

七八九　　原四五（五二三参照）　ラ二二五（一ノ一八）

イエス・キリストが人々のあいだに知られずにとどまっておられたように、彼の真理も普通の意見のあいだに外観は何の差異もなくとどまっている。同様に聖体も普通のパンのあいだに。

七九〇　　原九七　ラ九四〇（欠）

イエス・キリストは裁判の形式を経ないで殺されることを望まれなかった。なぜなら、裁判によって殺されるほうが、不正な騒動によるよりも、はるかに恥辱だからである。

七九一

原九〇　ラ九一九（欠）

ピラトの偽りの正義は、イエス・キリストをいっそう苦しめるだけである。なぜなら、彼はその偽りの正義のゆえに、キリストを鞭《むち》打《う》たせ、ついで殺すからだ。これは一思いに殺したほうがましであった。偽りの義人たちもそのとおりである。彼らは世間を喜ばすために、またイエス・キリストを恥じているので、全然彼の味方でないことを示すために、よいこともするし悪いこともする。そして、ついに大きな誘惑や機会がくると、彼を殺してしまうのだ。

七九二

原二七七（四三九参照）　ラ四九九（二ノ一八）

かつて何びとが彼ほどの光輝を放ったであろうか。

ユダヤ民族が彼の来臨のまえに、全体として彼を預言する。異邦人が彼の来臨ののちに、彼を礼拝する。

異邦人とユダヤ人との二つの民が、彼を彼らの中心として認める。

それにもかかわらず、彼ほどこの光輝を享受しなかった人があったであろうか。

三十三年のうち三十年間は世に現われずに過ごす。三年間は詐欺師と見なされる。祭司や長老は彼を拒否し、友と近親とは彼を軽蔑《けいべつ》する。ついに彼は仲間の一人に裏切られ、ほかの一人に否認され、すべての人に見捨てられて死ぬのである。

そうだとしたら、彼はこの光輝にどれだけあずかったであろうか。これほど大きな光輝を得た人はなかったが、これほど多くの恥辱を受けた人もなかった。すべてこの光輝は、彼をわれわれに知らせるためにわれわれに役立ったにすぎない。彼は自分のために一つの光輝をもとらなかったのだ。

七九三

原三五　ラ三〇八（一ノ二三）

身体から精神への無限の距離は、精神から愛への無限大に無限な距離を表徴する。なぜなら、愛は超自然であるから。

——この世の偉大のあらゆる光輝は、精神の探究にたずさわる人々には光彩を失う。

——精神的な人々の偉大は、王や富者や将軍やすべて肉において偉大な人々には見えない。

——神から来るのでなければ無に等しい知恵の偉大は、肉的な人々にも精神的な人々にも見えない。これらは類を異にする三つの秩序である。

――偉大な天才たちは、彼らの威力、彼らの光輝、彼らの偉大、彼らの勝利、彼らの光彩を持ち、肉的な偉大を少しも必要としない。彼らの偉大は、肉的な偉大と何の関係もない。彼らは目では見えないが、精神で見える。それで十分なのだ。

――聖徒たちは、彼らの威力、彼らの光輝、彼らの勝利、彼らの光彩を持ち、肉的または精神的偉大を少しも必要としない。彼らの偉大は、肉的または精神的偉大と何の関係もない。後者は前者に加えも引きもしないからである。聖徒たちは神と天使とからは見えるが、身体と好奇的精神とからは見えない。彼らは神だけで十分なのだ。

――アルキメデス[*1]は、この世の光輝はなくても、同じように尊敬されたであろう。彼は目に見える戦争はしなかった。だが、すべての精神的な人々に、彼の発明を提供した。ああ、彼は精神的な人々に対していかに光輝を放ったことか。

――イエス・キリストは、財産もなく、学問の対外的な業績もなく、その清浄な秩序のなかにおられる。彼は発明も授けず、支配もしなかった。だが、謙虚で忍耐づよく清浄で、神に対しては清く、悪魔に対しては恐るべく、少しの罪もなかった。ああ、知恵を見る心情の目を持つ人々にとって、彼はいかに偉大な壮麗とすばらしい豪華とをもって来臨されたことであろう。

――

アルキメデスにとっては、その幾何学の書物のなかで王公のようにふるまうことは、よし彼が王公であったにしても、[*2]無用であったろう。

――

われわれの主イエス・キリストにとっても、その清浄な世界において照り輝くため、王として来臨することは無用であったろう。だが、彼は彼の秩序にふさわしい光輝をもって、そこに来られたのだ。

――

イエス・キリストの卑賤を、彼が来臨して現わそうとされた偉大と同じ秩序のものであるかのように考えて、つまずくのは、笑うべきことである。

この偉大を、彼の生涯、彼の苦難、彼の微賤、彼の死、弟子《でし》たちの選定、彼らからの置き去り、彼のひそかな復活などのうちに見るがよい。人はそれがいかに偉大であるかを知り、そこにありもしない卑賤をつまずきの種にするようなことはあるまい。

――

しかし、世には肉的な偉大にのみ感心して、精神的な偉大などはないかのように思っている人々があり、また精神的な偉大にのみ感心して、知恵のうちにさらに無限に高いものはないかのように、思っている人々がある。

――

あらゆる物体、すなわち大空、星、大地、その王国などは、精神の最も小さいものにもおよばない。なぜなら、精神はそれらのすべてと自身とを認識するが、物体は何も認識しないからである。

――

あらゆる物体の総和も、あらゆる精神の総和も、またそれらのすべての業績も、愛の最も小さい動作にもおよばない。これは無限に高い秩序に属するものである。

――

あらゆる物体の総和からも、小さな思考を発生させることはできない。それは不可能であり、ほかの秩序に属するものである。あらゆる物体と精神とから、人は真の愛の一動作をも引き出すことはできない。それは不可能であり、ほかの超自然的な秩序に属するものである。

(1)（紀元前二八七～二一二）。シラクサに生まれた幾何学者・物理学者。「アルキメデスの原理」をはじめとして多くの発見発明をしたが、ローマ軍がシラクサを占領したとき、殺害された。

(2) アルキメデスは王族であったと、プルタルコスは言っているけれども、キケロは彼を素性の知れない人であったとしるしている。

七九四　　原四八五　ラ三八九（二ノ一）

なぜイエス・キリストは、前代の預言から自分の証拠を引き出すかわりに、もっと目立った仕方で来臨されなかったのか。

――

なぜ彼は表徴によって預言されたのか。[*1]

（1）この問いに対する答えは、パスカルによれば、清い心を持つ人々にのみ自分を示すためである。

七九五　　原二七　ラ二三七（二ノ一八）

もしイエス・キリストが清めるためにのみ来臨されたとしたら、全聖書もすべてのものも、その目的に向かっていたであろうし、不信者を説得するのもきわめて容易であったであろう。もしイエス・キリストが盲目にするためにのみ来臨されたとしたら、彼の全行為は混乱していたであろうし、われわれは不信者を説得する方法を知らなかったであろう。だが、彼は、イザヤも言っているように、〈清き避け所となり、つまずく石となる〉[*1]ために来臨されたので、われわれは不信者を説得することができず、彼らもわれわれを説得することができない。しかし、まさにこのことによって、われわれは彼らを説得する。なぜなら、彼の行為には、どちらの側にも確信を与えるものはないと、われわれは言っているのだから。

（1）『イザヤ書』八の一四。

七九六　　原五九　ラ二三三（二ノ一八）

イエス・キリストは、悪人を盲目のうちにおくために、自分はナザレの出でないとも、ヨセフの子でないとも言われない。

七九七　　原五九　ラ三〇九（二ノ二三）

イエス・キリストの証拠。

イエス・キリストは、大きなことを、あたかもそれを大きいと考えたこともないかのように単純に語られたが、しかしまた自分の考えがすぐ人にわかるように明白に語られた。この素朴とこの明白との結合は、驚嘆すべきものである。

七九八　　原五一（六参照）　ラ八一二（二ノ二九）

福音書の文体は、多くの点において、驚嘆すべきものである。とりわけ、イエス・キリストの処刑者や敵に対してなんらの悪罵《あくば》をも浴びせかけていないことにおいて。なぜなら、どの福音史家も、ユダやピラトやその他のユダヤ人に、そのような悪罵を浴びせかけていないからである。

――

もし福音史家たちの控えめが、きわめてすぐれた特質を持つ他の多くの筆致とともに、見せかけであり、しかもたんに注意をひくための見せかけであったとしたら、たとい彼ら自身はあえてそれに気がつかなかったにしても、そういう点を彼らの長所として認めてくれる友を得るには事欠かなかったであろう。だが、彼らはそんな見せかけをせず、全く無私の動機で動いたので、そういう点をだれからも指摘されなかった。そして、私の考えでは、このような事柄の多くは今まで少しも注目されずにきたが、これこそ筆の運び方がいかに冷静であったかを立証するものである。

七九九

原六一 ラ三〇三 (一ノ二三)

富について語る職人、戦争、王位などについて語る代言人。だが、富者は富についてよく語り、王は与えたばかりの大きな贈物《おくりもの》について冷静に語り、そして神は神について正しく語る。*1

(1) 一軍の将は戦争や勝利のことを淡々と語り、一国の王は多額の金のことを冷静に述べる。しかし、職人や代言人が同じことを話すと、大げさになる。キリストが福音書のうちに神のことを単純に語られたのは、彼が神である一証拠であるという意味。

原四九　ラ三一六（一ノ二三）

八〇〇

だれが全く英雄的な魂の特性を福音書記者たちに教え、それをイエス・キリストにおいてかくも完全に描かせたのであろうか。なぜ彼らは最後の苦悶《くもん》のうちにある彼をかくも弱々しく描くのであろうか。彼らは従容《しょうよう》たる死を描くことができないのであろうか。いな。なぜなら同じ聖ルカは聖ステパノの死を、イエス・キリストの死よりも、雄々しく描いているからである。

だから、彼らは彼を死の必然が来るまでは恐れうるものとして、またそれが来てからは全く雄々しいものとして描いているのだ。

しかし、彼らが彼を悩めるものとして描いているときは、彼自身、進んで悩んでおられるときである。人が彼を悩ますとき、彼は全く雄々しいのだ。

原五五　ラ三一〇（一ノ二三）

八〇一

イエス・キリストの証拠。

使徒詐欺師説は全くばかげたものである。この説をもっと突きつめてみたまえ。これらの十二人のものが、イエス・キリストの死後集まって、彼は復活したと言いふらす策略をめぐらしたとする。彼らはそのことであらゆる権力と抗争する。人間の心は不思議に、軽率、変化、見込み、財産などにかたむきやすいものだ。もしこれらの一人が、そういう誘惑によって、またはそれ以上の牢獄《ろうごく》や拷問《ごうもん》や死によって、少しでも自分を裏切ったとしたら、彼らは破滅したであろう。このことを突きつめてみたまえ。

八〇二　　原四八九　ラ三二二（一ノ二三）

使徒たちは、欺かれたか、欺いたか、どちらかであるというのは、支持しがたい。なぜなら、ある人が復活したなどと思うのは、不可能なことであるから。

イエス・キリストは使徒たちとともにおられたあいだは、彼らをささえることができた。だが、その後、もし彼が彼らに現われなかったとしたら、だれが彼らを動かしたであろうか。

第十三章　奇　跡

八〇三

原二三五（四八七参照）　ラ八三二（二ノ三三）

奇跡。書き出し。
奇跡は教理を見分け、教理は奇跡を見分ける。

――

偽りのものと真のものとがある。それらを知るには一つの目安が必要である。そうでなければ、奇跡は無益になるであろう。
ところで、奇跡は無益でないどころか、かえって基本なのである。
さてわれわれに与えられるべき基準は、あらゆる奇跡の主要な目的である真理について、真の奇跡が与える証拠を破壊しないようなものでなければならない。

――

モーセはそのような基準を二つ与えてくれた。預言が成就しない場合、すなわち『申命記』一八章[*1]と、奇跡が偶像崇拝に導かない場合、すなわち『申命記』一三章[*2]とである。またイエス・キリストは一つお与えになった。[*3]

――もし教理が奇跡を規定するとしたら、奇跡は教理にとって無益になる。
もし奇跡が規定するとしたら……

――基準への抗議。

――時代を見分けること。一つの基準はモーセの存命中、他の基準は現代。

(1) 二二節。
(2) 全章。
(3)『マルコ福音書』九の三九。

八〇四　　原四一五(五一参照)　ラ八九一(二ノ三四)

奇跡。

奇跡は、その手段として用いられる自然力以上の作用である。また似て非なる奇跡は、その手段として用いられる自然力以上の作用である。また似て非なる奇跡は、その手段として用いられる自然力以下の作用である。したがって、悪魔に呼び求めて癒す人は、奇跡を行なっているのではない。それは悪魔の自然力を越えていないからである。だが……

八〇五

原四四九（八〇七、八〇五、八八三、八一四、八八四、八三二）　ラ八六一（二ノ三四）

二つの基礎、一は内的、他は外的。恩恵、奇跡。どちらも超自然的。

八〇六

原四五五（六六五参照）　ラ八四八（二ノ三三）

奇跡と真理とは必要である。人間全体を、身体と魂とを説得しなければならないから。

八〇七

原四四九（八〇五参照）　ラ八六〇（二ノ三四）

いつの世にも、人間が真の神について語ったか、真の神が人間に向かって語られたか、どちらかであった。[*1]

（1）教理による神の知識が存在したか、または奇跡による神の啓示が存在したという意味。

八〇八

原四五九　ラ八四六（二ノ三三）

イエス・キリストは、自分がメシアであることを確証するのに、彼の教えを聖書や預言によって確証せず、奇跡によってするのが常であった。

――

彼は自分が罪をゆるしうることを奇跡によって証明される。

――「あなたがたの奇跡を喜ぶな、あなたがたの名が天にしるされたのを喜べ」[*1]と、イエス・キリストは言われる。

――「もし彼らがモーセを信じないならば、死からよみがえったものをも信じないであろう」[*2]

――ニコデモは、彼（キリスト）の奇跡によって、彼の教えが神から出たものであることを認めた。〈師よ、私たちはあなたが神からこられたことを知っています。神がともにおられなければ、あなたが行なっておられるしるしは、だれもすることができません〉[*3]彼は教えによって奇跡を判定せず、奇跡によって教えを判定した。

――われわれがイエス・キリストの教えを持ち、それを奇跡によって確証されているように、ユダヤ人は神の教えを持っていた。彼らはすべての奇跡行者を信じることを禁じられ、そのうえ大祭司たちの助言を求め、彼らにより頼むことを命じられていた。であるから、われわれが奇跡行者を信じることを拒むために持っているあらゆる理由を、彼らは彼らの預言者たちに対して持っていたのである。それにもかかわらず、彼らが預言者たちをその奇跡のゆえに拒み、またイエス・キリストを拒んだのは、罪の深いことであった。もし彼らが奇跡を見なかったならば、それほどとがめるにあたらなかったであろう。〈私がもし行なわなかったならば……彼らは罪がなかったであろう〉[*4]ゆえに、信仰はすべて奇跡の上に立っているのである。

――

預言は奇跡とは言えない。たとえば聖ヨハネは、カナにおける第一の奇跡について語り、ついでイエス・キリストがサマリヤの女のかくれた生涯を暴露したときに言われたことばをしるし、それから百卒長の子を癒されたことを述べているが、聖ヨハネはこの癒しを「第二のしるし」[*5]と言っている。

（1）『ルカ福音書』一〇の二〇。
（2）同一六の三一。
（3）『ヨハネ福音書』三の二。
（4）同一五の二四。
（5）同四の五四。

＊　原四一　ラ三〇二（一ノ二三）

八〇九

奇跡の組み合わせ。

八一〇

一写四三七　ラ八三一（二ノ三二）

第二の奇跡は第一のを想定させるかもしれない。しかし、第一のは第二のを想定させることはできない。*1

(1) これは断章八〇八の終わりに引用されているイエスの二つの奇跡に関する注である。

八一一

原一六九　ラ一八四（一ノ一三）

奇跡がなかったら、人はイエス・キリストを信じなくても、罪を犯すことにはならなかったであろう。*1

(1)『ヨハネ福音書』一五の二四。

八一二

＊原二七〇　ラ一六九（一ノ一三）

奇跡がなかったならば、私はキリスト者にならなかったであろう、と聖アウグスティヌスは言う。*1

(1) これと同じことばはアウグスティヌスの著書には見えないが、彼が信仰の契機としての奇跡の重要性を認めたことは事実であって、『神の国』二二の九にも、キリスト教が奇跡の上に立つ宗教であることを強調していると、アヴェは注している。

八一三　原四五三（三〇〇参照）　ラ八七二（二ノ三四）

奇跡。

奇跡を疑わせるようにする人を、私はどんなに憎むことか。

モンテーニュは、それについて二箇所で、彼らしいことを述べている。[*1] 一箇所では、彼はいかにも慎重である。が、もう一箇所では、彼は信じていて、信じない者をあざけっている。

――

それはどうであれ、教会はそれらが道理にかなっているかどうかという証拠を持たない。

（1）モンテーニュ『エセー』三の一一、一の二六（現行版二七）。

八一四　原四四九（八〇五参照）　ラ八六三（二ノ三四）

奇跡を否定するモンテーニュ。

――

奇跡を肯定するモンテーニュ。

八一五

原一二三（八七四、八一五、八七二）　ラ五六八（二ノ二三）

奇跡に反対して合理的に信じることは不可能である。

八一六

＊原四七　ラ二二四（二ノ一八）

最も軽信な不信者。彼らはモーセの奇跡を信じまいとして、ヴェスパシアヌスの奇跡を信じる。[*1]

（1）ローマ皇帝ヴェスパシアヌスが、アレクサンドリアにおいて、ある盲女の目に唾液をぬって、それを癒したという伝説（モンテーニュ『エセー』三の八）。

八一七

＊原四四三、四四四　ラ七三四（二ノ二六）

題。

人が奇跡を見たと称する多くの虚言者を信じ、人間を不死にし、または若返らせる秘訣《ひけつ》を知っていると称する虚言者を信じないのはなぜか。

人が妙薬を持っていると称する多くの虚言者どもに多大の信頼をよせ、ときにはその生命を彼らの手にゆだねるまでになるのはなぜであろうかと考えて、私が気づいたのは、真正の薬のあることがその真因であるということであった。なぜなら、本物がなかったら、そんなに多くの偽物《にせもの》はありえないだろうし、また偽物をそんなに信用することもありえないであろうからである。もし病気というものに何の薬もなく、あらゆる病気が不治であったとしたら、人々はそういう薬が与えられると思うことはありえないし、ましてさらに多くの人々が薬を持っていると自慢する人々を信用することはありえないであろう。同様に、ある人が死を阻止しうると自慢したとしても、そんな例は一つもないので、だれも本気にはしないであろう。だが、世にはお歴々の人々がその明識によって本物だと証明した薬がたくさんあったので、人々はそれを信用するくせがつき、ありうることだとわかると、あったことにきめてしまったのである。なぜなら、民衆は普通このように推理する、「あることは可能である、だから、これは存在する」と。――それというのは、個々の効果が真実である以上、それを全般的に否定することはできないので、個々の作用のうちどれが真実であるかを見分けることのできない民衆は、全部を信じてしまうのである。同様に人が月の作用として多くのまちがったことを信じているのは、それらのうちに、たとえば満潮のような、真実のものがあるからである。このことは預言や奇跡や夢占いや魔術などについても同様である。もしこれらのもののうちに真実なものが何もなかったならば、人はそれらを全く信じなかったであろう。したがって、世には偽りの奇跡がたくさんあるから、真のものはないと結論しないで、反対に偽りの奇跡が多くある以上、真のものがあるのは確かであり、真のものがあるからこそ偽りのものもあるのだと言わなければならない。宗教についても同様に推論すべきである。真の宗教がなかったならば、人が偽りの宗教を多く考え出すことはありえなかったであろうからである。これに対する抗議は、未開人もある種の宗教を持っているということである。だが、それに対して、それは彼らが大洪水、割礼《かつれい》、聖アンデレの十字架[*1]などによってうかがわれるように、真の宗教についての話を聞いていたからだと答えておこう。

(1) モンテーニュは『エセー』二の一二に、洪水伝説や割礼の習慣や聖アンデレの十字架によって妖怪をはらうことなど、キリスト教に類似した事柄が世界のあちこちに見られることをしるしている。

八一八

＊ 原一九三　ラ七三五（二ノ二六）

偽りの奇跡や偽りの啓示や魔術などが多くあるのはなぜであろうかと考えたあげく、その真因は偽物のなかに本物があるからだと、私には思われてきた。なぜなら、真の奇跡がなかったら、偽りの奇跡が多くあるはずはなく、真の啓示がなかったら、かくも多くの偽りの啓示があるはずもなく、真の宗教が一つもなかったら、かくも多くの偽りの宗教があるはずもないからである。それらの本物が全然なかったら、人間がそれらを考え出すのはほとんど不可能であり、ほかの多くの人がそれらを信じるのはなおさら不可能である。だが、実に偉大な本物があり、しかもそれらがお歴々によって信じられてきたので、この印象がほとんどすべての人に偽物をも信じさせる原因となったのである。したがって、偽りの奇跡が多くあるから真の奇跡はないと結論するかわりに、むしろ偽物が多くあるから、真の奇跡があるのであり、本物があるからこそ、偽物もあるのであり、同様に真の宗教があるからこそ、偽りの宗教もあるのだと言わなければならない。――それに対する抗議、未開人も宗教を持っているではないか。だが、それは聖アンデレ、大洪水、割礼などにうかがわれるように、彼らが本物のことを聞いていたからである。これは人間の精神が真理にひかれてその方向に傾くくせがつき、そこからこの……のあらゆる虚偽を受け入れやすくなっているからである。

八一九

原四六三（八一九、八四〇）　ラ八五七（二ノ三三）

『エレミヤ書』二三章三二節、偽りの預言者たちの〈奇跡〉。ヘブル語とヴァタブル訳（ラテン語聖書）とでは、それは〈軽はずみ〉である。

――

「奇跡」という語は必ずしも奇跡を意味しない。『サムエル記上』一四章一五節では「奇跡」は「恐れ」を意味し、ヘブル語でも、そうである。『ヨブ記』三三章七節も明らかに同様である。『イザヤ書』二一章四節、『エレミヤ書』四四章一二節も、そうである。

――

Portentum（しるし）は、Simulacrum（像）を意味する、『エレミヤ書』五〇章三八節。そして、ヘブル語でもヴァタブル訳でも、そうである。

『イザヤ書』八章一八節に、イエス・キリストは言っておられる、彼とその弟子《でし》たちとは奇跡として存在するであろうと。

八二〇

原四五三（三〇〇参照）　ラ八七五（二ノ三四）

もし悪魔が自分を破滅させるような教えに加勢したら、悪魔は分裂するであろうと、イエス・キリストは言われた。

もし神が教会を破壊するような教えに加勢されたら、神は分裂するであろう。

――

〈すべて分かれ争う国は〉[*1]イエス・キリストは神の国をうち建てるために悪魔と抗争し、人心におよぼす悪魔の権力を破壊されたのであって、悪霊《あくれい》を追い出したのは、その表徴である。だから、彼はつけ加えて言われる。〈もし神の指によって……神の国はあなたがたに〉[*2]

（1）『マタイ福音書』一二の二五。

（2）『ルカ福音書』一一の二〇。

八二一

原四六五　ラ八五〇（二ノ三三）

試練することと誤りに導くこととのあいだには、非常な相違がある。神は人を試練されるが、誤りに導かれることはない。試練するとは、人が神を愛さないならば何かをするであろうと思われるような、必ずしもそうしなければならないわけではない機会を与えることである。誤りに導くとは、人を必ず虚偽にいたらせ、それに従わずにはいられないようにすることである。

八二二

＊原四六九　ラ八九二（二ノ三四）

アブラハム、[*1]ギデオン、[*2]啓示以上のしるし。

ユダヤ人は、奇跡を聖書によって判断して、盲目になった。

神は真の礼拝者たちを決して捨ててはおかれなかった。

私はほかの誰によりも、イエス・キリストに従いたい。彼には奇跡、預言、教理、永続性などがあるからだ。

ドナティスト。[*3]これは悪魔の仕業《しわざ》であると言わずにはいられないような奇跡は一つもない。

神、イエス・キリスト、教会を限定すればするほど……

（1）『創世記』一五の八。
（2）『士師記』六の三七。
（3）アウグスティヌスの論敵。彼らが教会をその味方の司教たちと特定の地域とに限定したことを、アウグスティヌスは非難している。

八二三　原一一九（六七一参照）　ラ八三七（二ノ三三）

偽りの奇跡がなかったならば、全く確実であったであろう。

それらを見分ける基準がなかったならば、奇跡は無益であり、それらを信ずる理由もなかったであろう。

ところで、人間的にいえば、人間的な確実さというものはなく、ただ理性があるだけである。

八二四　原四五三（三〇〇参照）　ラ八七三（二ノ三四）

神は偽りの奇跡を混乱させるか、さもなくば予告するかどちらかであった。そして、それらのどちらによっても神は、われわれにとって超自然的であるもの以上にみずからを高め、われわれをもそこまで高めてくださった。

八二五　＊原四八五　ラ三七九（一ノ二七）

奇跡は回心させる役には立たないが、罪に定める役には立つ。（1.P, Q.113, A.10, Ad.2.）[*1]

（1）トマス・アクィナス『神学大全』第一部、第一一三問題、第一〇項、第二抗議への答え、の略。

八二五の二　一写三八四　ラ七二八（二ノ二六）

奇跡。聖トマス、三巻、八編、二〇章。

八二六　原二三七　ラ八三四（二ノ三三）

人が信じない理由。

『ヨハネ福音書』一二章三七節。

〈そんなに多くのしるしを行なわれたが、彼らはイエスを信じなかった。これはイザヤのことばが成就するためである。彼らの目をくらまし、云々〉

〈イザヤがこう言ったのは、その栄光を見たからであって、彼について語ったのである〉[*1]

——

「〈ユダヤ人はしるしを請い、ギリシア人は知恵を求める。しかし、私たちは十字架につけられたイエスを〉」[*2]
〈しかし、十分のしるし、十分の知恵がある〉
〈あなたがたが望んでいるのは、十字架につけられないキリスト、奇跡もなく知恵もない宗教である〉

――人が真の奇跡を信じないのは、愛が欠けているからである。『ヨハネ福音書』[*3]〈しかし、あなたがたは信じない。私の羊でないからである〉

偽りの奇跡を信じるのも、愛が欠けているからである。『テサロニケ人への第二の手紙』二章。[*4]

――宗教の基礎。

――それは奇跡である。そうすると、神は奇跡に反することを語り、人が神に対していだいている信仰の基礎に反することを語られるのか。

――もし一人の神が存在したら、神への信仰は地上に存在するにちがいない。ところで、イエス・キリストの奇跡は反キリストによって預言されていないが、反キリストの奇跡はイエス・キリストによって預言されている。[*5] したがって、イエス・キリストがメシアでなかったならば、彼はまさしく人々を誤りに導いていたであろうが、反キリストが誤りに導くことはありえない。

イエス・キリストは反キリストの奇跡について預言されたとき、自分の奇跡に対する人々の信仰を破壊すると思われたであろうか。

――

反キリストを信じる理由で、イエス・キリストを信じる理由にならないものは一つもない。だが、イエス・キリストを信じる理由で、反キリストを信じる理由にならないものはいくつもある。

――

モーセはイエス・キリストのことを預言して、彼に従うことを命じた。イエス・キリストは反キリストのことを預言して、彼に従うことを禁じられた。

モーセの時代には、まだ知られていない反キリストへの信仰を持つことは不可能であった。が、反キリストの時代には、すでに知られているイエス・キリストを信じることはきわめて容易である。

（1）『ヨハネ福音書』一二の四一。

（2）『コリント人への第一の手紙』一の二二、二三。
（3）一〇の二六。
（4）九、一〇節。
（5）『マタイ福音書』二四の二四。

八二七

原一一九（六七一参照）ラ八三九（二ノ三三）

『士師記』一三章二三節、「主が私たちを殺そうと思われたのならば、これらのすべてのことを私たちにお示しにならなかったであろう」

――

ヒゼキヤ、セナケリブ。[*1]

――

『エレミヤ書』[*2]偽預言者《にせ》ハナニヤは七月に死んだ。

――

『マカベア第二書』三章、まさに掠奪《りゃくだつ》されようとした神殿が奇跡的に救われた。
『マカベア第二書』一五章。

――

『列王紀上』一七章、[*3]やもめはその子をよみがえらせたエリヤに向かって、「これによって、あなたのことばが真実であるのを知りました」

――『列王紀上』一八章、エリヤとバアルの預言者たち。

――真の神または宗教の真理に関する論争において、誤りの側、真理でない側に奇跡の起こった例《ためし》は絶えてない。

(1)『列王紀下』一八、一九章。
(2) 二八章。
(3) 二四節。

八二八　　原四五五　ラ八五六（二ノ三三）

論争。

アベルとカイン、モーセと魔術師、エリヤと偽預言者、エレミヤとハナニヤ、ミカと偽預言者、イエス・キリストとパリサイ人《びと》、聖パウロとバルイエス、使徒とまじない師、キリスト者と不信者、カトリックと異端者、エリヤ、エノクと反キリスト。

真のものはいつも奇跡によって勝つ。二つの十字架。*1

(1) イエスの十字架と盗賊のそれと。

八二九

原一二五　ラ八四一（二ノ三三）

イエス・キリストは、聖書は私についてあかししていると言われる。[*1] しかし、それがどの点であるかはお示しにならない。

――

預言さえもイエス・キリストをその在世中に証明することはできなかった。したがって、奇跡があれば教理はなくても十分であったというのでなければ、人が彼をその在世中に信じなくても罪にはならなかったであろう。しかるに、彼をその在世中に信じなかった人々が罪びとであったことは、彼自身いわれたとおりであって、弁解の余地がない。してみると、彼らは一つの確証を与えられていながら、それに反抗したのである。ところで、彼らはわれわれの持っている聖書を持たず、ただ奇跡を持っていただけである。だから、奇跡は、教理に反しないかぎり、十分なものであり、信じるべきものである。

――

『ヨハネ福音書』七章四〇節。今日のキリスト者のあいだの論争と同様なユダヤ人のあいだの論争。

一方はイエス・キリストを信じ、他方は彼はベツレヘムに生まれるはずだという預言を理由にして、彼を信じなかった。

後者は彼がメシアであるかどうかを、もっと注意すべきであった。なぜなら、彼の奇跡は説得的であったので、彼の教理と聖書とのいわゆる矛盾については、安心していてよかったからである。で、そのような不分明は、彼らに不信の口実を与えるものでなく、むしろ彼らを盲目にするものであった。

したがって、何の根拠もない、いわゆる矛盾を理由にして今日の奇跡を信じることを拒む人々は、弁解の余地がない。

キリストをその奇跡のゆえに信じた人々に、パリサイ人は言った、「律法を知らないこれらの民は、呪《のろ》われている。しかし、役人やパリサイ人のうちに一人でも彼を信じた者があろうか。なぜなら、預言者がガリラヤから出ることはないと、私たちは知っているからである」ニコデモは答えた、「私たちの律法はまずその人に聞かずに裁くことをするであろうか。*2〔ましてこのような奇跡を行なうこの人を〕*3」

（1）『ヨハネ福音書』五の三九。
（2）同七の四七～五二。
（3）この結句は、一冊本に従って付加した。

八三〇

一写三八二　ラ七一八（二ノ二五）

預言は漠然としていたが、もはやそうではない。*1

（1）パスカルによれば、イエス・キリストの奇跡以後、そうでなくなったのである。

八三一

原四三九　ラ八八〇（二ノ三四）

五箇条命題は漠然としていたが、もはやそうではない。[*1]

（1）「聖荊の奇跡」以来、そうでなくなったのである。

八三二

原四四九（八〇五参照）ラ八六五（二ノ三四）

奇跡はもはや必要でない、それはすでに十分行なわれたのだから。[*1] だが、人がもはや伝承に従わず、教皇だけをもちだし、教皇を欺き、そうして伝承という真理の真の源泉を除外し、伝承の受託者である教皇を不公平にして、真理を自由に発言させないならば、そのとき人々はもはや真理について語らないので、真理がみずから人々に語らなければならない。これはアリウス[*2]の時代に起こったことである。

ディオクレティアヌス治下の、アリウス時代の奇跡。

（1）これは「聖荊の奇跡」に対して、ジェズイットがとなえた反対論であって、以下においてパスカルはそれに答えたのである。

（2）アリウスは四世紀ごろの異端者であるが、彼はディオクレティアヌス帝の最後の年（三〇五年）に宣教をはじめ、比較的早く死んだ。それで彼の死は反対論者たちから奇跡的天罰と見られた。パスカルはアリウスとアタナシウスとの争いを、ジェズイットとジャンセニストとの争いになぞらえたのである。

八三三　＊　原四四一　ラ六四八（二ノ二五）

奇跡。

民衆は彼ら自身でそう結論した。が、君たちにその理由を説明しなければならないとしたら……

――

それが原則[*1]に対する例外であるのは、困ったことだ。例外に対しては厳格であるべきであり、反対もすべきである。とはいえ、原則に例外があるのは確実であるから、判断は厳格であるとともに、公平でなければならない。

（1）教会の成立以後、奇跡は行なわれないという原則。この原則からすれば、「聖荊の奇跡」は例外と見なされなければならない。

八三四　原四四九　ラ八五五（二ノ三三）

『ヨハネ福音書』六章二六節、〈しるしを見たためではなく、食べて満腹したからである〉

イエス・キリストの奇跡を見て彼に従う人々は、それらのあらゆる奇跡を生み出す彼の力をあがめる。だが、彼の奇跡を見て彼に従うと公言しながら、実はこの世の幸福をもって自分らを慰め飽かしてもらえるので、彼に従う人々は、自分らに都合の悪い奇跡が起こると、それを踏みにじる。

――

『ヨハネ福音書』九章、[*1]〈その人は、安息日《あんそくにち》を守らないから、神から来た人ではない。ほかの者は言った、罪のある人がどうしてこのような奇跡を行なうことができようか〉

どちらが明白であろうか。

この家[*2]は神から出たのではない。なぜなら、そこの人々は五箇条命題がジャンセニウス（ヤンセン）のなかにあることを信じないから。他の人は言う、この家は神から出ている。なぜなら、そこで異例の奇跡が行なわれたから。

どちらが明白であろうか。

〈あなたは彼をどう思うか。私は言った、彼は預言者です。彼がもし神から出なかったら、何一つできなかったでしょう〉[*3]

（1）一六節。
（2）ポール・ロワヤル修道院。
（3）『ヨハネ福音書』九の一七、三三。

八三五

原四六一（一九二参照）　ラ八五二（二ノ三三）

旧約聖書では、奇跡が君たちを神からそらせようとするとき、新約聖書では、それが君たちをイエス・キリストからそらせようとするとき。

――

これらのいちじるしい場合には、ある種の奇跡を信じることは退けるべきである。その他の場合には退けるべきではない。

そうだとしたら、彼らは自分のところに来たすべての預言者たちを退ける権利を持っていたというのであろうか。いな。彼らは神を否定する預言者たちを退けなかったら、罪を犯すことになったであろうし、また神を否定しない人々を退けたら、罪を犯すことになったであろう。

――

だから、一つの奇跡を見たらすぐ、それを承認するか、それとも反対の並みはずれたしるしを見いだすか、どちらかでなければならない。それが神か、イエス・キリストか、教会かを否定するかどうかを見なければならない。

八三六

原四六一（五八八参照）　ラ八四三（二ノ三三）

イエス・キリストの味方でないことと味方であると自称することと、イエス・キリストの味方でないことと味方であると見せかけることとのあいだには、大きな相違がある。一方は奇跡を行ないうるが、他方は行ないえない。なぜなら、一方が真理に反していることは明らかであるが、他方はそうでないからである。そこで奇跡はいっそう明白になる。

八三七

原四六一（五八八参照）　ラ八四四（二ノ三三）

唯一の神を愛すべきことはきわめて明白であって、それを証明するには別に奇跡を必要としない。

八三八

原一九三　ラ一八〇（二ノ一三）

イエス・キリストは奇跡を行なわれた。ついで使徒たちも初代の聖徒たちも多数の奇跡を行なった。それは預言がまだ成就せず、彼らによって成就されつつあったので、奇跡のほか証拠になるものがなかったからである。メシアが諸国民を回心させるであろうということは預言されていた。[*1] この預言は、諸国民の回心ということなしに、どうして成就されうるであろうか。また諸国民は、メシアを証明する預言のこの最後の結果を見ないで、どうしてメシアに心を向けうるであろうか。だから、メシアが死に、復活し、そして諸国民を回心させるまでは、預言はすべて成就したとはいえなかった。そこで、この時期のあいだは奇跡の必要があったのだ。今やユダヤ人に対してその必要はない。成就した預言は一つの永続的な奇跡だからである。

（1）『イザヤ書』二の三。

八三九

原一一七　ラ八五四（二ノ三三）

「たとい私を信じなくても、せめて、私の奇跡を信ぜよ」[*1] 彼は最も有力なものとして、奇跡に彼らを向かわせておられる。

ユダヤ人とキリスト者とに同様に告げられてきたのは、預言者たちを必ずしも信じてはならないということであった。ところで、パリサイ人と律法学者とは、キリストの奇跡を非常に気にして、それが偽りのものか悪魔のしわざであることを示そうと試みる。もしそれが神から出ていることを認めたら、どうしても説得されることになるからである。

われわれは今日そのような判定をするのに困ることはない。それはきわめて容易な業である。神をもイエス・キリストをも否認しない人々は、あやふやな奇跡を決して行なわない。

――

〈私の名によって力ある業を行ない、私をそしりうる者はいない〉[*2]

しかし、われわれはそのような判定をするにはおよばない。ここに一つの聖なる遺物がある。ここにこの世の君主の権力もおよばぬ救い主の荊《いばら》の冠の一部がある。その荊がわれわれのために流されたあの血潮の特別な力によって、奇跡を行なったのだ。今や神は親しくこの家を選び、そこで彼の力を現わされたのだ。

これは人間が未知のあやしげな力によって奇跡を行ない、われわれをしてその判定に苦しませるようなたぐいのものではない。それは神ご自身である。それは神のひとり子の苦難の器《うつわ》である。そのひとり子が、ところもあろうにこの場所を選び、憂いのさなかにある彼らに奇跡的な慰めを受けさせるために、四方から人々を集《つど》わせてくださったのだ。[*3]

(1)『ヨハネ福音書』一〇の三八。

(2)『マルコ福音書』九の三九。

(3) ポール・ロワヤルにおいて、「聖荊の奇跡」に引きつづき多くの奇跡が起こり、病人たちがそこへ巡礼したことを意味する。

八四〇　　原四六三（八一九参照）　ラ八五八（二ノ三三）

教会には三種の敵がある。まだそのからだに属したことのないユダヤ人、そこから離れ去った異端者、内にあってそれを引きさく悪いキリスト者、これである。

これら三種の異なった敵は、いつもいろいろの仕方で教会を攻撃する。だが、ここに彼らが同一手段でそれを攻撃する場合がある。

彼らはいずれも奇跡を持たず、教会は彼らに対して常に奇跡を持ってきたので、彼らはみな奇跡を避けることに同様な関心を示し、奇跡によって教理を判断してはならない、むしろ教理によって奇跡を判断しなければならないという逃げ口上を一様に用いる。[*1]イエス・キリストのことばを聞いた人々には、二つの派があった。一は、彼の奇跡を見て彼の教えに従った人々、他は……と言った[*2]人々である。カルヴァンの時代にも、二つの派があった……今ではジェズイットその他がある。

(1) ジェズイットの人々がポール・ロワヤルの主張を反駁《はんばく》したことば。
(2)「彼はベルゼブルの名によって悪霊を追い出している」(『マタイ福音書』一二の二四)

八四一　原四六三　ラ九〇一、九〇二(二ノ三四)

奇跡は、ユダヤ人と異教徒、ユダヤ人とキリスト者、カトリックと異端者、非難される者と非難する者とのあいだ、二つの十字架のあいだの疑わしい問題を判定する。

しかし、異端者には、奇跡は無用である。なぜなら、すでに信仰をかちえた奇跡によって権威づけられている教会は、彼らが真の信仰を持っていないことを、われわれに告げるからである。教会の初期の奇跡が、異端者の奇跡を信じることを退けている以上、彼らが信仰を持っていないことは疑う余地がない。そういうわけで、奇跡に対抗する奇跡があり、最初にして最大の奇跡は教会の側にある。

――

これらの娘たち[*1]は、自分らが滅びの道にあるとか、聴罪師たちが自分らをジュネーヴ[*2]に導いているとか、彼らが自分らにイエス・キリストは聖餐《せいさん》のうちにも父なる神の右にもおられないと吹きこんでいるとか取沙汰《とりざた》されるのを聞いて驚き、それらがみな偽りであるのを知って、〈私に悪《あ》しき道があるかないかを見てください〉[*3]という態度で、その身を神にささげている。そこに何が起こったか。悪魔の宮であるといわれるこの場所を、神はご自身の宮とされる。人はそこから子供らを追い出せと言う。が、神がそこで彼らを癒される。人はそこを地獄のどん底だと言う。が、神はそこを恩恵の聖所とされる。最後に人は天来のあらゆる怒りとこらしめとをもって彼らをおびやかす。が、神はその恵みをもって彼らに満たされる。であるから、彼らは滅びの道にあると結論するような人は、正気を失った人であろう。

(われわれは疑いもなく聖アタナシウス[*4]と同じしるしを持っているのだ)

(1) ポール・ロワヤル修道院の修道女たち。

（2）カルヴィニスムをさす。
（3）『詩篇』一三九の二四。
（4）古代キリスト教会の教父、アレクサンドリア教会の司教。アリウス説に反対してキリストの神性を主張し、正統的信仰を確立したが、その後も長く反対派から迫害されて苦難のなかにあった。

八四二

原四六九　ラ八五一（二ノ三三）

〈あなたがキリストならば、そう言ってもらいたい〉[*1]
〈私が父の名によってしている業が、私のことをあかししている。しかし、あなたがたは信じない。私の羊でないからである。私の羊は、私の声を聞く〉[*2]

――

『ヨハネ福音書』六章三〇節、〈私たちが見てあなたを信じるために、どんなしるしを行ないますか。――彼らは、どんな教えを述べるか、とは言わない〉
〈神がともにおいでにならなければ、あなたが行なわれるこれらのしるしは、だれもすることができません〉[*3]

『マカベア第二書』一四章一五節。

〈あらわなしるしをもって、その世継ぎであるものを保たれる神〉

〈彼を試みようとして、天からのしるしを求めた〉『ルカ福音書』一一章一六節。

〈邪悪な時代は、しるしを求める。しかし、与えられない〉[*4]

〈彼は深く嘆息して言われた、なぜ今の時代はしるしを求めるのだろう〉『マルコ福音書』八章一二節。彼らは悪い動機からしるしを求めた。〈彼は力ある業を行なうことができなかった〉[*5]しかしながら、彼はヨナのしるし、すなわち、彼の復活という壮大無比のしるしを彼らに約束される。


——

〈あなたがたはしるしを見なければ信じないであろう〉[*6]彼は奇跡が起こらなければ信じないと彼らが言うのを、とがめられたのではない。彼ら自身がその目撃者にならなければ信じないと言うのを、とがめられたのである。

——


〈偽りのしるしを行なう〉反キリスト、と聖パウロは言う。『テサロニケ人への第二の手紙』二章[*7]。

〈彼はサタンの働きに従って、滅びる人々を惑わすであろう。彼らは真理を愛する愛を受けないので、救われないのである。ゆえに、神は彼らが偽りを信じるように惑いを彼らのうちにおはたらかせになる〉[8] モーセの句にあるように、〈あなたがたの神はあなたがたが彼を愛するかどうかを知ろうとして、あなたがたを試みられる〉[9]

―――

〈見よ、あらかじめあなたがたに言っておく。あなたがたは見るがよい〉[10]

(1)『ルカ福音書』二三の六七。
(2)『ヨハネ福音書』五の三六、一〇の二六、二七。
(3)同三の二。
(4)『マタイ福音書』一二の三九。
(5)『マルコ福音書』六の五。
(6)『ヨハネ福音書』四の四八。
(7)九節。
(8)『テサロニケ人への第二の手紙』二の九〜一一。
(9)『申命記』一三の三。
(10)『マタイ福音書』二四の二五、三三。

八四三

原四七一、四七三　ラ八四〇（二ノ三三）

地上に真理の国はない。彼女（真理）は知られぬように人々のあいだをさまよっている。神は彼女にヴェールをかぶせられたので、彼女の声を聞かない人は彼女を知らずにいる。

すくなくともきわめて明白な真理すら冒瀆《ぼうとく》される余地がある。福音の真理がひろめられると、その反対もひろめられ、問題は曖昧《あいまい》になって、民衆は見分けることができなくなる。そこで、彼らは尋ねる、「なぜ君たちだけがそのように信じているのだ。どんなしるしを、君たちは見せてくれるのだ。君たちはことばしか持たないではないか。そんなものはわれわれも持っている。もし君たちが奇跡を持っていたら、結構なのだが」教理は奇跡によって支持されるべきだというのは、一面の真理であるが、それは教理を冒瀆するために濫用される。そして、奇跡が起こると、奇跡は教理なしには不十分だと言われる。それは奇跡を冒瀆するために濫用される他の一面の真理である。

——

イエス・キリストは、安息日に生まれつきの盲人を癒し、多くの奇跡を行なわれた。そのようにして、彼は、教理によって奇跡を判断すべきだと言ったパリサイ人[*1]を盲目にされた。

「私たちにはモーセがある。しかし、この人がどこからきたか、私たちは知らない」[*2]君たちは彼がどこから来たかを知らないのに、彼がそのような奇跡を行なうとは、まさに驚くべきことではないか。

——

イエス・キリストは、神に反し、モーセに反することは、何も言われなかった。

旧新約聖書に預言された反キリストや偽預言者は、神とイエス・キリストとに反することを公然と語るであろう。

神とキリストとに反していないにせよ、[*3]覆面の敵となるようなものが、公然と奇跡を行なうのを神はおゆるしにならないであろう。

――

公《おおやけ》の論争において、二つの派がそれぞれ、神に、イエス・キリストに、教会に属していると自称する場合、かつて偽りのキリスト者側に奇跡のあったことはなく、真のキリスト者側に奇跡のなかったことはない。

――

「彼は悪霊につかれている」『ヨハネ福音書』一〇章二一節。[*4]他の人々は言った、「悪霊は盲人の目をあけることができようか」

――

イエス・キリストと使徒たちとが聖書から引き出す証拠は、論証的ではない。彼らはたんに、モーセは一人の預言者が出ることを預言した、と言うだけだからである。進んで、その預言者がこの人であるということは証明しない。そして、これこそ最大の問題であったのだ。だから、それらの章句は、彼らが聖書に反していないこと、そこには何の矛盾もないことを示すのに役立つだけで、そこに一致があることを示すには役立っていない。とところで、奇跡さえあれば、矛盾を除くだけで十分である。

神と人間とのあいだには、なすべき、また与えるべき相互の義務がある。〈それで、何かなすべきことがあるか〉[*5]「私を責めよ」と神は『イザヤ書』で言っておられる。

神はご自身の約束などを成就しなければならない。

人間は、神の授けられた宗教を受け入れるべき義務を、神に対して負っている。

神は、人間を誤りに導かない責任を、人間に対して持っておられる。

ところで、もし奇跡行者らが常識の光に照らして明らかに誤りであるとは思われない教理を宣《の》べたならば、そして一人のさらに偉大な奇跡行者が、それらの人々を信じてはならないとあらかじめ警告していなかったならば、人々は誤りに導かれていたであろう。

かくして、もし教会内に分裂が生じ、たとえばアリウス派の人々が、カトリックと同じく、聖書にもとづいていると自称して奇跡を行ない、カトリックの人々は奇跡を行なわなかったならば、人々は誤りに導かれていたであろう。

――

なぜなら、神の秘義をわれわれに伝える人がいて、その私的な権威の点で信じられるに足りない場合、その人を疑うような不信者はあるであろうが、他の一人が神とのあいだに保っている交わりのしるしとして、死人をよみがえらせ、未来を預言し、海を移し、病者を癒す場合、その人に頭を下げないような不信者はいないからである。そして、パロ王とパリサイ人との不信は、そのような異常な頑固の結果である。

――であるから、一方の側に奇跡と疑いえない教理とが兼ね備わっていたら、そこには何の困難もない。だが、同じ側に奇跡と疑わしい教理とがあったら、どちらがより明らかであるかを見きわめなければならない。イエス・キリストも容疑を受けられたのである。

――盲目にされたバルイエス。*6 神の力は敵の力にうち勝つ。

――ユダヤのまじない師らは、悪霊につかれた者どもに、「私はイエスとパウロとを知っている。だが、おまえたちは何者だ」*7 と言われて、うちひしがれた。

――奇跡が教理のためにあるのであって、教理が奇跡のためにあるのではない。

――もし奇跡が本物であったら、どんな教理でも信じさせることができるであろうか。いな、そういうことはあるまい。

〈天からの御使《みつかい》であろうとも〉*8

原則。

奇跡によって教理を判断すべきであり、教理によって奇跡を判断すべきである。これはどちらも真実であり、決して矛盾しない。なぜなら、それぞれの時代を見分けなければならないから。[*9]

――

一般的原則[*10]を知って、あなたはさぞ喜んでおられるでしょう。それによって混乱を引き起こし、いっさいをむだにしようと考えて。神父さん、それには妨害がはいるでしょう。真理は唯一で確実なものです。

――

ある人がその悪い教理を隠し、よい教理だけを現わして、神と教会とに一致すると自称し、虚偽の巧妙な教理をおもむろに注入しようとして奇跡を行なうというようなことは、神の人間に対する責任上、不可能なことである。そのようなことはありえない。

――

まして人の心を知っておられる神が、そういう人に好都合な奇跡を行なわれるということは、なおさらありえない。

(1) パリサイ人は、パスカルにとって、ジェズイットの祖先であった。
(2) 『ヨハネ福音書』九の二九。
(3) トゥルヌール版の読みに従う。

（4）二〇節の誤り。
（5）『イザヤ書』五の四。次の「私を責めよ」は、同じく一の一八の「われわれは互いに論じよう」のラテン語訳からの仏訳。
（6）『使徒行伝』一三の六〜一一。
（7）同一九の一五。
（8）『ガラテヤ人への手紙』一の八。
（9）教理が容疑を受けたときには、奇跡がそれを判定し、奇跡が曖昧であるときには、教理がそれを決定する。
（10）教理によって奇跡を判定すべきである。神は教会の成立以後、奇跡を行なわれないという原則。

八四四

原四四七（二八五参照）　ラ八九四、八九九（二ノ三四）

宗教の三つのしるし、永続性、良い生活、奇跡。

彼らは蓋然性《がいぜん》によって永続性を破壊し、彼らの道徳によって良い生活を破壊し、奇跡の真実性とその結果とを破壊して、奇跡を破壊する。

―――

彼らを信じたら、教会は永続性や清浄や奇跡と何の関係もなくなるであろう。異端者らは奇跡か、奇跡の結果かを否認するが、彼らも同様である。だが、奇跡を否認するには真剣さを欠くことが必要であろうし、さらに奇跡の結果を否認するには、正気を失うことが必要であろう。

――

自分が見たという奇跡[*1]のために殉教した者は、かつてなかった。なぜなら、トルコ人が伝説によって信じている奇跡の〔ためには〕、人間の狂愚は、あるいは殉教にまで赴くかもしれないが、自分が見た奇跡のためには、そこまではいかないからである。

（1）偽りの奇跡のこと。

八四四の二 原四五三（三〇〇参照） ラ八七一（二ノ三四）

永続性。――モリナ[*1]、新しがり。

（1）（一五三五～一六〇〇）。スペインのジェズイットの神学者。トマス・アクィナスの説を緩和した新説をとなえて、賛否の論をまき起こした。彼の流れをくむ者をモリナ派という。

八四五 原四五三（三〇〇参照） ラ八七〇（二ノ三四）

異端者らは、自分らの持たないこれらの三つのしるしを、いつも攻撃した。

八四六 原四〇一（一三八参照） ラ八七八（二ノ三四）

第一の抗議。

「天からの御使。[*1]

奇跡によって真理を判断せず、真理によって奇跡を判断しなければならない。

だから、奇跡は無用である」

ところが、奇跡は有用であって、真理に反するはずがない。

そこで、神父ランジャンド[*2]は言った、「神は、奇跡が誤りに導くことを、おゆるしにならないであろう……」と。

同じ教会内に論争が生じるときには、奇跡が決定するであろう。

――

第二の抗議。

「しかし、反キリストも奇跡を行なうであろう」

パロ王の魔術師らは決して誤りに導かなかった。

したがって、人は反キリストのことで、イエス・キリストに向かい、「あなたは私を誤りに引き入れた」と言うことはできまい。――反キリストは、イエス・キリストに反対する奇跡を行なうので、彼の奇跡は誤りに導くことはできないからである。

神は偽りの奇跡をおゆるしにならないか、それ以上の奇跡をお与えになるか、どちらかである。

〔世の始めこのかた、イエス・キリストは存在しておられる。これは反キリストのどんな奇跡にもまさる力強い奇跡である〕

同じ教会内で、奇跡が迷っている側に起こったならば、人は誤りに導かれるであろう。分離はあらわであり、奇跡もあらわである。だが、奇跡が真理のしるしである以上に、分離は誤りのしるしである。だから、奇跡は誤りに導くことはできない。

しかし、分離を除けば、誤りは、奇跡があらわであるほど、あらわではない。だから、奇跡は誤りに導くこともあるであろう。

〈おまえの神はどこにいるのか〉[*3]奇跡は神を示すものであり、一つのひらめきである。

（1）『ガラテヤ人への手紙』一の八。
（2）ジェズイットの説教者。雄弁をもって知られた人で、コンデ公の側近の一人。一六六〇年没。
（3）『詩篇』四二の三。

八四七

一写四〇三　ラ七七七（二ノ二七）

降誕祭の晩禱《ばんとう》の交誦の一つに、〈正しい者のために暗黒のなかにも光が現われる〉[*1]

（1）『詩篇』一一二の四。

八四八　　一写二二六　ラ四三八（二ノ五）

もし神のあわれみが広大であって、隠れておられるときにすら、われわれに有益な導きをお与えになるとすれば、みずからを現わされるときには、これに期待しえないような光があるであろうか。

八四九　　原四〇二　ラ八七七（二ノ三四）

〈そうであり、またそうでない〉は、道徳においてと同様に、信仰そのものにおいても受け入れられるであろうか。また、もしそれが他のものと引き離すことのできないものであるとしたら……

——　聖シャヴィエル[*1]が奇跡を行なうとき。

——　〔聖ヒラリウス。——われわれをして奇跡について語ることを余儀なくさせる惨めな人々〕

〈判決を下す者は、災いである〉[*2]不公平な審判者たちよ、その場かぎりの法律をつくらず、あなたがた自身が定めた既成の法律で裁け。

〈不義の判決を下す者は、災いである〉[*3]

不断の偽りの奇跡。

あなたがたは論敵を弱らせようとして、全教会から武器を奪っている。

―――

彼らが、[*4]われわれの救いは神にもとづいていると言えば、彼らは異端者なのだ。

彼らが、自分らは教皇に服従していると言えば、それは偽善なのだ。

彼らがすべての条項に署名しようとすれば、それでは不十分なのだ。

彼らが、人は林檎《りんご》一つくらいのことで殺されるべきではないと言えば、カトリックの道徳を攻撃しているのだ。

彼らのあいだで奇跡が行なわれると、それは神聖のしるしではなく、かえって異端の徴候なのだ。

教会が存続した仕方は、次のようであった。すなわち、真理が論議されずに存在したか、それが論議された場合には、教皇が存在したか、そうでなければ教会が存在したか、どちらかであった。

（1）（一五〇六～五二）。イグナティウス・ロヨラの友人で、ロヨラとともにジェズイット教団を創設し、東洋に伝道して、日本にも初めてカトリック教を伝えた人。
(2)(3)『イザヤ書』一〇の一。
(4) ポール・ロワヤルの人々。

八五〇

原四四七　ラ八八一(二ノ三四)

有罪となった五箇条命題。奇跡はそうではない。なぜなら、真理は攻撃されなかったから。だが、ソルボンヌは……だが、勅書は[*1]……

——全心をもって神を愛する者が、教会を否認することはできない。それほど教会はいちじるしいものである。神を愛さない者は、教会を確認することはできない。

——奇跡にはすばらしい力があるので、神の存在は実に明白であるけれども、神にさからって奇跡を信じてはならないと、神みずから警告することが必要であった。そうでなかったら、奇跡は人を惑わしたであろう。

したがって、『申命記』一三章の語句は、奇跡の権威に反しているどころか、これほど奇跡の力を示しているものはない。

反キリストについても同様である。「できれば、選民をも惑わそうとするであろう」[*2]

（1）一六五六年一月二十九日、アルノーがソルボンヌにおいて有罪の判決を受け、同年十月十六日、「五箇条命題」を有罪とする教皇アレクサンデル七世の勅書が出た。

（2）『マルコ福音書』一三の二二。

八五一

原三四三（五五参照） ラ九〇三（二ノ三四）

生まれつきの盲人の話。[*1]

――

聖パウロはなんと言っているか。彼はいつも預言の証明について語っているであろうか。いな、彼は自分の奇跡のことを語っている。[*2]

――

イエス・キリストはなんと言っておられるか。彼は預言の証明について語っておられるであろうか。いな、彼の死は預言を成就させなかった。だが、彼は言われる、〈私がもし行なわなかったならば〉。[*3] 私の業を信ぜよ。

――

全く超自然的なわれわれの宗教の二つの超自然的な基礎。一は見え、他は見えない。恩恵を伴う奇跡、恩恵を伴わない奇跡。

――教会の表徴として愛をもって取り扱われ、また、たんに表徴にすぎなかったために憎しみをもって取り扱われたユダヤ人の会堂は、神との関係が正しかったときには、崩壊に近づいても再興された。だから、それは表徴であった。

――奇跡は、神が人の心におよぼす力を、人のからだにおよぼす力によって証明する。

――教会は異端者らのあいだで行なわれた奇跡を決して是認しなかった。

――宗教の支柱である奇跡、それはユダヤ人たちを見分け、キリスト者たち、聖徒たち、清浄な人たち、真の信者たちを見分けてきた。

――分離者らのあいだで行なわれる奇跡は、さして恐れるにたりない。なぜなら、分離は奇跡よりもいっそうあらわであって、彼らの誤りを明らかに示すからである。しかし、分離がなく、誤りが論議されているときには、奇跡が判定する。

――〈もしほかの誰もがしなかったような業を、私が彼らのあいだでしなかったならば〉*4

――われわれをして奇跡について語ることを余儀なくさせたあの不幸な人々。

――アブラハム、ギデオン。

奇跡によって信仰を確かめる。

――ユデト。[*5]ついに神は極度の窮迫のなかで語られる。

――たとえ愛が冷却して、教会に真の礼拝者がほとんどいなくなっても、奇跡は真の礼拝者をおこすであろう。

――それは恩恵の最後のはたらきである。

奇跡が一つでもジェズイットの側で起こっていたら。

――奇跡がそれを目撃した人々の期待にそむき、彼らの信仰状態と奇跡の器となったものとが不釣合《ふつりあい》であったら、そのときには、奇跡が彼らを改めさせるはずである。しかし、あなたがたの場合は別だ。もし聖餐が死人をよみがえらせたならば、カトリックとしてとどまるよりもカルヴィニストになるべきだということばには、それだけの道理があるであろう。しかし、奇跡が期待を満たし、医薬を祝福してくださるように神に求めた人々が、医薬によらずに癒えたのを見たら……

――不信者。

神の側にいっそう有力な奇跡が起こるか、すくなくともそれが起こるという預言がなされるかしないかぎり、悪魔の側に奇跡の起こったためしはない。

（1）『ヨハネ福音書』九章。
（2）『コリント人への第二の手紙』一二章。
（3）（4）『ヨハネ福音書』一五の二四。
（5）旧約外典『ユデト書』の主人公。ユダヤの年若き寡婦であったが、その美貌を利用して敵将を殺し、祖国を救ったと伝えられる。

八五二　　原四五一　ラ八五九（二ノ三四）

神があらわに守っておられる人々を不当にも迫害する人々よ。

――あなたがたの極端を彼らが責めれば、「彼らは異端者のように語る」と言う。

——彼らがイエス・キリストの恩恵はわれわれを見分けると語れば、「彼らは異端者だ」と言う。

——彼らが奇跡を行なえば、「それは異端のしるしだ」と言う。

——エゼキエル。[*1]

人々は言う、神の民がこう言っている。

ヒゼキヤ。[*2]

「教会を信ぜよ」とは言われているが、「奇跡を信ぜよ」とは言われていない。奇跡は自然であり、教会はそうでないからである。一は命令を必要としたが、他はそれを必要としなかった。

ユダヤ人の会堂は表徴であったので、滅亡しなかった。また表徴にすぎなかったので、衰滅した。会堂は真理を含む表徴であった。したがって、真理を含まないものになるまで、それは存続した。

敬愛する神父さん、これらはすべて表徴として起こりました。他の諸宗教は衰滅しますが、これは決して衰滅しません。

奇跡はあなたが考えておられるよりも重要です。それは教会の創立に役立ちましたが、その存続にも役立つでありましょう、反キリストの時まで、終末の時まで。二人の証人。[3]

――

旧新約聖書において奇跡は表徴に関連して行なわれた。それは救いであるか、それとも被造物[4]に服従すべきことを示してくれる以外には無用のものであるか、どちらかであった。聖餐の表徴。

（1）断章八八六参照。
（2）『列王紀下』一八、一九章。
（3）エリヤとエノク。断章八二八参照。
（4）トゥルヌール版の読みに従う。

八五三

原一一〇（四八参照）　ラ五二四（二ノ二三）

〔神父さん、神の戒めは慎みぶかく判断しなければなりません。[1] マルタ島における聖パウロ〕[2]

（1）「神の戒めは慎みぶかく判断すべきこと」（モンテーニュ『エセー』一の三二の題名）
（2）『使徒行伝』二八の一～一〇。

八五四

ボッシュ版二ノ一六ノ一〇

それゆえに、ジェズイットの頑迷はユダヤ人の頑迷以上である。というのは、ユダヤ人がイエス・キリストの無罪を信じることを拒んだのは、彼の奇跡が神から出たかどうかを疑ったからにすぎない。それに反して、ジェズイットはポール・ロワヤルの奇跡が神から出たことを疑いえないにもかかわらず、なおもこの家[*1]の無罪を疑うことをやめないのだ。[*2]

（1）ポール・ロワヤル修道院。
（2）この断章は偽筆として三冊本には省かれており、一冊本でも八五三の付録になっているが、便宜上ここに収録した。

八五五

原一一三（五六四参照）　ラ八三六（二ノ三三）

私の見るところでは、人々は奇跡を信じている。あなたがたは味方に取り入るか敵にさからうかして、宗教をぶちこわしている。あなたがたは自分かってに宗教を処理しているのだ。

八五六

原九三（四九八参照）　ラ九二二（欠）

奇跡について。

神はこの家族をどの家族よりも幸福にしてくださったのであるから、またどの家族よりも感謝に満ちた家族にしてくださるように。*1

（1）これは「聖荊の奇跡」について書いたもので、この奇跡によってパスカル家にもたらされた大きな幸福が、たんなる幸福にとどまらずに、大きな感謝として神のもとにのぼりゆくようにという祈りである。

第十四章　論争的断章

八五七　　原二二九　ラ七五八（二ノ二六）

明るさ。暗さ。

もし真理が見えるしるしを持っていなかったら、それはあまりに暗かったであろう。それが一つの教会、〔人々の〕見える集会のなかに常に保存されてきたということは、驚くべきことである。もしこの教会のなかに一つの説しかなかったならば、それはあまりに明るすぎたであろう。教会のなかに常に存在してきたものは、真理である。なぜなら、真なるものはいつもそこに存在したが、なんらかの偽なるものはいつもは存在しなかったからである。

八五八　　一写四〇三　ラ七七六（二ノ二七）

教会の歴史は、本来、真理の歴史と呼ばれるべきものである。

八五九　＊　原二〇二（一〇参照）　ラ七四三（二ノ二六）

船の沈没しないことが保証されていたら、暴風に吹きまくられる船に乗っているのは愉快である。教会を悩ます迫害も、このたぐいのものだ。

八六〇　原四一六（五一参照）　ラ八八四（二ノ三四）

篤信の多くのしるしに加えて、彼ら[*1]は迫害まで受けた。これは篤信のしるしの最善のものだ。

（1）ジャンセニストのこと。

八六一　原四六一（五八八参照）　ラ八四五（二ノ三三）

教会の良い状態は、神によってのみ支えられているとき。

八六二　原二七五、二七六　ラ七三三（二ノ二六）

教会は、相反する誤りによっていつも攻撃されてきた。しかし、現今のように、同時にされたことはおそらくあるまい。もし誤りが増加することによって、教会がいっそう悩むようになれば、彼女（教会）はそれらの誤りが互いに同士打ちするという有利な立場にたつであろう。

彼女は双方を嘆くけれども、カルヴィニストのほうを、その分離のゆえに、いっそう嘆く。

相反する双方の大多数が欺かれていることは確かである。彼らの迷いを解かなければならない。

信仰は互いに矛盾しているように見える多くの真理を含んでいる。「笑うとき、泣くとき」[*1]等々、〈答えをせよ。答えをするな〉[*2]等々。

――これらの矛盾のみなもとは、イエス・キリストにおける神人両性の結合である。

――また二つの世界、新しい天と新しい地との創造、新しい生命と新しい死、すべてのものは二重であって、しかも同じ名称を持っているのである。

――さらに義人のうちにある二人の人。

彼らは二つの世界であり、イエス・キリストの肢体《したい》と影像とであるから。したがって、あらゆる名称が、彼らに適合する、義人と罪びと、死者と生者、生者と死者、選ばれた者と捨てられた者、等々。

――であるから、信仰と道徳とについて、相容《あいい》れないように見えながら実は一つの驚くべき秩序においてことごとく共存するきわめて多くの真理がある。

――

あらゆる異端は、これらの真理のあるものを除外するところから生じる。

――

また異端者たちがわれわれに対して唱えるすべての抗議は、われわれの真理のあるものを知らないところから生じる。*3

――

そして、普通ありがちなことは、対立する二つの真理の関連を理解しえないで、一方を容認することは他方を除外することであると信じ、一方に固執して他方を排斥し、われわれを彼らに反するものであると考えることである。ところで、排他こそ、彼らの異端の原因であり、われわれが他の真理をも保持しているのを知らないことこそ、彼らの抗議の原因である。

――

第一例。イエス・キリストは神であり、人間である。アリウス派は、これらの二つを両立しがたいものと考えて、一つに結ぶことができず、キリストは人間であると言う。この点においてカトリックである。だが、彼らはキリストの神であることを否定する。この点において、彼らは異端者である。彼らはわれわれを目して、キリストの人間性を否定するものであると主張する。この点において、彼らは無知である。

――第二例。聖体秘跡の問題について、われわれはパンの実質が変化し、実体的変化を行なって、われわれの主《しゆ》の御体《みからだ》の実質となり、イエス・キリストがそこに現実に臨在されるということを信じる。これは一つの真理である。いま一つは、この秘跡が十字架と栄光との表徴であり、両者の記念であるということである。ここにカトリックの信仰があり、それは対立するように見える二つの真理を包含している。

今日の異端は、この秘跡がイエス・キリストの現臨とその表徴とを同時に含むものであり、犠牲であるとともに犠牲の記念であるということを理解せず、同じ理由からこれらの真理の一を容認すれば、他を排除しなければならないと考えるところにある。

彼らは、この秘跡が表徴的であるという一点にのみ、固執する。この点において、彼らは異端者ではない。彼らはわれわれがこの真理を除外していると考え、そこからこのことを肯定する教父たちの章句にもとづいて幾多の抗議を唱える。結局、彼らはキリストの現臨を否定する。この点において、彼らは異端者である。

――第三例。贖宥《しよくゆう》。

そういうわけで、異端を防止する最も手近い方法は、真理の全部を教えることである。

また彼らを反駁《はんばく》する最も確かな方法は、その全部を宣《の》べることである。なぜなら、異端者はなんと言っているか。ある説が教父のものであるかどうかを知るには……

（1）『伝道の書』三の四。
（2）『箴言』二六の四、五。
（3）この考え方は小品『ド・サシ氏との対話』において哲学思想の上に適用されている。

八六三　　一写二二六　ラ四四三（二ノ五）

すべての人はそれぞれ一つの真理を追求すればするほど、いっそう危うい誤りにおちいる。彼らのあやまちは一つの偽りを追求することにあるのではなく、むしろもう一つの真理を追求しないことにある。

八六四　　＊原二〇一（一〇参照）　ラ七三九（二ノ二六）

真理は今の時代には漠然としており、虚偽は確立しているので、人は真理を愛さないかぎり、それを知ることはできないであろう。

八六五　　原二二五（二三参照）　ラ七八六（二ノ二七）

二つの相反する真理[*1]を主張すべきときがあるとしたら、それは一方を除くことが非難されるときである。そうだとしたら、ジェズイットとジャンセニストとが、それらを隠しているのはまちがっている。だが、ジャンセニストのほうがよけいにそうだ。ジェズイットは、それらの双方を多少言明してきたから。

（1）たとえば、イエス・キリストの死は万人のためであるという教理と、選ばれた人のためであるという教理などが、それである。

八六六　　原二二九（三参照）　ラ七五二（二ノ二六）

二種の人々が、祭日と働く日、信者と司祭、両者の犯すあらゆる罪などを、みな等しいと考える。そこから、一方は、司祭に悪いことは、信者にも悪いと結論し、他方は、信者に悪くないことは、司祭にも許されると結論する。

八六七　　原二一四　ラ二八五（二ノ二一）

古代教会が誤りにおちいっていたら、教会は没落していたであろう。教会が今日誤りにおちいったとしても、事情は同じではない。なぜなら、教会は古代教会から受けついだ伝承というすぐれた方針を常に持っているからである。そこで、古代教会へのこのような服従と一致とは、優先していて、すべてのことを矯正する。しかし、古代教会は、われわれが古代教会を思い浮かべたり考えたりするように、将来の教会を思い浮かべたり考えたりはしなかった。

八六八

原一二　ラ五九八（二ノ二四）

むかし教会内で起こったことと現にそこで見られることとを比較する妨げになるのは、聖アタナシウス、聖テレサ、[*1]その他の人々が栄冠をかち得たものとして……神聖なものとして普通見られていることである。時が問題を解決した現在においては、彼らはそのように見える。だが、彼らが迫害されたころは、あの偉大な聖者も、アタナシウスという一人の男であったし、聖テレサも、一人の娘であった。「エリヤは私たちと同じ人間であって、私たちと同じ情に動かされた」と聖ペテロは[*2]言っている。それは聖者の模範を、われわれの状態にふさわしくないものとして捨てさせようとするあの誤った観念から、信者を解き放つために言われたことばである。「彼らは聖者であって、自分らと同じような人ではない」と、われわれは言う。では、当時どういうことが起こったのか。聖アタナシウスはアタナシウスという一人の男であって、多くの罪を着せられ、これこれの会議において、これこれの罪に定められたのである。あらゆる司教たちはそれに同意し、教皇すらついに承認した。それに反対した者は、なんと言われたか。彼らは平和を乱す者だ、分離をかもす者だ、などと言われたのである。

熱心、明知。

四種の人々、知識のない熱心、熱心のない知識、知識も熱心もない、熱心と知識とを持つ。

はじめの三種の人々は彼を罪し、最後の人々は彼をゆるし、教会から破門されながら、なお教会を救う。

（1） 断章四九九の注（1）参照。

（2）「ヤコブ」の誤り。『ヤコブの手紙』五の一七。

八六九　　原一〇九（四八参照）　ラ五一七（二ノ二三）

もし聖アウグスティヌスが今日あらわれて、その弁護者たちと同様に、さして権威を与えられなかったとしたら、彼は何事をもなしえなかったであろう。神がそのむかし権威を与えて彼をつかわされたのは、教会に対するよい取りはからいであった。

八七〇　　＊　原四四二　ラ七〇六（二ノ二五）

つなぐことと解くこと。神は、教会と無関係に、赦罪することをお望みにならなかった。

教会が罪にあずかるように、赦《ゆる》しにもあずかることを、神は望んでおられる。神が教会にこの特権を授けられるのは、王が高等法院にその力を授けるのと同様である。だが、教会が神と無関係に解いたりつないだりすれば、それはもはや教会でないこと、高等法院と同様である。なぜなら、王がある人に赦免を与えた場合、高等法院はそれを確認するのが当然であるが、高等法院が王と無関係に確認するか、王の命令に従って確認するのを拒むかすれば、それはもはや王の高等法院ではなく、反徒の一団だからである。

八七一

原二五一　ラ六〇四（二ノ二四）

教会、教皇。

単一――多数。教会を単一と見なすならば、そのかしらである教皇は全体に相当する。教会を多数と見なすならば、教皇はその一部分にすぎない。教父たちは教会を、ときには前者として、ときには後者として考えた。したがって、教皇について語っていることもまちまちである。

（聖キュプリアヌス、〈神の司祭〉）

しかし、彼らはこれらの二つの真理の一方を設定して、他方を排除しなかった。

単一に帰着しない多数は混乱であり、多数に依存しない単一は圧制である。

――

教会会議が教皇の上に立っていると言われうる国は、フランスぐらいのものである。

八七二　　原一二三（八一五参照）　ラ五六九（二ノ二三）

教皇は首脳者である。ほかのだれが、万人に知られているであろうか。ほかのだれが、いたるところに伸びていく主要な枝をにぎることによって全体に行きわたる力を持ち、万人に認められているであろうか。

それを圧制に下落させるのは、いかにたやすいことだろう。だから、イエス・キリストは、この訓戒を彼らに授けられたのだ。〈あなたがたは、そうであってはならない〉[*1]

（1）『ルカ福音書』二二の二六。

八七三　　原四二七　ラ六七七（二ノ二五）

教皇は、誓約して彼に服従しない学者たちを、憎み、かつ恐れる。

八七四　　原一二三（八一五参照）　ラ五六七（二ノ二三）

教皇とは何であるかを判断するには、ギリシア人がある教会会議で言ったように、重要な基準である教父たちのある言葉によってはならない。むしろ、教会と教父たちとの行動により、また正典によらなければならない。

一と多。〈二または三。[*1] 一つに〉二から一を排除するのは誤りである。多を排除する教皇主義者や、一を排除するユグノーがするように。

（1）『ヨハネ福音書』一〇の三〇。

（2）『ヨハネの第一の手紙』五の七、八。

八七五

原四五三（三〇〇参照）　ラ八六七（二ノ三四）

教皇は、神と伝承とから光を受けることによって、その名誉を傷つけるであろうか。彼をこの聖なる結合から引き離すことこそ、その名誉を傷つけるものではないのか。

八七六

原四三七　ラ七二六（二ノ二五）

教皇。神は、その教会に対する普通の指導のなかでは奇跡を行なわれない。もし一個人のうちに無謬《むびゅう》性があったら、それは一種の奇妙な奇跡であろう。しかし、無謬性は多数のなかにあるというのが、きわめて自然であると思われる。神のこの指導は、彼の他のあらゆる御業《みわざ》のように、自然のもとに隠されている。

八七七

原四二九　ラ七〇八（二ノ二五）

教皇たち。王はその権力を行使する。しかし、教皇はその権力を行使することができない。

八七八 ＊＊ 原一五九 ラ八五（一ノ五）

〈極度の権力は極度の不正である〉[＊1]

——

多数主義は最善の道である。それはあらわであり、服従させる力を持っているから。とはいえ、これは最も無能な人々の意見である。

もしできたら、人は力を正義の手においたであろう。だが、力は可触的特性であって、人の意のままに行使するのを許さないのに反して、正義は人の意のままに処理しうる精神的特性であるので、人は正義を力の手においたのである。そういうわけで、人は守らざるをえないことを正義と呼ぶ。

ここから剣の威力が生じてくる。剣は真の威力を与えるからである。

そうでなかったら、人は暴力と正義とが互いに対立するのを見たであろう（『プロヴァンシアル第十二の手紙』の結び）。

——

ここからフロンドの不正、すなわち、そのいわゆる正義を力に対抗させるということが生じる。

教会においては同様でない。なぜなら、そこには真の正義はあるが、少しの暴力もないからである。

（1）テレンティウス『ヘアウトンティモルメノス』四の四の四七（シャロン『知恵』一の二七の八）

八七九

＊原七三　ラ六七（一ノ三）

不正。

裁判権は、裁く人のためでなく、裁かれる人のために与えられている。――こんなことを民衆に知らせるのは危険である。――だが、民衆はあなたがたを信用しすぎているから、これは彼らの害にならず、あなたがたの役に立つであろう。だから、公表しなければならない。〈私の羊を飼いなさい〉[*1]。〈あなたの〉ではない。あなたがたは私を飼う責任がある。

（1）『ヨハネ福音書』二一の一六。

八八〇

原一〇九（四八参照）　ラ五一六（二ノ二三）

人は確かさを好む。教皇が信仰において無謬であり、いかめしい神学者たちが道徳において無謬であることを好む。自分が確信を得たいために。

八八一　　原四五三（三〇〇参照）　ラ八七四（二ノ三四）

教会は教え、神は霊感を与える。どちらも無謬である。教会の活動は、神の恩恵または断罪の準備をするのに役立つにすぎない。教会のすることは、断罪のためには十分であるが、霊感のためには不十分である。

八八二　　原八五　ラ九一四（欠）

ジェズイットは、教皇を抱き込むたびごとに、全キリスト教徒を誓約にそむかせている。

――教皇は、職掌がらとジェズイットに対する信頼とから、わけなく抱き込まれるし、ジェズイットは、中傷を手段として、彼を抱き込むのがはなはだ得手《えて》である。

八八三　　原四四九（八〇五参照）　ラ八六二（二ノ三四）

私をして宗教の基礎について語ることを余儀なくさせた不幸な人々。

八八四　　原四四九（八〇五参照）　ラ八六四（二ノ三四）

罪びとは悔悛しなくても清められ、義人は愛がなくても義とせられ、すべてのキリスト者はイエス・キリストの恩恵がなくても、神は人間の意志以上の力がなくても、予定には秘義がなくても、贖《あがな》いには確かさがなくてもよいとは。

原四三九　ラ七二五（二ノ二五）

八八四の二

罪びとは悔悛しなくても、義人は愛がなくても、神は人間の意志以上の力がなくても、予定には秘義がなくても。

原二四九（五〇二参照）　ラ六〇二（二ノ二四）

八八五

なろうとさえ思えば司祭になれること、ヤラベアム治下のようである。*1 人々が今日の教会の規律をはなはだ良好であると公言し、それを変更したいと望むのは罪であるとするにいたっては、そら恐ろしい気がする。むかしは、それはたしかに良好であったが、それを変更しても、べつに罪にはならなかった。しかるに、今では、そんなぐあいで、その変更を望むことすらできないのだ。

司祭を任命するにも非常な慎重さをもってしたため、それに値する者がほとんどないほどであった往時の習慣は、それを変更することが許されたのに、それに値しない者をかくも多く任命する今日の習慣を、嘆くことすら許されないのだ。

（1）『列王紀上』一二の三一。

八八六　　　　原一二七　ラ五六三（二ノ二三）

異端者。

エゼキエル。異教徒はみなイスラエルの悪口を言ったし、預言者（エゼキエル）も言った。[*1]しかし、イスラエル人は預言者に向かって、「おまえは異教徒のように語る」という権利は全く持たなかった。むしろ預言者は、異教徒が彼のように語ることに、最大の力を用いたのである。

（1）『エゼキエル書』一六章。

八八七　　　　原四四七（二八五参照）　ラ九〇〇（二ノ三四）

ジャンセニストは道徳の改革において異端者たちに似ている。しかし、あなたがたは悪においで彼らに似ている。

八八八　　　　原三九七　ラ九六一（欠）

王公、預言者、教皇、そして司祭さえも……が、[*1]それにもかかわらず教会は存続するということがわからなければ、あなたがたは預言を知っていないのだ。

神の恩恵によって、われわれはそこまで行ってはいない。そのような司祭たちに災いあれ。しかし、われわれがそこまで行かないように、神があわれみを垂れてくださることを切望する。

聖ペテロ、二章。*2 過去の偽《にせ》預言者たち、将来の表徴。

(1) 堕落するという意味。

(2) 『ペテロの第二の手紙』二章。

八八九

原四一一、四一二　ラ九六五（欠）

……そういうわけで、一方において、聖職の成員でない幾人かの放縦な修道士や腐敗した決疑論者たちが、その堕落にふけっていることが事実であるとすれば、他方において、神のことばの真の受託者である教会の忠実な牧者たちが、そのことばを破壊しようと企てた人々の努力に対して断固としてそれを守ってきたということもまた確実である。であるから、信者たちは彼ら自身の牧者たちの父親のような手によって提供された健全な教理に従うかわりに、この種の決疑論者たちの見なれない手からしか差し出されないなまぬるい道徳に従う口実を、少しも持たないのである。

また不信者や異端者たちも、これらの弊害をもって教会に対する神の摂理の欠如を示すものであると言いふらす理由を持たない。なぜなら、教会は、本来、聖職の全体のうちにあるので、神が教会を堕落のなかに置き去りにされたということは、事態の現状から結論しえられないのみか、神が教会を堕落から明らかに守っておられるということが、今日ほどあらわであることはないのである。

特別な召命により、普通のキリスト者よりも完全な生き方をしようとして出家し、聖衣をまとうことを誓った幾人かの人が、普通のキリスト者からつまはじきされるような迷いにおちいり、かつてのユダヤ人のあいだに現われた偽預言者のようなものに、われわれのあいだでなったとするならば、それは実に嘆かわしい特殊な個人的不幸であるが、しかし、そのことから結論して、神が教会に対して持っておられる配慮を否定することはできない。それというのも、すべてそのようなことはきわめて明白に預言され、そういう誘惑がこの種の人々の側から起こるであろうということは、すでに長いあいだ予告されてきたので、正しく教えられさえすれば、人はこれらのことのうちに、われわれに対する神の忘却のしるしよりも、むしろ神の導きのしるしを見るからである。

八九〇

原四五三（三〇〇参照）　ラ八六八（二ノ三四）

テルトゥリアヌス〈教会は決して改革されないであろう〉

八九一

ゲリエ第二写本　ラ九八六

ジェズイットの教理を誇っている異端者たちに知らせてやりたいのは、〔それが〕教会の教理〔でない〕ということ、またわれわれ（ジャンセニスト）の分離が祭壇からの分離でないということである。

ゲリエ第二写本　ラ九八七

八九二

「もし相違するというので、われわれが罪を定めたとしたら、あなたがたのほうが正しいであろう。多様のない統一は、ほかの人々には無益であり、統一のない多様は、われわれには破滅をもたらす。一は対外的に有害であり、他は対内的に有害である」

原四五五（六六五参照）　ラ八四七（二ノ三三）

八九三

人は真理を示して、それを信じさせることはできる。しかし、聖職者の不正を示して、それを矯正することはできない。偽りを指摘すれば良心は保証されるが、不正を指摘すれば財布は保証されない。

原四二七　ラ六七九（二ノ二五）

八九四

教会を愛するものは、世道人心の腐敗を見て嘆く。しかし、すくなくとも律法は存在する。しかし、これらの手合いは律法を腐敗させ、規範をぶちこわしている。

八九五　　原五一（六参照）　ラ八一三（二ノ二九）

人は良心によって悪をするときほど、十全にまた愉快にそれをすることはない。

八九六　　原四二七　ラ九六七（欠）

教会が破門とか異端とかいうような語をつくったのは、むだである。人はそれらを用いて教会に反抗している。

八九七　　原九七　ラ九三九（欠）

僕《しもべ》は主人のすることを知らない。主人が彼に用事だけを言いつけて、目的を示さないからだ。[*1] そして、これこそ僕が盲目的に従い、しばしば目的にそむくゆえんである。しかし、イエス・キリストは、われわれに目的を示された。[*2] だのに、あなたがたはその目的を破壊している。

（1）『ヨハネ福音書』一五の一五。
（2）『ルカ福音書』一二の四七。

八九八　　＊原四四二　ラ七〇七（二ノ二五）

彼らは永遠性を得ることができなくて、普遍性を求める。そのため自分らを聖徒[*1]にしようとして全教会を堕落させる。

（1）ブランシュヴィック版では、sains（健全）と読んでいるが、ラフュマ版のsaintsに従う。

八九九

一写四〇三　ラ七七五（二ノ二七）

聖書の章句を濫用し、自分の誤りを支えてくれそうに見えるある章句を見いだして得意になる人々に対して。――受難週日曜日、晩禱《ばんとう》の章。王のための祈禱《きとう》。

次のことばの説明、「私の味方でない者は、私に反対する者である」[*1]また次のことば、「あなたがたに反対しない者は、あなたがたの味方である」[*2]ある人は言う、「自分は味方も反対もしない」と。その人にはこう答えなければならない……

（1）『マタイ福音書』一二の三〇。
（2）『マルコ福音書』九の四〇。

九〇〇

＊　原一九　ラ二五一（二ノ一九）

聖書の意味を解明しようとして、その意味を聖書から引き出さない人は、聖書の敵である。（Aug. d. d. ch.）[*1]

（1）アウグスティヌス『キリスト教教理論』の略。

九〇一　　原二〇六　ラ八二五（二ノ三〇）

〈「へりくだる者に恵みを賜《たま》う」[*1]神は彼らにへりくだりを与えられなかったのであろうか〉〈「自分の民は彼を受け入れなかった」[*2]すべて彼を受け入れなかった者は、彼の民でなかったのであろうか〉

（1）『ヤコブの手紙』四の六。

（2）『ヨハネ福音書』一の一一。これらは聖書の真意に反する字義的解釈の例である。

九〇二　　原四〇六　ラ九六二（欠）

フイヤン[*1]は言う、「これは実際そんなに確実でないに相違ない。論争のあるということが不確実の証拠であるから」（聖アタナシウス、聖クリュソストモス、道徳、不信者）

――

ジェズイットは真理を不確実にしなかったが、彼ら自身の不信仰を確実にした。矛盾が常に残されてきたのは、悪人を盲目にするためである。なぜなら、真理または愛にさからうものは、すべて悪であるから。これこそ真の原理である。

（1）聖ロベルトゥスによって創始され、ラ・バリエールによって改革された修道会に属する人々。

九〇二の二

原八五　ラ九一五（欠）

フィヤンの噂《うわさ》について、私は一人の旧友と会談しました。信仰上の事柄を話しているうちに、彼は、私がそれについて多少の意見を持っていること、フィヤンに十分なりうること、特に今のような時代に革新派に反対するものを書けば評判になりうることなどを考えたと申します。

われわれは近来、教皇勅書に署名すべきであるというあなたがたの聖職者総会に反対してきました。

神が私に霊感をお与えになるように、彼が祈ってくれればよいが。

――

「神父さん、署名すべきでしょうか」

九〇三

原二二一　ラ七六九（二ノ二六）

およそこの世の宗教や教派は、自然的理性を指導者としてきた。ただキリスト者だけがその基準を自分の外に求めること、すなわち、イエス・キリストが信者たちに伝えるため古人に残された基準をよく学ぶように強いられてきた。この強制を、これらの善良な神父たちは退屈に思い、ほかの人々と同様に自分の想像力に従う自由を得たがっている。むかし預言者たちがユダヤ人に言ったように、「教会の中へはいって行け。古人が教会に残した教理をよく学び、その細道をたどれ」と、われわれが彼らに叫んでみてもむだである。彼らはユダヤ人のように答えた、「われわれはその道を行かないで、われわれの心の思いに従うであろう」と。また彼らは言った、「われわれはほかの国民のようになるであろう」[*1]と。

(1)『サムエル記上』八の二〇。

九〇四　　原四三七　ラ七二七（二ノ二五）

彼らは例外から規則をつくる。

古人は悔悛の前に赦免を与えた。——それは例外のつもりでやりたまえ。しかし、例外からあなたがたは例外のない規則をつくる。そして、その規則が例外であることを認めようともしない。

九〇五　　＊　原九三（四九八参照）　ラ九二三（二ノ二四）

悔恨のしるしのない告白と赦免とについて。

神は内面のみを見られるが、教会は外面のみによって判断する。神は心のなかに悔悛を認めるやいなや赦される。教会は業のうちにそれを認めて、はじめて赦す。神は内的に純潔な教会をつくり、その内面的なまた全然霊的な清さによって、尊大な賢者やパリサイ人《びと》の内面的不信を当惑させる。教会は外面的道徳のきわめて純潔な人間の集団をつくり、それによって異教徒の道徳を当惑させる。たといそのなかに偽善者らがいても、その毒に気づかれないほど巧みに変装していたら、教会は彼らを大目に見る。なぜなら、彼らは彼らの欺きえない神からは受け入れられなくても、彼らの欺きうる人間からは受け入れられるからである。したがって、教会は彼らの清く見える行為によって、その名誉を傷つけられることはない。ところで、あなたがたは、内面は神のみに属しているという理由で、教会が内面的に判断するのを好まず、また神は内面のみに目をとめられるという理由で、教会が外面的に判断するのをも好まない。そのようにして、教会からあらゆる優秀な人々を取り去り、そのなかに最も不徳な人々と教会の名誉をはなはだしく傷つける人々とを残すことになる。それらは、ユダヤ人の会堂や哲学者の学派も、とるにたらない者どもとして放逐し、不信の徒として嫌悪《けんお》しかねない手合いなのである。

九〇六

一写三七六　ラ六九三（二ノ二五）

この世にならって生きるのに最も容易な状態は、神に従って生きるのに最も困難な状態である。そして、この逆もまた真である。この世にならえば、宗教的生活ほどむずかしいものはない。神に従って生きようとすれば、それほどたやすいものはない。この世にならえば、高い官職や大きな財産を持って生活するほど、たやすいことはない。それらを持っていながら神によって生活し、それらに興味をいだいたり愛好をおぼえたりしないほど、むずかしいことはない。

一写三五二　ラ六〇一（二ノ二四）

九〇七

決疑論者たちは堕落した理性に決断をゆだね、堕落した意志に決断の選択をゆだねて、人間本性のうちにあるすべての堕落しているものを、彼らの行為に参与させようとする。

一写三五二　ラ五九九（二ノ二四）

九〇八

しかし「蓋然論《がいぜん》」が確信をあたえるというのは、「蓋然的」であろうか。心の平安と確信との相違。確信を与えるのは、真理のみである。平安を与えるのは、真理の真剣な追求のみである。

ゲリエ第二写本　ラ九九三

九〇九

彼ら、決疑論者たちの全部を集めても、あやまちを犯した良心に確信を与えることはできない。そして、これが良い指導者を選ぶことの重要であるゆえんである。だから彼らは、彼らの歩いてはならない道を歩いたために、また彼らの聞いてはならない教師に聞いたために、二重のとがめを受けるであろう。

九一〇　＊原四四〇（一二九参照）　ラ六四四（二ノ二五）

あなたが物事をまことしやかに見せるのは、世人の歓心を買うためでなくして何であろう。あなたがたはそれを真実であるとわれわれに思いこませ、決闘の風習がなかったとしても、問題自体を考えれば、人が闘争することはありうることだと、われわれに思いこませようとするのか。

九一一　原四一九　ラ六五九（二ノ二五）

世から悪人どもを絶やすには、彼らを殺すべきであろうか。それは一方だけでなく、双方を悪人にすることだ。〈善をもって悪に勝て〉[＊1]（聖アウグスティヌス）

（1）『ローマ人への手紙』一二の二一。アウグスティヌスの『ローマ人への手紙選釈』に注解されている。

九一二　原四三五（九一二、九一七）　ラ七二〇（二ノ二五）

一般的。

道徳と言語とは、特殊的であるが、一般的な知識である。*1

（1）すべての人は言語を持っているが、それは同じ言語ではない。同様に各人は道徳を持っているが、それは同一の道徳ではない。しかし、それらの背後には一般的法則がある。

九一三　原四二三　ラ六五三（二ノ二五）

蓋然論。だれでも加えることはできるが、だれでも取り去ることはできない。*1

（1）ジェズイットの道徳によれば、人は権威ある指導者の勧告に従って、その行為を律してゆくべきものであった。そこで、そのような勧告によって、人は自己を肯定することはできるが、自己を否定することはできない。そこから道徳的なゆるみが結果したのである。

九一四　原二六七　ラ三六三（一ノ二六）

彼らは邪欲を活動させ、不安を抑制する。むしろ反対にすべきであったろう。

九一五　原四二九　ラ六九二（二ノ二五）

モンタルト。*1

なまぬるい意見は人の気に入ること請けあいで、気に入らないのが不思議なくらいである。そういう意見はあらゆる制限を越えているからだ。そのうえ、真理を見てそれに到達しえない人はたくさんあるが、宗教の純潔がわれわれの堕落に反していることを知らない人は少ない。永遠の報いがエスコバル的*2道徳に与えられるなどというのは、笑止千万である。

(1) パスカルが『プロヴァンシアル』を書いた時に用いた筆名。

(2) スペインのジェズイット。『二十四人のイエズス会士の倫理神学』『大倫理学』などの著者。ジェズイット思想の代弁者の一人として認められ、『プロヴァンシアル』において、パスカルの攻撃の標的にされた。それ以来、彼の名エスコバルは、巧妙な偽善を意味する普通名詞としても用いられるようになった。

九一六

原三四四　ラ九〇六（二ノ三四）

蓋然論。

彼らは真の原理を多少持ってはいるが、それらを濫用する。ところで、真理の濫用は、虚偽の採用と同じく、罰せられるべきものである。

――

あたかも二つの地獄があって、一つは愛にもとる罪びとのため、もう一つは正義にそむく罪びとのためであるかのように。

九一七　　原四三五（九一二参照）　ラ七二一（二ノ二五）

蓋然論。

まことしやかなものが確かであったら、真理を求めた聖徒たちの熱意は無益であったろう。

最も確かなものを絶えず求めた聖徒たちの恐れ。

聖テレサは常にその聴罪師に従った。

九一八　　ボッシュ版増補一一　ラ九八一

「蓋然論」を取り去れ。そうすれば、あなたがたは世人の気に入ることはできないであろう。「蓋然論」を持ち出せ。そうすれば、あなたがたは世人の機嫌をそこなうことはないであろう。

九一八の二　　ペリエ写本一〇二　ラ九八〇

彼らは、教会が言っていないことを、教会は言っていると言い、教会が言っていることを、教会は言っていないと言う。

九一八の三　　ペリエ写本一〇三　ラ九八二

われわれは多様から一致をつくりだした。なぜなら、われわれはみな一致したという点で、みな一致しているからである。

九一九　　二写四六八　ラ九七三

貴人がへつらわれることを望んだのも、ジェズイットが貴人からひいきされることを望んだのも、民衆とジェズイットとの罪の結果である。両者の一方は欺くために、他方は欺かれるために、どちらも偽りの霊にわたされるに値していた。彼らは強欲で、野心的で、享楽的であった。〈教師を増し加え〉[*1]そのような教師たちにふさわしい弟子《でし》たちとして、彼らはへつらう者を求め、それを見いだしたのである。

（1）『テモテへの第二の手紙』四の三。

九二〇　　原九九（五四〇参照）　ラ九一六（欠）

もし彼らが蓋然論を捨てなければ、彼らの良い格率も、悪い格率と同様に、あまり神聖ではなくなる。それらは人間的権威の上にうち建てられているからだ。したがって、それらがいっそう正しければ、それだけいっそう合理的にはなろうが、決して神聖にはならない。それらは自分を接《つ》ぎ木《き》した野生の幹にそっくりである。

――私の言うことは、あなたがたを啓蒙《けいもう》するには役立たないとしても、民衆には役立つであろう。[*1]

――もしこれらのものが黙ったら、石が語るであろう。[*2]

――沈黙は最大の迫害である。聖徒たちは決して沈黙しなかった。神の召命が必要であることは事実であるが、人が果たして召されているかどうかを知らせてくれるのは、会議の裁定ではなく、語らずにはいられないことである。ところで、ローマ（教皇）がすでに言明し、彼が真理を有罪に決したことがわかり、それが記録され、それを反駁した書物が非難された今となっては、不当な非難をこうむればこうむるほど、また強暴な言論の圧迫を受ければ受けるほど、われわれはますます高く叫ばずにはいられない。そのうちに一人の教皇が現われて、双方の主張を聴き、故事に徴して正当な判定を下すであろう。それまで善良な教皇たちは、教会が叫びつづけるのを聞くであろう。

――宗教裁判とジェズイット教団、真理の二つの妨害物。

――なぜあなたがたは、彼らをアリウス主義として非難しないのだ。彼らはイエス・キリストを神だと言うが、おそらく本質的にそう解しているのではなく、〈あなたがたは神だ〉[*3]という意味に解しているかもしれないではないか。

――もし私の手紙が[*4]ローマで有罪になるならば、私がそのなかで有罪としていることは、天上において有罪になる。

――〈あなたの法廷に、主イエスよ、私は上訴します〉

――あなたがたのほうが堕落している。

――私は自分が有罪になったと知ったとき、自分がまちがったことを書いたのではないかと心配した。しかし、幾多の信仰文書の例が、そうでないことを私に信じさせてくれる。正しく書きしるすことは、もう許されないのだ。

――それほど宗教裁判は、堕落した無知なものだ。

――

「人間に従うよりは、神に従うべきである」[*5]

――

私は何も恐れない。何も望まない。[*6] 司教たちはそうではない。ポール・ロワヤルは恐れている。だから、彼らを散らすのはまずい政策である。[*7] なぜなら、彼らはもはや恐れなくなり、恐れさせる者になるからである。

私はあなたがたの個人的な非難も、[*8] それらが伝承にもとづいていないかぎり、べつに恐れない。

――

あなたがたは全部を非難するのか。なんだと。私の敬意をもか。そうではあるまい。では、何を非難するのか、言いたまえ。もし悪い点とそれがなぜ悪いかとを指摘できなければ、何もしたもうな。――ところが、これが彼らにはできにくいことなのだ。

蓋然論。

彼らは確かさというものをおかしなふうに説明した。というのは、すべて自分らの道は確かであるときめておきながら、彼らはそれを行けば何の危険もなく、必ず天国に行ける道を確かだとは言わずに、自分らの道からそれる危険のない道を確かだと言ったからである。

（1）民衆はジェズイットとジャンセニストとの論争の審判者の位置にあったから。
（2）『ルカ福音書』一九の四〇。この場合「これらのもの」とはポール・ロワヤルの著者たちをさす。
（3）『詩篇』八二の六。このことばは一般の人が神であることを言ったもので、キリストが神であるという場合のような特殊な意味を持つものではない。したがって悪意をもってすれば、キリストは神であると主張する人々をも、前者の意味で言っているものと解し、異端呼ばわりをすることができるというのである。
（4）『プロヴァンシアル』のこと。
（5）『使徒行伝』五の二九。
（6）『プロヴァンシアル第十七の手紙』参照。
（7）隠士団の解散、「小さい学校」の閉鎖などを意味する。それはすでに行なわれはじめていた。
（8）いろいろの読み方がある。いずれにせよ疑わしい読み方である。

九二一

原三九八　ラ九六〇（欠）

……聖徒たちは、自分らが罪びとであるのを知るのに細心であって、自分らの善《よ》い行ないをも糾弾《きゅうだん》する。ところが、これらの連中は、最大の悪人をも放免しようとして細心である。

外観は同様に美しいが、悪い基礎を持った建物を、異教の賢者たちは建てた。そして悪魔は、全く異なる基礎の上に建っていながら、しかも類似するその外観によって、人を欺く。

――かつて何びとも私ほど正しい立場を持った者はなく、またかつて何びともあなたがたほどよい獲物《えもの》を与えてくれた者はない。

――彼らは、私の個人的な弱さを指摘すればするほど、私の立場を強化してくれる。

――私を異端者であると、あなたがたは言う。そのようなことが許されようか。あなたがたは人間が正しい審判をするのを恐れないとしても、神が正しい審判をされるのを恐れないのか。

――あなたがたもやがて真理の力を悟り、それに服するであろう……

――そのような盲目には、なにか異常なものがある。〈受くべき定め〉*1

〈あつかましい虚偽……〉

――

〈人はその悟りに従ってほめられる……〉[*2]

――

偽りの敬虔《けいけん》、二重の罪。

――

私は三万人に対する一人なのか。いな。あなたがたは宮廷を守れ。あなたがたは欺瞞《ぎまん》を守れ。私は真理を守ろう。それが私の力のすべてだ。もし私が真理を失ったら、私は滅びる。私には非難と迫害とが絶えないだろう。だが、私は真理を持っている。どちらが勝利者になるかはやがてわかるだろう。

私は宗教を擁護する資格はないが、あなたがたも誤りと不正とを擁護する資格はない。どうか神が、そのあわれみによって、私の内にある悪を見そなわさず、あなたがたの内にある善を見そなわし、われわれのすべてに恵みを垂れてくださることによって、真理が私の手で敗れず、虚偽が……

(1) 旧約外典『ソロモンの知恵』一九の四。
(2)『箴言』一二の八。

九二二　　原四三五　ラ七二二（二ノ二五）

われわれの愛好するものを比べ合うことによって、われわれが神を真剣に求めているかどうかを調べてみようではないか。

私がこの肉を食べても中毒しないことは〈確からしい〉。

私が請願をしないでも訴訟に負けないことは〈確からしい〉。

蓋然。

九二三　　原四三五　ラ七一三（二ノ二五）

悔悛の秘跡によって罪を赦すだけが、赦免ではない。悔悟もまた赦す。悔悟が秘跡を求めるのでなければ、真実ではない。

九二四　　＊＊　原三四四（五五参照）　ラ九〇九（二ノ三四）

約束を守らず、信仰を持たず、名誉を重んぜず、真理を持たず、二心であり、二枚舌であり、かつてあなたがたに非難された寓話《ぐうわ》のなかのあの両棲《りょうせい》動物のように、魚と鳥とのあいだで曖昧《あいまい》な位置を占めている人々……

王や諸公は敬虔の誉れを得ることがたいせつである。そのため彼らはあなたがたに告解をする必要があるのだ。*1

（1）断章九二一から九二四まで、およびそれ以後のものについては一冊本と三冊本とのあいだにかなりの相違があるが、いずれも『プロヴァンシアル』のためのきわめて断片的な覚え書なので、簡明な一冊本のほうをとることにした。

巻末エッセイ

パスカルの「パンセ」について

小林秀雄

サント・ブウヴがナポレオンのメモワルを論じた文の中で、ナポレオンの命令や書簡の文体は、パスカルの「パンセ」の文体に酷似していると書いている。「両者とも、言葉は、コムパスの尖端《せんたん》で彫りつけられ、而《しか》も、想像力も、まさしく欠けていない」(Causeries du Lundi. I.)。僕は、この大批評家の勘を信じたい。パスカルにとって考えるという事は、勝つか負けるかという事であった。

人間は考える葦《あし》だ、という言葉は、あまり有名になり過ぎた。気の利《き》いた洒落《しゃれ》だと思ったからである。或《あ》る者は、人間は考えるが、自然の力の前では葦の様に弱いものだ、という意味にとった。或る者は、人間は、自然の威力には葦の様に一とたまりもないものだが、考える力がある、と受取った。どちらにしても洒落を出ない。

パスカルは、人間は恰《あたか》も脆弱《ぜいじゃく》な葦が考える様に考えねばならぬと言ったのである。人間に考えるという能力があるお蔭《かげ》で、人間が葦でなくなる筈《はず》はない。従って、考えを進めて行くにつれて、人間がだんだん葦でなくなって来る様な気がしてくる、そういう考え方は、全く不正であり、愚鈍である、パスカルはそう言ったのだ。そう受取られていさえすれば、あんなに有名な言葉となるのは難かしかったであろう。

クレオパトラの鼻が、もう少し低かったら、云々《うんぬん》という言葉も有名になった。この気難かしい思想家も、時には奇智を弄《ろう》する術《すべ》を心得ているのを見て、人々は安心した。歴史の必然には、偶然というものが、時に薬味の様に混っていると、巧みな言葉で、注意される事は、悪くはなかったのである。

だが、これも亦《また》「コムパスの尖端で彫られた」彼の肺腑《はいふ》の言であって、ironie めいた意味は全くない。若《も》し、そうだとすれば、どういう事になったか。やはり、この言葉は有名になり損ったであろう。実は、パスカルには、歴史の必然性を云々する世の常識そのものが、自ら知らぬ巨《おお》きな ironie と見えていたに違いないのである。

世人は、ironiste というものを誤解している。ironiste は idéaliste や romanticist から遠いと思っているが、実は、健全で聡明な人からが一番遠いのだ。ironiste の味《あじわ》っている満足というものは、考えてみるとまことに不思議なものだ。彼は、自分の ironie が、大多数の人々に通じない事が得意である。併《しか》し、通じる人が、又、あまり少数だと困った事になる。何故かと言うと、彼は、いつも恰好《かっこう》な話相手に取巻かれている必要があるから。彼の頭は元来、俳優の様にしか働かないのだから、観客がだんだん減って、鏡の前で独り演技しなければならなくなれば、こんな閉口な事はない。

「パンセ」の冒頭で、パスカルが l'esprit de géométrie と l'esprit de finesse との相違を語っている事は、誰も知っている。両者の秩序がどういう風に異っているかを説かれて、成る程と合点しないものはないのだが、両者の相違を云々する l'sprit de Pascal は説明していないというところが肝腎《かんじん》なのである。

パスカルは、両者の性質の区別なぞを読者に解って貰いたいのではない。彼は難かしい忠告をしているのだ。感じたところから推論するのはいいが、推論したところが感じられる様に工夫して見給えと忠告しているのだ。そう思わないと、彼が、もっと先《さ》きで次の様に言うところが解らない。

「自分は、長い年月を、数学の研究に費した。――人間の研究を始めた時、数学が人間に適していない事に気付いて、数学を知らない人々より、数学に深入りした私の方が、遥かに自分の状態について迷っている事を覚《さと》った」

パスカルは、人間の研究を、モンテエニュから学んだと言われる。剽窃《ひょうせつ》したとさえ言われている。詰《つま》らない事である。二人はまるで違った人間だ。モンテエニュは、今だに剽窃されている。現代の ironiste 達は、みんな彼の悪い弟子だ。

モンテエニュは、凡《すべ》てを充分に疑ったが、よく磨きのかかった自意識だけは、信じもし愛しもした。そして、彼にとって、自己とはそれ以上でも以下でもないと言える様な態度を巧みにとった。つまり、後世の自尊心が、拙劣に模倣し易い事をして置いた。

パスカルはまるで違う。モンテエニュに対して彼の洩《もら》した嘲笑を瞥見《べっけん》すれば足りる。「己れを語ろうとは何《な》んという愚劣な企《たくらみ》だ。ふとした事で、お目出度《めでた》さから馬鹿な事を言うのは、あり勝ちな病気だが、計画的に馬鹿な事を言うとは我慢ならぬ事である」

パスカルの「自分」というものに就いての考えは、凡《およ》そ単純で徹底していて哲学も文学も這入《はい》り込む余地がないという風に見える。「パンセ」のなかに「『自分』とは何か」という見出しの付いた短文があるが、僕は、「パンセ」の中でも名文だと思っている。ああいう単純で深い味いを持った文章は、僕を本当に驚かす。

パスカルは、「自分」という様なものは、人間の美貌《びぼう》にも才能にもない、肉体のなかにも魂のなかにもない所以《ゆえん》を簡明直截《ちょくせつ》に分析して見せて、突然、次の様な結論に飛び移る。「だから、ただ官位や職務の故に尊敬されている人々も軽蔑してはいけない。総じて人が他人を愛するのは、相手にいろいろ借り物の性質があればこそだ」。結論まで来たら読者は冒頭の文句に戻るがよい。「或る人が窓に凭《もた》れて通行人を眺めている。私がそこを通りかかる。彼は私を見るために、其処《そこ》にいるのだと言えるだろうか。否《いな》」

附言して置くが、或る人も、往来も、窓も、君の外部にばかりあるとは限らない。「偶然が思想を喚《よ》び起し、又、偶然が、それを取去る。思想を持ち続ける術もなければ、思想を獲得する術もない」。尤《もっと》もな事だ、と人は言う。「パンセ」を書いていた当時のパスカルが、どんな健康状態にあったかは誰でも知っているところである、と。彼は、もう、切れ切れにしか思索する事が出来なかった、という考えが、「パンセ」の読者に付き纏《まと》う。つまり、あの書かれずに終った「アポロジイ」が、若し書かれていたらという空想から逃れ難いのである。パスカルの悲痛な表情、そんなものが、「パンセ」の文体にまざまざと見えたりする。空想のなせる業《わざ》である事には気が付かぬ。有名な彼のデッス・マスクが空想家達に沢山の嘘を語る。

「神経病は、足元に深淵《しんえん》が口を開けている様を、彼に屡々《しばしば》見せたと言う。歯痛の苦しみをまぎらわす為に、彼はサイクロイドの難題を解いたと言う。伝説を信ずるなら、後の方の伝説を信ずるがよい。そうすれば、先きの文章の裏側で彼の剛毅《ごうき》な心が、こう断言してい るのが聞えるだろう。「人間が持ち続ける術を知っているものは、思想ではない、記憶に過ぎぬ。獲得出来るものは、知識であって、思想ではない」と。

「パンセ」は未完成ではない。一体何に対して未完成なのか。

「パンセ」のうちにばら撒《ま》かれたアフォリスム、そんなものはない。モンテエニュの言い廻しやピロニアンの論証を、どんなに自在に操ってみても、彼には、アフォリスムという様な形式を作る事が出来ない。彼の天稟《てんぴん》はそういう形式を、いや、あらゆる形式を乗り超えて了《しま》う様に見える。適当な言葉が精神を捕えたり、精神が巧みに言葉を捕えたりする様な事は、パスカルにはないらしい。精神が到る処で言葉に衝突する、而も彼は平気で進んで行く。パスカルの文体は、彼の死後に出来たものだ。恰《あたか》もナポレオンの行動が消え去った後に、ナポレオンの文体が現れた様に。

パスカルは、まるで賭《か》ける様に書く。衝動と分析力とが見事に一致したニイチェの様な否定の達人も、パスカルの様には烈《はげ》しくない。あらゆるディアレクティックを否定しようとして、屢々まことに精緻《せいち》なディアレクティックを書いて了うし、つまらぬアフォリスムもばらまく。

「人間とは、一体、何んという怪物であるか。何んという珍奇、妖怪、混沌《こんとん》、何んという矛盾の主、何んという驚異か。万物の審判者にして愚鈍なる蚯蚓《みみず》。真理の受託者にして曖《あい》昧《まい》と誤謬《ごびゅう》の泥溝。宇宙の栄光にして廃物。誰がこの縺《もつ》れを解くだろうか」

言う迄《まで》もなく、これが「パンセ」の主題だが、パスカルの音楽は主題だけで出来ている。縺れがいよいよ解き難いものとなる様に、そういう様に考えて行く事。縺れが次第に解けて行く様に考えるやり方は、サイクロイドによいだろうが、怪物には駄目である。考えれば考えるほど解らなくなる様な考え方、これはパスカルの採用した断乎《だんこ》たる方法であり、彼はこれを“chercher en gémissant”と名付けた。en gémissant とは文学的な形容ではない。

ヴォルテエルもクウザンも「パンセ」を文学者流に読んで誤ったのである。パスカルは、「人間嫌い」になるほど感傷的ではないし、「悩める魂」と呼ばれる様な浪漫派でもない。「無用にして不確実なるデカルト」。これはパスカルの独白である。「あらゆる哲学は、一時間の労にも値せぬ」。彼は、そう屢々自分に言い聞かす必要があった。凡てを説明しようが為の認識の修練、この誘惑は、彼の様な明敏な精神には大変強いものだったから。「無限に比べれば虚無、虚無に比べれば一切、無と一切との中間物」、「僕等は何も確実には知り得ないが、又、全く無智でもあり得ない。僕等は、渺茫《びょうぼう》たる中間に漂っている」。これが、パスカルの見た疑い様のない「人間の真実な状態」であり、人生はそういうシステムとして理解されなければ、それは誤解であり、そういう実在として知覚されなければ、錯覚である。僕は、パスカルを独断家とも懐疑派とも思わない。彼は、及び難く正直であり大胆であるに過ぎない。

現代のフランスの哲学者や文学者は、“Les conditions humaines”という言葉を好んで口にしたがるが、それは、彼等がもうパスカルの様に“Voilà notre état véritable.”と言う大胆さも正直さも失って了ったからである。人間の唯一つの現に在る etat が見えて了った人には、人間が人間である様々な conditions を数え上げる事は無意味であった。

「彼が、己れを高くしたら、僕は、彼を卑下させる。自ら卑下したら、高めてやる。彼が、己れを不可解な怪物と認めるまで、いつでも彼に抗言してやる」

こういう言葉が、パラドックスと映る精神が、そもそも倒錯した精神ではないのか。精神の努力は、いつも謎から解決の方に向う、解らぬものが、はっきり解る様になる、そういう向きに進むもので、その逆ではないと誰が決めたのか、この疑いは自然であり、少しも不具なものではないから。

解決がついたという事は、眠りについたという事である。覚めていたければ疑う事を止《や》めてはならぬ。「パンセ」のなかで、パスカルが、あんなに屢々ピロニスムについて語っているのも尤もな事である。「ピロニスムに光栄あれ」と彼は言う。処《ところ》が、彼は又こう言うのだ、「謙遜《けんそん》について謙虚に語る人は少く、貞節について純潔に語る人は少く、ピロニスムについて懐疑的に語る人は少い」。

「懐疑派にならずに、疑う事、そういう難かしい事をやった人間というものを心に描いて読めば、彼の次の様な何気ない言葉にも、分析と意志との筋金が這入っていると気が付くであろう。

「思想を書きとめようとする、思想は屢々逃げ去って了う。だが、この事は、僕に、忘れて許《ばか》りいる自分の弱さを考えさせる。又、その事は、忘れ去った思想と同じ様に、僕には教訓になる。何故かというと、私がひたすら心掛けているのは、自分の空《むな》しさを知る事だからである」

人々は、有名な「賭」について、その論証の独創性を云々する。独創性なぞ詰らぬ事だし、彼は、論証に成功してもいない。注意して読めば、彼の「賭」は、彼の祈りの様にも見え、嘲罵《ちょうば》の様にも受取れるが、ともかく決して論証ではない事は解るのである。

彼は、相手に賭けねばならぬ、と言う。何故賭けねばならぬかは言わない。そして、神は在る、の方へ賭けるのが、合理的である所以《ゆえん》を論証する。併《しか》し、先《ま》ず賭けるか賭けないかが問題であり、いくら儲《もう》かる事をはっきり悟らせても、賭けぬものは賭けぬ、と彼はよく承知している。相手は理性という財布の口を締めている。彼は、からかっているのである。終《しま》いの方を読めば読者は成る程と思うだろう。

左に忠実に訳して置く。

「『彼等（信仰ある者）のやったいろはを手本にするんだね。つまり、聖水を受けたり、弥撒《ミサ》を上げて貰ったり何や彼や、まるで信仰はもう得られたといった風に、万事をやる、あいうやり方をやってみ給え。そうやっているうちに自然に君は信ずる様になるよ、間抜けになるよ』――『いや、そこだよ、困るのは』――『そりゃ、又、何故だい、損する金もない癖に』」

賭けるか賭けないかも賭けねばならぬ。因《ちな》みに、「間抜けになる」という言葉を、ポオル・ロワイヤルの「パンセ」編纂《へんさん》者は驚いて削った。ヴィクトル・クウザンが、驚いて元通りにし、「間抜けになる――それは半可通な学者の貧しい智慧《ちえ》では近づき難い最高の真理に到達する為に、子供に還る事だ」という間抜けな註を付した。

「ピロニスムに就いて懐疑的に語る人は少い」と言った人が、子供に就いて天真に語る人は少い事を知らなかった筈《はず》はない。「一方の極端まで達したところで何も偉い事はない、同時に両極端に触れて、その間を満たさなければ」。彼は、そういう風に生き、そういう風に考え、そういう風に書いた。そして書き方についてこう書いた、「僕は、ここに自分の思想を無秩序に、だが、恐らく意図のない混乱の形ではなく書こうと思う。これが真の秩序である」。

「パンセ」は、そういう秩序で書かれた。そこで人生の謎の結び目は、誰の手にも解き難いものと見える様にあらゆる工夫がなされている。読者はアレキサンダアの剣は、神の手にある事を合点する。

だが、これはパスカルに言わせれば、彼の独創ではない。「聖書の正典の著者達が、神を証明するために自然を用いなかったのは、驚くべき事柄である。彼等は凡て、神を信じさせるように仕向けたのである。ダビデ、ソロモン、その他の人々は『世に真空はない、故に神は存在する』というような事は言わなかった」

彼も亦《また》仕向けたのである、効果なぞ少しも期待せずに。最初に信じなかったものが、あの様に疑えた筈があろうか。

神が現れた。ここで、僕は「パンセ」の中で一番奥の方にある思想に出会う。

「人は、神が或る人々は盲にし、或る人々の眼は開けたという事を、原則として認めない限り、神の業《わざ》について何事も解らぬ」

その通りである。僕等は、そういう神しか信ずる事が出来ないからだ。盲であろうが、目明きであろうが、努力しようが、努力しまいが、厳然として、僕等に君臨する様な真理を、僕等は理解する事は出来るが、信ずる事は出来ないからだ。何故なら、それは半真理に過ぎないとパスカルは考えたからである。

（初出『文學界』一九四一年八月号）

解説

ブレーズ・パスカルは、一六二三年、フランス中部山岳地方の都市クレルモンに生れた。同地で裁判官であった父は、一六三一年職を譲ってパリに上り、子供の教育に専心した。ブレーズは学校に一度も行ったことがなく、優れた科学者であった父だけによって教えられたのである。早くから驚くべき科学上の天分を示し、既に十六歳の時に、当時の数学の先端を行く円錐曲線論を著わした。十九歳で計算機を発明し、二十三歳の時から真空に関する実験と研究を行ない、その後数年の間に、いわゆるパスカルの定理を初め幾多の物理学上の偉業を完成した。

他面、二十三歳の頃より、ポール・ロワヤル派の厳格なキリスト教に心を惹かれた。一六五一年に父が死んでから後二、三年の間は、信仰が幾分冷却し、モンテーニュを愛読し、社交界にも出入りする、いわゆる「世俗時代」を送るが、一六五四年十一月二十三日の夜の深い宗教的体験以来、熱烈な信仰生活に入った。この体験の記録は、死後発見された「メモリアル」とよばれる文書に残されている。「エピクテートスとモンテーニュとに関するサシとの対話」はこのいわゆる「決定的回心」直後の記録である。一六五二年から一年あまりの間は、ジャンセニウスの教えを奉じるポール・ロワヤル派と、教権と国権とを笠に着ていたイエズス会との論争の渦中に身を投じ、ポール・ロワヤル派のために強圧に抗して一連の『プロヴァンシアル』書簡（＝田舎人への手紙）を記した。その後は、激しい歯痛を忘れるために、サイクロイドの求積の問題を考えてそれを解決するという挿話もあるが、主力をキリスト教弁証論の著述に注いだ。しかし晩年は激しい病の連続で、遂にその弁証論の完成を見ないうちに、一六六二年三十九歳の若さで他界した。『パンセ』はこの未完成のキリスト教弁証論のための下書きや覚え書や資料を中心とする遺稿集である。

パスカルの伝記を記した姉ジルベルト・ペリエによると、パスカルがキリスト教弁証論の作成を思い立ったのは、『プロヴァンシアル』第五と第六の手紙の間にあたる、一六五六年三月二十四日に起こった、いわゆる「聖荊の奇跡」がもとである。これは、ながらく重い涙腺炎をわずらっていたジルベルトの娘マルグリット（当時十歳）がキリストの荊の冠の一部と信じられていた聖荊に触れることによって、たちまちに全快したという奇跡である。これは迫害のただなかにあったポール・ロワヤルの関係者を喜ばせ、ことに近親であるブレーズにとっては、自分らの戦いに神が味方された証拠であると感じられ、大いに力づけられた。そして、ただ教会内部の戦いばかりでなく、神を疑っている外部の人たちを信仰に引き入れるためにも働こうという決心をしたのである。

こうした決心の背景にあるものを眺めると、ルネサンスや宗教戦争を経た当時のフランスは、全体としては、キリスト教、ことにカトリック教の権威はゆるぎなく、無神論はもちろん、少しでも正統をはずれれば異端として糾弾される有様であった。しかし底流としては、伝統的な教えに対する疑いの材料にはこと欠かなかったのである。パスカルが世俗時代に親しく交わった友人たちの間には、自然観の大変革や、モンテーニュの「レーモン・スボンの弁護」の中で展開された懐疑論の影響もあり、伝統的信仰に懐疑的になっている者が少なくないことを、パスカル自身よく知っていた。彼らとの交わりにあきたらず、自分自身の信仰の危機をついに乗り越えてきたパスカルが、その経験を生かして、そういう疑いに心を動かされている人たちに語りかけようと思い立ったのである。

そこで、『プロヴァンシアル』書簡の執筆を終えた一六五八年には、ポール・ロワヤル派の友人たちを前に、そのキリスト教弁証論の大綱を講演し、列席者の覚え書も残っている。その後は、病が激しくなったので速度はおとろえたが、死ぬまで引きつづき準備にかかっていたのである。病苦のため、断章の全体または一部を口述したこともよくあった。

パスカルの死の直後、近親や友人たちが、かねてからその完成が待たれていたキリスト教弁証論がどうなっているかに、大きな関心を抱いたのは、当然である。『パンセ』初版の序文によると、その資料とおぼしきものは「みないっしょに、さまざまの束に綴じてあるのが見出されたが、それにはなんの秩序も、なんのつながりもなかった」のであって、「最初に行なわれたことは、それをあるがままに、発見された時と同じ混乱のままに写し取らせることであった」というのである。

そして清書したものを検討したところ、あまりに未完成なので、一時出版を断念した由である。事実、初版が出たのは、パスカルの死後七、八年も経った後である。一六六九年に内輪の試し刷りができ上り、翌七〇年に初版（小型一冊本）が市販された。初版の正確な書名は、『死後遺稿のうちから見出された、宗教その他若干の問題についてのパスカル氏の思想《パンセ》』というのであった、編者の名はないが、これがポール・ロワヤル版と呼ばれるものである。

ポール・ロワヤル版は、その後一回増補が行なわれ、十八世紀になってからも二、三の版で若干の新しい断章が紹介されたが、その数は多くなく、十九世紀に入るまでは、ポール・ロワヤル版で紹介されたものが、『パンセ』の主体であった。

ところが一八四二年になって、哲学者のヴィクトール・クーザンが、それまでの諸版と『パンセ』原稿との間には、量の上からも、内容の上からも驚くほどの違いがあることを指摘し、その結果、原稿に忠実な版が一八四四年に初めて、フォジェールの手によって公刊された。それから後は、原稿にのっとった版が、次々にさまざまな形で刊行されて行ったが、ついに一八九七年のブランシュヴィック版が、その後の読者の圧倒的多数をさらうようになった。本書の配列も、それによっているので、その配列の原理を簡単に説明する。

かりに古代の建築の遺跡が発掘された場合、もしもその各部分の位置が原形に近いままであるか、あるいは設計図が分っている場合には問題ないが、そうでない場合には、多くの博物館で行なわれているように、屋根は屋根、柱は柱というふうに、発掘された部分を種類別に分類して並べてみせるのが最も合理的であろう。そういう見地から、ブランシュヴィック版では十四の章に、同種の内容をそれぞれ分属させたのであって、十四の題目の選択と配列や内容の順序なども編者の責任なのである。

この版が、現在でもなお最も広く読まれている一つの理由は、この版で読むのが、少なくとも初めて『パンセ』を読む者にとっては、最もとっつき易いからなのである。ただ、この版の大きな欠点は、こうした内容別に分類してあるために、パスカルが同じ紙の上に記したものでも、時にはいくつかに切り離されて別のところに入れられていることである。その欠点を補う意味で、本書では、それぞれの断章番号の下に、原稿綴りのページ数と、その次の括弧内にどの断章がその断章と同じ紙の上に書かれてあるのかを付記した。

なお、第二次大戦直前にトゥルノール、戦後クーシューとラフュマによって唱えられた第一写本優先説によれば、上述のポール・ロワヤル版にある「発見された時と同じ混乱のままに写し取ら」せたものを、この写本が伝えているというのである。しかしこの配列では全体の半分以下の第一部だけは順序立った分類であるが、残りの第二部は乱雑そのものなので、研究上には役立っても、一般読者には必ずしも適当でない。本書では、参考のため、各断章番号の下に、この配列によったラフュマ版の番号と、その次の括弧内に第一写本の分類番号を掲げた。

初めて『パンセ』を読むには、本書の配列によって初めから読んで行けば、前半には特別の予備知識を必要としないものが多く並んでいる。ことに大部分がそれぞれ独立している短い断章であるから、わからないところは飛ばしても、その先の理解に差し支えることが少ないのが『パンセ』の強みの一つである。この前半でパスカルは、「神なき人間」の描写、即ち生来の人間の描写を行ない、人間の悲惨と偉大の両面をこもごも指摘し、「考える葦」の本質的矛盾を明らかにしている。そしてこのような人間性の矛盾に真の解決を与え、その矛盾の原因である罪よりの解放により「神と偕なる人間の至福」に導くものは、キリスト教に他ならないと結論した。こうした心理的弁証を中心とする前半における人間性の鋭い分析は、パスカルの比類のない誠実さと、読む者に突如として人間性の深淵の前に自分を見出させる力をもった驚くべき表現力と相まって、今でもなお、パスカルの結論に服さない者をも含む無数の人々の心をゆさぶり続けているのである。

後半は主としてキリスト教の歴史的弁証に関するもので、予備知識のない読者には理解しにくいこともあると思われるが、拾い読みを続けて行けば、必ず得るところがあろう。なかでも断章五五三の「イエスの秘義」、七九三の「三つの秩序」などはパスカルの思想の根本を示しているもので、見過すことのできないものである。

『パンセ』のテキストは、前田の担当した断章四四〇までは、原稿綴り、またそれにない場合は、第一、第二写本のそれぞれの写真版に直接準拠した。由木担当の断章四四一以後は、トゥルノール版やラフュマ版を参照しつつ、主としてブランシュヴィック版によった。

前田陽一

年譜

一六二三年　元和九年

六月十九日、ブレーズ・パスカル Blaise Pascal は、オーヴェルニュ州クレルモン（現在のピュイ・ド・ドーム県クレルモン＝フェラン市）のグラン・グラ街で、クレルモン地区徴税官エティエンヌ・パスカル（一五八八～一六五一、のちにモンフェラン租税院副院長）とアントワネット・ベゴン（一五九六～一六二六）の長男として生まれる。姉としてジルベルト（一六二〇～八七）。二十七日、出生地のサン・ピエール教会で洗礼を受ける。

一六二四年　寛永元年　一歳

リシュリュー、宰相になる。

一六二五年　寛永二年　二歳

十月五日、妹ジャクリーヌ（～一六六一）生まれる。

一六二六年　寛永三年　三歳

母アントワネット・ベゴン没。フランシス・ベーコン没。

一六三一年　寛永八年　八歳

十一月、エティエンヌ・パスカルは、子供たちを伴いクレルモンを去り、パリのジュイフ街に移住、自然学研究と子供たちの教育に専念しはじめる。官職からは次第に身を引き、一六三四年には弟ブレーズにモンフェラン租税院副院長の職を売る。

一六三二年　寛永九年　九歳

一月一日、サン・ジャン・アン・グレーヴ教区ティクスランドリ街に定住。

一六三四年　寛永十一年　十一歳

四月六日、サン・シュルピス教区ヌーヴ・サン・ランベール街（現在のコンデ街）に転居。パスカル家とサント夫人一家、ジャック・ル・パイユールとの交際がはじまる。この年齢のころ、音響について実験観察の結果を小論にまとめたといわれる。

一六三五年　寛永十二年　十二歳

六月二十五日、サン・メリ教区ブリズミシュ街へ転居。パスカル家は、ロアネーズ家の近親者の隣人となる。姉ジルベルトの『パスカル伝』によれば、このころブレーズは子供部屋の床の上に「棒」や「丸」を描いてユークリッドの定理第三十二（三角形の内角の和は二直角に等しい）の証明法を独力で考え出していたという。父エティエンヌはブレーズのこの早熟ぶりに欣喜し、息子《むすこ》の数学教育を予定より早くはじめる。またエティエンヌは、この年創立された、メルセンヌ神父の主宰する科学アカデミーに、ミドルジュ、デザルグ、ロベルヴァル（いずれも数学者）などとともに最初のメンバーとなっているが、やがてこのアカデミーの会合に少年ブレーズをも列席させる。

一六三六年　寛永十三年　十三歳

翌年にかけて、エティエンヌはジルベルトとブレーズとを伴いオーヴェルニュに赴く。この年から翌年にかけて、手工業者、農民の反乱が全国的にひろがる。中央集権制がいっそう強化される。

一六三七年　寛永十四年　十四歳

デカルト『方法序説』刊行。

一六三八年　寛永十五年　十五歳

エティエンヌは、市債利子の大幅削減に反対抗議する運動に加担、三月二十六日、リシュリューの追及を避けてオーヴェルニュへのがれる。五月六日、ヤンセン没。

一六三九年　寛永十六年　十六歳

二月、ジャクリーヌがリシュリューの面前で上演する劇の主役に選ばれて好演し、父エティエンヌの赦免を乞い、許される。秋、リシュリューはエティエンヌをノルマンディ地区徴税担当の地方総監に任命する。このころノルマンディ地方に反租税の反乱がおこる。

一六四〇年　寛永十七年　十七歳

一月、ノルマンディ地方の反乱鎮圧のために大法官セギエが出動する。前年末からこの年初頭にかけて、パスカル一家はルアンに転住、サント・クロワ教区ミュール・サン・トゥアン街に居を定める。ブレーズ十六歳の作『円錐曲線試論』*Essai pour les coniques* が印刷に付される。また父の任務遂行の労を軽減するために、計算器の製作を思い立つ。ヤンセンの遺著『アウグスティヌス』がルーヴァンで刊行される。

一六四一年　寛永十八年　十八歳

六月十三日、姉ジルベルト、従兄のクレルモン租税院評定官フロラン・ペリエと結婚。八月、『アウグスティヌス』が宗教裁判所により異端宣告される。同月、デカルト『省察』をパリで刊行。

一六四二年　寛永十九年　十九歳

翌年にかけて、ブレーズは計算器製作に熱中し、そのために健康をそこねはじめる。リシュリュー没。マザラン、宰相になる。ガリレオ没。

一六四三年　寛永二十年　二十歳

一月三十一日、ブレーズ、ペリエ夫人（ジルベルト・パスカル）にあて手紙を書く（現存最初期のもの）。八月二十六日、アントワーヌ・アルノーのイエズス会批判の書『頻繁なる聖体拝受について』が刊行され、大きな反響を呼ぶ。十月十一日、ポール・ロワヤルの指導者サン・シラン没。トリチェルリ、真空の実験を行なう。ルイ十三世没、ルイ十四世即位。

一六四四年　正保元年　二十一歳

デカルト『哲学の原理』をアムステルダムで刊行。

一六四五年　正保二年　二十二歳

ブレーズ、大法官セギエに計算器を献呈する手紙を書く。この手紙に計算器についての詳細な説明文が付され、後日、印刷刊行される。

一六四六年　正保三年　二十三歳

一月、エティエンヌが腿の骨を脱臼し、その際手当をうけたデシャン兄弟を介して、サン・シランの弟子《でし》ギルベールを知り、パスカル一家、特にブレーズは率先してポール・ロワヤル派の信仰に近づく。パスカルの「最初の回心」と言われる。十月、ブレーズは、たまたまパスカル家を訪れたエティエンヌの友人、港湾城塞総監ピエール・プティからトリチェルリの真空の問題を知らされ、強い関心をいだき、プティとともに追試を試み、フランスではじめてトリチェルリの真空の実験の再現に成功。

一六四七年　正保四年　二十四歳

一月〜四月、カプチン会修道士サン・タンジュ（ジャック・フォルトン）、ルアンに現われ、理性によって信仰の秘義を論証しうると説く。ブレーズは友人アレ・ド・モンフレーヌおよびオズーとともにこれを異端説として強硬執拗《しつよう》にルアンの大司教に訴追し、ついにこの説を取り消させる。春、ブレーズ病床につく。夏、ブレーズはジャクリーヌとともにパリに帰る。「気を紛らす」ことを医師にすすめられ、社交生活にはいる。九月二十三、二十四日、デカルトがブレーズを訪問、真空の問題について意見をかわす。十月、『真空に関する新実験』を刊行。十月から翌年初頭にかけて、ノエル神父と真空問題に関して書簡による論争を行なう。十一月十五日、大気圧とトリチェルリの真空との関係を解明する仮説を検証するために、義兄フロラン・ペリエに手紙を書き、ピュイ・ド・ドーム山での真空実験を依頼する。年末、ブレーズとジャクリーヌは頻繁にパリのポール・ロワヤルを訪れ、サングラン氏の説教を聞く。ジャクリーヌは修道女になる決心をし、ブレーズの賛同は得るが、父の反対にあう。

一六四八年　慶安元年　二十五歳

『円錐曲線論』完成。この年、ブレーズはジルベルトにあて、信仰観を披瀝《ひれき》する手紙をしばしば書く。七月、地方総監制度の廃止。夏、「高等法院のフロンド」おこる。九月十九日、フロラン・ペリエ、前年十一月以来ブレーズから依頼されていたピュイ・ド・ドーム山での真空実験を実行、ブレーズの予想どおりの結果を得る。九月～十月、ブレーズ自身、パリのサン・ジャック塔で同目的の実験を行なう。十月一日、エティエンヌ、パリに帰住、トゥーレーヌ街に居を定める。十月、『流体の平衡に関する大実験談』刊行。三十年戦争終わる。ウェストファリア条約。

一六四九年　慶安二年　二十六歳

五月、エティエンヌはブレーズとジャクリーヌとを伴いクレルモンのペリエ家へ。ブレーズと法曹家ジャン・ドマとの交友はじまる。五月二十二日、計算器製造に関する国王の特許状を得る。名門貴族とマザランとの対決（「旧貴族のフロンド」）。イギリスの清教徒革命、成る。

一六五〇年　慶安三年　　二十七歳

十一月、クレルモン滞在を終え、家族とともにパリへ帰る。この年の二月十一日、デカルト没。旧貴族のフロンドの進展。

一六五一年　慶安四年　　二十八歳

春、『真空論』執筆のため努力、その序言、『真空論序言』*Préface pour le traité du vide* だけ完成したと推測される。九月二十四日、父エティエンヌ没。十月十七日、父の死に関する有名な手紙を姉夫妻にあてて書く。十月〜十二月、自分の宗教的信条に従って行動しようとする妹ジャクリーヌと、父の死によって孤独を恐れるブレーズとのあいだに、彼女の修道院入りや父の遺産分配について意見の相違が起こる。マザラン、パリ退去、王権、苦境に立つ。

一六五二年　承応元年　　二十九歳

一月四日、ブレーズの反対に屈せず、ジャクリーヌはパリのポール・ロワヤルにはいる。三月、ジャクリーヌの修道院入りの際納める持参金について彼女と争うが、年末にブレーズの譲歩により解決。四月、エギョン夫人のサロンで、計算器と真空について話をする。パスカルの「世俗時代」の始まり。五月二十六日、ジャクリーヌの着衣式。六月、スウェーデン女王クリスティナに計算器献呈の手紙を書く。旧貴族のフロンドによるパリ支配。七月、パリでフロンドの乱を体験する。十月〜翌三月、クレルモンの姉の家族のもとに滞在。高等法院、旧貴族とたもとを分かち、旧貴族のフロンド敗退。王室、パリに帰還。

一六五三年　承応二年　三十歳

教皇インノケンティウス十世は、「五箇条命題」（ヤンセン著『アウグスティヌス』の中に含まれているとなすもの。ポール・ロワヤル派は含まれておらぬと反論）を異端宣告する。六月五日、ジャクリーヌのポール・ロワヤルにおける宣誓式。夏、前から知り合いのポワトゥ領総督ロアネーズ公爵（一六二七～九六）と親しくなる。彼を通じてシュヴァリエ・ド・メレ、ミトンとも知り合う。またロアネーズ公の妹シャルロット（一六三三～八三、当時二十歳）とも親しくなる。十二月～翌一月、パリに二人の娘（ジャクリーヌとマルグリット）を連れた姉ジルベルトを迎える。二人の娘はパリのポール・ロワヤルの寄宿生となる。この年の秋、ブレーズはロアネーズ公、メレ、ミトンとともにポワトゥに旅行したと従来推定されてきたが、最近の研究により、それは疑問視されるにいたっている。この年の末『罪びとの回心について』*Sur la conversion du pécheur* を執筆か。手工業者たちによる共和主義的な目的を持つ「民衆のフロンド」解体する。一連のフロンドの乱終わる。地方総監制、再建強化される。

一六五四年　承応三年　三十一歳

三月九日、マザラン召集の司教会議において、「五箇条命題」を異端とする決議がなされる。一月～六月、ブレーズ、科学研究に力を注ぐ。パリの科学アカデミーあてに数学上の研究計画をラテン語で送る。このころ、『大気の重さについて』『流体平衡論』を書き終える。ロアネーズ公との交際深まる。またメレ、ミトンとの交際により、賭《かけ》に関しての確率計算に興味を持ち、フェルマと手紙を交換、その結果『算術三角形論』ができる。九月、妹ジャクリーヌに会いにしばしばポール・ロワヤルを訪れ、妹に世俗的な生活に対する嫌悪《けんお》と科学研究のむなしさを告白する。九月二十九日、インノケンティウス十世、ヤンセンの教説を異端宣告する。十月一日、パリのポール・ロワヤル近くのリュ・デ・フラン・ブルジョワ・サン・ミシェル街に引越す。十一月二十三日夜、強い感動のうちに決定的回心を体験。死後に発見された『覚え書』*Mémorial* をこのとき、記念に記し、胴衣の裏に縫いこみ、死に至るまで常に身につける。

一六五五年　明暦元年　　三十二歳

一月七日〜二十八日、ポール・ロワヤル・デ・シャンに滞在。このころ、サシ氏とモンテーニュ、エピクテトス、キリスト教の比較について対話し、『ド・サシ氏との対話』*Entretien avec M. de Saci* が生まれる。また、このころからポール・ロワヤル派とイエズス会との対立が深まっていく。アントワーヌ・アルノー、二通の手紙（二月、七月）により、ポール・ロワヤル派との親交を理由に赦罪の秘跡を拒否されたリアンクール公の事件をおおやけにする。春、ロアネーズ公をポール・ロワヤルに導く。このころ『初代と今日とのキリスト者の比較』*Comparaison des chrétiens des premiers temps avec ceux d'aujourd'hui*『要約イエス・キリスト伝』を執筆か。

一六五六年　明暦二年　　三十三歳

一月十四日、パリ大学神学部（ソルボンヌ）、事実問題（「五箇条命題」がヤンセンの著書の中に含まれているかいないかという事実の認定問題）についてアルノーを譴責《けんせき》する。このころ、パスカル、ポール・ロワヤルにこもる。二十三日、パスカルはアルノー弁護のため、『プロヴァンシアル』(*Provinciales*) 第一の手紙』を書く。二十九日、『第二の手紙』。二月九日、『第三の手紙』。十五日、アルノー、ソルボンヌより除籍さる。二十五日、『第四の手紙』。三月二十日、『第五の手紙』。二十四日、姪《めい》マルグリット・ペリエに「聖荊の奇跡」がパリのポール・ロワヤルで起こる。四月十日、『第六の手紙』。二十五日、『第七の手紙』。五月二十八日、『第八の手紙』。七月三日、『第九の手紙』。パスカルに同調して、イエズス会の「放漫な道徳に関する教説」を非難する動きがあらわれる。八月二日、『第十の手紙』。十八日、『第十一の手紙』。九月九日、『第十二の手紙』。ロアネーズ公の妹シャルロット、このころ信仰を強め修道女となる意向を持つ。パスカルは、彼女の精神上の指導者として手紙をかわし、励まし教示する。残存するものは九通（第一通は九月で、最後のものは翌二月）。九月三十日、『第十三の手紙』。十月十六日、新教皇アレクサンデル七世、あらためて「五箇条命題」の異端を確認。二十二日、マルグリット・ペリエに起こった「聖荊の奇跡」公認される。二十三日、『第十四の手紙』。十月二十五日、『第十五の手紙』。十二月四日、『第十六の手紙』。

一六五七年　明暦三年　三十四歳

一月二十三日、『第十七の手紙』（二月十九日刊行）。三月十七日、聖職者会議はヤンセンを異端とする「信仰宣誓文」への署名をすべての聖職者に課することに決定。二十四日、『第十八の手紙』（五月刊行）。九月六日、『プロヴァンシアル』禁書目録にはいる。この年『恩恵文書』を著わす。また、ポール・ロワヤルの付属学校のために『幾何学的精神について』*De l'esprit géométrique* を書いたと推定される。またこの年と一六五八年の両年間に、『パンセ』*Pensées* の断章の大部分が書かれたと推定される。この年より六二年ころまで、フランスは経済的、農業的危機にあう。

一六五八年　万治元年　三十五歳

プロヴァンシアル論争に関連して、『パリの司祭たちの文書』（一〜六）あらわれる（うち、一、二、五、六がパスカルの手になるもの）。五月ころ、ポール・ロワヤルで、キリスト教護教論の著作の意図と予定された骨組みについて講演。六月〜十月、ロアネーズ公の勧めにより、サイクロイドに関する問題を回状にしてヨーロッパの数学者たちに、アモス・デットンヴィルの名で送り、解答を求める（計三通）。九月、サイクロイドに関しラルエール、およびレンに手紙を書く。十月、『サイクロイドの歴史』執筆。十二月、カルカヴィあてに、同じ仮名で、サイクロイドに関する先の問題の解答を含む手紙を書く。『続サイクロイドの歴史』執筆。クロムウェル没。

一六五九年　万治二年　三十六歳

一月、デットンヴィルの名で、ホイヘンスに数学上の手紙を書く。三月、病状急速に悪化。一年以上知的活動をやすむ。この年に、『病の善用を神に求める祈り』*Prière pour demander à Dieu le bon usage des maladies* を書いたと推定される。

一六六〇年　万治三年　三十七歳

五月〜十月、クレルモンの郊外ビヤンナシの館に転地。フェルマへ手紙を書く（八月十日）。十月、パリに帰る。リュイーヌ公の長子（のちのシュヴルーズ公）のために『大貴族の身分について（の三つの講話）』*Trois discours sur la condition des Grands* を書く。この年、ルイ十四世が、ポール・ロワヤル派とイエズス会の論争に介入する。十二月、ド・サブレ夫人に手紙を書く。

一六六一年　寛文元年　三十八歳

ポール・ロワヤルへの弾圧がきびしくなる。四月十三日、国務顧問会議による「信仰宣誓文」の署名の義務づけ。六月八日、パリの司教総代理、「信仰宣誓文」中「事実問題」についての留保をみとめる。二十二日、ポール・ロワヤルの修道女、「事実問題」を留保して「信仰宣誓文」に署名。七月十四日、国王顧問会議、前月八日の司教総代理の留保を無効とする。十月四日、ジャクリーヌ没。三十一日、司教総代理、事実問題と権利問題（内容の問題）との区別なく「信仰宣誓文」に署名することを命ずる。十一月二十八日、パスカルはロアネーズ公、ドマに支持され、かつアルノー、ニコルと対立して、その署名に反対する。ポール・ロワヤルの人々署名する。パスカル、論争より身を引く。マザラン没、ルイ十四世親政はじまる。

一六六二年　寛文二年　三十九歳

パスカル、ロアネーズ公とともに、一般市民の交通の便をはかるため、また、それによる利益を病院に寄付するために、画期的な試みとして乗合馬車を始めようとし、国王の許可を得る。三月十八日、乗合馬車、五スー均一料金で開通。六月、病状悪化。サン・テティエンヌ教区、サン・マルセル門の掘割にあった姉の家（現在のカルディナル・ルモワンヌ街七五付近）に移される。七月四日、教区司祭ブーリエを招く。聖体拝受をしきりに願う。八月三日、遺言状作成。十七日、危篤。十九日午前一時、「神が決して私を捨てたまわないように」という言葉を最後に、死去。

ヤ　行

ラ　行

人名索引

ア　行

カ　行

サ　行

タ　行

ハ　行

マ　行

ヤ　行

ラ　行

マ　行

ナ　行

ハ　行

タ　行

サ　行

カ　行

重要語句索引

パスカルの思想理解のうえで重要と思われる事項、語句を選び、その索引を構成した。

ア 行

編集付記

一、本書は中央公論社『世界の名著』第24巻（一九六六年十一月刊）所収の同名作品を文庫化したものである。

一、改版にあたり、同文庫版（三五刷　二〇一五年八月刊）を底本とし、中公クラシックス版『パンセI』『パンセII』を参照した。巻末に新たに小林秀雄「パスカルの『パンセ』について」（『小林秀雄全作品14』新潮社、二〇〇三年十一月刊）、年譜、人名索引、重要語句索引を収録した。年譜、索引は『世界の名著』版による。

一、本文中、今日の人権意識に照らして不適切な語句や表現が見受けられるが、訳者が故人であること、執筆当時の時代背景と作品の文化的価値に鑑みて、初版のままとした。

中公文庫

パンセ

1973年12月10日　初版発行
2018年 7 月25日　改版発行
2024年 3 月30日　改版 5 刷発行

著　者　パ ス カ ル
訳　者　前《まえ》 田《だ》 陽《よう》 一《いち》
　　　　由《ゆう》 木《き》 康《こう》
発行者　安 部 順 一
発行所　中央公論新社
〒100-8152　東京都千代田区大手町 1-7-1
電話　販売　03-5299-1730　編集　03-5299-1890
URL https://www.chuko.co.jp/

DTP　ハンズ・ミケ
印　刷　三晃印刷
製　本　小泉製本

Published by CHUOKORON-SHINSHA, INC.
Printed in Japan　ISBN978-4-12-206621-2 C1110

各書目の下段の数字はＩＳＢＮコードです。978－4－12が省略してあります。

中公文庫既刊より

ニ-2-3
ツァラトゥストラ
ニーチェ
手塚富雄訳
近代の思想と文学に強烈な衝撃を与え、今日なお予言と謎に満ちたニーチェの主著を格調高い訳文と懇切な訳注で贈る。〈巻末対談〉三島由紀夫・手塚富雄
206593-2

ア-8-1
告白Ｉ
アウグスティヌス
山田晶訳
幼年期の影響、青年期の放埒、習慣の強固さ……、不安におののく魂が光を見出すまで。初期キリスト教最大の教父による心揺さぶる自伝。〈解説〉松崎一平
205928-3

ア-8-2
告白Ⅱ
アウグスティヌス
山田晶訳
衝動、肉欲、厳然たる原罪。今にのみ生きる人間の悲惨と悲哀。「とれ、よめ」の声をきっかけとして、劇的な回心を遂げる。西洋世界はこの書の上に築かれた。
205929-0

ア-8-3
告白Ⅲ
アウグスティヌス
山田晶訳
アウグスティヌスは聖書をいかに読んだのか――西洋世界最大の愛読書を、最高の訳者が心血を注いだ名訳で送る。訳者解説および、人名・地名・事項索引収録。
205930-6

ウ-7-1
寛容論
ヴォルテール
中川信訳
新教徒の冤罪事件を契機に、自然法が不寛容に対して法的根拠を与えないことを正義をもって立証し、宗教を超えて寛容の重要性を説いた不朽の名著。初文庫化。
205424-0

ウ-9-1
政治の本質
マックス・ヴェーバー
カール・シュミット
清水幾太郎訳
ヴェーバー「職業としての政治」とシュミット「政治的なるものの概念」。この二十世紀政治学の正典を合わせた歴史的な訳書。巻末に清水の関連論考を付す。
206470-6

ウ-10-1
精神の政治学
ポール・ヴァレリー
吉田健一訳
表題作ほか「知性に就て」「地中海の感興」「レオナルドと哲学者達」の全四篇を収める。巻末に吉田健一の単行本未収録エッセイを併録。〈解説〉四方田犬彦
206505-5

エ-6-1
荒地／文化の定義のための覚書
T・S・エリオット
深瀬基寛 訳
第一次大戦後のヨーロッパの精神的混迷を背景とした長篇詩「荒地」と鋭利な文化論を合わせた決定版。巻末に深瀬基寛による概説を併録。〈解説〉阿部公彦
206578-9

タ-9-1
帝政論
ダンテ
小林公 訳
人間に平和、正義、自由をもたらす政体とは何か。教皇派、皇帝派入り乱れ抗争する状況の中、哲学、論理学を駆使して、霊的統治と世俗的統治の分離を行う。
206528-4

テ-2-2
方法序説・情念論
デカルト
野田又夫 訳
私は考える、ゆえに私はある——デカルトの学問的自叙伝ともいうべき「方法序説」に、情念制御の道について考察した「情念論」を加える。國分功一郎氏推薦。
206804-9

マ-15-1
五つの証言
トーマス・マン
渡辺一夫
第二次大戦前夜、戦闘的ユマニスムの必要を説いたマンへの共感から生まれた渡辺による渾身の訳業。寛容論ほか渡辺の代表エッセイを併録。〈解説〉山城むつみ
206445-4

フ-10-1
ヨーロッパ諸学の危機と超越論的現象学
E・フッサール
細谷恒夫
木田元 訳
著者がその最晩年、ナチス非合理主義の嵐が吹きすさぶなか、近代ヨーロッパ文化形成の歴史全体への批判として秘かに書き継いだ現象学的哲学の総決算。
202339-0

ホ-1-5
中世の秋（上）
ホイジンガ
堀越孝一 訳
二十世紀最高の歴史家が、フランスとネーデルラントにおける実証的調査から、中世人の意識と中世文化の生活と思考の全像を精細に描いた不朽の名著。
206666-3

ホ-1-6
中世の秋（下）
ホイジンガ
堀越孝一 訳
歴史家ホイジンガが十四、五世紀をルネサンスの告知とはみず、すでに過ぎ去ったものが死滅する時季と捉え取り組んだ、ヨーロッパ中世に関する画期的研究書。
206667-0

ホ-1-7
ホモ・ルーデンス
ホイジンガ
高橋英夫 訳
人間は遊ぶ存在である——人間のもろもろのはたらき、生活行為の本質は、人間存在の根源的な様態は何か、との問いに対するホイジンガの結論が本書にある。
206685-4

各書目の下段の数字はISBNコードです。978－4－12が省略してあります。

テ-4-2
自殺論
デュルケーム
宮島喬 訳
自殺の諸相を考察し、アノミー、生の意味喪失、疎外など、現代社会における個人の存在の危機をいち早く指摘した、社会学の古典的名著。内田樹氏推薦。
206642-7

ケ-1-4
ファウスト 悲劇第一部
ゲーテ
手塚富雄 訳
あらゆる知的探究も内心の欲求を満たさないと絶望したファウストは、悪魔メフィストフェレスと魂をかけた契約を結ぶ。〈巻末エッセイ〉河盛好蔵・福田宏年
206741-7

ケ-1-5
ファウスト 悲劇第二部
ゲーテ
手塚富雄 訳
巨匠ゲーテが言葉の深長な象徴力を駆使しつつ自然と人生の深奥に迫った大作を、翻訳史上画期的な名訳で贈る。読売文学賞受賞作。〈巻末エッセイ〉中村光夫
206742-4

あ-51-2
構造と力 記号論を超えて
浅田彰
一九八〇年代、ポストモダン／現代思想をはじめて明晰に体系化。二〇二〇年代、混迷する世界を理解するうえで、その理論は今なお新しい。〈解説〉千葉雅也
207448-4

い-42-4
私の旧約聖書
色川武大
中学時代に偶然読んだ旧約聖書で人間の叡智への怖れを知った……。人生のはずれ者を自認する著者が、旧約と関わり続けた生涯を綴る。〈解説〉吉本隆明
206365-5

い-83-1
考える人 口伝《オラクル》西洋哲学史
池田晶子
学術用語によらない日本語で、永遠に発生状態にある哲学の姿をそこなうことなく語ろうとする、〈哲学の巫女〉による大胆な試み。〈解説〉斎藤慶典
203164-7

の-12-3
心と他者
野矢茂樹
他者がいなければ心はない。哲学の最難関「心」にどのように挑むか。文庫化にあたり大森荘蔵が遺した書き込みとメモを収録した。挑戦的で挑発的な書。
205725-8

の-12-4
ここにないもの 新哲学対話
野矢茂樹 文
植田真 絵
いろんなことを考えてはお喋りしあっているエプシロンとミュー。二人の会話に哲学の原風景が見える。川上弘美「『ここにないもの』に寄せて」を冠した決定版。
205943-6

み-39-1
哲学ノート
三木　清
伝統とは？　知性とは？　天才とは何者か？　指導者はどうあるべきか？　戦時下、ヒューマニズムを追求した孤高の哲学者の叫びが甦る。〈解説〉長山靖生
205309-0

さ-48-1
プチ哲学
佐藤雅彦
ちょっとだけ深く考えてみる――それがプチ哲学。書き下ろし「プチ哲学的日々」を加えた決定版。考えることは楽しいと思える、題名も形も小さな小さな一冊。
204344-2

さ-48-2
毎月新聞
佐藤雅彦
毎日新聞紙上で月に一度掲載された日本一小さな全国紙、その名も「毎月新聞」。その月々に感じたことを独特のまなざしと分析で記した、佐藤雅彦的世の中考察。
205196-6

キ-5-6
死ぬ瞬間　死とその過程について
キューブラー・ロス
鈴木　晶訳
死とは、長い過程であって特定の瞬間ではない。二百人におよぶ末期患者への直接面接取材で、〝死に至る〟人間の心の動きを研究した画期的ロングセラー。
206828-5

キ-5-7
「死ぬ瞬間」と死後の生
キューブラー・ロス
鈴木　晶訳
大ベストセラーとなった『死ぬ瞬間』の著者が語る、少女時代、医学生時代。どうして著者が死を迎える患者たちの話を聞くに至ったか等、白熱の講演を再現。
206864-3

キ-5-3
死、それは成長の最終段階　続　死ぬ瞬間
キューブラー・ロス
鈴木　晶訳
無為な人生を送ってしまう原因の一つは死の否認である。明日があると思ってやるべきことを先延ばしにする人間は成長しない。好評「死ぬ瞬間」続編。
203933-9

キ-5-4
「死ぬ瞬間」をめぐる質疑応答
キューブラー・ロス
鈴木　晶訳
死を告知された患者と、介護する家族の心構えを、簡潔な質疑応答のかたちでまとめた必読の書。「どうして私が」という当惑と悲しみをいかに克服するのか。
204594-1

マ-2-4
君主論　新版
マキアヴェリ
池田　廉訳
「人は結果だけで見る」「愛されるより恐れられるほうが安全」等の文句で、権謀術数の書のレッテルを貼られた著書の隠された真髄。〈解説〉佐藤　優
206546-8

各書目の下段の数字はISBNコードです。978-4-12が省略してあります。

書目コード	書名	副題	著者・訳者	内容紹介	ISBN
モ-1-2	ユートピア		トマス・モア／澤田昭夫訳	十六世紀の大ヒューマニストが人間の幸福な生き方と平和な社会のあり方を省察し、理想を求め続ける全ての人々に訴えかける古典の原典からの完訳。	201991-1
ス-4-4	国富論 Ⅰ		アダム・スミス／大河内一男監訳	古典経済学と近代自由主義の原典を、独自の要約的小見出しや精細な訳注を配し、平明的確な訳文で甦らせた邦訳の決定版。Ⅰ巻には第一篇、第二篇を収録。	206942-8
ス-4-5	国富論 Ⅱ		アダム・スミス／大河内一男監訳	古典経済学と近代自由主義の原典。Ⅱ巻には第三篇、第四篇を収録。国家による経済活動への政策的介入の歴史を究明し、重商主義を批判する。	206983-1
ス-4-6	国富論 Ⅲ		アダム・スミス／大河内一男監訳	古典経済学と近代自由主義の原典。Ⅲ巻には国家の義務や租税・公債の在り方を述べた第五篇のほか年譜・索引等を収録。〈巻末対談〉大竹文雄・出口治明	206995-4
カ-6-1	塩の世界史(上)	歴史を動かした小さな粒	M・カーランスキー／山本光伸訳	人類は何千年もの間、塩を渇望し、戦い、求めてきた。古代の製塩技術、各国の保存食、戦時の貿易封鎖とともに発達した製塩業……壮大かつ詳細な塩の世界史。	205949-8
カ-6-2	塩の世界史(下)	歴史を動かした小さな粒	M・カーランスキー／山本光伸訳	悪名高き塩税、ガンディー塩の行進、製塩業の衰退と伝統的職人芸の復活。塩からい風味にユーモアをそえておくる、米国でベストセラーとなった塩の世界史。	205950-4
タ-7-1	愚行の世界史(上)	トロイアからベトナムまで	B・W・タックマン／大社淑子訳	国王や政治家たちは、なぜ国民の利益と反する政策を推し進めてしまうのか。世界史上に名高い四つの事件を詳述し、失政の原因とメカニズムを探る。	205245-1
タ-7-2	愚行の世界史(下)	トロイアからベトナムまで	B・W・タックマン／大社淑子訳	歴史家タックマンが俎上にのせたのは、ルネサンス期教皇庁の堕落、アメリカ合衆国独立を招いた英国議会の奢り。そして最後にベトナム戦争をとりあげる。	205246-8

マ-10-1
疫病と世界史(上)
W・H・マクニール
佐々木昭夫訳
疫病は世界の文明の興亡にどのような影響を与えてきたのか。紀元前五〇〇年から紀元一二〇〇年まで、人類の歴史を大きく動かした感染症の流行を見る。
204954-3

マ-10-2
疫病と世界史(下)
W・H・マクニール
佐々木昭夫訳
これまで歴史家が着目してこなかった「疫病」に焦点をあて、独自の史観で古代から現代までの歴史を見直す好著。紀元一二〇〇年以降の疫病と世界史。
204955-0

マ-10-3
世界史(上)
W・H・マクニール
増田義郎
佐々木昭夫訳
世界の各地域を平等な目で眺め、相関関係を分析しながら歴史の歩みを独自の史観で描き出した、定評ある世界史。ユーラシアの文明誕生から紀元一五〇〇年までを彩る四大文明と周縁部。
204966-6

マ-10-4
世界史(下)
W・H・マクニール
増田義郎
佐々木昭夫訳
俯瞰的な視座から世界の文明の流れをコンパクトにまとめ、歴史のダイナミズムを描き出した名著。西欧文明の興隆と変貌から、地球規模でのコスモポリタニズムまで。
204967-3

マ-10-5
戦争の世界史(上)技術と軍隊と社会
W・H・マクニール
高橋均訳
軍事技術は人間社会にどのような影響を及ぼしてきたのか。大家が長年あたためてきた野心作。上巻は古代文明から仏革命と英産業革命が及ぼした影響まで。
205897-2

マ-10-6
戦争の世界史(下)技術と軍隊と社会
W・H・マクニール
高橋均訳
軍事技術の発展はやがて制御しきれない破壊力を生み、人類は怯えながら軍備を競う。下巻は戦争の産業化から冷戦時代、現代の難局と未来を予測する結論まで。
205898-9

コ-7-3
若い読者のための世界史 改訂版
E・H・ゴンブリッチ
中山典夫訳
『美術の物語』の著者がやさしく語りかけるように、時代を、出来事を、そこに生きた人々を活写する。各国で読みつがれてきた〝物語としての世界史〟の古典。
207277-0

ハ-11-1
細菌と人類 終わりなき攻防の歴史
ウィリー・ハンセン
ジャン・フレネ
渡辺格訳
古代人の鋭い洞察から、細菌兵器の問題まで、〈見えない敵〉との闘いに身を投じた学者たちのエピソードとともに、発見と偏見の連綿たる歴史を克明にたどる。
205074-7

各書目の下段の数字はISBNコードです。978－4－12が省略してあります。

マ-14-1
セレンディピティと近代医学
独創、偶然、発見の一〇〇年
M・マイヤーズ
小林　力訳
ピロリ菌、心臓カテーテル、抗うつ剤、バイアグラ…みんな予期せぬ発見だった！　飛躍を招き寄せたのは〈失敗〉そして〈偶然〉。ドラマチックな医学の発見史。
206106-4

フ-14-1
歴史入門
F・ブローデル
金塚貞文訳
二十世紀を代表する歴史学の大家が、その歴史観を簡潔・明瞭に語り、歴史としての資本主義を独創的に意味付ける、アナール派歴史学の比類なき入門書。
205231-4

モ-5-4
ローマの歴史
I・モンタネッリ
藤沢道郎訳
古代ローマの起源から終焉までを、キケロ、カエサル、ネロら多彩な人物像が人間臭い魅力を発揮するドラマとして描き切った、無類に面白い歴史読物。
202601-8

つ-3-25
背教者ユリアヌス（一）
辻　邦生
血で血を洗う政争のさなかにありながら、ギリシア古典を学び、友を得て、生きることの喜びを見いだしていくユリアヌス――壮大な歴史ロマン、開幕！
206498-0

つ-3-26
背教者ユリアヌス（二）
辻　邦生
学友たちとの平穏な日々を過ごすユリアヌスだったが、兄ガルスの謀反の疑いにより、宮廷に召喚される。皇后との出会いが彼の運命を大きく変えて……。
206523-9

つ-3-27
背教者ユリアヌス（三）
辻　邦生
皇妹を妃とし、副帝としてガリア統治を任ぜられたユリアヌス。未熟ながら真摯な彼の姿は兵士たちの心を打ち、ゲルマン人の侵攻を退けるが……。
206541-3

つ-3-28
背教者ユリアヌス（四）
辻　邦生
輝かしい戦績を上げ、ついに皇帝に即位したユリアヌス。政治改革を進め、ペルシア軍討伐のため自ら遠征に出るが……。歴史小説の金字塔、堂々完結！
206562-8

ま-48-1
人はなぜ戦うのか
考古学からみた戦争
松木武彦
弥生時代、日本列島中央部でも本格的な集団間闘争が広がった。発掘資料をもとに人びとの戦いの様相を探り、さらに戦争発動のメカニズムをも明らかにする。
206458-4